KB266126

이기는 형사소송!

이렇게 해결하세요!

편저 이 창 범

머리말

옛날 우리 선조들은 고조선시대부터 팔조금법을 만들었고, 조선시대에서는 경국대전속에 형전을 별도로 두어 이를 지키지 않는 자에게는 상당한 형벌을 부과하였습니다. 그런데 산업사회가 급속히 발전하고 사회가 복잡해 갈수록 이에 따른 범죄의 태양도 다양화되고 있어 여러 가지 종류의 중대한 범죄와 사소한 사건이라도 개인들끼리 해결을 하도록 놓아둘 수 없어 국가가 법률로 범죄라고 규정하여 강제로 형벌을 부과하고 있습니다. 이러한 즉 형법의 적용을 받게 되는 사건을 형사사건이라 합니다.

이러한 형사사건을 법원에서 신속하고 정확하게 적용 처리하는 절차를 형사소송이라고 합니다. 형사소송은 기소된 피고인에 대하여 유·무죄를 가리고, 유죄로 인정되는 경우 형벌을 과하는 재판을 말합니다. 형사소송절차는 검사의 공소제기를 기준으로 기소전 단계와 기소후 단계로 나눕니다.

기소전 단계란 검사의 구속영장 청구부터 공소제기까지의 단계로서 검사의 구속영장 청구, 청구된 구속영장에 대한 실질심사, 체포 또는 구속의 적법 여부에 대한 체포·구속적부심사청구가 있습니다. 검사의 구속영장 청구 및 구속영장 실질심사에서 구속영장이 발부되거나 구속적부심사청구가 기각되면 피의자의 구속 상태는 유지되지만, 구속영장이 발부되지 않거나 구속영장 실질심사에서 구속영장이 기가 및 구속적부심사청구가 인용되면 피의자는 석방됩니다.

기소후 단계는 검사의 청구에 따라 구공판과 구약식으로 나뉘어지고, 임의절차로서 공판준비절차(참여재판 필수)가 마련되어 있으며, 이상의 절차를 마친 후 변론종결과 판결선고까지를 포함하고 있습니다. 또한 변론종결시까지 배상명령청구와 보석청구가 각 가능합니다.

　형사소송은 그 범죄의 태양이 각양각색이어서 전문가인 법조인들도 형법전을 하나하나 면밀히 따져보지 않고서는 범죄의 가중처벌에 상당한 심혈을 기울여 판단하고 있습니다. 그래서 형사소송은 범법자나 피해자들은 전문법조인의 도움을 받지 않고서는 경찰청이나 검찰청·법원을 오가면서 혼자서 그 해결점을 찾는 다는 것은 상상도 하지 못하고 있습니다.

　이 책에서는 이와 같은 복잡한 형사소송의 처리절차와 형사소송단계에서 피고인이 대처하는 방법, 형사피해자에 대한 배상 및 지원에 이르기까지 상세한 내용을 해설과 함께 상담사례, 관련판례 및 서식을 함께 수록하여 누구나 쉽게 이해할 수 있도록 하였습니다. 아울러 국민참여재판제도에 관해서도 상세히 설명하였습니다. 이러한 자료들은 대법원의 형사소송절차 안내와 최신 판결례, 법제처의 생활법령, 대한법률구조공단의 상담사례 및 서식 등을 참고하였으며, 이를 종합적으로 정리, 분석하여 일목요연하게 편집하였습니다,

　이 책이 형사소송절차를 이해하지 못해서 억울하게 형사사건의 피해자나 가해자가 되어 해결하려고 어려움에 처한 분들과 이들에게 조언을 하고자 하는 실무자에게 큰 도움이 되리라 믿으며, 열악한 출판시장임에도 불구하고 흔쾌히 출간에 응해 주신 법문북스 김현호 대표에게 감사를 드립니다.

2026

편저자 드림

목차

Chapter 1. 형사소송이란 무엇인가요? ····· 1

Chapter 2. 형사소송은 어떻게 진행되나요?

Section 3. 피고인의 구속 ····························· 128

Section 5. 구속적부심사 ·········· 161

[1] 청구권자 및 청구의 방식 ·········· 161

Section 8. 집행유예 ························· 201

Section 12. 상소 ·································· 258

Section 13. 재심 ···················· 275

Section 15. 약식명령 ······ 303

Chapter 3. 국민참여재판이란 무엇인가요?

Chapter 4. 인신보호제도란 무엇인가요?

Chapter 1.
형사소송이란 무엇인가요?

[1] 형사소송의 개요

형사소송은 기소된 피고인에 대하여 유·무죄를 가리고, 유죄로 인정되는 경우 형벌을 과하는 재판입니다.

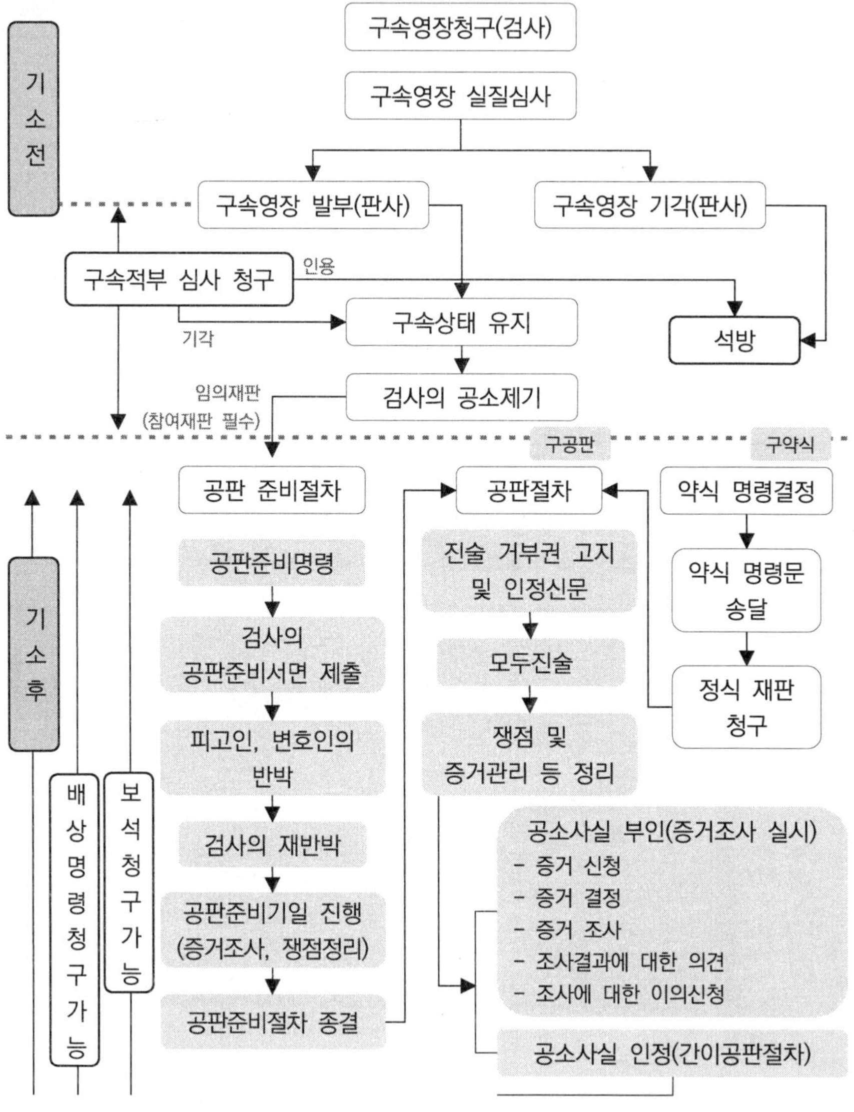

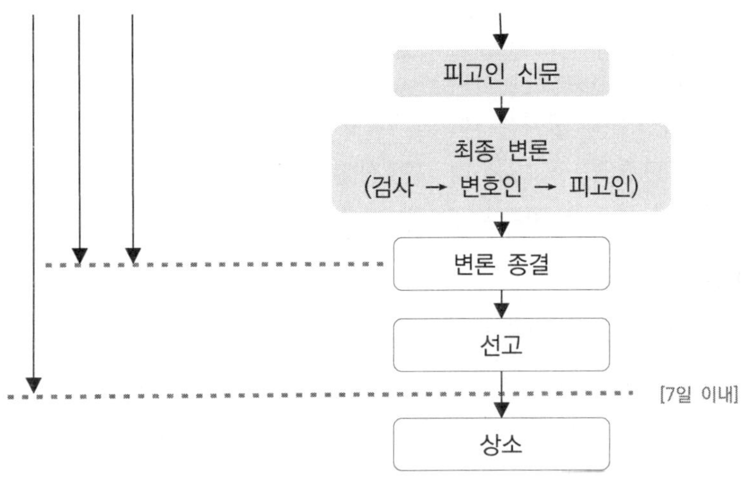

[2] 형사소송의 개략적인 단계

1. 기소전 단계

① 형사소송절차는 검사의 공소제기를 기준으로 기소전 단계와 기소후 단계로 나뉩니다. 기소전 단계란 검사의 구속영장 청구부터 공소제기까지의 단 계로서 검사의 구속영장 청구, 청구된 구속영장에 대한 실질심사, 체포 또는 구속의 적법 여부에 대한 체포·구속적부심사청구가 있습니다.

② 검사의 구속영장 청구 및 구속영장 실질심사에서 구속영장이 발부되거나 구속적부심사청구가 기각되면 피의자의 구속 상태는 유지되지만 구속영장이 발부되지 않거나 구속영장 실질심사에서 구속영장의 기각 및 구속적부심사청구가 인용되면 피의자는 석방됩니다.

2. 기소후 단계

① 기소 후 단계는 검사의 청구에 따라 구공판과 구약식으로 나뉘어지고, 임의절차로서 공판준비절차(단, 국민참여재판에서는 필수)가 마련되어 있으며 이상의 절차를 마친 후 변론종결과 판결선고까지를

포함하고 있습니다. 또한 변론종결시까지 배상명령청구와 보석청구
가 각 가능합니다.

② 기소전과 기소후의 절차를 마치고 선고된 판결에 대하여 불복이 있
는 사람은 판결의 선고일부터 7일(판결 선고일은 기산하지 아니합
니다) 이내에 상소를 제기할 수 있습니다.

3. 약식명령

검사가 약식명령을 청구하면 판사는 약식명령을 발령하거나 통상의
공판절차에 회부하여 재판할 수도 있습니다. 약식명령에 불복이 있는
사람은 약식명령의 고지를 받은 날로부터 7일 이내에 약식명령을 한
법원에 서면으로 정식재판청구를 할 수 있으며 이 경우 통상의 공판절
차에 의하여 다시 심판하게 됩니다.

4. 공판준비

① 공판준비절차는 공판준비명령, 검사의 공판준비서면 제출, 피고인,
변호인의 반박, 검사의 재반박, 공판준비기일진행(증거조사, 쟁점정
리), 공판준비절차 종결의 단계를 거치며 공판준비절차가 종결되면
공판절차가 개시되게 됩니다.

② 공판절차는 재판장의 진술거부권 고지 및 인정신문, 모두진술, 쟁점
및 증거관계 등 정리 를 거쳐, 피고인이 공소사실을 부인할 경우에
는 증거조사를 실시하고, 공소사실을 인정할 경우에는 간이공판절차
에 회부되며, 피고인신문, 최종변론(검사, 변호인, 피고인), 변론종
결, 선고의 단계를 순차적으로 거치게 됩니다.

[3] 형사소송절차도

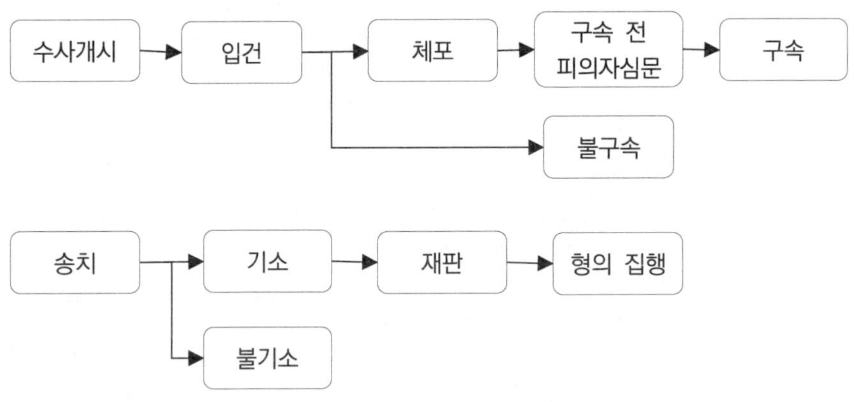

[4] 수사

1. 수사의 개념

"수사"란 범죄가 발생한 때 또는 발생한 것으로 고려되는 사정이 있을 때에는 이를 형사사건으로 처리하기 위하여 범인을 발견, 신병을 확보하고 또 증거를 수집·보존하는 절차를 말합니다.

2. 수사의 단서

수사의 단서는 수사개시의 원인을 말하며 수사의 단서로는 현행범인의 체포, 변사자의 검시, 고소, 고발, 자수, 범죄신고, 범죄인지 등이 있습니다.

종류	방법
현행범인의 체포	현행범인은 누구든지 영장 없이 체포할 수 있습니다(형사소송법 제212조).
변사자의 검시	변사자 또는 변사의 의심 있는 사체가 있는 때에는 그 소재지를 관할하는 지방검찰청 검사가 검시해야 하며, 검사는 이 경우 사법경찰관에게 검시를 명령할 수 있습니다(형사소송법 제222조제1항 및 제3항).
고소	범죄로 인한 피해자는 고소할 수 있습니다(형사소송법 제223조).
고발	누구든지 범죄가 있다고 생각하는 때에는 고발할 수 있습니다(형사소송법 제234조제1항)
자수	자수는 서면 또는 구술로 검사 또는 사법경찰관에게 하고, 사법경찰관이 자수를 받은 때에는 신속히 조사하여 관계서류와 증거물을 검사에게 보내야 합니다(형사소송법 제240조)
범죄신고	경찰관은 범죄로 인한 피해신고가 있는 경우에는 관할구역 여부를 불문하고 이를 접수해야 합니다((경찰청)범죄수사규칙 제47조제1항).
범죄인지	검사와 사법경찰관은 범죄의 혐의가 있다고 판단될 때에는 범인, 범죄사실과 증거를 수사합니다(형사소송법 제196조및제197조제1항).

3. 수사의 개시

검사, 경무관, 총경, 경정, 경감, 경위는 사법경찰관으로서 범죄의 혐의가 있다고 사료하는 때에는 범인, 범죄사실과 증거를 수사해야 합니다(형사소송법 제196조제1항 및 제197조제1항).

4. 임의수사의 원칙

수사에 관하여는 그 목적을 달성하기 위하여 필요한 조사를 할 수 있습니다. 다만, 강제처분은 「형사소송법」에 특별한 규정이 있는 경우에 한하며, 필요한 최소한도의 범위 안에서만 해야 합니다(형사소송법 제199조제1항).

5. 수사의 방법

종류	방법
피의자신문(訊問)	검사 또는 사법경찰관은 수사에 필요한 때에는 피의자의 출석을 요구하여 진술을 들을 수 있습니다(「형사소송법」 제200조).
피의자 이외의 사람 조사	검사 또는 사법경찰관은 수사에 필요한 때에는 피의자가 아닌 사람의 출석을 요구하여 진술을 들을 수 있습니다. 이 경우 그의 동의를 받아 영상녹화를 할 수 있습니다(「형사소송법」 제221조제1항). 검사 또는 사법경찰관은 수사에 필요한 때에는 감정·통역 또는 번역을 위촉할 수 있습니다(「형사소송법」 제221조제2항).
사실조회	수사에 관하여는 공무소, 기타 공사단체에 조회하여 필요한 사항의 보고를 요구할 수 있습니다(「형사소송법」 제199조제2항).

6. 수사의 종결

① 수사의 종결의 개념

"수사의 종결"이란 검사가 공소제기 여부를 결정할 수 있을 정도로 피의사건이 해명되었을 때 수사절차를 종료하는 처분을 말합니다. 종결 후에도 사건을 재수사하거나 공소유지를 위한 수사를 계속할 수 있습니다.

7. 상담사례

■ **수사기관이 '피고인 아닌 자'를 상대로 위법하게 수집한 증거를 '피고인'에 대한 유죄인정의 증거로 삼을 수 있는지요?**

[질문] 수사기관이 피고인인 甲에 대한 수사를 진행하던 중 피고인이 아닌 乙과 丙을 불법 체포한 상태에서 진술서 등을 작성하게 하였습니다. 이 경우 乙과 丙이 작성한 진술서 등이 甲의 사건에서 증거 로 사용될 수 있을까요?

[답변] 형사소송법 제308조의2는 "적법한 절차에 따르지 아니하고 수집한 증거는 증거로 할 수 없다"고 규정하여 위법수집증거배제의 법칙을 명문화 하고 있습니다.

따라서 수사기관이 피고인 아닌 자를 상대로 적법한 절차에 따르지 아니하고 수집한 증거는 원칙적으로 피고인에 대한 유죄인정의 증거로 삼을 수 없습니다.

판례는 유흥주점 업주인 피고인이 식품위생법 위반으로 기소된 사안에서, "수사기관이 피고인이 아닌 다른 직원들을 사실상 강제 연행하여 불법 체포한 상태에서 자술서를 받고 이에 기초하여 진술 조서를 작성한 사안에서, 위 각 자술서와 진술조서는 헌법과 형 사소송법이 규정한 체포/구속에 관한 영장주의 원칙에 위배하여 수집된 것으로서 수사기관이 피고인 아닌 자를 상대로 적법한 절차에 따르지 아니하고 수집한 증거에 해당하여 형사소송법 제308조의2에 따라 증거능력이 부정된다."고 보았습니다(대법원 2011. 6. 30. 선고 2009도6717 판결).

결국 사안의 경우 乙과 丙이 작성한 진술서 등은 위법수집 증거로써 甲의 사건에 대한 증거능력은 부정될 것입니다.

■ 검사 이외의 수사기관 작성의 수사보고서의 증거능력이 인정될 수 있을까요?

[질문] 甲은 형사사건의 피고인입니다. 甲이 경찰 수사 과정에서 범행을 자백하였다는 내용이 경찰이 작성한 수사보고서에 기재되어 있으나 甲은 공판정에서 위 자백의 내용을 부인하고 있습니다. 수사보고서 상의 자백은 증거능력이 인정될 수 있을까요?

[답변] 수사보고서란 사법경찰관리 또는 검찰수사관이 수사와 관련된 일정한 사항, 즉 수사의 경위 및 결과를 내부적으로 보고하기 위하여 작성한 후 사법경찰관 또는 검사에게 보고하는 문서로서, 사안의 경우 피고인이 수사과정에서 범행을 자백하였다는 내용의 경찰 작성 수사보고서는 피의자에 대한 진술 청취형 수사보고서로 볼수 있습니다.

이 경우 판례는 "형사소송법 제312조 제3항 은 검사 이외의 수사기관이 작성한 피의자신문조서는 그 피의자였던 피고인이나 변호인이 그 내용을 인정할 때에 한하여 증거로 할 수 있다고 규정하고 있는바, 피고인이 검사 이외의 수사기관에서 범죄 혐의로 조사받는 과정에서 작성하여 제출한 진술서는 그 형식 여하를 불문하고 당해 수사기관이 작성한 피의자신문조서와 달리 볼 수 없고, 피고인이 수사 과정에서 범행을 자백하였다는 검사 아닌 수사기관의 진술이나 같은 내용의 수사보고서 역시 피고인이 공판 과정에서 앞서의 자백의 내용을 부인하는 이상 마찬가지로 보아야 한다.” 고 판시하고 있습니다(대법원 2006. 1. 13. 선고 2003도6548판결).

즉 판례는 피의자에 대한 진술 청취형 수사보고서를 피의자신문조서와 동일하게 보고 있으며, 따라서 경찰이 작성한 진술 청취형 수사보고서의 경우 피고인인 甲이 공판정에서 내용을 부인하면 형사소송법 제312조 제3항에 따라서 증거능력이 부인된다고 보아야 합니다.

■ 수사기관 조사시 법률조력인이 동석할 수 있는지요?

[질문] 수사기관 조사시 법률조력인이 동석할 수 있나요?

[답변] 가능합니다. 형사소송규칙 제84조의3은 제1항에서 “법 제163조의2에 따라 피해자와 동석할 수 있는 신뢰관계에 있는 사람은 피해자의 배우자, 직계친족, 형제자매, 가족, 동거인, 고용주, 변호사, 그 밖에 피해자의 심리적 안정과 원활한 의사소통에 도움을 줄 수 있는 사람을 말한다”고 규정하고 있습니다.

■ 수사단계에서 열람·등사청구를 하는 방법

[질문] 수사단계에서 열람·등사청구를 하는 방법은 무엇인지요?

[답변] 법률조력인은 수사기록 중 피해자 본인진술서류 및 본인제출서류의 전부 또는 일부에 대한 열람·등사를 할 수 있고 이에 대한 이의제기나 의견을 개진할 수 있습니다. 사건기록 열람·등사에 관한 업무처리 지침 제4조 및 검찰보존사무규칙 제22조 등을 참고하십시오.

■ 수사기관의 조사 끝에 자백한 경우 자수의 효력 있는 지요?

[질문] 甲은 강도상해 등의 혐의로 체포되어 경찰서에서 수사를 받고 있습니다. 경찰관은 甲을 수사 하던 중 국립과학수사연구소의 유전자검색감정 의뢰회보 등을 토대로 甲의 여죄를 추궁한 끝에, 甲은 강도강간과 특수강도의 범죄사실을 자백하였습니다. 이 경우 甲은 이를 자수하였다고 인정받을 수 있을까요?

[답변] 형법 제52조 제1항은 “죄를 범한 후 수사책임이 있는 관서에 자수한 때에는 그 형을 감경 또는 면제할 수 있다.”라고 규정하고 있습니다. 자

수란 범인이 수사기관에 대하여 자신의 범죄사실을 신고하여 자신에 대한 처벌을 희망하는 의사표시를 말합니다. 자수는 자발적인 것이어야 하며, 자수를 하였다고 인정된다면 실체법상 형의 임의적 감면사유에 해당합니다.

이에 관하여 대법원은 "경찰관이 피고인의 강도상해 등의 범행에 관하여 수사를 하던 중 국립과학수사연구소의 유전자검색감정의뢰회보 등을 토대로 피고인의 여죄를 추궁한 끝에 피고인이 강도강간의 범죄사실과 특수강도의 범죄사실을 자백하였음을 알 수 있으므로 이를 자수라고 할 수 없고, 그 밖에 피고인이 자수하였다고 볼 자료가 없다."라고 판시한 바 있습니다(대법원 2006. 9. 22. 선고 2006도4883 판결).

그러므로 사안에서 甲은 형법상 자수를 하였다고 인정받을 수 없을 것으로 보입니다.

■ 소재수사 결과 소재확인이 불가능한 경우의 공소외 피의자신문조서의 증거능력

[질문] 법원이 공소외 甲, 乙을 증인으로 채택하여 수회에 걸쳐 소환장을 송달해 보았으나 이들에 대한 증인소환장이 송달되지 아니하여 그 소재탐지촉탁까지 하였지만 그 소재를 알지 못하게 되었음을 확인하고 제1심 제12회 공판기일에 이른 경우에 위 공소외 甲, 乙의 검찰 및 경찰에서의 각 피의자신문조서의 각 진술기재가 증거로 채용되는 것이 가능한가요?

[답변] 형사소송법 제314조에서 말하는 공판준비 또는 공판기일에 진술을 요할 자가 사망, 질병 기타 사유로 인하여 진술할 수 없을 때라고 함은 소환장이 주소불명 등으로 송달불능이 되어 소재탐지촉탁까지 하여 소재수사를 하였어도 그 소재를 확인할 수 없는 경우도 이에 포함된다고 할 것이고, 같은 법 제314조 단서에 규정된 진술 또는 작성이 특히 신빙할 수 있는 상태 하에서 행하여진 때라 함은 그 진술내용이나 조서 또는 서류의 작성에 허위개입의 여지가 거의 없고 그 진술내용의 신용성이나 임의성을 담보할 구체적이고 외부적인 정황이 있는 경우를 가리킵니다(대법원 1990. 4. 10. 선고 90도246 판결 , 2003. 6. 13. 선고 2003도1617 판결 등 참조).

■ 수사기관의 조사과정에서 작성된 자술서 등의 취급 및 진술거부권을
  고지하지 않은 상태에서 행해진 피의자 진술의 증거능력

[질문] 甲은 형사사건의 피의자로 수사기관에서 조사를 받다가 자신의 죄를 인
정하는 내용의 자술서를 작성하였습니다. 다만 이 때 진술거부권은 고지
받지 못하였습니다. 이 자술서는 증거능력이 인정이 되는 건가요?

[답변] 피의자의 진술을 녹취 내지 기재한 서류 또는 문서가 수사기관에서의
조사 과정에서 작성된 것이라면, 그것이 '진술조서, 진술서, 자술서'라는
형식을 취하였다고 하더라도 그 실질은 피의자신문조서로 보아야 하고,
따라서 그 문서가 작성될 당시 미리 피의자에게 진술거부권을 고지하지
않았다면 그 피의자의 진술은 위법하게 수집된 증거로서 진술의 임의성
이 인정되는 경우라도 증거능력이 부인되어야 한다는 것이 판례의 입장
입니다(대법원 2011. 11. 10. 선고 2010도8294판결).
따라서 사안에서 자술서의 형식을 가진 문서라고 하더라도 그 실질은
피의자신문조서로 보아야 하므로, 진술거부권의 고지 없이 작성된 경우
그 증거능력은 부정됩니다.

[5] 수사단계에서의 피해자 보호

1. 수사기관의 범죄피해자 보호 원칙

① 사법경찰관리는 피해자[타인의 범죄행위로 피해를 당한 사람과 그 배우자(사실상의 혼인관계를 포함함), 직계친족 및 형제자매를 말함]의 심정을 이해하고 그 인격을 존중하며 피해자가 범죄피해 상황에서 조속히 회복하여 인간의 존엄성을 보장받을 수 있도록 노력해야 합니다(경찰수사규칙 제79조제1항).

② 사법경찰관리는 피해자의 명예와 사생활의 평온을 보호하고 해당 사건과 관련하여 각종 법적 절차에 참여할 권리를 보장해야 합니다(경찰수사규칙 제79조제2항).

2. 피해자 동행 및 조사 시 보호

① 피해자 동행 및 조사 시 보호
경찰관은 피해자를 경찰관서 등으로 동행할 때 가해자 또는 피의자 등과 분리하여 동행해야 합니다. 다만, 위해나 보복의 우려가 없을 것으로 판단되는 등 특별한 사정이 있는 경우에는 그렇지 않습니다(범죄수사규칙 제178조).

② 피해자 조사시 주의사항
   (1) 경찰관은 피해자를 조사할 때에는 피해자의 상황을 고려하여 조사에 적합한 장소를 이용할 수 있습니다. 이 경우 조사 후 지체 없이 소속 수사부서장에게 보고해야 합니다(범죄수사규칙 제179조제1항).
   (2) 경찰관은 강력범죄 피해자 등 정신적 충격이 심각할 것으로 추정되는 피해자에 대해서는 피해자의 심리상태를 확인한 후 경찰 피해자심리전문요원이나 외부 전문기관의 심리상담을 받도록 해야 합니다(범죄수사규칙 제179조제3항).

3. 피해자 조사 시 신뢰관계가 있는 사람의 동석

① 피해자 조사 시 신뢰관계가 있는 사람의 동석

  (1) 수사기관은 피해자를 조사하는 경우 연령, 심신의 상태, 그 밖의 사정을 고려하여 피해자가 현저하게 불안 또는 긴장을 느낄 우려가 있다고 인정되는 경우에는 직권 또는 피해자·법정대리인·검사의 신청에 따라 피해자와 신뢰관계에 있는 사람을 동석하게 할 수 있습니다(형사소송법 제221조제3항 및 제163조의2제1항).

② 피해자와 동석할 수 있는 신뢰관계에 있는 사람은 피해자의 직계친족, 형제자매, 배우자, 가족, 동거인, 보호·교육시설의 보호·교육담당자 등 피의자 또는 피해자의 심리적 안정과 원활한 의사소통에 도움을 줄 수 있는 사람으로 합니다(검사와 사법경찰관의 상호협력과 일반적 수사준칙에 관한 규정 제24조제1항).

4. 피해자 등에게 정보제공

수사기관은 범죄사건을 처리하는 과정에서 피해자 등의 보호와 피해회복을 위해 피해자 등에게 다음의 정보를 제공합니다(범죄피해자 보호법 제8조의2제1항).

(1) 범죄피해자의 해당 재판절차 참여 진술권 등 형사절차상 범죄피해자의 권리에 관한 정보

(2) 범죄피해 구조금 지급 및 범죄피해자 보호·지원 단체 현황 등 범죄피해자의 지원에 관한 정보

(3) 그 밖에 범죄피해자의 권리보호 및 복지증진을 위하여 필요하다고 인정되는 정보

5. 수사 진행상황의 통지

① 사법경찰관은 다음의 어느 하나에 해당하는 날부터 7일 이내에 고소인·고발인·피해자 또는 그 법정대리인(피해자가 사망한 경우에는 그 배우자·직계친족·형제자매를 포함함. 이하 "고소인등"이라 함)에게 수사 진행상황을 통지해야 합니다. 다만, 고소인등의 연락처를 모르거나 소재가 확인되지 않으면 연락처나 소재를 알게 된 날부터 7일 이내에 수사 진행상황을 통지해야 합니다(경찰수사규칙 제11조제1항).

1. 신고·고소·고발·진정·탄원에 따라 수사를 개시한 날

2. 위 1에 따른 수사를 개시한 날부터 3개월이 지난 날

3. 위 2에 따른 통지를 한 날 부터 매 1개월이 지난 날

② 위 2에 따른 수사 진행상황 통지 후에 고소인등의 요청이 있거나 그 밖에 사법경찰관이 필요하다고 인정하는 경우에도 수사 진행상황을 통지할 수 있습니다(경찰수사규칙 제11조제2항).

③ 위의 통지는 서면, 전화, 팩스, 전자우편, 문자메시지 등 고소인등이 요청한 방법으로 할 수 있으며, 고소인등이 별도로 요청한 방법이 없는 경우에는 서면 또는 문자메시지로 통지합니다. 이 경우 서면으로 하는 통지는 수사 진행상황 통지서(경찰수사규칙 별지 제9호 서식)에 따릅니다(경찰수사규칙 제11조제3항).

④ 사법경찰관은 수사 진행상황을 서면으로 통지한 경우에는 그 사본을, 그 밖의 방법으로 통지한 경우에는 그 취지를 적은 서면을 사건기록에 편철해야 합니다(경찰수사규칙 제11조제4항).

⑤ 사법경찰관은 위에도 불구하고 다음의 어느 하나에 해당하는 경우에는 수사 진행상황을 통지하지 않을 수 있습니다. 이 경우 그 사실을 수사보고서로 작성하여 사건기록에 편철해야 합니다(경찰수사규칙 제11조제5항).

- 고소인등이 통지를 원하지 않는 경우
- 고소인등에게 통지해야 하는 수사 진행상황을 사전에 고지한 경우
- 사건관계인의 명예나 권리를 부당하게 침해하는 경우
- 사건관계인에 대한 보복범죄나 2차 피해가 우려되는 경우

6. 피해자 등의 신변안전 조치

① 검사 또는 사법경찰관은 피의자의 범죄수법, 범행 동기, 피해자와의 관계, 언동 및 그 밖의 상황으로 보아 피해자가 피의자 또는 그 밖의 사람으로부터 생명·신체에 위해를 입거나 입을 염려가 있다고 인정되는 경우에는 직권 또는 피해자의 신청에 따라 신변보호에 필요한 조치를 강구해야 합니다(검사와 사법경찰관의 상호협력과 일반적 수사준칙에 관한 규정 제15조제2항).

② 신변보호에 필요한 조치의 유형은 다음과 같습니다(경찰수사규칙 제80조제1항).
- 피해자 보호시설 등 특정시설에서의 보호
- 신변경호 및 수사기관 또는 법원 출석·귀가 시 동행
- 임시숙소 제공
- 주거지 순찰 강화, 폐쇄회로텔레비전의 설치 등 주거에 대한 보호
- 그 밖에 비상연락망 구축 등 신변안전에 필요하다고 인정되는 조치

7. 상담사례

■ 형사사건의 피해자가 공판정에서 진술할 권리가 있는지요?

[질문] 저는 얼마 전 여자친구와 길을 가던 중 50대 중반의 만취한 아저씨가 여자친구에게 시비를 걸어와 말리는 과정에서 폭행당하여 상해를 입었습니다. 그런데 그 아저씨는 경찰조사에서 "시비는 있었지만 폭행한 적은 없다."라고 주장합니다. 너무 억울하여 법정에서 진술을 하고 싶은데 피해자가 형사재판절차에 참여할 수도 있는지요?

[답변] 형사재판은 원칙적으로 범죄자의 범죄행위를 국가가 처벌하기 위한 재

판절차입니다. 따라서 국가의 대리인인 검사와 피고인이 당사자가 되어 법원에서 유·무죄 여부와 형량에 대하여 다투는 재판입니다.

한편, 형사피해자의 권리에 관하여 「형사소송법」제294조의2 제1항은 "법원은 범죄로 인한 피해자 또는 그 법정대리인(피해자가 사망한 경우에는 배우자·직계친족·형제자매를 포함한다. 이하 이 조에서 "피해자등"이라 한다)의 신청이 있는 때에는 그 피해자등을 증인으로 신문하여야 한다. 다만, 피해자등이 이미 당해 사건에 관하여 공판절차에서 충분히 진술하여 다시 진술할 필요가 없다고 인정되는 경우, 피해자등의 진술로 인하여 공판절차가 현저하게 지연될 우려가 있는 경우에는 그러하지 아니할 수 있다."라고 규정하고 있고, 같은 법 제294조의2 제2항은 "법원은 제1항에 따라 피해자등을 신문하는 경우 피해의 정도 및 결과, 피고인의 처벌에 관한 의견, 그 밖에 당해 사건에 관한 의견을 진술할 기회를 주어야 한다."라고 규정하여 피해자가 형사재판과정에 참여를 원하는 경우에는 그 참여를 허용하고 있습니다.

또한, 구 형사소송법(2008. 1. 1. 법률 제8496호)의 일부개정으로 도입된 제294조의3은 "법원은 범죄로 인한 피해자를 증인으로 신문하는 경우 당해 피해자·법정대리인 또는 검사의 신청에 따라 피해자의 사생활의 비밀이나 신변보호를 위하여 필요하다고 인정하는 때에는 결정으로 심리를 공개하지 아니할 수 있다."고 규정하고 있으며, 제294조의4는 "소송계속 중인 사건의 피해자(피해자가 사망하거나 그 심신에 중대한 장애가 있는 경우에는 그 배우자·직계친족 및 형제자매를 포함한다), 피해자 본인의 법정대리인 또는 이들로부터 위임을 받은 피해자 본인의 배우자·직계친족·형제자매·변호사는 소송기록의 열람 또는 등사를 재판장에게 신청할 수 있다."고 규정하여 피해자의 재판절차진술권을 강화하고 있습니다.

따라서 귀하가 경찰이나 검찰단계에서 진술하지 못한 다른 중요한 사항이 있다고 생각한다면 당해 사건을 심리하고 있는 재판부에 증인으로 법정에서 진술하고 싶다는 취지의 증인신청을 하여 증인의 자격으로 진술을 할 수 있을 것입니다.

■ 성폭력 피해자로서 증인으로 소환되었는데 반드시 출석해야 하는지요?

[질문] 저는 성폭력범죄의 피해자로서 얼마 전 법원으로부터 증인소환장을 받 았습니다. 가해자를 만나기가 두렵고 성폭력 피해에 대해 이야기하는 것 도 싫은데 재판에 꼭 출석해야 하는지요?

[답변] 가해자(피고인)가 범죄 혐의(공소사실)를 인정하는 사건에서는 피해자가 증인으로 법정에 출석하지 않아도 됩니다. 그런데 만일 가해자가 범죄 혐의를 부인하면서 피해자의 진술을 기재한 조서를 증거로 함에 동의하 지 않는 경우에는 그 조서가 적법한 절차와 방식에 따라 작성된 것으로 서 검사 또는 사법경찰관 앞에서 진술한 내용과 동일하게 기재되어 있 음이 피해자의 공판준비 또는 공판기일에서의 진술이나 영상녹화물 또 는 그 밖의 객관적인 방법에 의하여 증명되고, 피고인 또는 변호인이 공판준비 또는 공판기일에 그 기재 내용에 관하여 피해자를 신문할 수 있었던 때에만 그 조서를 증거로 할 수 있습니다(형사소송법 제312조 제4항). 다만, 피해자가 19세 미만이거나 신체적인 또는 정신적인 장애 로 사물을 변별하거나 의사를 결정할 능력이 미약한 경우에 피해자의 진술 내용과 조사 과정을 비디오녹화기 등 영상물 녹화장치로 촬영한 경우에는 그 영상물에 수록된 피해자의 진술은 공판준비기일 또는 공판 기일에 조사 과정에 동석하였던 신뢰관계에 있는 사람 또는 진술조력인 의 진술에 의하여 그 성립의 진정함(진술한 내용과 동일하게 기재되어 있음)이 인정된 경우에도 증거로 할 수 있습니다(성폭력범죄의 처벌 등 에 관한 특례법 제30조 제6항). 유죄 판결을 하려면 증거능력이 있고 신빙성이 있는 증거에 의해 공소사실이 증명되어야 하므로 피해자를 증 인으로 소환하는 것입니다.

증인으로 소환될 경우 출석의무가 있고, 출석하지 않으면 추후 소송비용 부담 및 과태료, 감치(감치시설에 유치함), 구인(강제로 데려옴) 등의 불 이익이 있을 수 있으며(형사소송법 제151조, 제152조), 피해자의 진술 을 기재한 조서에 증거능력이 없게 되면 증거 불충분으로 가해자가 무 죄 판결을 선고받을 가능성도 있으므로 출석하는 것이 바람직합니다.

가해자 앞에서 증언하는 것이 두려울 경우 피고인을 퇴정하게 하고 진 술하도록 해줄 것을 법원에 요청할 수 있습니다. 재판장은 증인이 피고 인의 면전에서 충분한 진술을 할 수 없다고 인정한 때에는 피고인을 퇴 정하게 하고 진술하게 할 수 있습니다(형사소송법 제297조 제1항).

■ 피해자는 판에서 아무런 권리도 없는 건가요?

[질문] A의 음주운전 차량에 치어 아버지가 돌아가셨습니다. A는 유족들에게 피해배상을 하지 않고 있는 것은 물론이고 사과조차 없는 상태입니다. 현재 형사재판이 진행중인데 피해자는 재판에서 아무런 권리도 없는 건가요?

[답변] 헌법 제27조 제5항은 형사피해자의 진술권을 재판청구권의 한 내용으로 보장하고 있으며, 형사소송법 제294조의 2에서는 법원은 피해자 및 법정대리인(피해자가 사망한 경우에는 배우자, 직계친족, 형제자매를 포함한다)의 신청이 있는 경우에는 그 피해자를 증인으로 신문하여야 하고, 피해자를 신문하는 경우에 피해의 정도 및 결과, 피고인의 처벌에 관한 의견 그 밖에 당해 사건에 관한 의견을 진술할 기회를 주어야 한다고 규정하여 피해자의 진술권을 보장하고 있습니다. 따라서 검사를 통하거나 탄원서 등의 형태로 법원에 직접 진술기회를 줄것을 요청하실 수 있으며, 당해 사건의 방청 중 법관의 허가를 얻어 의견을 진술하시면 됩니다.

■ 피해자 증인신문시 심리비공개요청이 가능한지요?

[질문] 피해자 증인신문시 심리비공개요청이 가능한지요?

[답변] 가능합니다. 형사소송법 제294조의3은 법원은 범죄로 인한 피해자를 증인으로 신문하는 경우 당해 피해자·법정대리인 등의 신청에 따라 필요가 인정되는 경우 심리를 공개하지 아니할 수 있다고 규정하고 있습니다.

■ 피해자 증인신문시 피고인을 나가게 할 수 있는지요?

[질문] 피해자 증인신문시 피고인을 나가게 할 수 있나요?

[답변] 가능합니다. 형사소송법 제297조는 "재판장은 증인 또는 감정인이 피고인 또는 어떤 재정인의 면전에서 충분한 진술을 할 수 없다고 인정한 때에는 그를 퇴정하게 하고 진술하게 할 수 있다. 피고인이 다른 피고인의 면전에서 충분한 진술을 할 수 없다고 인정한 때에도 같다"고 규정하고 있습니다.

8. 관련판례

[대법원 2025.4. 15.선고 2024도16921 판결]

【판시사항】

업무방해죄에서 '위력'의 의미 및 위력에 해당하는지 판단하는 기준

【판결요지】

업무방해죄의 '위력'이란 사람의 자유의사를 제압·혼란하게 할 만한 일체의 세력으로 유형적이든 무형적이든 묻지 아니한다. 또한 위력이 행사되었다고 하기 위해 현실적으로 피해자의 자유의사가 제압되어야만 하는 것은 아니지만, 범인의 위세, 사람 수, 주위의 상황 등에 비추어 피해자의 자유의사를 제압하기 족한 정도가 되어야 한다. 그러한 위력에 해당하는지는 범행의 일시·장소, 범행의 동기, 목적, 인원수, 세력의 태양, 업무의 종류, 피해자의 지위 등 여러 사정을 고려하여 객관적으로 판단하여야 하고, 피해자 등의 의사에 의해 결정되는 것은 아니다(대법원 2025.4. 15.선고 2024도16921 판결).

[대법원 2025. 3. 13.선고 2024다238217 판결]

【판시사항】

교통사고로 부상한 피해자가 치료를 받던 도중 사망한 경우의 책임보험금에 관하여 규정하고 있는 자동차손해배상 보장법 시행령 제3조 제2항 제1호 의 '제1항 제1호와 제2호에 따른 한도금액의 합산액 범위에서 피해자에게 발생한 손해액'의 의미

【판결요지】

자동차손해배상 보장법(이하 '자동차손배법'이라 한다) 제5조 제1항은 '자동차보유지는 자동차의 운행으로 다른 사람이 사망하거나 부상한 경우에 피해자에게 대통령령으로 정하는 금액을 지급할 책임을 지는 책임보험이나 책임공제에 가입하여야 한다.'는 취지로 정하고 있다. 이는 자동차사고 피해자에 대한 보호와 그에 따른 사회적 손실의 방지 등을 위하여 자동차보유자에게 의무보험의 가입을 강제하는 한편, 이로써 초래될 자동차보유자의 계약의 자유 및 재산권 등에 대한 제한, 자동차운송 위축에 따른 사회적 손실 등을 고려하여 그 의무보험이 보장하여야 할 책임보험금액을 대통령령으로 정하도록 위임한 것이다.

이에 따라 자동차손해배상 보장법 시행령(이하 '자동차손배법 시행령'이라 한다) 제3조 제1항은 그 책임보험금액에 대하여 자동차의 운행으로 사람이 사망한 경우 '1억 5,000만원의 범위에서 피해자에게 발생한 손해액. 다만 그 손해액이 2,000만원 미만인 경우에는 2,000만원으로 한다.'(제1호)는 취지로, 부상한 경우 '[별표 1]에서 정하는 금액의 범위에서 피해자에게 발생한 손해액. 다만 그 손해액이 자동차보험진료수가기준에 따라 산출한 진료비 해당액에 미달하는 경우에는 [별표 1]에서 정하는 금액의 범위에서 진료비 해당액으로 한다.'(제2호)는 취지로 정하고 있다. 즉, 사망하거나 부상한 경우의 책임보험금액을 피해자에게 발생한 손해액으로 정하되, 자동차보유자의 이익 등을 고려하여 본문에서 책임보험금의 상한을 정하고 자동차사고 피해자의 보호 등을 고려하여 단서에서 책임보험금의 하한을 정한 것이다.

자동차손배법 시행령 제3조 제2항 제1호는 부상한 사람이 치료 중 그 부상이 원인이 되어 사망한 경우 피해자에게 지급되어야 할 책임보험금액을 '제1항 제1호와 같은 항 제2호에 따른 한도금액의 합산액 범위에서 피해자에게 발생한 손해액'으로 정하고 있다.

위 규정에서 '한도'는 수량이나 범위가 제한된 정도를, '범위'는 일정하게 한정된 영역을 뜻하고, 위 규정은 상한과 하한을 구분하지 않고 '한도금액의 합산액'이라 표현하고 있으므로, '제1항 제1호와 같은 항 제2호에 따른 한도금액의 합산액 범위에서'라는 문언은 자동차손배법 시행령 제3조 제1항 제1호, 제2호 각 본문에서 정한 각 상한의 합산액뿐만 아니라 각 단서에서 정한 각 하한의 합산액도 책임보험금의 한도로 정한다는 의미로 볼 수 있다.

이와 같이 위 규정에서 피해자가 부상하여 사망한 경우 피해자에게 지급되어야 할 책임보험금의 하한을 정해두었다고 보는 것이 피해자가 사망하거나 부상한 경우 피해자를 보호하기 위하여 책임보험금의 하한을 설정해 둔 자동차손배법 및 그 시행령의 취지 및 규정 체계에 부합한다.

또한 자동차손배법 시행령 제3조 제1항 이 피해자가 사망한 경우 책임보험금의 하한을 2,000만원(제1호 단서)으로, 피해자가 부상한 경우 책임보험금의 하한을 진료비 해당액(제2호 단서)으로 설정한 것은 피해자에게 사망 또는 부상 중 어느 하나만 발생한 상황을 전제한 것이므로, 피해자가 부상하여 사망에 이른 경우 피해자에게 지급될 책임보험금은 위 각 하한의 합산액만큼은 보장되어야 한다.

이러한 자동차손배법 시행령 제3조 제2항 제1호의 문언, 책임보험금액의 설정에 관한 자동차손배법과 그 시행령 규정의 취지 및 체계 등을 고려하면,

교통사고로 부상한 피해자가 치료를 받던 도중 사망한 경우의 책임보험금에 관한 위 규정의 '제1항 제1호와 제2호에 따른 한도금액의 합산액 범위에서 피해자에게 발생한 손해액'은 자동차손배법 시행령 제3조 제1항 제1호, 제2호 각 본문 금액, 즉 상한의 합산액 범위에서 피해자에게 발생한 손해액을 책임보험금으로 하되, 그 손해액이 같은 항 제1호, 제2호 각 단서 금액, 즉 하한의 합산액에 미달할 경우에는 그 합산액만큼은 피해자에게 책임보험금으로 지급되어야 한다는 의미로 해석함이 타당하다.

[대법원 2024. 12. 24.선고 2023도3626 판결]

【판시사항】

아동·청소년이용음란물 및 성적 욕망 또는 수치심을 유발할 수 있는 피해자들의 신체 부위를 피해지들의 동의 없이 촬영한 사진과 동영상을 소지하였다는 공소사실로 기소된 사건

【판결요지】

아동·청소년이용음란물 및 성적 욕망 또는 수치심을 유발할 수 있는 피해자들의 신체 부위를 피해자들의 동의 없이 촬영한 사진과 동영상을 소지하였다는 공소사실로 기소된 피고인 소유의 USB(이하 '원본 USB'라 한다)에 저장된 사진과 동영상 등 전자정보 중 일부를 피해자들이 임의로 선별, 복제한 다음 그 복제 전자정보를 피해자들이 소유·관리하는 USB들에 저장하여 경찰에 임의제출한 사안에서, 피해자들이 임의제출한 USB들은 피해자들의 소유·관리에 속하는 정보저장매체로서 그 자체로는 피고인과 관련이 없는 점, 피고인이 소유·관리하는 정보저장매체는 원본 USB뿐인데, 원본 USB는 수사기관에 임의제출되거나 압수된 바 없으므로 원본 USB에 관하여 형사소송법이 정한 참여권이나 그 참여권 인정을 위한 전제로 실질적 피압수자라는 지위를 상정하기 어려운 점, 피해자들이 임의제출한 전자정보 등의 압수·수색(임의제출) 과정에서는 특별한 사정이 없는 한 임의제출자인 피해자들(피압수자)에게 형사소송법이 정하는 바에 따라 참여의 기회를 부여하는 것으로 충분하고 그 전자정보 등이 원본 USB로부터 유래하였다는 사정만으로 원본 USB 소유·관리자이자 그 저장 전자정보의 관리처분권자인 피고인을 실질적 피압수자로 보아 피고인에게까지 참여의 기회를 부여해야만 그 임의제출이 적법하다고 평가할 수는 없는 점을 종합하면, 피해자들이 제출한 위 전자정보 등이 위법수집증거에 해당하고 이에 기초하여 획득한 증거도 2차적 증거로서 증거능력이 없다고 보아 공소사실을 무죄로 본 원심판단에 법리오해의 잘못이 있다고 한 사례.

[6] 수사단계에서의 피의자(가해자) 보호

1. 피의자 등에 대한 수사의 기본원칙

① 피의자 등에 대한 수사

피의자에 대한 수사는 불구속 상태에서 함을 원칙으로 합니다(형사소송법 제198조제1항).

② 수사기관은 피의자 또는 다른 사람의 인권을 존중하고 수사과정에서 취득한 비밀을 엄수하며 수사에 방해되는 일이 없도록 해야 합니다(형사소송법 제198조제2항).

2. 소년사건의 수사 및 보호 처분

① 소년사건에서의 소년에 대한 조사

(1) 사법경찰관리는 소년을 조사하는 경우에는 행위의 동기, 그 소년의 성품과 행실, 경력, 가정 상황, 교우관계, 그 밖의 환경 등을 상세히 조사해 그 결과를 서면으로 적어야 합니다(경찰수사규칙 제89조제1항).

※ 소년사건에서 "소년"이란, 만 19세 미만인 사람을 말합니다(소년법제2조).

(2) 사법경찰관리는 소년에 대한 출석요구나 조사를 하는 경우에는 지체 없이 그 소년의 보호자 또는 보호자를 대신하여 소년을 보호할 수 있는 사람에게 연락해야 합니다. 다만, 연락하는 것이 그 소년의 복리상 부적당하다고 인정되는 경우에는 그렇지 않습니다(경찰수사규칙 제89조제2항).

(3) 법경찰관리는 소년인 피의자에 대해서는 가급적 구속을 피하고, 부득이하게 체포·구속 또는 임의동행하는 경우에는 그 시기와 방법에 특히 주의해야 합니다(경찰수사규칙 제89조제3항).

(4) 사법경찰관리는 소년인 피의자가 체포·구속된 경우에는 다른 사건보다 우선해 그 사건을 조사하는 등 신속한 수사를 위해

노력해야 합니다(경찰수사규칙 제89조제4항).

② 소년사건의 송치 등

(1) 경찰서장은 소년 보호사건을 법원에 송치하는 경우에는 소년 보호사건 송치서를 작성하여 사건기록에 편철하고 관계 서류와 증거물을 관할 가정법원 소년부 또는 지방법원 소년부에 송부해야 합니다(소년법 제4조제1항제2호·제3호 및 경찰수사규칙 제107조제1항).

- 피의자가 폭행·상해사건을 저지른 만 10세 이상 14세 미만의 소년인 경우

- 다음에 해당하는 사유가 있고 그의 성격이나 환경에 비추어 앞으로 형벌 법령에 저촉되는 행위를 할 우려가 있는 10세 이상인 소년

  가. 집단적으로 몰려다니며 주위 사람들에게 불안감을 조성하는 성벽(性癖)이 있는 것

  나. 정당한 이유 없이 가출하는 것

  다. 술을 마시고 소란을 피우거나 유해환경에 접하는 성벽이 있는 것

③ 보호 처분

가해자가 만 14세 미만인 소년인 경우에는 「형법」에 따른 형사처벌을 받지 않지만(형법 제9조), 만 10세 이상 14세 미만인 소년이라면 「소년법」에 따른 보호사건으로서 보호 처분 등을 받을 수 있습니다.

3. 진술거부권(묵비권) 등의 고지

① 진술거부권의 개념

"진술거부권"이란, 질문 또는 신문(訊問)에 대해 진술을 거부할 수 있는 권리를 말하며, 피의자는 수사기관의 질문 또는 신문에 대해 진술거부권을 행사할 수 있습니다(대한민국헌법 제12조제2항 및 형사소송법 제244조의3제1항 참조).

② 진술거부권 등의 고지

수사기관은 피의자를 신문하기 전에 다음 사항을 알려주어야 합니다(형사소송법 제244조의3제1항).

(1) 일체의 진술을 하지 않거나 개개의 질문에 대해 진술을 하지 않을 수 있다는 것

(2) 진술을 하지 않더라도 불이익을 받지 않는다는 것

(3) 진술거부권을 포기하고 행한 진술은 법정에서 유죄의 증거로 사용될 수 있다는 것

(4) 신문을 받을 때에는 변호인을 참여하게 하는 등 변호인의 조력을 받을 수 있다는 것

4. 변호인의 선임

① 변호인 선임권

피의자, 피의자의 법정대리인, 배우자, 직계친족과 형제자매는 독립하여 변호인을 선임할 수 있습니다(형사소송법 제30조).

② 원칙적으로 변호인은 변호사 중에서 선임해야 합니다(형사소송법 제31조).

③ 변호인의 피의자 신문 등 참여

사법경찰관리는 피의자 또는 그 변호인·법정대리인·배우자·직계친족·형제자매의 신청이 있는 경우 변호인의 참여로 인하여 신문이 방해되거나, 수사기밀이 누설되는 등 정당한 사유가 있는 경우를 제외하고는 피의자에 대한 신문에 변호인을 참여하게 해야 합니다(경찰수사규칙 제12조제1항).

5. 장애인 등 특별히 보호를 필요로 하는 피의자에 대한 특칙

□ 피의자의 신뢰관계자 동석

수사기관은 피의자가 다음 중 어느 하나에 해당하는 경우에는 피의자 신문 시 직권 또는 피의자·법정대리인의 신청에 따라 피의자와

신뢰관계에 있는 사람을 동석하게 할 수 있습니다(형사소송법 제
244조의5).

(1) 피의자가 신체적 또는 정신적 장애로 사물을 변별하거나 의사
　　를 결정·전달할 능력이 미약한 경우
(2) 피의자의 연령·성별·국적 등의 사정을 고려하여 그 심리적 안정
　　의 도모와 원활한 의사소통을 위해 필요한 경우

6. 상담사례

■ 피의자와 친분관계인 수사검사를 배제시킬 수 있는지요?

[질문] 저는 상해사건의 피해자로서 얼마전 수사기관에 고소를 제기한 바 있습
니다. 그러나 사건을 담당하고 있는 검사와 피의자는 고등학교 동기 사
이로서 아직까지도 개인적으로 만나는 절친한 사이라고 합니다. 저는 피
의자에게 맞은 것이 너무 억울하고 괘씸하여 엄벌에 처하기를 바라고
있는데, 피의자는 교통사고로 벌금을 낸 것 외에는 전과가 없고 제가
제출한 진단서 상 전치 3주의 상해로 그 정도가 중하지 않으므로 검사
가 이 사건에 대해 적당히 기소유예 처분으로 끝낼거라는 의심이 강하
게 듭니다. 다른 검사가 수사했으면 좋겠는데 방법이 없을까요?

[답변] 「형사소송법」에 의하면 공판단계에서 법원직원(법관, 법원사무관 등)이
불공평한 재판을 할 우려가 있는 경우 당해 법관을 그 사건에서 배제시
키는 제척·기피·회피 등의 제도가 마련되어 있습니다(같은 법 제17조 내
지 제25조).

그러나 수사단계에서 검사에 대한 제척·기피·회피 제도는 법률에 아무런
규정이 없고 실무상으로도 인정되고 있지 않습니다.

따라서 위 사안의 경우 검사가 기소 여부와 관련하여 불공정한 결정을
내릴 우려가 있다고 의심이 들 수는 있겠으나, 검사의 제척·기피·회피
등은 인정되지 않고 있으므로 수사배당권자가 재배당하는 방법으로 수
사의 공정성을 꾀할 수는 있겠으나, 이는 배당권자의 고유권한사항이지
피해자가 이를 요구할 수 있는 권리를 가지는 것은 아닙니다.

결론적으로, 검사와 피의자의 친분관계를 소명하여 민원을 제기해볼 수
는 있겠으나, 검사의 교체를 요구할 수 있는 절차 혹은 그러한 권리가
법적으로 보장되어 있지는 않습니다.

다만 「검찰청법」제10조에서는 검사의 불기소처분(기소유예처분 포함)에 대하여 불복하는 고소인은 그 검사가 속한 지방검찰청 또는 지청을 거쳐 서면으로 관할 고등검찰청 검사장에게 항고할 수 있는 항고 제도를 규정하고 있고, 「형사소송법」제260조에서는 검사 소속의 지방검찰청 소재지를 관할하는 고등법원에 그 당부에 관한 재정을 신청할 수 있는 재정신청 제도를 규정하고 있어 이러한 제도를 이용하여 검사의 불기소처분에 대하여 불복을 할 수 있을 것입니다.

■ 긴급체포 후 석방된 피의자를 다시 구속할 수 있는지요?

[질문] 甲은 「마약류관리에관한법률」위반으로 긴급체포되었다가 수사기관의 조치로 석방된 후 법원이 발부한 구속영장에 의하여 구속되었습니다. 이러한 경우 「형사소송법」제200조의4 제3항 및 제208조의 재구속의 제한 규정에 위반된 것이 아닌지요?

[답변] 긴급체포와 영장청구기간에 관하여 「형사소송법」제200조의4는 "①검사 또는 사법경찰관이 제200조의3의 규정에 의하여 피의자를 긴급체포한 경우 피의자를 구속하고자 할 때에는 지체 없이 검사는 관할지방법원판사에게 구속영장을 청구하여야 하고, 사법경찰관은 검사에게 신청하여 검사의 청구로 관할지방법원판사에게 구속영장을 청구하여야 한다. 이 경우 구속영장은 피의자를 체포한 때부터 48시간 이내에 청구하여야 하며, 제200조의3 제3항에 따른 긴급체포서를 첨부하여야 한다. ②제1항의 규정에 의하여 구속영장을 청구하지 아니하거나 발부 받지 못한 때에는 피의자를 즉시 석방하여야 한다. ③제2항의 규정에 의하여 석방된 자는 영장 없이는 동일한 범죄사실에 관하여 체포하지 못한다."라고 규정하고 있으며, 같은 법 제208조는 "①검사 또는 사법경찰관에 의하여 구속되었다가 석방된 자는 다른 중요한 증거를 발견한 경우를 제외하고는 동일한 범죄사실에 관하여 재차 구속하지 못한다. ②전항의 경우에는 1개의 목적을 위하여 동시 또는 수단결과의 관계에서 행하여진 행위는 동일한 범죄사실로 간주한다."라고 규정하고 있습니다.

그런데 위 사안과 같이 긴급체포 되었다가 수사기관의 조치로 석방된 후 법원이 발부한 구속영장에 의하여 구속이 이루어진 경우, 「형사소송법」제200조의4 제3항, 제208조에 위배되는 위법한 구속인지에 관하여 판례는 "형사소송법 제200조의4 제3항은 영장 없이는 긴급체포 후 석방된 피의자를 동일한 범죄사실에 관하여 체포하지 못한다는 규정으로, 위와 같이 석방된 피의자라도 법원으로부터 구속영장을 발부 받아 구속할 수 있음은 물론이고, 형사소송법 제208조 소정의 '구속되었다가 석방된 자'라 함은 구속영장에 의하여 구속되었다가 석방된 경우를 말하는 것이지, 긴급체포나 현행범으로 체포되었다가 사후영장발부 전에 석방된 경우는 포함되지 않는다 할 것이므로, 피고인이 수사 당시 긴급체포 되었다가 수사기관의 조치로 석방된 후 법원이 발부한 구속영장에 의하여 구속이 이루어진 경우 앞서 본 법조에 위배되는 위법한 구속이라고 볼 수 없다."라고 하였습니다(대법원 2001. 9. 28. 선고 2001도4291 판결).

따라서 긴급체포되었다가 수사기관의 조치로 석방된 후 법원이 발부한 구속영장에 의하여 구속이 이루어진 경우에는 재구속의 제한규정에 위반되지 않는다고 할 것입니다.

■ 피의자에 대하여 보증금 납입부 석방이 가능한지요?

[질문] 저희 아버지께서 폭력사건으로 오늘 구속되셨는데요(아직 기소되셨는지는 모르겠습니다). 인터넷에 검색해보니 아버지께서 풀려나실 수 있는 방법으로 구속적부심사라는 것이 있던데, 혹시 이것도 영화에서 보던 보석청구처럼 돈이 필요한 경우가 있을까요? 돈이 필요하다면 어서 빨리 마련해야 해서요.

[답변] 귀하의 아버지께서 구속되셔서 놀라셨을 것 같습니다. 그리고 구속된 아버지를 석방될 수 있도록 여러 방법을 찾아보고 계신 것으로 보이는데요, 그 중에 대표적인 방법이 구속적부심사입니다. 형사소송법 제214조의2에서 규정하고 있는데요, 구체적인 절차는 법률구조공단 홈페이지의 법률상담사례를 참조하시면 됩니다.

여기서는 보석청구처럼 돈이 필요한지에 대해서 설명드리겠습니다. 형사소송법 제214조의2 제5항에 의하면, 법원은 구속적부심의 결과 석방은 해주되, 피의자의 출석을 보증할만한 보증금의 납입을 조건으로 하여 결정으로 석방을 명할 수 있습니다. 참고로 아버지에 대한 구속적부심사를 청구한 후 공소가 제기되어 아버지가 피고인(공소가 제기 되기 전이 피의자이고, 제기 된 후는 피고인이라 합니다)이 되었더라도 보증금납입부 석방이 가능합니다. 따라서 귀하께서도 아버지의 보증금납입부 석방을 대비하여 돈을 마련해두시는 것을 권합니다.

석방된 아버지께서 유죄판결을 선고 받고도 불출석 또는 도망할 경우에
는 보증금의 일부 또는 전부가 몰수되므로 성실하게 공판에 임하시길
바랍니다.

■ 기소유예 처분에 대한 피의자의 불복방법

[질문] 피의사실과 같은 범죄를 저지른 바 없는데도 검찰에서 기소유예 처분이
나왔습니다. 이를 다투고자 하는데 어떻게 해야 하는지요.

[답변] 고소인이나 고발인의 경우 항고로 불복할 수 있으나(검찰청법 제10조),
피의자의 경우에는 기소유예 처분에 직접 불복할 수 있는 방법이 없습
니다. 그러나, 기소유예 처분도 공권력의 행사이고, 위와 같이 법률상
구제절차가 없으므로, 기소유예 처분에 대하여 평등권 및 행복추구권의
침해를 이유로 헌법소원을 제기할 수 있습니다. 헌법재판소 홈페이지에
서 기소유예에 대한 헌법소원청구서 작성례도 제공하고 있으므로 이를
참고할 만하나, 몇 가지 주의할 점이 있습니다.

첫째, 이 헌법소원은 그 사유인 기소유예처분이 있음을 안 날로부터 90일
이내에, 그 사유가 있은 날로부터 1년 이내에 청구하여야 합니다(헌법재판
소법 제69조 제1항 본문)(헌재 1992. 11. 12. 91헌마146 결정 등).

둘째, 헌법소원심판을 청구하려면 변호사를 대리인으로 선임하여야 합니
다(같은 법 제25조 제3항).

따라서, 만일 대리인을 선임할 자력이 없다면 국선대리인선임신청도 하
여야 합니다(같은 법 제70조 제1항).

■ 범죄피의자가 타인의 성명을 모용(冒用)한 경우 그 효력

[질문] 저는 전혀 알지 못하는 범죄피의자가 제 성명과 주민등록번호를 수사기
관에 허위로 진술하여 저에게 벌금을 납부하라는 약식명령이 송달되었
습니다. 그러므로 저는 약식명령에 대하여 정식재판을 청구해 두고 있는
데, 이 경우 저는 어떻게 대처하여야 하는지요?

[답변] 공소제기의 효력이 미치는 인적 범위에 관하여 「형사소송법」 제248조
는 "공소는 검사가 피고인으로 지정한 이외의 다른 사람에게 그 효력이
미치지 아니한다."라고 규정하고 있습니다.

그리고 타인의 성명을 모용(冒用)한 경우 공소제기의 효력이 미치는 인
적 범위에 관하여 판례는 "형사소송법 제248조에 의하여 공소는 검사가

피고인으로 지정한 이외의 다른 사람에게 그 효력이 미치지 아니하는 것이므로, 공소제기의 효력은 검사가 피고인으로 지정한 자에 대하여만 미치는 것이고, 따라서 피의자가 다른 사람의 성명을 모용한 탓으로 공소장에 피모용자가 피고인으로 표시되었다 하더라도 이는 당사자의 표시상의 착오일 뿐이고, 검사는 모용자에 대하여 공소를 제기한 것이므로 모용자가 피고인이 되고 피모용자에게 공소의 효력이 미친다고는 할 수 없다. 따라서 검사가 공소장의 피고인표시를 정정하여 바로 잡은 경우에는 처음부터 모용자에 대한 공소의 제기가 있었고, 피모용자에 대한 공소의 제기가 있었던 것은 아니므로 법원은 모용자에 대하여 심리하고 재판을 하면 될 것이지, 원칙적으로는 피모용자에 대하여 심판할 것은 아니다."라고 하였으며, 피모용자가 약식명령에 대하여 정식재판청구를 한 경우, 모용자와 피모용자에 대한 법원의 조치에 관하여 "피모용자가 약식명령을 송달 받고 이에 대하여 정식재판의 청구를 하여 피모용자를 상대로 심리를 하는 과정에서 성명모용 사실이 발각되고 검사가 공소장을 정정하는 등 사실상의 소송계속이 발생하고 형식상 또는 외관상 피고인의 지위를 갖게 된 경우에는 법원으로서는 피모용자에게 적법한 공소의 제기가 없었음을 밝혀주는 의미에서 형사소송법 제327조 제2호를 유추적용하여 공소기각의 판결을 함으로써 피모용자의 불안정한 지위를 명확히 해소해주어야 할 것이지만, 진정한 피고인인 모용자에게는 아직 약식명령의 송달이 없었다고 할 것이므로 검사는 공소장에 기재된 피고인 표시를 정정하고 법원은 이에 따라 약식명령의 피고인 표시를 정정하여 본래의 약식명령과 함께 이 경정결정을 모용자인 피고인에게 송달하면 이때야 비로소 위 약식명령은 적법한 송달이 있다고 볼 것이고, 이에 대하여 소정의 기간 내에 정식재판의 청구가 없으면 이 약식명령은 확정된다."라고 하였습니다(대법원 1997. 11. 28. 선고 97도2215 판결).
따라서 위 사안에서 귀하는 정식재판의 공판기일에 출석하여 성명을 모용당하였음을 진술하여야 할 것이고, 그러한 성명모용사실이 밝혀지면 법원은 귀하에게 적법한 공소의 제기가 없었음을 밝혀주는 의미에서 「형사소송법」 제327조 제2호를 유추적용하여 공소기각의 판결을 할 것으로 보입니다.
참고로 성명모용사실이 판명되지 아니한 채, 형을 선고한 판결이 확정되어 수형인명부에 피모용자가 전과자로 기재된 경우에는 피모용자는 검사에게 전과말소신청을 하여 검사의 결정으로 수형인명부의 전과기재를 말소할 수 있습니다.

■ 위법한 강제연행 상태에서 피의자의 요구에 의하여 이루어진 혈액채취 방법에 의한 음주측정 결과의 증거능력

[질문] 저는 운전을 하다가 경미한 교통사고를 냈는데 출동한 경찰관들이 음주측정을 위해 지구대로 동행할 것을 요구하였고 이를 거절하자 경찰관들은 피의사실의 요지, 체포의 이유와 변호인 선임권을 고지하지 않은 채 저를 강제로 순찰차에 태워 지구대로 데려갔습니다. 지구대에서 경찰관들로부터 호흡조사 방법에 의한 음주측정에 응할 것을 요구받았으나 이를 거부하다가 불응할 경우 구속된다는 말을 듣고 호흡측정에 응하였고 그 결과 음주운전으로 처벌받는 수치가 나왔습니다. 그러나 그 결과를 받아들일 수 없어 경찰관에게 혈액측정을 요구하였고 이후 경찰관과 인근 병원에 동행하여 채혈을 하였습니다. 이러한 혈액채취 방법에 의한 음주측정의 결과를 담은 혈중알코올농도 감정서 및 주취운전자 적발보고서가 증거로 쓰일 수 있는지요?

[답변] 적법한 절차에 따르지 아니한 위법행위를 기초로 하여 증거가 수집된 경우에는 당해 증거뿐 아니라 그에 터 잡아 획득한 2차적 증거에 대해서도 그 증거능력은 부정되어야 할 것입니다. 다만 위와 같은 위법수집증거 배제의 원칙은 수사과정의 위법행위를 억지함으로써 국민의 기본적 인권을 보장하기 위한 것이므로 적법절차에 위배되는 행위의 영향이 차단되거나 소멸되었다고 볼 수 있는 상태에서 수집한 증거는 그 증거능력을 인정하더라도 적법절차의 실질적 내용에 대한 침해가 일어나지는 않는다 할 것이어서 그 증거능력을 부정할 이유는 없습니다. 따라서 증거수집 과정에서 이루어진 적법절차 위반행위의 내용과 경위 및 그 관련 사정을 종합하여 볼 때 당초의 적법절차 위반행위와 증거수집 행위의 중간에 그 행위의 위법 요소가 제거 내지 배제되었다고 볼 만한 다른 사정이 개입됨으로써 인과관계가 단절된 것으로 평가할 수 있는 예외적인 경우에는 이를 유죄 인정의 증거로 사용할 수 있다고 할 것입니다.

체포의 이유와 변호인 선임권의 고지 등 적법한 절차를 무시한 채 이루어진 강제연행은 전형적인 위법한 체포에 해당하고, 위법한 체포 상태에서 이루어진 음주측정요구는 주취운전의 범죄행위에 대한 증거수집을 목적으로 한 일련의 과정에서 이루어진 것이므로, 그 측정 결과는 형사소송법 제308조의2에 규정된 '적법한 절차에 따르지 아니하고 수집한 증거'에 해당하여 증거능력을 인정할 수 없습니다(대법원 2007. 11.

15. 선고 2007도3061 전원합의체 판결). 또한 위법한 강제연행 상태에서 호흡측정의 방법에 의한 음주측정을 한 다음 그 강제연행 상태로부터 시간적·장소적으로 단절되었다고 볼 수도 없고 피의자의 심적 상태 또한 강제연행 상태로부터 완전히 벗어났다고 볼 수 없는 상황에서 피의자가 호흡측정 결과에 대한 탄핵을 하기 위하여 스스로 혈액채취 방법에 의한 측정을 할 것을 요구하여 혈액채취가 이루어졌다고 하더라도 그 사이에 위법한 체포 상태에 의한 영향이 완전하게 배제되고 피의자의 의사결정의 자유가 확실하게 보장되었다고 볼 만한 다른 사정이 개입되지 않은 이상 불법체포와 증거수집 사이의 인과관계가 단절된 것으로 볼 수는 없습니다(대법원 2013. 3. 14. 선고 2010도2094 판결).

따라서 위 사안에서 혈액채취 방법에 의한 혈중알코올농도 감정서 및 주취운전자 적발보고서는 유죄 인정의 증거로 쓰일 수 없다고 보입니다.

■ **수사기관의 조사과정에서 작성된 자술서 등의 취급 및 진술거부권을 고지하지 않은 상태에서 행해진 피의자 진술의 증거능력**

[질문] 甲은 형사사건의 피의자로 수사기관에서 조사를 받다가 자신의 죄를 인정하는 내용의 자술서를 작성하였습니다. 다만 이 때 진술거부권은 고지받지 못하였습니다. 이 자술서는 증거능력이 인정이 되는 건가요?

[답변] 피의자의 진술을 녹취 내지 기재한 서류 또는 문서가 수사기관에서의 조사 과정에서 작성된 것이라면, 그것이 '진술조서, 진술서, 자술서'라는 형식을 취하였다고 하더라도 그 실질은 피의자신문조서로 보아야 하고, 따라서 그 문서가 작성될 당시 미리 피의자에게 진술거부권을 고지하지 않았다면 그 피의자의 진술은 위법하게 수집된 증거로서 진술의 임의성이 인정되는 경우라도 증거능력이 부인되어야 한다는 것이 판례의 입장입니다(대법원 2011. 11. 10. 선고 2010도8294판결).

따라서 사안에서 자술서의 형식을 가진 문서라고 하더라도 그 실질은 피의자신문조서로 보아야 하므로, 진술거부권의 고지 없이 작성된 경우 그 증거능력은 부정됩니다.

7. 관련판례

[대법원 2025. 3. 13.선고 2022도9819 판결]

【판시사항】

구속 전 피의자심문절차에서 심문기일을 속행하는 것이 바람직한지 여부(원칙적 소극)

【판결요지】

(가) 대한민국헌법(이하 '헌법'이라 한다) 제12조는 국민의 신체의 자유와 관련하여 제1항 에서 "모든 국민은 신체의 자유를 가진다. 누구든지 법률에 의하지 아니하고는 체포·구속·압수·수색 또는 심문을 받지 아니한다."라고 정하고, 제3항 본문에서 "체포·구속·압수 또는 수색을 할 때에는 적법한 절차에 따라 검사의 신청에 의하여 법관이 발부한 영장을 제시하여야 한다."라고 정하며, 제5항에서 "누구든지 체포 또는 구속의 이유와 변호인의 조력을 받을 권리가 있음을 고지받지 아니하고는 체포 또는 구속을 당하지 아니한다. 체포 또는 구속을 당한 자의 가족 등 법률이 정하는 자에게는 그 이유와 일시·장소가 지체 없이 통지되어야 한다."라고 정함으로써 적법절차와 영장주의의 원칙을 선언하고 있다.

(나) 이에 따라 형사소송법(이하 '법'이라 한다)과 형사소송규칙(이하 '규칙'이라 한다)은 피의자에 대한 구속영장의 청구와 발부절차에 관하여 다음과 같이 규정하고 있다.

① 영장에 의해 체포한 피의자를 구속하고자 할 때에는 체포한 때부터 48시간 이내에 법 제201조의 규정에 의하여 구속영장을 청구하여야 하고, 그 기간 내에 구속영장을 청구하지 아니하는 때에는 피의자를 즉시 석방하여야 한다(법 제200조의2 제5항). 위 규정은 검사 또는 사법경찰관리가 현행범인을 체포하거나 현행범인을 인도받은 경우에 준용되고(법 제213조의2), 같은 취지의 규정이 긴급체포한 피의자를 구속하고자 하는 경우에 관하여도 존재한다(법 제200조의4 제1항, 제2항).

② 체포된 피의자에 대하여 구속영장을 청구받은 판사는 지체 없이 피의자를 심문하여야 하는데, 특별한 사정이 없는 한 구속영장이 청구된 날의 다음 날까지 심문하여야 한다(법 제201조의2 제1항). 체포된 피의자 외의 피의자에 대하여 구속영장을 청구받은 판사는 구인을 위한 구속영장을 발부하여 피의자를 구인한 후 심문하여야 한다(법 제201조의2 제2

항 본문). 이때 구인한 피의자를 법원에 인치한 경우에 구금할 필요가 없다고 인정한 때에는 그 인치한 때로부터 24시간 내에 석방하여야 하고(법 제209조, 제71조), 구인한 피의자를 유치할 필요가 있어 교도소·구치소 또는 경찰서 유치장에 유치하는 경우에 유치기간은 인치한 때로부터 24시간을 초과할 수 없다(법 제201조의2 제10항, 제71조의2).

③ 판사는 체포된 피의자에 대하여 구속영장을 청구받은 경우에는 즉시, 체포된 피의자 외의 피의자에 대하여는 피의자가 구인영장에 의하여 인치된 후 즉시 검사, 피의자 및 변호인에게 심문기일과 장소를 통지하여야 한다 (법 제201조의2 제3항). 체포된 피의자 외의 피의자에 대한 심문기일은 심문기일의 통지 및 그 출석에 소요되는 시간 등을 고려하여 피의자가 법원에 인치된 때로부터 가능한 한 빠른 일시로 지정하여야 하고(규칙 제96조의12 제2항), 심문기일의 통지는 서면 이외에 구술·전화·모사전송·전자우편·휴대전화 문자전송 그 밖에 적당한 방법으로 신속하게 하여야 한다(규칙 제96조의12 제3항).

④ 구속영장청구를 받은 판사는 신속히 구속영장의 발부 여부를 결정하여야 한다(법 제201조 제3항).

⑤ 심문을 진행하는 판사는 구속 여부를 판단하기 위하여 필요한 사항에 관하여 신속하고 간결하게 심문하여야 한다(규칙 제96조의16 제2항). 판사는 구속 여부의 판단을 위하여 필요하다고 인정하는 때에는 피해자 그 밖의 제3자를 심문할 수 있는데 피해자 그 밖의 제3자가 심문장소에 출석한 때에 한한다(규칙 제96조의16 제5항).

(다) 위와 같은 헌법이 정한 적법절차와 영장주의 원칙, 형사소송법령이 정한 피의자에 대한 구속영장의 청구 및 발부절차에 관한 규정을 종합하면, 구속영장이 청구되는 경우 구속영장 발부 여부의 결정은 최대한 신속하게 이루어져야 하고, 구속영장 발부 여부를 결정하기 위한 피의자심문절차는 구속 여부를 판단하는 데 필요한 사항에 한하여 신속하고 간결하게 이루어져야 한다. 따라서 특별한 사정이 없는 한 구속 전 피의자심문절차에서 심문기일을 속행하는 것은 바람직하지 않다. 구속영장을 청구받은 판사가 피의자심문을 진행하면서 심문기일을 자유롭게 속행한다면 신속히 구속영장의 발부 여부를 결정하도록 정하고 있는 형사소송법령의 규정과 취지에 부합하지 않을 뿐만 아니라, 피의자의 구속 여부가 장기간 유동적인 상태에 놓여 헌법과 형사소송법령이 적법절차 및 영장주의의 원칙을 통하여 보호하고자 하는 신체의 자유에 관한 기본권이 부당하게 제한

될 우려가 있기 때문이다.

그런데 구속 전 피의자심문을 요체로 하는 구속영장실질심사제도는 검사로부터 구속영장을 청구받은 판사가 구속 여부를 결정하기 전에 피의자를 대면하여 직접 심문함으로써 구속 사유를 더욱 신중히 판단하기 위하여 마련된 제도이다. 판사가 피의자를 심문하는 과정에서 심문기일을 속행하는 것은 그와 같은 직접 심문을 더욱 충실히 하기 위한 소송지휘권의 일환일 수 있고 그 과정에서 피의자에게 의견진술의 기회를 추가적으로 보장하는 의미도 있음을 부정할 수 없다.

따라서 별다른 사유 없이 심문절차가 지연됨으로써 구속영장이 발부되지 않은 상태로 피의자의 신체의 자유가 장기간 제한되어 실질적으로 불법 구금에 해당한다고 볼 정도에 이른 것이 아니라면, 단지 심문기일을 속행하였다는 사정만으로는 구속영장의 적법성과 효력에 어떠한 영향을 미친다고 볼 수 없다.

[대법원 2024. 11. 14.선고 2024도11629 판결]

【판시사항】

피의자 등이 수사기관에 대하여 허위사실을 진술하거나 피의사실 인정에 필요한 증거를 감추고 허위의 증거를 제출하였는데, 수사기관이 충분한 수사를 하지 아니한 채 이와 같은 허위의 진술과 증거만으로 증거의 수집·조사를 마친 경우, 위계에 의한 공무집행방해죄가 성립하는지 여부(소극)

【판결요지】

수사기관이 범죄사건을 수사할 때는 피의자 등의 진술 여하에 불구하고 피의자를 확정하고 그 피의사실을 인정할 만한 객관적인 모든 증거를 수집·조사하여야 할 권한과 의무가 있다. 한편 피의자는 진술거부권과 자기에게 유리한 진술을 할 권리와 유리한 증거를 제출할 권리를 가질 뿐이고 수사기관에 대하여 진실만을 진술하여야 할 의무가 있는 것은 아니다. 따라서 피의자 등이 수사기관에 대하여 허위사실을 진술하거나 피의사실 인정에 필요한 증거를 감추고 허위의 증거를 제출하였다고 하더라도, 수사기관이 충분한 수사를 하지 아니한 채 이와 같은 허위의 진술과 증거만으로 증거의 수집·조사를 마쳤다면, 이는 수사기관의 불충분한 수사에 의한 것으로서 피의자 등의 위계에 의하여 수사가 방해되었다고 볼 수 없어 위계에 의한 공무집행방해죄가 성립된다고 할 수 없다.

[대법원 2024. 5. 30.선고 2020도16796 판결]

【판시사항】

수사기관이 작성한 압수조서에 기재된 피의자였던 피고인의 자백 진술 부분에 대해 피고인 또는 변호인이 그 내용을 부인하는 경우, 구 형사소송법 제312조 제3항 에 의한 증거능력 유무(소극)

【판결요지】

[1] 구 형사소송법(2020. 2. 4. 법률 제16924호로 개정되기 전의 것) 제312조 제3항 에 의하면, 검사 이외의 수사기관이 작성한 피의자신문조서는 그 피의자였던 피고인 또는 변호인이 그 내용을 인정할 때에 한하여 증거로 할 수 있다. 피의자의 진술을 기재한 서류 내지 문서가 수사기관의 수사과정에서 작성된 것이라면 그 서류나 문서의 형식과 관계없이 피의자신문조서와 달리 볼 이유가 없으므로, 수사기관이 작성한 압수조서에 기재된 피의자였던 피고인의 자백 진술 부분은 피고인 또는 변호인이 내용을 부인하는 이상 증거능력이 없다.

한편 위 규정에서 '그 내용을 인정할 때'란 피의자신문조서의 기재 내용이 진술 내용대로 기재되어 있다는 의미가 아니고 그와 같이 진술한 내용이 실제 사실과 부합한다는 것을 의미하므로, 피고인이 공소사실을 부인하는 경우 수사기관이 작성한 피의자신문조서 중 공소사실을 인정하는 취지의 진술 부분은 그 내용을 인정하지 않았다고 보아야 한다.

[2] 수사기관에 제출된 변호인의견서, 즉 변호인이 피의사건의 실체나 절차에 관하여 자신의 의견 등을 기재한 서면에 피의자가 당해사건 수사기관에 한 진술이 인용되어 있는 경우가 있다. 변호인의견서에 기재된 이러한 내용의 진술은 수사기관의 수사과정에서 작성된 '피의자의 진술이 기재된 신문조서나 진술서 등'으로부터 독립하여 증거능력을 가질 수 없는 성격의 것이고, '피의자의 진술이 기재된 신문조서나 진술서 등'의 증거능력을 인정하지 않는 경우에 변호인의견서에 기재된 동일한 내용의 피의자 진술 부분을 유죄의 증거로 사용할 수 있다면 피의자였던 피고인에게 불의의 타격이 될 뿐만 아니라 피의자 등의 보호를 목적으로 하는 변호인의 지위나 변호인 제도의 취지에도 반하게 된다. 따라서 피고인이 피의자였을 때 수사기관에 한 진술이 기재된 조서나 수사과정에서 작성된 진술서 등의 증거능력을 인정할 수 없다면 수사기관에 제출된 변호인의견서에 기재된 같은 취지의 피의자 진술 부분도 유죄의 증거로 사용할 수 없다.

[대법원 2023. 9. 18.선고 2022도7453 전원합의체 판결]

【판시사항】

정보저장매체를 임의제출한 피압수자에 더하여 임의제출자 아닌 피의자에게도 참여권이 보장되어야 하는 '피의자의 소유·관리에 속하는 정보저장매체'의 의미 및 이에 해당하는지 판단하는 기준

【판결요지】

[다수의견] (가) 정보저장매체 내의 전자정보가 가지는 중요성은 헌법과 형사소송법이 구현하고자 하는 적법절차, 영장주의, 비례의 원칙과 함께 사생활의 비밀과 자유, 정보에 대한 자기결정권 등의 관점에서 유래된다.

압수의 대상이 되는 전자정보와 그렇지 않은 전자정보가 혼재된 정보저장매체나 그 복제본을 임의제출받은 수사기관이 그 정보저장매체 등을 수사기관 사무실 등으로 옮겨 이를 탐색·복제·출력하는 경우, 그와 같은 일련의 과정에서 형사소송법 제219조, 제121조에서 규정하는 압수·수색영장의 집행을 받는 당사자(이하 '피압수자'라 한다)나 그 변호인에게 참여의 기회를 보장하고 압수된 전자정보의 파일 명세가 특정된 압수목록을 작성·교부하여야 하며, 범죄혐의사실과 무관한 전자정보의 임의적인 복제 등을 막기 위한 적절한 조치를 취하는 등 영장주의 원칙과 적법절차를 준수하여야 한다. 만약 그러한 조치가 취해지지 않았다면 피압수자 측이 참여하지 않겠다는 의사를 명시적으로 표시하였거나 임의제출의 취지와 경과 또는 그 절차 위반행위가 이루어진 과정의 성질과 내용 등에 비추어 피압수자 측에 절차 참여를 보장한 취지가 실질적으로 침해되었다고 볼 수 없을 정도에 해당한다는 등의 특별한 사정이 없는 이상 압수·수색이 적법하다고 평가할 수 없고, 비록 수사기관이 정보저장매체 또는 복제본에서 범죄혐의사실과 관련된 전자정보만을 복제·출력하였다고 하더라도 달리 볼 것은 아니다.

피해자 등 제3자가 피의자의 소유·관리에 속하는 정보저장매체를 임의제출한 경우에는 실질적 피압수자인 피의자가 수사기관으로 하여금 그 전자정보 전부를 무제한 탐색하는 데 동의한 것으로 보기 어려울 뿐만 아니라 피의자 스스로 임의제출한 경우 피의자의 참여권 등이 보장되어야 하는 것과 견주어 보더라도 특별한 사정이 없는 한 피의자에게 참여권을 보장하고 압수한 전자정보 목록을 교부하는 등 피의자의 절차적 권리를 보장하기 위한 적절한 조치가 이루어져야 한다.

(나) 이와 같이 정보저장매체를 임의제출한 피압수자에 더하여 임의제출자 아

닌 피의자에게도 참여권이 보장되어야 하는 '피의자의 소유·관리에 속하는 정보저장매체'란, 피의자가 압수·수색 당시 또는 이와 시간적으로 근접한 시기까지 해당 정보저장매체를 현실적으로 지배·관리하면서 그 정보저장매체 내 전자정보 전반에 관한 전속적인 관리처분권을 보유·행사하고, 달리 이를 자신의 의사에 따라 제3자에게 양도하거나 포기하지 아니한 경우로서, 피의자를 그 정보저장매체에 저장된 전자정보 전반에 대한 실질적인 압수·수색 당사자로 평가할 수 있는 경우를 말하는 것이다. 이에 해당하는지 여부는 민사법상 권리의 귀속에 따른 법률적·사후적 판단이 아니라 압수·수색 당시 외형적·객관적으로 인식 가능한 사실상의 상태를 기준으로 판단하여야 한다. 이러한 정보저장매체의 외형적·객관적 지배·관리 등 상태와 별도로 단지 피의자나 그 밖의 제3자가 과거 그 정보저장매체의 이용 내지 개별 전자정보의 생성·이용 등에 관여한 사실이 있다거나 그 과정에서 생성된 전자정보에 의해 식별되는 정보주체에 해당한다는 사정만으로 그들을 실질적으로 압수·수색을 받는 당사자로 취급하여야 하는 것은 아니다.

[7] 고소

1. 의의

"고소"란 범죄의 피해자와 그 법정대리인 그 밖의 일정한 고소권자가 범죄사실을 수사기관에 알려 그 범죄를 기소해 달라는 의사를 표명하는 것을 말합니다. 친고죄에 대해서는 고소가 없으면 기소할 수 없습니다.

2. 고소권자

① 범죄로 인한 피해자는 고소할 수 있습니다(형사소송법 제223조).

② 비피해자인 고소권자

   (1) 피해자의 법정대리인은 독립하여 고소할 수 있습니다(형사소송법 제225조제1항).

   (2) 피해자가 사망한 때에는 그 배우자, 직계친족 또는 형제자매는 고소할 수 있습니다. 다만, 피해자의 명시한 의사에 반하지 못합니다(형사소송법 제225조제2항).

   (3) 피해자의 법정대리인이 피의자이거나 법정대리인의 친족이 피의자인 때에는 피해자의 친족은 독립하여 고소할 수 있습니다(형사소송법 제226조).

     ※ "피의자"란 경찰이나 검사 등의 수사기관으로부터 범죄의 의심을 받아 수사를 받고 있는 사람으로, 공소가 제기되기 전인 사람을 말합니다. 피의자가 기소된 후는 '피고인'이라고 불립니다.

   (4) 고소는 대리인으로 하여금 하게 할 수 있습니다(형사소송법 제236조).

③ 수인(數人)의 고소권자

고소할 수 있는 자가 수인인 경우에는 1인의 기간의 해태(懈怠)는 타인의 고소에 영향이 없습니다(형사소송법 제231조).

Q. 고소장은 어디에 제출하여야 하는가요?

A. 고소장은 피고소인의 주소지, 거소지, 현재지 또는 범죄지를 관할하는 수사기관에 제출하는 것이 원칙입니다. 다만, 사정이 있어 직접 제출하는 것이 곤란할 경우에는 우편이나 대리인(이 경우 고소인의 위임장과 인감증명서 첨부)을 통해 제출하시기 바랍니다.

3. 고소의 제한

자기 또는 배우자의 직계존속은 고소하지 못합니다(형사소송법 제224조).

4. 고소의 방식

① 고소는 서면 또는 구술로써 검사 또는 사법경찰관에게 해야 합니다(형사소송법 제237조제1항).

② 검사 또는 사법경찰관이 구술에 의한 고소를 받은 때에는 조서를 작성해야 합니다(형사소송법 제237조제2항).

③ 고소와 사법경찰관의 조치

사법경찰관이 고소를 받은 때에는 신속히 조사하여 관계서류와 증거물을 검사에게 송부해야 합니다(형사소송법 제238조).

고　소　장

(고소장 기재사항 중 * 표시된 항목은 반드시 기재하여야 합니다.)

1. 고소인 *

성　명 (상호 · 대표자)		주민등록번호 (법인등록번호)		－
주　소 (주사무소 소재지)		(현 거주지)		
직　업		사무실 주소		
전　화	(휴대폰)		(자택)	(사무실)
이메일				
대리인에 의한 고소	☐ 법정대리인 (성명 :　　, 연락처　　　　　) ☐ 고소대리인 (성명 : 변호사　　,연락처　　　)			

※ 고소인이 법인 또는 단체인 경우에는 상호 또는 단체명, 대표자, 법인등
록번호(또는 사업자등록번호), 주된 사무소의 소재지, 전화 등 연락처를
기재해야 하며, 법인의 경우에는 법인등기부 등본이 첨부되어야 합니다.

※ 미성년자의 친권자 등 법정대리인이 고소하는 경우 및 변호사에 의한
고소대리의 경우 법정대리인 관계, 변호사 선임을 증명할 수 있는 서
류를 첨부하시기 바랍니다.

2. 피고소인*

성　명		주민등록번호	－
주　소	(현 거주지)		
직　업		사무실 주소	
전　화	(휴대폰)　　　　　　　(자택)　　　　　　　(사무실)		
이메일			
기타사항			

※ 기타사항에는 고소인과의 관계 및 피고소인의 인적사항과 연락처를 정
　확히 알 수 없을 경우 피고소인의 성별, 특징적 외모, 인상착의 등을
　구체적으로 기재하시기 바랍니다.

3. 고소취지*

(죄명 및 피고소인에 대한 처벌의사 기재)
고소인은 피고소인을 ○○죄로 고소하오니 처벌하여 주시기 바랍니다.*

4. 범죄사실*

※ 범죄사실은 형법 등 처벌법규에 해당하는 사실에 대하여 일시, 장
　소, 범행방법, 결과 등을 구체적으로 특정하여 기재해야 하며, 고
　소인이 알고 있는 지식과 경험, 증거에 의해 사실로 인정되는 내
　용을 기재하여야 합니다.

5. 고소이유

※ 고소이유에는 피고소인의 범행 경위 및 정황, 고소를 하게 된 동기
　와 사유 등 범죄사실을 뒷받침 하는 내용을 간략, 명료하게 기재
　해야 합니다.

6. 증거자료

(■ 해당란에 체크하여 주시기 바랍니다)
□ 고소인은 고소인의 진술 외에 제출할 증거가 없습니다.
□ 고소인은 고소인의 진술 외에 제출할 증거가 있습니다.

☞ 제출할 증거의 세부내역은 별지를 작성하여 첨부합니다.

7. 관련사건의 수사 및 재판 여부*
  (■ 해당란에 체크하여 주시기 바랍니다)

① 중복고소여부	본 고소장과 같은 내용의 고소장을 다른 검찰청 또는 경찰서에 제출하거나 제출하였던 사실이 있습니다 □ / 없습니다 □
② 관련 형사사건 수사 유무	본 고소장에 기재된 범죄사실과 관련된 사건 또는 공범에 대하여 검찰청이나 경찰서에서 수사 중에 있습니다 □ / 수사 중에 있지 않습니다 □
③ 관련 민사소송 유무	본 고소장에 기재된 범죄사실과 관련된 사건에 대하여 법원에서 민사소송 중에 있습니다 □ / 민사소송 중에 있지 않습니다 □

기타사항

※ ①, ②항은 반드시 표시하여야 하며, 만일 본 고소내용과 동일한 사건 또는 관련 형사사건이 수사 · 재판 중이라면 어느 검찰청, 경찰서에서 수사 중인지, 어느 법원에서 재판 중인지 아는 범위에서 기타사항 난에 기재하여야 합니다.

8. 기타 (고소내용에 대한 진실확약)

 본 고소장에 기재한 내용은 고소인이 알고 있는 지식과 경험을 바탕으로 모두 사실대로 작성하였으며, 만일 허위사실을 고소하였을 때에는 형법 제156조 무고죄로 처벌받을 것임을 서약합니다.

20○○년　　　　월　　　　일*

고소인　　　　　　　　　　　　(인)*

제출인　　　　　　　　　　　　(인)

※ 고소장 제출일을 기재하여야 하며, 고소인 난에는 고소인이 직접 자필로 서명 날(무)인 해야 합니다. 또한 법정대리인이나 변호사에 의한 고소대리의 경우에는 제출인을 기재하여야 합니다.

○○지방검찰청 귀중

※ 고소장은 가까운 경찰서에 제출하셔도 되며, 경찰서 제출시에는 '○○ 경찰서 귀중'으로 작성하시기 바랍니다.

별지 : 증거자료 세부 목록

　(범죄사실 입증을 위해 제출하려는 증거에 대하여 아래 각 증거별로 해당 난을 구체적으로 작성해 주시기 바랍니다)

1. 인적증거 (목격자, 기타 참고인 등)

성　명		주민등록번호	－		
주　소	자택 : 직장 :			직업	
전　화	(휴대폰)		(자택)		(사무실)
입증하려는 내용					

※ 참고인의 인적사항과 연락처를 정확히 알 수 없으면 참고인을 특정할 수 있도록 성별, 외모 등을 '입증하려는 내용'란에 아는 대로 기재하시기 바랍니다.

2. 증거서류 (진술서, 차용증, 각서, 금융거래내역서, 진단서 등)

순번	증거	소유자	제출 유무
1			□ 접수시 제출 □ 수사 중 제출
2			□ 접수시 제출 □ 수사 중 제출
3			□ 접수시 제출 □ 수사 중 제출

※ 증거란에 각 증거서류를 개별적으로 기재하고, 제출 유무란에는 고소장 접수시 제출하는지 또는 수사 중 제출할 예정인지 표시하시기 바랍니다.

3. 증거물

순번	증거	소유자	제출 유무
1			☐ 접수시 제출 ☐ 수사 중 제출
2			☐ 접수시 제출 ☐ 수사 중 제출
3			☐ 접수시 제출 ☐ 수사 중 제출
4			☐ 접수시 제출 ☐ 수사 중 제출

※ 증거란에 각 증거물을 개별적으로 기재하고, 소유자란에는 고소장 제출
  시 누가 소유하고 있는지, 제출 유무란에는 고소장 접수시 제출하는지
  또는 수사 중 제출할 예정인지 표시하시기 바랍니다.

4. 기타 증거

[서식 예] 고소장 표준서식 작성례(사기)

고　소　장(예시 / 사기죄)

1. 고소인

성　명	ㅇㅇㅇ		주민등록번호	△△△△△△ - ××××××
주　소	서울 ㅇㅇ구 ㅇㅇ길 ㅇㅇ			
직　업	상업	사무실주소	서울 ㅇㅇ구 ㅇㅇ길 ㅇㅇ빌딩 ㅇㅇ호	
전　화	(휴대폰) 010-100-0000, (사무실) 02-200-0000			
이메일	leeby@◇◇.com			
기타사항	피고소인은 고소인의 부동산 거래상대방으로서 친·인척 관계는 없음			

2. 피고소인

성 명	이 사 기	주민등록번호	△△△△△△ – ×××××××
주 소	서울 00구 00길 00		
직 업	사무실 주소		
전 화	(휴대폰) 010-900-0000		
이메일	leesagi@◇◇.com		
기타사항	고소인과의 관계 : 거래상대방으로서 친·인척 관계는 없음		

3. 고소취지

고소인은 피고소인을 사기죄로 고소하오니 처벌하여 주시기 바랍니다.

4. 범죄사실

○ 피고소인은 분양대행사인 (주)00부동산컨설팅 분양팀장으로 행세하는 자입니다.

○ 2013. 3. 2. 16:00경 서울 강남구 00길 00번지에 있는 00커피숍에서, 피고소인은 서울 00구 00길 00상가를 고소인에게 분양받도록 해 줄 의사나 능력이 없음에도 고소인에게 "00상가를 급하게 팔려는 사람이 있으니 컨설팅비 1,000만원을 주면 시세보다 20% 정도 싼 가격에 상가를 분양받도록 해 주겠다"고 거짓말하여 이에 속은 고소인으로부터 2013. 3. 10.경 컨설팅비로 금 1,000만원을 받아 편취하였습니다.

5. 고소이유

○ 고소인은 00주식회사 00부에서 근무 중이며, 피고소인은 고소인의 친구 강00으로부터 2013. 2.초에 소개받아 알게 되었습니다.

○ 피고소인은 자신이 (주)00부동산컨설팅 분양팀장으로 근무한다고 하면서 투자를 할 만한 좋은 부동산이 있으면 소개해 주겠다고 한 후 2013. 2.말경 고소인의 직장으로 전화를 걸어 방금 나온 좋은 매물이라면서 00상가를 추천하였습니다.

○ 이에 고소인은 2013. 3. 2. 16:00경 서울 강남구 00길 00번지에 있는 00커피숍에서 피고소인을 만났는데 그 자리에서 피고소인은 "00상가의 주인이 다른 사업자금 조달을 위해 상가 101호를 급히 매물로 내 놓았다. 컨설팅비 1,000만원을 주면 00상가를 시세보다 20%정도 싼 가격에 상가를 분양받도록 해 주고 피고소인이 근무하는 회사에서 금융기관 대출도 알선해 주겠다"고 하기에 이를 믿고 피고소인과 컨설팅계약서를 작성하였습니다.

○ 고소인은 2013. 3. 10.경 00은행에 있던 고소인의 예금 중 1,000만원을 100만원권 수표로 인출하여 그 날 14:00경 위 00커피숍에서 피고소인에게 컨설팅비조로 주었습니다.

○ 그런데 그로부터 한 달이 지나도록 연락이 없어 (주)00부동산컨설팅으로 피고소인을 찾아갔더니 그 회사에서는 피고소인이 분양팀장으로 근무한 바도 없고 전혀 모르는 사람이라고 하면서 이전에도 유사한 일로 문의전화가 여러 통 왔었다고 하였습니다.

○ 이에 고소인은 00상가 관리사무소에 들러 확인해 보니 101호는 상가 주인이 팔려고 한 사실도 없음을 확인하였고 피고소인은 그 후 연락도 되지 않고 있어 이건 고소에 이르게 되었습니다.

6. 증거자료

□ 고소인은 고소인의 진술 외에 제출할 증거가 없습니다.

■ 고소인은 고소인의 진술 외에 제출할 증거가 있습니다.

☞ 증거자료의 세부내역은 별지를 작성하여 첨부합니다.

7. 관련사건의 수사 및 재판 여부

① 중복고소여부	본 고소장과 같은 내용의 고소장을 다른 검찰청 또는 경찰서에 제출하거나 제출하였던 사실이 있습니다 □ / 없습니다 ■
② 관련 형사사건 수사 유무	본 고소장에 기재된 범죄사실과 관련된 사건 또는 공범에 대하여 검찰청이나 경찰서에서 수사 중에 있습니다 □ / 수사 중에 있지 않습니다 ■
③ 관련 민사소송 유무	본 고소장에 기재된 범죄사실과 관련된 사건에 대하여 법원에서 민사소송 중에 있습니다 ■ / 민사소송 중에 있지 않습니다 □

　본 고소장에 기재한 내용은 고소인이 알고 있는 지식과 경험을 바탕으로 모두 사실대로 작성하였으며, 만일 허위사실을 고소하였을 때에는 형법 제156조 무고죄로 처벌받을 것임을 서약합니다.

2013년　　9월　　5일

고소인　김　갑　동　(인).

○○지방검찰청 귀중

별지 : 증거자료 세부 목록

1. 인적증거

성　명	강OO	주민등록번호	6△△△△△ - xxxxxxx	
주　소	자택 : 서울 OO구 OO길 OO 직장 : 서울 OO구 OO길 OO		직업	
전　화	(휴대폰) 010-100-0000 (자택) 02-200-0000 (사무실) 02-100-0000			
입증하려는 내용	강OO은 고소인의 친구이며, 피고소인이 고소인에게 컨설팅비를 요구하면서 OO상가를 싸게 분양받도록 해 주겠다는 말을 2006.3.2. 고소인과 같이 들었음			

성　명	이IOO	주민등록번호	5△△△△△ - xxxxxxx	
주　소	자택 : 서울 OO구 OO길 OO 직장 : 서울 OO구 OO길 OO (주)OO부동산컨설팅		직업	(주)OO부동산컨설팅 총무과장
전　화	(휴대폰) 010-200-0000　(사무실) 02-600-0000			
입증하려는 내용	피고소인이 (주)OO부동산컨설팅 직원도 아니면서 마치 위 회사 분양팀장으로 근무한 것처럼 거짓말한 사실			

성 명	박00	주민등록번호	6△△△△△ - ××××××
주 소	직장 : 서울 00구 00길 00상가 관리사무소	직업	00상가 관리 사무소장
전 화	(휴대폰) 010-300-0000 (사무실) 02-200-0000		
입증하려는 내용	00상가 101호는 상가 소유자가 팔려고 한 적도 없다는 사실		

2. 증거서류

순번	증거	소유자	제출 유무
1	컨설팅 계약서(사본)	피고소인	■ 접수시 제출 □ 수사 중 제출
2	예금통장(사본)	고 소 인	■ 접수시 제출 □ 수사 중 제출
3	영수증(사본)	피고소인	■ 접수시 제출 □ 수사 중 제출

※ 예금통장 사본은 고소인이 피고소인의 컨설팅비 1,000만원을 2006. 3. 10. 수표로 인출한 사실을 입증하고자 하는 것이며 증거서류 원본은 고소인이 소지하고 있음

3. 증거물

순번	증거	소유자	제출 유무
1	피고소인의 명함(사본)	고소인	■ 접수시 제출 □ 수사 중 제출
2			□ 접수시 제출 □ 수사 중 제출

4. 기타 증거
○ 없음

[서식 예] 고소장(감금죄)

고　소　장

고 소 인 :　○ ○ ○ (주민등록번호 :　　　　　-　　　　　)
　　　　　주소 :　○○시 ○○구 ○○길 ○○
　　　　　직업 :　　　　　사무실 주소 :
　　　　　전화번호 : (휴대폰:　　) (자택:　　) (사무실:　　　)
　　　　　이메일 :
피고소인 :　△ △ △ (주민등록번호 :　　　　　-　　　　　)
　　　　　주소 :　○○시 ○○구 ○○길 ○○
　　　　　직업 :　　　　　사무실 주소 :
　　　　　전화번호 : (휴대폰:　　) (자택:　　) (사무실:　　　)
　　　　　이메일 :

고　소　요　지

　피고소인은 고소인을 피고소인 주소지에 소재한 가옥에 20○○. ○. ○. ○○:○○- 20○○. ○. ○. ○○:○○까지 ○시간 ○분 동안 감금한 자이니 법에 의해 엄중히 처벌하여 주시기 바랍니다.

고　소　내　용

1. 고소인과 피고소인과의 관계
　피고소인은 ○○시 ○○구 ○○길 ○○번지에서 "○○양행"라는 상호로 사채업을 하는 자이며 고소인은 20○○. ○. ○. 피고소인에게서 ○○○원을 월 ○부 이자를 주기로 하고 차용한 사실이 있습니다.

2. 피고소인의 범죄사실
　가. 고소인은 피고소인에게 금년 ○월까지는 이자를 지급하여 왔으나 물품대금으로 받은 어음이 부도처리되는 바람에 금년 ○월 이후부터는 이자를 지급하지 못하고 있었습니다. 그러자 피고소인이 20

ＯＯ. Ｏ. Ｏ. ＯＯ:ＯＯ경 고소인의 집을 찾아와 잠깐 이야기를 하자며 피고소인의 집으로 데려가 원금과 연체이자 합계 ＯＯＯ원을 모두 갚으라고 요구하였습니다.

나. 고소인은 물품대금으로 받은 어음이 부도났기 때문에 빌린 돈을 갚지 못하고 있는 형편을 이야기하며 말미를 줄 것을 사정하였으나 피고소인은 돈을 갚기 전에는 나갈 수 없다며 같은 날 ＯＯ:ＯＯ 고소인을 피고소인의 집 지하실에 감금하였습니다. 그리고 이 지하실은 창문도 없어 밖에서 문을 잠그면 어느 곳으로도 나갈 수 없는 장소였습니다.

다. 고소인이 피고소인과 같이 나간 후 밤 ＯＯ시가 넘도록 돌아오지 않자 걱정이 된 고소인의 처가 경찰에 신고를 하였으며 결국 다음 날인 20ＯＯ. Ｏ. Ｏ. ＯＯ:ＯＯ경에야 고소인은 출동한 경찰의 도움으로 감금상태에서 풀려날 수 있었습니다.

　위와 같은 피고소인의 범죄사실에 대해 고소하오니 법에 의해 엄중 처벌하여 주시기 바랍니다.

20ＯＯ년　　Ｏ월　　Ｏ일

고 소 인 　 Ｏ 　 Ｏ 　 Ｏ (인)

ＯＯ경찰서장(또는 ＯＯ지방검찰청 검사장) 귀 중

[서식 예] 고소장(강도죄)

고　　소　　장

고 소 인 : 　Ｏ Ｏ Ｏ (주민등록번호 : 　　　　　-　　　　　)

　주소 : 　ＯＯ시 ＯＯ구 ＯＯ길 ＯＯ

　직업 : 　　　　사무실 주소 :

전화번호 : (휴대폰:) (자택:) (사무실:)

이메일 :

피고소인 : △ △ △ (주민등록번호 :   -   )

주소 :   ○○시 ○○구 ○○길 ○○

직업 :   사무실 주소 :

전화번호 : (휴대폰:) (자택:) (사무실:)

이메일 :

고 소 취 지

피고소인은 아래와 같은 방법으로 강도죄를 저지른 사실이 있습니다.

고 소 사 실

피고소인은 일정한 직업이 없는 자인 바, 20○○. ○. ○. ○○:○○경 ○○ ○○시 ○○길 소재 ○○다방을 운영하고 있는 고소인 소유 건물에 침입하여 그 날 따라 몸이 아파 다방 일을 쉬고 방에서 자고있던 고소인을 깨워 협박하면서 공포심을 갖게 한 후 금전을 내놓으라고 하여 고소인이 가지고 있던 현금이 없다고 하자 고소인을 내실에 가두어 폭행을 가하면서 고소인의 의사 및 반항을 억압하여 반항을 불가능하게 하고 장롱을 뒤져 금반지 3돈 짜리 2개, 시가 40만원 상당의 손목시계 2등 합계 금70만원 상당의 금품을 강취하여 재산상 이득을 취하고 도주하였습니다. 이에 본 고소에 이른 것입니다.

입 증 방 법

추후 조사시에 제출하겠습니다.

20○○.   ○.   ○.

위 고소인   ○   ○   ○ (인)

○○경찰서장(또는 ○○지방검찰청 검사장) 귀중

[서식 예] 고소장[교통사고처리특례법위반(중앙선침범)]

고　소　장

고 소 인 : ○ ○ ○ (주민등록번호 :　　　　　-　　　　)
　　　　　주소 :　○○시 ○○구 ○○길 ○○
　　　　　직업 :　　　　사무실 주소 :
　　　　　전화번호 : (휴대폰:　　) (자택:　　) (사무실:　　)
　　　　　이메일 :
피고소인 : △ △ △ (주민등록번호 :　　　　　-　　　　)
　　　　　주소 :　○○시 ○○구 ○○길 ○○
　　　　　직업 :　　　　사무실 주소 :
　　　　　전화번호 : (휴대폰:　　) (자택:　　) (사무실:　　)
　　　　　이메일 :

고　소　취　지

　피고소인은 고소인을 교통사고로 전치 ○주의 상해를 가한 사실이 있으므로 피고소인을 철저히 수사하여 엄벌에 처해 주시기 바랍니다.

고　소　사　실

　피고소인은 20○○. ○. ○. ○○:○○경 피고소인 소유의 경기○○러○○○○호 승용차를 운전하고 ○○에서 ○○ 쪽으로 가는 도중 ○○학교 앞 노상에 이르렀을 때 운전자로서 제한속도를 엄수하고 전후좌우를 잘 살펴어 불의에 나타나는 장애물을 피할 수 있도록 주의를 다하고 장애물이 있을 때에는 경적을 울리고 일단 이를 피하도록 한 후 운행함으로써 사고를 미연에 방지하여야할 업무상 주의의무가 있음에도 불구하고 이를 태만히 하여 앞차를 추월하려고 차도의 중앙선 부분까지 침범하여 운행하다가 때마침 반대쪽에서 오는 차를 보고 우측으로 피하다가 우측부근에 서있던 고소인을 위 차량 전면으로 들이받아 고소인을 지면에 전도시켜 전치 ○주의 치료를 요하는 두개골골절, 우측경골 및 비골골절 등의 상해를 입힌바, 조사하여 엄히 처벌하여 주시기 바랍니다.

첨 부 서 류

1. 진단서   1. 목격자진술

20○○년   ○월   ○일

고 소 인   ○   ○   ○ (인)

○○경찰서장(또는 ○○지방검찰청 검사장) 귀 중

[서식 예] 고소장(무고죄)

고   소   장

고 소 인 : ○ ○ ○ (주민등록번호 :   -   )
   주소 : ○○시 ○○구 ○○길 ○○
   직업 :   사무실 주소 :
   전화번호 : (휴대폰:) (자택:) (사무실:)
   이메일 :

피고소인 : △ △ △ (주민등록번호 :   -   )
   주소 : ○○시 ○○구 ○○길 ○○
   직업 :   사무실 주소 :
   전화번호 : (휴대폰:) (자택:) (사무실:)
   이메일 :

고소인은 피고소인에 대하여 다음과 같이 고소하오니 철저히 조사하여 법에 따라서 처벌하여 주시기 바랍니다.

다   음

1. 피고소인은 일정한 직업이 없는 자로서, 사실은 19○○. ○. ○. 갚는 날을 20○○. ○. ○. 이자는 월○푼으로 하는 내용으로 피고소인이 직접 작성한 지불각서를 고소인에게 교부하고 금 ○,○○○,○○○원을 고소인으로부터 차용하였음에도 불구하고, 고소인이 피고소인에게 갚기를 독촉하자 오히려 고소인이 피고소인의 도장을 이용하여 피고소인 명의의 지불각서를 위조하여 피고소인으로부터 금 ○,○○○,○○○원을 편취하려 한다는 내용의 고소장을 20○○. ○. ○일 ○○경찰서에 제출하였습니다.
2. 이는 피고소인이 고소인에 대한 채무를 면해 보고자 고소인을 형사처분 받게 할 목적으로 허위의 사실을 기재 고소인을 음해하는 것이므로 피고소인을 무고죄로 고소하오니 조사하여 엄벌하여 주시기 바랍니다.

20○○년   ○월   ○일

위 고소인   ○   ○   ○ (인)

○○경찰서장(또는 ○○지방검찰청 검사장) 귀 중

[서식 예] 고소장[업무상과실치상죄(의료사고)]

고   소   장

고 소 인 : ○ ○ ○ (주민등록번호 :   -   )

       주소 :   ○○시 ○○구 ○○길 ○○

       직업 :   사무실 주소 :

       전화번호 : (휴대폰:) (자택:) (사무실:)

       이메일 :

피고소인 : △ △ △ (주민등록번호 :   -   )

       주소 :   ○○시 ○○구 ○○길 ○○

       직업 :   사무실 주소 :

전화번호 : (휴대폰:) (자택:) (사무실:)
이메일 :○길 ○○번지 ○○병원

<h2 style="text-align:center">고 소 취 지</h2>

피고소인은 고소인에게 고혈압 및 편두통 치료를 하다가 업무상 과실로 뇌동맥 파열로 인한 지주막하출혈로 사지부전마비 상태에 이르게 한 사실이 있으므로 피고소인을 철저히 수사하여 엄벌에 처해 주시기 바랍니다.

<h2 style="text-align:center">고 소 사 실</h2>

1. 고소인은 20○○. ○.경 구토를 동반한 심한 두통으로 피고소인을 사용하고 있는 ○○병원에 내원하여 소화기 내과 전문의인 김△△로부터 진찰을 받았는데, 고혈압으로 의심한 위 의사는 순환기 내과 의사인 A에게 협의 진료를 요청하였고, 위 김△△는 검사를 시행한 다음 혈압강하제인 ○○○을 복용토록 하였습니다.

2. 고소인은 위 약물을 계속 복용하였으나 한달 후인 20○○. ○. 중순경 계속된 통증으로 다시 위 병원에 내원 하였는데, 당시 김△△는 고혈압, 일과성 뇌허혈, 뇌막염 의심 하에 정밀진단을 위하여 고소인을 입원토록 하였고 당시 고소인은 두통 및 구토와 함께 목이 뻣뻣하고 목 뒤에서 맥박이 뛰는 듯하며, 말이 어둔하고 전신이 쇠약한 상태였습니다.
한편 피고 김△△는 신경학과 의사인 이△△에게 협진 의뢰를 한 바 별다른 이상 없다는 통보를 받고 편두통 진단을 하여 최종적으로 만성위염, 지방간, 고혈압 진단을 내리고 이에 대한 약물치료를 한 다음 혈압이 다소 안정되자 같은 달 말경 고소인을 퇴원토록 하였습니다.

3. 고소인은 위 병원에 다녀온 뒤 조금 증상이 호전되는 듯 하다가 퇴원 후 ○개월이 지난 20○○. ○. ○경 새벽 무렵 수면 도중 갑작스럽게 비명을 지르면서 의식을 잃고 쓰러져 즉시 응급실에 내원하게 되었고 이△△는 뇌 CT 촬영을 하였던바, 좌측 뇌실 내 출혈과 함께 좌측 측두엽 끝과 좌우내실내 출혈 소견을 보여 일단 동정맥기형 파열과 뇌실내 출혈, 종양 출혈과 뇌실내 출혈, 모야모야병과 뇌실내 출혈, 고혈압성 뇌출혈과 뇌실내 출혈로 진단하였습니다. 그러나 이△△는 고소인의 상태가 좋지 않아 수술예정만 잡아놓고 합병증 발생 예방 치료만을 하였습니다.

4. 이에 고소인은 수술날짜를 기다릴 수 없어서 다른 병원으로 전원하였던
   바, 위 병원 의료진은 동맥류파열에 의한 지주막하 출혈로 진단하고 재
   출혈 방지를 위한 외동맥류 경부 결찰술을 시행하였습니다. 그러나 고
   소인은 수술 전 이미 심한 뇌부종에 의한 뇌세포 괴사와 뇌혈관연축에
   의한 뇌경색, 뇌수두증 등으로 뇌손상을 입어 위 병원에서 치료를 받다
   가 다음 해 ○월경 퇴원하였습니다.

5. 한편 위 병원의 진단 결과 현재의 증상(뇌동맥류 파열에 의한 지주막하
   출혈)은 이미 위 피고소인이 고소인을 진찰하고 치료할 당시인 20○○.
   ○. ○. 및 같은 해 ○경에 이미 나타났던 것으로 드러났습니다. 뇌동맥
   류 파열에 희한 지주막하출혈은 갑작스러운 두통 및 구토이외에는 뇌신
   경학적 증상이 없는 경우가 있으므로 이 경우 신경외과 의사인 이△△
   와 주치의인 김△△로서는 환자나 발병과정을 지켜본 사람에게서 자세
   한 병력을 들어 지주막하출혈 가능성을 추정하고 소량의 출혈시에는 반
   드시 뇌 CT 촬영, 뇌척수액검사 및 뇌혈관 촬영 등을 신속히 시행하여
   뇌동맥류 파열로 인한 지주막하 출혈을 확인하였어야 하는 업무상 주의
   의무를 위반하여 만연히 즉시 위와 같은 조치를 하지 않고 혈압강하제
   만을 투약케 한 업무상 과실로 피고소인을 사지부전마비 상태에 빠뜨렸
   으니, 조사하여 엄히 처벌하여 주시기 바랍니다.

첨 부 서 류

1. 진단서(A병원 피고소인 작성)
1. 진단서(B병원 의사 작성)
1. 진료기록부(A병원)
1. 진료기록부(B병원)
 기타 추후 제출하겠습니다.

20○○년   ○년   ○월

고 소 인   ○ ○ ○ (인)

○○경찰서장(또는 ○○지방검찰청 검사장) 귀 중

고   소   장

고 소 인 : ○ ○ ○ (주민등록번호 :   -   )

          주소 :   ○○시 ○○구 ○○길 ○○

          직업 :   사무실 주소 :

          전화번호 : (휴대폰:) (자택:) (사무실:)

          이메일 :

피고소인 : △ △ △ (주민등록번호 :   -   )

          주소 :   ○○시 ○○구 ○○길 ○○

          직업 :   사무실 주소 :

          전화번호 : (휴대폰:) (자택:) (사무실:)

          이메일 :

고   소   사   실

고소인은 직장문제로 서울에서 20○○. ○.경 현재 살고 있는 ○○도 ○○시 ○○길 ○○번지의 단독주택으로 이사를 왔습니다. 이사온 주택은 지은지 5년밖에 되지 않은 주택으로 대문이나 울타리가 콘크리트나 벽돌로 사람의 키만큼 높이 쌓은 담이 아니고 밖에서 울타리 안을 훤히 볼 수 있게 된 철근식 울타리이며 대문도 늘 개방되어 있는 전원주택입니다. 그런데 고소인이 이사온 지 채 한 달이 되기도 전에 옆집에 사는 중년의 피고소인은 열려진 대문으로 수시로 들어와 창문을 열고 거실을 들여다보고, 가끔은 고소인과 눈이 마주쳐 고소인이 놀라기도 했으며 아이들과 아내는 무서워 다시 이사를 가자고 합니다. 피고소인은 심지어 밤에도 위와 같은 행동을 하는 것입니다. 그래서 고소인은 수차례 주의를 주었는데도 상대방은 이를 그만두지 않아 이 건 고소를 하게 되었으니 의법 조치해 주시기 바랍니다.

입   증   방   법

피고소인은 동네에서 평판이 좋지 않고 전에도 그런 사실이 있다는 반장의 말이 있으므로 필요하시면 참고인으로 반장을 조사해 주시기 바랍니다.

```
            20○○.   ○.   ○.

                       위 고소인   ○   ○   ○ (인)


        ○○경찰서장(또는  ○○지방검찰청  검사장)  귀 중
```

5. 고소의 취소

① 고소는 제1심 판결선고전까지 취소할 수 있습니다(형사소송법 제232조제1항).

② 고소를 취소한 자는 다시 고소할 수 없습니다(형사소송법 제232조제2항).

③ 피해자의 명시한 의사에 반하여 공소를 제기할 수 없는 사건에서 처벌을 원하는 의사표시를 철회한 경우에도 「형사소송법」 제232조제1항과 제2항의 규정을 준용합니다(형사소송법 제232조제3항).

④ 대리인의 고소 취소
고소의 취소는 대리인으로 하여금 하게 할 수 있습니다(형사소송법 제236조).

⑤ 고소 취소의 방식
  (1) 고소 취소는 서면 또는 구술로써 검사 또는 사법경찰관에게 해야 합니다(형사소송법 제239조 및 제237조제1항).
  (2) 검사 또는 사법경찰관이 구술에 의한 고소 취소를 받은 때에는 조서를 작성해야 합니다(형사소송법 제239조 및 제237조제2항).

⑥ 고소 취소와 사법경찰관의 조치
사법경찰관이 고소 취소를 받은 때에는 신속히 조사하여 관계 서류와 증거물을 검사에게 송부해야 합니다(형사소송법 제239조 및 제238조).

[서식 예] 고소취소장

고 소 취 소 장

고 소 인 : 홍 길 동 (600000 - 1000000)
　　　　주소 : 서울시 종로구 내자동 201-11 (☎ 110-798)
피고소인 : 임 꺽 정 (500000 - 1000000)
　　　　주소 : 서울 서대문구 미근동 224

　위 고소인은 피고소인 임꺽정을 사기 혐의로 ○○경찰서에 고소한 사실이 있는데, 어떤 사유로(예 : '피고소인으로부터 피해액 전액을 변제 받아서', 또는 '이후 변제받기로 하고' 등) 피고소인에 대한 처벌을 원하지 않으므로 고소 내용 전체를 취소하고자 합니다.

2025년 8월 4일
　　　　　　위 고 소 인 : 홍 길 동 ㊞

○ ○ 경 찰 서 장 귀 하

6. 허위로 고소하는 경우의 처벌

　만약 타인으로 하여금 형사처벌 받게 할 목적으로 허위로 고소한 것이 밝혀지면 「형법」상 무고죄가 성립할 수 있습니다(형법 제156조).

[서식 예] 합의서(형사)

합 　 의 　 서

가 해 자 ○ ○ ○

〇〇시 〇〇구 〇〇길 〇〇

(111111 - 1111111)

피 해 자 △ △ △

〇〇시 〇〇구 〇〇길 〇〇

(111111 - 1111111)

  가해자와 피해자간의 (금전대여 사기고소) 사건에 관하여 아래와 같이 원
만히 합의합니다.

아   래

1. 가해자는 위 사건과 관련하여 피해자에게 금〇〇〇원을 20〇〇. 〇. 〇.
   까지 변제한다. 가해자가 이를 이행하지 않을 경우 20〇〇. 〇. 〇.부터
   다 변제할 때까지 연 20%의 지연손해금을 지급한다.
2. 피해자는 위 합의서를 교부받고 위 사건 고소를 직접 취하하거나 고소
   취하 인감증명서를 가해자에게 교부하기로 한다.
3. 가해자가 합의서를 교부한 날부터 〇일 이내에 위와 같이 이행하지 않
   을 경우 피해자는 합의내용을 취소할 수 있다.

20〇〇.   〇.   〇.

가 해 자 〇 〇 〇 (인)
피 해 자 △ △ △ (인)

7. 상담사례

■ 형사고소한 사건의 처리기간은 얼마나 되는지요?

[질문] 저는 6개월 전 甲을 사기죄로 고소하였으나 수사기관에서는 매번 조사
　　　중이라고만 할 뿐 처벌하지 않아 그 동안 수 차례 진정한 사실이 있습
　　　니다. 고소를 접수할 경우 이를 처리하는 기간은 정해져 있는지? 또한,
　　　이 경우 저는 언제까지 기다려야 하는지요?

[답변] 「형사소송법」 제237조에 의하면 형사사건의 고소·고발은 검사 또는 사

법경찰관에게 하도록 규정되어 있고, 사법경찰관(경찰서 등)에게 고소·고발을 한 경우에는 「사법경찰관리 집무규칙」제45조에 따라 2개월 이내에 수사를 완료하지 못하면 검사에게 소정의 서식에 따른 수사기일연장 지휘 건의서를 제출하여 그 지휘를 받아야 합니다.

그리고 「형사소송법」제238조는 "사법경찰관이 고소 또는 고발을 받은 때에는 신속히 조사하여 관계서류와 증거물을 검사에게 송부하여야 한다."라고 규정하고 있고, 같은 법 제246조는 "공소는 검사가 제기하여 수행한다."라고 규정하고 있으므로, 모든 고소·고발사건은 검사에게 송치하여야 하고, 검사가 공소제기여부를 결정하는바, 이것은 검사의 기소독점주의의 원칙에 따른 것입니다(예외 : 재판상의 준기소절차 및 즉결심판).

고소·고발사건의 처리기간에 관하여는 구속사건과 불구속사건으로 나누어지는데 귀하의 경우는 불구속사건으로 보여지며, 그 처리기간에 관하여 같은 법 제257조는 "검사가 고소 또는 고발에 의하여 범죄를 수사할 때에는 고소 또는 고발을 수리한 날로부터 3월 이내에 수사를 완료하여 공소제기여부를 결정하여야 한다."라고 규정하고 있습니다.

그러므로 검사는 고소·고발을 수리한 날로부터 3개월 이내에 수사를 완료하여 공소제기여부를 결정하여야할 것이나 위와 같은 공소제기 기간에 대한 규정은 훈시규정에 불과하여 3개월경과 후의 공소제기여부의 결정도 유효한 것이라 할 것입니다.

따라서 귀하도 수사기관이 고소사건을 처리하지 못하는 사유를 알아보고 신속히 처리될 수 있도록 수사기관에 협조함이 바람직하다고 생각됩니다.

■ 친고죄에 대한 합의서 교부 후 고소한 경우 그 효력

[질문] 저는 미혼의 직장여성으로 회사에서 잔무를 처리하던 중 직장 상사의 친척 甲이 강제로 욕을 보이려는 것을 겨우 방어하였습니다. 저는 심한 모욕감을 느껴 고소하려 하였으나 직장상사 乙이 반 협박조로 화해를 종용하였고 저도 직장을 계속 다닐 수밖에 없어 조건 없이 '민·형사상 어떠한 이의도 제기하지 않겠다.'는 내용의 합의서를 작성해 주었습니다. 그러나 甲은 합의서를 받자마자 저를 비웃고 다니는데, 이 경우 제가 합의서를 써준 사실만으로 위 강간미수행위에 대한 고소권을 포기한 것으로 되어 甲을 고소할 수 없게 된 것인지요?

[답변] 고소라 함은 범죄의 피해자 기타의 고소권자가 수사기관에 대하여 범죄

사실을 신고하여 범인의 수사와 처벌을 요구하는 의사표시를 말합니다. 강간죄에 관하여 「형법」 제297조는 "폭행 또는 협박으로 부녀를 강간한 자는 3년 이상의 유기징역에 처한다."라고 규정하고 있으며, 종래에는 강간죄가 고소가 있어야만 처벌이 가능한 친고죄였으나, 2012. 12. 18. 형법의 개정으로 친고죄에 관한 규정(제306조)이 폐지되었습니다. 그러므로 위 개정 시점 이후부터 강간죄는 피해자 기타 고소권자의 고소가 없더라도 공소를 제기하여 가해자를 처벌할 수 있게 되었습니다. 또한 「성폭력범죄의 처벌 등에 관한 특례법」 제2조 제1항 제3호에서는 형법 제297조의 강간죄도 성폭력범죄로 규정하고 있으나, 동법도 2013. 4. 5. 위 형법의 개정과 궤를 같이하여 개정되어 종래 친고죄의 고소기간 제한에 관한 조항(제19조)가 폐지되었고, 개정된 내용이 2013. 6. 19.부터 시행되고 있습니다. 따라서 현재로서는 더 이상 성폭력범죄의 피해자는 고소기간에 제한을 받지 않게 되었고, 설사 피해자의 고소가 없더라도 가해자에 대한 공소제기 및 이에 따른 형사처벌이 가능해졌습니다.

다만 모욕죄 기타 친고죄에 있어서는 여전히 고소가 중요한 의미를 가지므로 고소가 있어야 처벌할 수 있고, 일단 고소를 하였더라도 제1심 판결선고 전까지 고소를 취소하면 공소기각판결이 내려져 가해자를 처벌할 수 없게 됩니다(형사소송법 제232조 제1항, 제327조 제5호).

고소의 사전포기와 관련된 판례는, 피해자의 고소권은 형사소송법상 부여된 권리로서 친고죄에 있어서 고소의 존재는 공소의 제기를 유효하게 하는 것이며 공법상의 권리라고 할 것이므로 그 권리의 성질상 법이 특히 명문으로 인정하는 경우를 제외하고는 자유처분을 할 수 없다고 할 것이며, 형사소송법 제232조에 의하면 일단 한 고소는 취소할 수 있도록 규정하였으나, 고소권의 포기에 관하여는 아무런 규정이 없으므로 고소하기 이전에 고소권을 포기할 수는 없다고 한 바 있으며(대법원 1967. 5. 23. 선고 67도471 판결, 2008. 11 .27. 선고 2007도4977 판결), 고소하기 이전에 피해자가 처벌을 원하지 않았다고 하더라도 그 후에 한 피해자의 고소는 유효하다고 하였습니다(대법원 1993. 10. 22. 선고 93도1620 판결,).

따라서 친고죄의 피해자가 甲에게 합의서를 작성해 주었다고 하더라도 고소권은 고소 전에 포기할 수 없다는 것이 판례의 태도이므로 피해자가 지금이라도 고소를 하게 되면 甲에 대하여 조사가 진행될 것입니다.

그리고 위 사안의 경우에는 민사상 문제에 있어서도 직장 상사가 합의서를 작성하도록 종용한 것이 귀하의 자유의사에 의한 것으로 볼 수 없을 정도의 강박(强迫)이 된다면 당해 합의는 무효로 되거나 또는 취소될 가능성도 있다고 보입니다(민법 제110조).

참고로 귀하가 일단 고소한 후 고소를 취소할 경우에 고소취소는 제1심 판결선고 전까지 할 수 있는데, 만일 그 전까지 고소를 취소하면 공소기각의 판결이 내려져 가해자를 처벌할 수 없게 됩니다(형사소송법 제327조 제5호). 그런데 고소의 제기와 취소를 피해자의 의사에 전적으로 맡겨두면 고소권이 남용될 우려가 있으므로 고소를 취소한 자는 다시 고소하지 못하도록 규제하고 있습니다(형사소송법 제232조 제2항).

그리고 고소를 제기한 후에 고소를 취소한다면 그 고소의 취소는 공소제기 전에는 수사기관에, 공소가 제기된 후에는 담당법원에 하여야 할 것인데, 고소취소장이 아닌 단순한 합의서를 가해자에게 작성하여 준 경우일 뿐이라면 고소취소의 효력이 없을 것이지만(대법원 1983. 9. 27. 선고 83도516 판결, 2004. 3. 25. 선고 2003도8136 판결), 수사기관이나 법원에 합의서를 제출한 경우 그에 부가하여 피고인에 대한 관대한 처벌을 바란다는 탄원서가 제출되어 있는 경우 고소취소로 볼 수도 있으므로 구체적 사안에 따라서 그것이 고소의 취소로 볼 수 있는 것인지를 검토해 보아야 할 것입니다.

결국 피해당사자에게 단순한 합의서만을 작성해주었을 뿐이라면 이 경우에는 고소취소가 되었다고 할 수 없을 것입니다.

■ 형사고소도 대리하여 할 수 있는지요?

[질문] 70세이신 저희 아버님은 평소 행동이 불량한 동네청년 甲을 꾸짖다가 도리어 甲에게 폭행 당하여 전치 6주의 상해를 입었습니다. 치료를 위해 입원중인 아버님을 대신하여 제가 甲을 직접 고소할 수 있는지요?

[답변] 범죄의 피해자 기타 고소권자가 수사기관에 대하여 범죄사실을 신고하여 범인의 처벌을 요구하는 의사표시를 고소(告訴)라고 하며, 「형사소송법」제237조 제1항은 "고소 또는 고발은 서면 또는 구술로써 검사 또는 사법경찰관에게 하여야 한다."라고 규정하고 있습니다.

형사소송법상 고소할 수 있는 사람으로는 ①범죄의 피해자, ②그 피해자의 법정대리인(부모, 후견인 등)이며, ③피해자가 사망한 때에는 그 배우자, 직계친족 또는 형제자매는 피해자의 명시한 의사에 반하지 않는 한 고소할 수 있습니다(형사소송법 제223조, 제225조).

그리고 같은 법 제236조는 고소 또는 그 취소는 대리인으로 하여금 하게 할 수 있다고 규정하고 있는데, 대리인에 의한 고소의 방식 및 그 경우 고소기간의 산정기준에 관하여 판례는 "형사소송법 제236조의 대리인에 의한 고소의 경우, 대리권이 정당한 고소권자에 의하여 수여되었음이 실질적으로 증명되면 충분하고, 그 방식에 특별한 제한은 없으므로, 고소를 할 때 반드시 위임장을 제출한다거나 '대리'라는 표시를 하여야 하는 것은 아니고, 또 고소기간은 대리고소인이 아니라 정당한 고소권자를 기준으로 고소권자가 범인을 알게 된 날부터 기산한다."라고 하였습니다(대법원 2001. 9. 4. 선고 2001도3081 판결).

따라서 위 사안의 경우 귀하는 피해자 또는 피해자의 법정대리인 등이 아니므로 독자적으로 고소할 수는 없으나, 피해자인 부친으로부터 대리권을 수여받아 「형사소송법」제236조 및 「특별사법경찰관리 집무규칙」제44조의 대리에 의한 방법으로 고소하실 수 있을 것입니다.

■ 구술로도 고소가 가능한지요?

[질문] 甲은 공식석상에서 A정당의 총재인 乙에게 "개XX"라는 심한 욕설을하였고, 丙은 피해자 乙로부터 위 모욕에 대한 일체의 고소 권한을 위임받은 후 검사에게 위 모욕에 대하여 구술로 고소하였고, 검사는 이에 관하여 진술조서를 작성하였습니다. 이 경우 丙의 고소는 적법한가요?

[답변] 「형사소송법」 제236조는 "고소 또는 그 취소는 대리인으로 하여금하게 할 수 있다."라고 규정하고 있고, 동법 제237조 제1항은 "고소 또는 고발은 서면 또는 구술로써 검사 또는 사법경찰관에게 하여야 한다.", 제2항은 "검사 또는 사법경찰관이 구술에 의한 고소 또는 고발을 받은 때에는 조서를 작성하여야 한다."라고 규정하고 있습니다.

판례 역시 "형사소송법 제236조의 대리인에 의한 고소의 경우 대리권이 정당한 고소권자에 의하여 수여되었음이 실질적으로 증명되면 충분하고 그 방식에 특별한 제한은 없다고 할 것이며, 한편 친고죄에 있어서의 고소는 고소권 있는 자가 수사기관에 대하여 범죄사실을 신고하고 범인의 처벌을 구하는 의사표시로서 서면뿐만 아니라 구술로도 할 수 있는 것이므로, 피해자로부터 고소를 위임받은 대리인은 수사기관에 구술에 의한 방식으로 고소를 제기할 수도 있다.”라고 판시하고 있습니다(대법원 2002.06.14. 선고 2000도4595 판결).

사안에서 乙의 대리인으로서의 丙의 고소는 적법합니다.

■ 공범에 대한 제1심 판결 선고 후의 고소취소가 가능한지요?

[질문] 甲은 공식석상에서 지인인 乙과 丙이 함께 자신에게 “개XX”라고 심한 욕설을 하자 乙과 丙을 모욕죄로 고소하였습니다. 乙은 수사기관의 출석요구에 불응하였고, 이에 검사는 먼저 丙을 기소하였습니다. 丙은 1심에서 징역 6월을 선고 받고 항소하였고, 丙의 항소심 재판 중 乙이 기소되었으나, 甲은 합의를 이유로 乙에 대한 고소를 취소하려합니다. 이 경우 고소취소가 가능할까요?

[답변]「형사소송법」제232조 제1항은 “고소는 제1심 판결 선고 전까지 취소할 수 있다.”라고 규정하고 있습니다. 사안의 경우에도 고소 후에 공범자 1인에 대하여 제1심 판결이 선고되어 고소를 취소할 수 없게 되었을 때에 아직 제1심 판결이 선고되기 전의 다른 공범자에 대하여 고소를 취소할 수 있는지 문제될 수 있습니다.

이에 관하여 판례는 “친고죄의 공범 중 그 일부에 대하여 제1심판결이 선고된 후에는 제1심판결선고전의 다른 공범자에 대하여는 그 고소를 취소할 수 없고 그 고소의 취소가 있다 하더라도 그 효력을 발생할 수 없다”라고 판시하고 있습니다(대법원 1985.11.12. 선고 85도1940 판결). 그러므로 만약 사안에서 乙과 丙이 공범에 해당한다면, 甲의 乙에 대한 고소의 취소는, 공범인 丙에 대한 1심판결 선고 후이므로, 효력이 없을 것입니다(양형에 참작될 뿐입니다).

그러나 작성하신 내용만으로는 명확하지 아니하나, 사안과 같은 모욕죄의 경우, 각자 모욕의 행위를 함으로써 각 정범으로서 성립하는 것이므로, 공범관계가 인정되기 어렵습니다. 즉 모욕적인 현수막을 乙과 丙이 공동하여 게시하는 등의 실행행위의 분담이 있는 경우 등을 제외하고, 단순히 말로 모욕적인 언사를 한 경우에는 공범관계를 상정하기 어려운 바, 대개의 경우에는 각자의 행위에 대한 별개의 범죄행위로 보아, 각 당사자에 대한 고소 및 그 취소가 영향을 미치지 않습니다. 따라서 만약 이러한 경우라면 고소취소가 가능합니다.

■ 대리인에 의한 고소의 경우 고소기간의 기산점

[질문] 갑은 을을 모욕죄로 고소하기 위하여 변호사 병에게 고소대리 권한을 위임하는 계약을 체결하였고, 병은 고소를 차일피일 미루다가 자신이 위임한 날로부터 6개월 이내에 고소를 제기하였습니다. 병의 고소는 적법할까요?

[답변] 형사소송법 제236조에 의하면 "고소 또는 그 취소는 대리인으로 하여 금하게 할 수 있다"고 정하고 있고, 동법 제230조 제①항 본문은 "친고죄에 대하여는 범인을 알게 된 날로부터 6월을 경과하면 고소하지 못한다"고 정하고 있습니다. 한편, 판례는「 형사소송법 제236조 의 대리인에 의한 고소의 경우, 대리권이 정당한 고소권자에 의하여 수여되었음이 실질적으로 증명되면 충분하고, 그 방식에 특별한 제한은 없으므로, 고소를 할 때 반드시 위임장을 제출한다거나 '대리'라는 표시를 하여야 하는 것은 아니고, 또 고소기간은 대리고소인이 아니라 정당한 고소권자를 기준으로 고소권자가 범인을 알게 된 날부터 기산한다」라고하여, 고소권자를 기준으로 고소기간을 기산한다고 판단하였습니다(대법원 2001. 9. 4. 선고 2001도3081 판결). 그렇다면 갑은 병에 의한 대리 고소는 가능하며, 자신이 대리권을 위임받은 날로부터 6개월 이내라고 하더라고, 병이 갑이 을로부터 모욕을 당한 날로부터 6개월이 도과한 후에 고소하였다면 고소할 수 없다고 볼 것입니다.

■ 범인이 누구인지 전혀 알지 못함에도 고소할 수 있을까요?

[질문] 갑은 여행을 하던 중 게스트하우스에서 만난 을, 병, 정과 함께 술을 마시고 놀다가 잠이 들었습니다. 다음날 갑은 자신의 가방에서 지갑이 절취된 사실을 알게 되었고, 범인을 고소하려 하였습니다. 갑은 범인이 누구인지 전혀 알지 못함에도 고소할 수 있을까요?

[답변] 판례는, 고소는 범죄의 피해자 또는 그와 일정한 관계가 있는 고소권자가 수사기관에 대하여 범죄사실을 신고하여 범인의 처벌을 구하는 의사표시이므로, 고소인은 범죄사실을 특정하여 신고하면 족하고 범인이 누구인지 나아가 범인 중 처벌을 구하는 자가 누구인지를 적시할 필요도 없다(대법원 1996. 3. 12. 선고 94도2423 판결)고 판단한바 있습니다. 그렇다면 갑은 비록 지갑을 절취해간 자을 알지는 못하더라고 구체적으로 범죄피해사실을 적시하여 고소하는 것도 가능할 수 있다고 할 것입니다.

■ **고소인이 자기와 피고인과의 통화를 녹음한 테이프의 증거능력**

[질문] 甲은 그의 처 乙이 丙과 부정행위를 한 것을 알게 되어 고소하였습니다. 그런데 丙이 乙에게 전화를 걸어와 甲이 그 전화를 받았으며, 甲과 丙 사이의 통화내용에 위 부정행위에 관하여 丙이 언급한 부분이 있었고, 甲은 丙 몰래 위 통화내용을 녹음하였습니다. 이 경우 위 녹음테이프의 검증조서가 위 고소사건의 형사재판에서 증거능력이 인정될 수 있는지요?

[답변] 통신 및 대화비밀의 보호에 관하여 「통신비밀보호법」제3조 본문은 "누구든지 이 법과 형사소송법 또는 군사법원법의 규정에 의하지 아니하고는 우편물의 검열·전기통신의 감청 또는 통신사실확인자료의 제공을 하거나 공개되지 아니한 타인간의 대화를 녹음 또는 청취하지 못한다."라고 규정하고 있고, 불법검열에 의한 우편물의 내용과 불법감청에 의한 전기통신내용의 증거사용금지에 관하여 같은 법 제4조는 "제3조의 규정에 위반하여, 불법검열에 의하여 취득한 우편물이나 그 내용 및 불법감청에 의하여 지득 또는 채록된 전기통신의 내용은 재판 또는 징계절차에서 증거로 사용할 수 없다."라고 규정하고 있습니다. 또한, 타인의 대화비밀 침해금지에 관하여 같은 법 제14조는 "①누구든지 공개되지 아니한 타인간의 대화를 녹음하거나 전자장치 또는 기계적 수단을 이용하여 청취할 수 없다. ②제4조 내지 제8조, 제9조 제1항 전단 및 제3항, 제9조의2, 제11조 제1항·제3항·제4항 및 제12조의 규정은 제1항의 규정에 의한 녹음 또는 청취에 관하여 이를 적용한다."라고 규정하고 있습니다.

그런데 위 사안에서와 같이 고소인이 자기와 피고인과의 통화내용을 상대방 몰래 녹음한 녹음테이프의 검증조서가 위 고소사건의 형사재판절차에서 증거능력이 인정될 수 있을 것인지 문제됩니다.

이에 관하여 판례는 "피고인이 범행 후 피해자에게 전화를 걸어오자 피해자가 증거를 수집하려고 그 전화내용을 녹음한 경우, 그 녹음테이프가 피고인 모르게 녹음된 것이라 하여 이를 위법하게 수집된 증거라고 할 수 없다."라고 하였습니다(대법원 1997. 3. 28. 선고 97도240 판결).

또한 "녹음테이프 검증조서의 기재 중 고소인이 피고인과의 대화를 녹음한 부분은 타인간의 대화를 녹음한 것이 아니므로 통신비밀보호법 제14조의 적용을 받지는 않지만, 그 녹음테이프에 대하여 실시한 검증의 내용은 녹음테이프에 녹음된 대화의 내용이 검증조서에 첨부된 녹취서에 기재된 내용과 같다는 것에 불과하여 증거자료가 되는 것은 여전히 녹음테이프에 녹음된 대화의 내용이라 할 것인바, 그 중 피고인의 진술 내용은 실질적으로 형사소송법 제311조, 제312조 규정 이외에 피고인의 진술을 기재한 서류와 다를 바 없으므로, 피고인이 그 녹음테이프를 증거로 할 수 있음에 동의하지 않은 이상 그 녹음테이프 검증조서의 기재 중 피고인의 진술내용을 증거로 사용하기 위해서는 형사소송법 제313조 제1항 단서에 따라 공판준비 또는 공판기일에서 그 작성자인 고소인의 진술에 의하여 녹음테이프에 녹음된 피고인의 진술내용이 피고인이 진술한 대로 녹음된 것이라는 점이 증명되고 그 진술이 특히 신빙할 수 있는 상태 하에서 행하여진 것으로 인정되어야 한다."라고 하였습니다(대법원 2001. 10. 9. 선고 2001도3106 판결).

따라서 위 사안에서도 丙이 위 녹음테이프를 증거로 할 수 있음에 동의하거나, 위 사건의 공판준비 또는 공판기일에서 그 작성자인 甲의 진술에 의하여 녹음테이프에 녹음된 丙의 진술내용이 丙이 진술한 대로 녹음된 것이라는 점이 증명되고, 그 진술이 특히 신빙할 수 있는 상태 아래서 행하여진 것으로 인정되어야만 위 녹음테이프에 대한 검증조서의 증거능력이 인정될 것으로 보입니다.

8. 관련판례

[대법원 2020. 8. 20.선고 2018두34480 판결]

【판시사항】

근로자가 소속 직장의 대표자, 관리자나 동료 등을 수사기관 등에 고소·고발하거나 진정하는 행위가 징계규정에서 정한 징계사유에 해당하는지 판단하는 기준

【판결요지】

근로자가 뚜렷한 자료도 없이 사실을 허위로 기재하거나 왜곡하여 소속 직장의 대표자, 관리자나 동료 등을 수사기관 등에 고소·고발하거나 진정하는 행위는 징계규정에서 정한 징계사유가 될 수 있다. 다만 범죄에 해당한다고 의심할 만한 행위에 대해 처벌을 구하고자 고소·고발 등을 하는 것은 합리적인 근거가 있는 한 적법한 권리행사라고 할 수 있으므로 수사기관이 불기소처분을 하였다는 이유만으로 고소·고발 등이 징계사유에 해당하지 않는다. 위와 같은 고소·고발 등이 징계사유에 해당하는지는 고소·고발 등의 내용과 진위, 고소·고발 등에 이르게 된 경위와 목적, 횟수 등에 따라 신중하게 판단하여야 한다.

[대법원 2012. 2.23.선고 2011도17264 판결]
【판시사항】
친고죄에서 고소를 취소하거나 반의사불벌죄에서 처벌을 희망하는 의사표시를 철회할 수 있는 시기(=제1심판결 선고 전까지) 및 그 상대방
【판결요지】
형사소송법 제232조 제1항, 제3항에 의하면 친고죄에서 고소의 취소 및 반의사불벌죄에서 처벌을 희망하는 의사표시의 철회는 제1심판결 선고 전까지만 할 수 있고, 따라서 제1심판결 선고 후에 고소가 취소되거나 처벌을 희망하는 의사표시가 철회된 경우에는 효력이 없으므로 형사소송법 제327조 제5호 내지 제6호의 공소기각 재판을 할 수 없다. 그리고 고소의 취소나 처벌을 희망하는 의사표시의 철회는 수사기관 또는 법원에 대한 법률행위적 소송행위이므로 공소제기 전에는 고소사건을 담당하는 수사기관에, 공소제기 후에는 고소사건의 수소법원에 대하여 이루어져야 한다.

[대법원 2011.11.10.선고 2011다54686 판결]
【판시사항】
갑이 을을 강간 등 혐의로 고소하였으나 검사가 혐의 없음 처분을 하고, 오히려 갑을 무고 및 간통 혐의로 기소하여 제1심에서 유죄판결을 받았다가, 항소심과 상고심에서 무죄판결이 선고된 사건
【판결요지】
갑이 을을 강간 등 혐의로 고소하였으나 검사가 혐의 없음 처분을 하고, 오히려 갑을 무고 및 간통 혐의로 기소하여 제1심에서 유죄판결을 받았다가, 항소심과 상고심에서 무죄판결이 선고되어 확정되었고, 그 후 갑이 을을 상대로 강간 등 불법행위에 따른 손해배상금의 지급을 구하는 지급명령을 신천하였다가 각하되자 그로부터 6개월 내에 손해배상청구의 소를 제기한 사안에서, 갑의 강간 고소 부분에 대하여 간통죄나 무고죄가 유죄로 인정되는 경우에는 갑이 을에 대하여 손해배상청구를 하더라도 손해배상을 받기 어렵고 오히려 을에게 무고로 인하여 손해를 배상해 주어야 할 입장에 놓일 수도 있게 되므로, 이와 같은 상황 아래서 갑이 강간으로 인한 손해배상청구를 한다는 것은 사실상 불가능하다고 보이고, 따라서 갑의 손해배상청구는 간통과 무고죄에 대한 무죄판결이 확정된 때에야 비로소 사실상 가능하게 되었다고 보아

야 하며, 그 결과 갑의 손해배상청구권은 무죄판결이 확정된 때로부터 소멸시효가 진행하는데, 갑이 지급명령 신청이 각하된 후 6개월이 지나기 전에 소를 제기하였으므로 민법 제170조 제2항 에 의하여 최초로 지급명령을 신청한 날에 시효가 중단되었다고 본 원심판단을 수긍한 사례.

[대법원 2007.4.13.선고 2007도425 판결]

【판시사항】
고소권자의 고소취소 의사표시의 방법 및 효력

【판결요지】
형사소송법 제232조에 의하면 고소는 제1심판결 선고 전까지 취소할 수 있되 고소를 취소한 자는 다시 고소할 수 없으며, 한편 고소취소는 범인의 처벌을 구하는 의사를 철회하는 수사기관 또는 법원에 대한 고소권자의 의사표시로서 형사소송법 제239조, 제237조에 의하여 서면 또는 구술로써 하면 족한 것이므로, 고소권자가 서면 또는 구술로써 수사기관 또는 법원에 고소를 취소하는 의사표시를 하였다고 보여지는 이상 그 고소는 적법하게 취소되었다고 할 것이고, 그 후 고소취소를 철회하는 의사표시를 다시 하였다고 하여도 그것은 효력이 없다 할 것이다.

[대법원 1999. 2. 9.선고 98도2074 판결]

【판시사항】
고소 및 고소위임을 위한 능력의 정도(=사실상의 의사능력)

【판결요지】
고소를 함에는 소송행위능력, 즉 고소능력이 있어야 하는바, 고소능력은 피해를 받은 사실을 이해하고 고소에 따른 사회생활상의 이해관계를 알아차릴 수 있는 사실상의 의사능력으로 충분하므로 민법상의 행위능력이 없는 자라도 위와 같은 능력을 갖춘 자에게는 고소능력이 인정된다고 할 것이고, 고소위임을 위한 능력도 위와 마찬가지라고 할 것이다.

[8] 고발

1. 의의

"고발"이란 고소와 마찬가지로 범죄사실을 수사기관에 고함으로써 그 범죄의 기소를 바란다는 의사를 표명하는 행위를 말합니다. 고발은 고소권자 이외의 제3자는 누구나 할 수 있다는 점에서 고소와 구별됩니다.

2. 고발할 수 있는 사람

① 누구든지 범죄가 있다고 사료하는 때에는 고발할 수 있습니다(형사소송법 제234조제1항).

② 공무원은 그 직무를 행함에 있어 범죄가 있다고 사료하는 때에는 고발해야 합니다(형사소송법 제234조제2항).

3. 고발의 제한

자기 또는 배우자의 직계존속을 고발하지 못합니다(형사소송법 제235조 및 제224조).

4. 고발의 방식

① 고발은 서면 또는 구술로써 검사 또는 사법경찰관에게 해야 합니다(형사소송법 제237조제1항).

② 검사 또는 사법경찰관이 구술에 의한 고발을 받은 때에는 조서를 작성해야 합니다(형사소송법 제237조제2항).

③ 고발과 사법경찰관의 조치
사법경찰관이 고발을 받은 때에는 신속히 조사하여 관계서류와 증거물을 검사에게 송부해야 합니다(형사소송법 제238조).

고 발 장

고 발 인 : ○ ○ ○ (주민등록번호 :   -   )

　　　　　주소 : ○○시 ○○구 ○○길 ○○

　　　　　직업 :   사무실 주소 :

　　　　　전화번호 : (휴대폰:) (자택:) (사무실:)

　　　　　이메일 :

피고발인 : △ △ △ (주민등록번호 :   -   )

　　　　　주소 : ○○시 ○○구 ○○길 ○○

　　　　　직업 :   사무실 주소 :

　　　　　전화번호 : (휴대폰:) (자택:) (사무실:)

　　　　　이메일 :

고 발 내 용

1. 고발인은 20○○. ○. ○. ◎◎시에서 주관하는 8급공개경쟁채용시험에 응시하였으며, 고발인은 100점만점중 92.5점을 득점하였으나 합격점인 92.6점에 미달하여 불합격된 사실이 있습니다.

2. 그런데 공무원인 피고발인은 위 시험의 출제위원으로서 출제위원의 조카이며 응시자인 고발외 □□□에게 피고발인이 출제를 담당하였던 영어문제지를 시험실시 하루 전에 건네준 사실이 있으며, 위 고발외 □□□은 영어과목에서 95점을 득점하여 100점만점 중 92.6점으로 합격점에 달하여 합격처리 된 사실이 있으며, 고발인은 고발외 □□□이 피고발인으로부터 문제지를 사전입수한 사실을 위 □□□의 친구인 ◎◎◎로부터 우연히 알게 되었습니다.

3. 이에 고발인은 위 □□□의 친구인 ◎◎◎로부터 □□□이 시험문제지를 피고발인으로부터 사전 입수한 사실에 대하여 증인확인서를 받고, 이를 녹음하여 속기사사무실에서 녹취록으로 작성을 하고, 위 □□□에게 사실을 확인한 바, 위 □□□은 처음에는 사실을 부인하였으나 고발인이

준비한 증인확인서와 녹취록을 보고는 사실을 시인하였으며, 위 □□□
   이 사실을 시인하는 자리에는 고발외 ◉◉◉도 동석하고 있었습니다.
4. 위의 사실에 의하면 피고발인은 공무상의 비밀인 시험 문제지를 사전에
   유출함으로써 공무상의 비밀을 누설하였으므로 사실관계를 조사하여 엄
   중 처벌하여 주시기 바랍니다.

첨 부 서 류

1. 증인확인서 사본   1부
1. 녹취록   사본   1부

2000년   ○월   ○일

위 고 발 인   ○ ○ ○ (인)

○○경찰서장(또는 ○○지방검찰청 검사장) 귀 중

[서식 예] 고발장(낙태죄)

고 발 장

고 발 인 : ○ ○ ○ (주민등록번호 :   -   )
       주소 : ○○시 ○○구 ○○길 ○○
       직업 :   사무실 주소 :
       전화번호 : (휴대폰:) (자택.   ) (사무실:)
       이메일 :
피고발인 : △ △ △ (주민등록번호 :   -   )
       주소 : ○○시 ○○구 ○○길 ○○
       직업 :   사무실 주소 :
       전화번호 : (휴대폰:) (자택:) (사무실:)
       이메일 :

고 발 사 실

1. 고발인 ○○○과 피고발인 김△△은 20○○년 ○월 ○일 동거에 들어간 사실혼 관계에 있었던 사람들입니다.

2. 고발인은 고발인의 친구인 고발외 □□□에 대한 상해사건에 의해 19○○년 ○월 ○일부터 20○○년 ○월 ○일까지 ○○교도소에 수감된 바 있습니다.

3. 고발인이 ○○교도소에 수감되기 전 피고발인 김△△는 임신 ○주의 임부였는 바, 고발인은 고발인이 수감생활을 하던 20○○년 ○월 ○일 고발인의 수감생활에 따른 생활고와 육아에 대한 부담에 의해 ○○시 ○○구 ○○길 ○○번지 소재 ○○병원 산부인과전문의인 피고발인 이△△에게 임신중의 태아를 낙태하여줄 것을 요청하였고, 피고발인 이△△은 피고발인 김△△의 촉탁을 받아 동 병원 산부인과 수술실에서 임신 ○주의 태아를 낙태하였습니다.

4. 피고발인들은 모자보건법상의 낙태에 대한 규정에 따르지 않고 낙태시술에 이른 것이므로 이들을 모두 의법 조치하여 주시기 바랍니다.

입 증 방 법

1. 진단서
1. 자술서(피고발인 김△△작성)

20○○년   ○월   ○일

위 고 발 인   ○   ○   ○ (인)

○○경찰서장(또는 ○○지방검찰청 검사장) 귀 중

5. 고발의 취소

① 고발 취소의 방식

(1) 고발 취소는 서면 또는 구술로써 검사 또는 사법경찰관에게 해야 합니다(형사소송법 제239조 및 제237조제1항).

(2) 검사 또는 사법경찰관이 구술에 의한 고발 취소를 받은 때에는 조서를 작성해야 합니다(형사소송법 제239조 및 제237조제2항).

② 고발의 취소와 사법경찰관의 조치

사법경찰관이 고발 취소를 받은 때에는 신속히 조사하여 관계서류와 증거물을 검사에게 송부해야 합니다(형사소송법 제239조 및 제238조).

6. 상담사례

■ 피고발인을 착각하여 잘못 지정한 경우 어떻게 되나요?

[질문] 甲은 농지법을 위반하여 A 농지를 불법전용한 乙을 丙으로 잘못 알고, 丙을 피고발인으로 하여 수사기관에 고발하였습니다. 甲의 고발은 乙에게 효력이 미칠까요?

[답변] 고발이란 고소권자와 범인 이외의 자가 수사기관에 대하여 범죄사실을 신고하여 범인의 소추를 구하는 의사표시를 말합니다. 사안의 경우, 고발인이 피고발인을 착각하여 다른 사람을 고발한 경우에도 원래의 피고발인에게 고발의 효력이 미칠 것인지가 문제됩니다.

판례는 "고발이란 범죄사실을 수사기관에 고하여 그 소추를 촉구하는 것으로서 범인을 지적할 필요가 없는 것이고 또한 고발에서 지정한 범인이 진범인이 아니더라도 고발의 효력에는 영향이 없는 것이므로, A가 이 사건 농지전용행위를 한 사람을 B로 잘못 알고 B를 피고발인으로 하여 고발하였다고 하더라도 이 사건 농지전용행위를 피고인이 한 이상 피고인에 대하여도 위 고발의 효력이 미치는 것이다"라고 판시하고 있습니다(대법원 1994.05.13. 선고 94도458 판결).

그러므로 사안에서 甲이 농지전용행위를 한 사람을 丙으로 잘못 알고 丙을 피고발인으로 하여 고발하였다고 하더라도 乙이 농지전용행위를 한 이상 乙에 대하여 고발의 효력이 미친다고 할 것입니다.

■ 고발의 효력이 미치는 범위는?

[질문] 공무원인 갑은 을의 지난 1년 동안 1억원 상당의 세금포탈 사실을 고발하였습니다. 검사인 병은 을이 지난 1년 동안 냈어야 하는 세금이 1

억원이 아니라 5억원을 상회한다는 사실을 알게 되었습니다. 이에 검사 병은 특정범죄가중처벌 등에 관한 법률 제8조 제1항 제2호를 적용하여 공소를 제기하였습니다. 을은 특정범죄가중처벌 등에 관한 법률에 의하여 처벌받을 수 있을까요?

[답변] 판례는, "고발은 범죄사실에 대한 소추를 요구하는 의사표시로서 그 효력은 고발장에 기재된 범죄사실과 동일성이 인정되는 사실 모두에 미치므로, 범칙사건에 대한 고발이 있는 경우 그 고발의 효과는 범칙사건에 관련된 범칙사실의 전부에 미치고 한 개의 범칙사실의 일부에 대한 고발은 그 전부에 대하여 효력이 생기므로, 동일한 부가가치세의 과세기간 내에 행하여진 조세포탈기간이나 포탈액수의 일부에 대한 조세포탈죄의 고발이 있는 경우 그 고발의 효력은 그 과세기간 내의 조세포탈기간 및 포탈액수 전부에 미친다. 따라서 일부에 대한 고발이 있는 경우 기본적 사실관계의 동일성이 인정되는 범위 내에서 조세포탈기간이나 포탈액수를 추가하는 공소장변경은 적법하다"라고 판단(대법원 2009. 7. 23. 선고 2009도3282 판결)하여 범칙사실 일부에 대한 고발이라도 전부에 미친다고 보았습니다. 갑은 을을 1억원의 세금포탈로 고발하였지만, 수사과정에서 5억의 세금포탈 사실이 드러났다면, 이에 대하여서도 고발의 효력이 미치는 것이고 특정범죄가중처벌 등에 관한 법률 제8조 제1항 제2호에 따라 3년 이상의 유기징역에 처해질 수 있으며 같은 조 제2항에 따라 2배 이상 5배 이하에 상당하는 벌금을 병과될 수 있습니다.

■ 고발을 요하는 범죄에서 불기소처분 후 나중에 공소를 제기할 경우 고발이 다시 있어야 하는지요?

[질문] 甲은 2023년도 국세체납 부분에 관하여 관할 세무서장의 고발을 당했으나 불기소처분을 받았습니다. 그런데 그 후 세무서장이 2024년도 국세체납 부분에 관해 고발하자, 검사는 2014년도 국세체납부분과 함께 종전에 불기소처분하였던 2023년도 국세체납 부분까지 공소를 제기하였습니다. 2023년도 국세체납 부분의 공소제기는 고발 없이 한 것이어서 위법한 것 아닌가요.

[답변] 조세범처벌법에 따른 범칙행위에 대해서는 국세청장, 지방국세청장 또는 세무서장의 고발이 없으면 검사는 공소를 제기할 수 없습니다(조세범 처벌법 제21조). 그러나, 검사의 불기소처분에는 확정재판에 있어서의 확

정력과 같은 효력이 없어 일단 불기소처분을 한 후에도 공소시효가 완성되기 전이면 언제라도 공소를 제기할 수 있으므로, 세무공무원 등의 고발이 있어야 공소를 제기할 수 있는 조세범처벌법 위반죄에 관하여 일단 불기소처분이 있었더라도 세무공무원 등이 종전에 한 고발은 여전히 유효하고, 따라서 나중에 공소를 제기함에 있어 세무공무원 등의 새로운 고발이 있어야 하는 것은 아닙니다(대법원 2009. 10. 29. 선고 2009도6614 판결).

따라서 사안의 2023년도 국세체납 부분의 공소제기는 적법하다고 하겠습니다.

■ 불기소처분에 대해 고발인은 헌법소원을 청구할 수 있나요?

[질문] A와 공동대표로서 주식회사를 운영하였습니다. 그런데 A가 일본 은행으로부터 채권을 매입하여 갑회사에 채권을 매도하면서 그 대금을 자신의 계좌로 입금받아 전액을 인출한 사실을 알게 되었습니다. 이에 A를 외국환거래법위반으로 고발하였으나 검찰은 혐의없음의 불기소처분을 하였습니다. 이에 항고와 재항고를 하였으나 모두 기각되었습니다. 헌법소원을 통해 불기소처분을 다툴 수 있을까요?

[답변] 검사의 불기소처분에 대하여 기소처분을 구하는 취지에서 헌법소원을 제기할 수 있는 자는 원칙적으로 헌법상 재판절차진술권의 주체인 형사피해자에 한하므로, 범죄피해자가 아닌 고발인에게는 개인적 주관적 권리나 재판절차에서의 진술권 등의 기본권이 허용되지 않아 달리 특별한 사정이 없으면 검사의 불기소처분에 대하여 자기관련성이 없다(헌재 1989. 12. 22. 89헌마145; 헌재 2013. 7. 25. 2012헌마724)는 것이 헌법재판소의 견해입니다. 외국환거래법위반죄는 국가적 법익을 보호법익으로 하는 범죄로서 고발인이 이로 인하여 직접적으로 자신의 권리나 법익을 침해받은 피해자라고 할 수 없으므로(헌재 2008. 1. 29. 2008헌마44; 헌재 2015. 3. 31. 2015헌마247), 외국환거래법위반에 관한 불기소처분에 대해 고발인이 헌법소원을 제기할 경우 헌법소원의 적법요건 중 자기관련성이 인정되지 않는다는 이유로 각하될 것입니다(헌재 2017. 4. 27. 2016헌마140).

7. 관련판례

[대법원 2022. 11. 10.선고 2018도1966 판결]

【판시사항】

고소·고발장에 다른 정보주체의 개인정보를 첨부하여 경찰서에 제출한 행위가 개인정보의 '누설'에 해당하는지 여부(한정 적극)

【판결요지】

구 공공기관의 개인정보보호에 관한 법률(2011. 3. 29. 법률 제10465호로 폐지되기 전의 것, 이하 같다) 제23조 제2항, 제11조의 '누설'이란 아직 개인정보를 알지 못하는 타인에게 알려주는 일체의 행위를 말하고, 고소·고발장에 다른 정보주체의 개인정보를 첨부하여 경찰서에 제출한 것은 그 정보주체의 동의도 받지 아니하고 관련 법령에 정한 절차를 거치지 아니한 이상 부당한 목적하에 이루어진 개인정보의 '누설'에 해당하였다. 개인정보 보호법 제71조 제5호, 제59조 제2호 위반죄는 구 공공기관의 개인정보보호에 관한 법률 제23조 제2항, 제11조 위반죄와 비교하여 범행주체가 다르고 '누설'에 부당한 목적이 삭제되었다는 것만 다를 뿐 나머지 구성요건은 실질적으로 동일한 점, 개인정보 보호법 제59조 제2호 가 금지하는 누설행위의 주체는 '개인정보를 처리하거나 처리하였던 자'이고, 그 대상은 '업무상 알게 된 개인정보'로 제한되므로, 수사기관에 대한 모든 개인정보 제공이 금지되는 것도 아닌 점 및 개인정보 보호법의 제정 취지 등을 감안하면, 구 공공기관의 개인정보보호에 관한 법률에 따른 '누설'에 관한 위의 법리는 개인정보 보호법에도 그대로 적용된다.

[대법원 2022. 6. 30.선고 2018도10973 판결]

【판시사항】

고발의 효력이 미치는 범위

【이유】

상고이유를 판단한다.

「특정범죄 가중처벌 등에 관한 법률」(이하 '특정범죄가중법'이라고 한다) 위반(허위세금계산서교부등)죄에 관한 고발의 효력 및 소추조건에 관한 상고이유에 대하여

「조세범 처벌법」에 의한 고발은 고발장에 범칙사실의 기재가 없거나 특정이 되지 아니할 때에는 부적법하나, 반드시 공소장 기재요건과 동일한 범죄의 일시·장소를 표시하여 사건의 동일성을 특정할 수 있을 정도로 표시하여야 하는 것은 아니고, 「조세범 처벌법」이 정하는 어떠한 태양의 범죄인지를 판명할 수 있을 정도의 사실을 일응 확정할 수 있을 정도로 표시하면 족하고, 고발사실의 특정은 고발장에 기재된 범칙사실과 세무공무원의 보충진술 기타 고발장과 함께 제출된 서류 등을 종합하여 판단하여야 한다. 그리고 고발은 범죄사실에 대한 소추를 요구하는 의사표시로서 그 효력은 고발장에 기재된 범죄사실과 동일성이 인정되는 사실 모두에 미친다(대법원 2011. 11. 24. 선고 2009도7166 판결 참조).

[대법원 2022. 1. 13.선고 2015도6329 판결]
【판시사항】
고소·고발장의 작성을 위한 법률상담이 같은 항 제3호의 '노동 관계 법령과 노무관리에 관한 상담·지도'에 해당하는지 여부(소극)

【판결요지】
근로감독관에 대하여 근로기준법 등 노동 관계 법령 위반사실을 신고하는 행위라도 범인에 대한 처벌을 구하는 의사표시가 포함되어 있는 고소·고발은 노동 관계 법령이 아니라 형사소송법, 사법경찰관리의 직무를 행할 자와 그 직무범위에 관한 법률 등에 근거한 것으로서, 구 공인노무사법(2020. 1. 29. 법률 제16895호로 개정되기 전의 것, 이하 같다) 제2조 제1항 제1호 에서 공인노무사가 수행할 수 있는 직무로 정한 '노동 관계 법령에 따라 관계 기관에 대하여 행하는 신고 등의 대행 또는 대리'에 해당하지 아니하고, 고소·고발장의 작성을 위한 법률상담도 구 공인노무사법 제2조 제1항 제3호의 '노동 관계 법령과 노무관리에 관한 상담·지도'에 해당하지 않는다고 봄이 타당하다.

[대법원 2021. 10. 28.선고 2021도404 판결]
【판시사항】
출입국사범 사건에서 지방출입국·외국인관서의 장의 적법한 고발이 있었는지 판단하는 방법

【판결요지】

[1] 출입국사범 사건에서 지방출입국·외국인관서의 장의 적법한 고발이 있었는지 여부가 문제 되는 경우에 법원은 증거조사의 방법이나 증거능력의 제한을 받지 아니하고 제반 사정을 종합하여 적당하다고 인정되는 방법에 의하여 자유로운 증명으로 그 고발 유무를 판단하면 된다.

[2] 피고인이 취업활동을 할 수 있는 체류자격을 가지지 아니한 외국인을 고용하여 출입국관리법을 위반하였다는 공소사실이 제1심에서 유죄로 인정되고, 검사가 이에 대해 양형부당을 이유로 항소하였는데, 원심이 직권으로 출입국관리법 제101조 제1항 에 따른 지방출입국·외국인관서의 장의 고발이 없었음을 이유로 제1심판결을 파기하고 공소를 기각한 사안에서, 기록에 의하면 피고인에 대한 공소가 이루어지기 전에 이미 공소사실에 관한 적법한 고발이 있었음을 알 수 있으므로, 원심이 그와 같은 사정에 관하여 추가로 조사하여 확인하지 아니한 채 막연히 위와 같은 고발이 없었다고 단정한 것에 출입국사범 사건에서 고발 유무의 조사에 관하여 필요한 심리를 다하지 아니하거나 적당하다고 인정되는 방법에 의하여 자유로운 증명으로 고발 유무를 판단하도록 한 법리를 오해한 잘못이 있다고 한 사례.

[대법원 2020. 8. 20.선고 2018두34480 판결]

【판시사항】

근로자가 소속 직장의 대표자, 관리자나 동료 등을 수사기관 등에 고소·고발하거나 진정하는 행위가 징계규정에서 정한 징계사유에 해당하는지 판단하는 기준

【판결요지】

근로자가 뚜렷한 자료도 없이 사실을 허위로 기재하거나 왜곡하여 소속 직장의 대표자, 관리자나 동료 등을 수사기관 등에 고소·고발하거나 진정하는 행위는 징계규정에서 정한 징계사유가 될 수 있다. 다만 범죄에 해당한다고 의심할 만한 행위에 대해 처벌을 구하고자 고소·고발 등을 하는 것은 합리적인 근거가 있는 한 적법한 권리행사라고 할 수 있으므로 수사기관이 불기소처분을 하였다는 이유만으로 고소·고발 등이 징계사유에 해당하지 않는다. 위와 같은 고소·고발 등이 징계사유에 해당하는지는 고소·고발 등의 내용과 진위, 고소·고발 등에 이르게 된 경위와 목적, 횟수 등에 따라 신중하게 판단하여야 한다.

[대법원 2018. 5. 17.선고 2017도14749 전원합의체 판결]

【판시사항】
국회에서의 증언·감정 등에 관한 법률 제15조 제1항의 고발이 같은 법 제14조 제1항 본문에서 정한 위증죄의 소추요건인지 여부(적극)

【판결요지】
[다수의견] 국회에서의 증언·감정 등에 관한 법률(이하 '국회증언감정법'이라 한다)은 제1조 에서 국회에서의 안건심의 또는 국정감사나 국정조사와 관련하여 행하는 보고와 서류제출의 요구, 증언·감정 등에 관한 절차를 규정하는 것을 그 목적으로 밝히고 있다. 국회증언감정법 제14조 제1항 본문은 같은 법에 의하여 선서한 증인이 허위의 진술을 한 때에는 1년 이상 10년 이하의 징역에 처한다고 규정하고, 제15조 제1항 본문은 본회의 또는 위원회는 증인이 제14조 제1항 본문의 죄를 범하였다고 인정한 때에는 고발하여야 한다고 규정하며, 제15조 제2항은 제1항의 규정에 불구하고 범죄가 발각되기 전에 자백한 때에는 고발하지 아니할 수 있다고 규정하고 있다.
위와 같은 국회증언감정법의 목적과 위증죄 관련 규정들의 내용에 비추어 보면, 국회증언감정법은 국정감사나 국정조사에 관한 국회 내부의 절차를 규정한 것으로서 국회에서의 위증죄에 관한 고발 여부를 국회의 자율권에 맡기고 있고, 위증을 자백한 경우에는 고발하지 않을 수 있게 하여 자백을 권장하고 있으므로 국회증언감정법 제14조 제1항 본문에서 정한 위증죄는 같은 법 제15조 의 고발을 소추요건으로 한다고 봄이 타당하다.
[대법관 김신의 반대의견] 국회증언감정법에는 고발을 소추요건으로 한다는 명문의 규정이 없으므로 국회증언감정법 제15조 제1항 고발은 수사의 단서일 뿐이고 소추요건이라 보기는 어렵다.
국회증언감정법 제15조 는 국회가 증인을 위증죄로 고발할 경우에 있어서 고발의 주체, 대상범죄, 자백으로 인한 고발 예외, 고발 명의인, 국회가 고발한 경우 검사의 처리 등에 관하여 상세히 규정하고 있지만, 고발이 없으면 공소를 제기할 수 없다거나 고발이 있어야 공소를 제기할 수 있다고 규정하고 있지는 않다. 이와 같이 국회증언감정법 규정의 문언과 형식이 고발을 소추요건으로 규정한 다른 특별법 규정들과 엄연히 다르므로 국회증언감정법 제15조 제1항 고발의 성질과 효력을 소추요건인 고발과 같은 것으로 해석할 수는 없다.
국회증언감정법 제15조 는 형사소송법 고발 규정에 대하여 국회가 위증죄

등을 고발할 경우에 적용되는 특별규정이라고 보는 것이 타당하다. 국회증언
감정법은 고발에 관한 일반규정인 형사소송법 규정들에 대하여 국회가 고발
을 할 경우에 적용될 고발의 주체, 대상범죄, 검사의 사건처리 등에 관하여
특별히 규정하였고 고발의 성질과 효력에 관하여는 아무런 규정을 하지 않고
있다. 따라서 고발의 성질과 효력에 관하여는 일반규정인 형사소송법 규정이
적용된다고 보는 것이 합리적인 해석이다.

[9] 사건처리

1. 공소제기

공소제기는 수사종결의 가장 전형적인 형태로 검사는 수사결과 범죄의 객관적 혐의가 충분하고, 소송조건을 구비하여 유죄판결을 받을 수 있다고 인정하는 때에는 공소를 제기하여 수행합니다(형사소송법 제246조).

2. 불기소처분

① "불기소처분"이란 검사가 수사의 결과, 피의사건의 피의자에 대하여 공소를 제기하지 않기로 결정한 처분을 말합니다.

② 불기소결정의 주문은 다음과 같습니다(형사소송법 제247조 및 검찰 사건사무규칙 제69조제3항, 제73조, 제74조).

(1) 기소유예 : 피의사실이 인정되나 다음의 사항을 참작하여 소추를 필요로 하지 않는 경우
  - 범인의 연령, 성행, 지능과 환경
  - 피해자에 대한 관계
  - 범행의 동기, 수단과 결과
  - 범행후의 정황

(2) 혐의없음
  - 혐의없음(범죄인정안됨) : 피의사실이 범죄를 구성하지 않거나 인정되지 않는 경우
  - 혐의없음(증거불충분) : 피의사실을 인정할 만한 충분한 증거가 없는 경우

(3) 죄가안됨
  - 피의사실이 범죄구성요건에 해당하나 법률상 범죄의 성립을 조각하는 사유가 있어 범죄를 구성하지 않는 경우

(4) 공소권없음
- 확정판결이 있는 경우
- 통고처분이 이행된 경우
- 「소년법」, 「가정폭력범죄의 처벌 등에 관한 특례법」, 「성매매알
  선 등 행위의 처벌에 관한 법률」 또는 「아동학대범죄의 처벌
  등에 관한 특례법」에 따른 보호처분이 확정된 경우(보호처분이
  취소되어 검찰에 송치된 경우는 제외함)
- 사면이 있는 경우
- 공소의 시효가 완성된 경우
- 범죄 후 법령의 개폐로 형이 폐지된 경우
- 법률의 규정에 의하여 형이 면제된 경우
- 피의자에 관하여 재판권이 없는 경우
- 동일사건에 관하여 이미 공소가 제기된 경우(공소를 취소한 경
  우를 포함함. 다만, 다른 중요한 증거를 발견한 경우에는 그렇
  지 않음)
- 친고죄 및 공무원의 고발이 있어야 논하는 죄의 경우에 고소 또
  는 고발이 없거나 그 고소 또는 고발이 무효 또는 취소된 때
- 반의사불벌죄의 경우 처벌을 희망하지 아니하는 의사표시가 있
  거나 처벌을 희망하는 의사표시가 철회된 경우
- 피의자가 사망하거나 피의자인 법인이 존속하지 않게 된 경우

(5) 각하
- 고소 또는 고발이 있는 사건에 관하여 고소인 또는 고발인의
  진술이나 고소장 또는 고발장에 의하여 혐의없음, 죄가안됨,
  공소권없음의 사유에 해당함이 명백한 경우
- 고소·고발이 다음에 의한 경우
  자기 또는 배우자의 직계존속을 고소한 경우
  자기 또는 배우자의 직계존속을 고발한 경우
  고소를 취소한 자가 다시 고소한 경우
- 동일사건에 관하여 검사의 불기소처분이 있는 경우(다만, 새로

이 중요한 증거가 발견된 경우에 고소인 또는 고발인이 그 사
유를 밝힌 때에는 그렇지 않음)
- 「형사소송법」 제223조, 제225조부터 제228조까지에 의한 고소
  권자가 아닌 자가 고소한 경우
- 고소·고발장 제출 후 고소인 또는 고발인이 출석요구에 따르지
  않거나 소재불명되어 고소·고발사실에 대한 진술을 청취할 수
  없는 경우
- 고소·고발 사건에 대하여 사안의 경중 및 경위, 고소·고발인과
  피고소·피고발인의 관계 등에 비추어 피고소·피고발인의 책임이
  경미하고 수사와 소추할 공공의 이익이 없거나 극히 적어 수사
  의 필요성이 인정되지 않은 경우 및 고발이 진위 여부가 불분
  명한 언론 보도나 인터넷 등 정보통신망의 게시물, 익명의 제
  보, 고발 내용과 직접적인 관련이 없는 제3자로부터의 전문이
  나 풍문 또는 고발인의 추측만을 근거로 한 경우 등으로서 수
  사를 개시할만한 구체적인 사유나 정황이 충분하지 않은 경우

(6) 기소중지
- 검사가 피의자의 소재불명 또는 「검찰사건사무규칙」 제74조에 규
  정된 사유 외의 사유로 수사를 종결할 수 없는 경우에는 그 사유
  가 해소될 때까지 불기소·기소중지·참고인중지 사건기록에 의하여
  기소중지의 결정을 할 수 있습니다(검찰사건사무규칙 제73조).
- 검사가 참고인·고소인·고발인 또는 같은 사건 피의자의 소재불
  명으로 수사를 종결할 수 없는 경우에는 그 사유가 해소될 때
  까지 불기소·기소중지·참고인중지 사건기록에 의하여 참고인중
  지의 결정을 할 수 있습니다(검찰사건사무규칙 제74조).

3. 송치

검사는 사건이 그 소속검찰청에 대응한 법원의 관할에 속하지 않는
때에는 사건을 서류와 증거물과 함께 관할법원에 대응한 검찰청검사에
게 송치해야 합니다(형사소송법 제256조).

4. 상담사례

■ 검사의 불기소처분에 대한 고소인의 불복 방법

[질문] 甲은 제가 결혼을 조건으로 2,600만원을 편취하여 행방불명되었다는 허위내용의 소장과 불거주사실확인서를 법원에 제출하여 공시송달방법으로 승소판결을 받아 제 소유 부동산을 강제집행하였습니다. 그래서 저는 甲을 사기죄로 형사고소하였으나 '혐의 없음'으로 불기소처분되었습니다. 이에 대하여 제가 불복(不服)할 수 있는 방법은 무엇인지요?

[답변] 검사가 고소 또는 고발에 의하여 범죄를 수사할 때에는 고소 또는 고발을 수리한 날로부터 3월 이내에 수사를 완료하여 공소제기여부를 결정하여야 하고, 이러한 사건에 대해 공소를 제기하거나 제기하지 아니하는 처분 등을 한 때에는 그 처분을 한 날로부터 7일 이내에 서면으로 고소인 또는 고발인에게 그 취지를 통지하게 되어 있습니다(형사소송법 제257조, 제258조 제1항).

그리고 검사가 불기소처분을 한 경우에 고소인 또는 고발인의 청구가 있는 때에는 7일 이내에 고소인 또는 고발인에게 그 이유를 서면으로 설명하여야 하며, 이러한 검사의 불기소처분에 대해 고소인이 불복하는 방법에는 재정신청(裁定申請)이 있습니다(형사소송법 제259조, 제260조). 그러나 재정신청을 하려면 검찰청 법 제10조에 따른 항고를 거쳐야 하기 때문에 고소인은 검사로부터 공소를 제기하지 아니한다는 통지를 받은 날로부터 30일 이내에 (검찰)항고를 하여야 하고, 당해 지방검찰청 또는 지청의 검사는 항고가 이유가 있다고 인정하는 때에는 그 처분을 경정하게 됩니다(형사소송법 제260조 제2항 본문).

그러나 항고가 이유 없다고 기각 결정을 하게 되면 고소인은 기각 결정의 통지를 받은 날부터 10일 이내에 지방검찰청 검사장 또는 지청장에게 재정신청서를 제출할 수 있습니다. 다만 '항고 이후 재기수사가 이루어진 다음에 다시 공소를 제기하지 아니한다는 통지를 받은 경우', '항고 신청 후 항고에 대한 처분이 행하여지지 아니하고 3개월이 경과한 경우', '검사가 공소시효 만료일 30일 전까지 공소를 제기하지 아니하는 경우'에는 항고를 거치지 않고 곧바로 재정신청을 할 수 있습니다(형사소송법 제260조 제2항 단서, 제3항). 재정신청서를 제출받은 지방검찰청검사장 또는 지청장은 재정신청서를 제출받은 날부터 7일 이내에 재정신청서·의견서·수산관계서류 및 증거물을 관할 고등검찰청을 경유하여 관할 고등법원에 송부하여야 하고, 법원은 재정신청서를 송부받은 날부터 3개월 이내에 신청이 법률상의 방식에 위배되거나 이유 없는 때에는 신청을 기각하고, 신청이 이유 있는 때에는 사건에 대한 공소제기를 결정하게 됩니다(형사소송법 제261조, 제262조).
재정신청사건의 심리는 특별한 사정이 없는 한 공개하지 아니하며 법원의 기각결정에 대하여는 형사소송법 제415조에 따른 즉시항고를 할 수 있고 인용 결정에 대하여는 불복할 수 없습니다(형사소송법 제262조 제3항, 제4항).

■ 무혐의불기소처분이 위법한 경우 재정신청이 기각되는지요?

[질문] 재정신청사건에 있어서 검사의 무혐의 불기소처분이 위법하다 하더라도 기소유예를 할 만한 사건이라고 인정되는 경우에는 재정신청이 기각되는지요?

[답변] 재정신청에 관하여 「형사소송법」제260조는 "①고소권자로서 고소를 한 자(형법 제123조 내지 제125조의 죄에 대하여는 고발을 한 자 포함)는 검사로부터 공소를 제기하지 아니한다는 통지를 받은 때에는 그 검사 소속의 지방검찰청 소재지를 관할하는 고등법원에 그 당부에 대한 재정을 신청할 수 있다. ③제1항에 따른 재정신청을 하려는 자는 항고 기각 결정을 통지받은 날부터 10일 이내에 지방검찰청검사장 또는 지청장에게 재정신청서를 제출하여야 한다."라고 규정하고 있고, 같은 법 제262조 제2항은 "법원은 재정신청서를 송부받은 날부터 3개월 이내에 항고의 절차에 준하여 다음 각 호의 구분에 따라 결정한다. 이 경우 필요한 때에는 증거를 조사할 수 있다. ⅰ. 신청이 법률상의 방식에 위배하거나 이유 없는 때에는 신청을 기각한다. ⅱ. 신청이 이유 있는 때에는 사건에 대한 공소제기를 결정한다."라고 규정하고 있습니다.
그런데 검사의 무혐의 불기소처분이 위법하다 하더라도 기소유예를 할 만한 사건이라고 인정되는 경우, 재정신청을 기각할 수 있는지에 관하여 판례는 "공소를 제기하지 아니하는 검사의 처분의 당부에 관한 재정신청이 있는 경우에 법원은 검사의 무혐의 불기소처분이 위법하다 하더라도 기록에 나타난 여러 가지 사정을 고려하여 기소유예의 불기소처분을 할 만한 사건이라고 인정되는 경우에는 재정신청을 기각할 수 있다."라고 하면서, 후보자가 기부행위 제한기간 중에 정가 5,000원인 책자를

권당 1,000원에 판매한 행위는 공직선거및선거부정방지법이 금지하는 기부행위에 해당하므로 검사가 그 점에 대하여 무혐의 불기소처분을 한 것은 잘못이나, 후보자의 홍보부장이 선거관리위원회에 질의한 결과 위 책자를 무료로 배포하면 문제의 소지가 있다는 회답을 듣고 이를 유료로 판매하기만 하면 되는 것으로 오해하여 그와 같은 행위에 이르게 된 것이라는 점을 참작하면 기소유예를 할 만한 사안이라고 보아 재정신청을 기각한 원심결정을 수긍한 사례가 있습니다(대법원 1997. 4. 22. 자 97모30 결정).

따라서 검사의 무혐의 불기소처분이 위법하다 하더라도 기소유예를 할 만한 사건이라고 인정되는 경우, 재정신청을 기각할 수 있다고 할 것입니다.

■ 불기소처분도 전과기록이 남는지요?

[질문] 불기소처분을 받더라도 전과기록 같은 것이 남는지 궁금합니다.

[답변] 엄밀한 의미의 "전과기록"이란 수형인명부(검찰청이나 군검찰부가 관리), 수형인명표(등록기준지에서 관리) 및 범죄경력자료를 말합니다(형의 실효 등에 관한 법률 제2조 제7호).수형인명부나 수형인명표는 자격정지 이상의 형이 선고되어 확정되었을 경우에 작성되며(같은 법 제3조, 제4조 제1항), 범죄경력자료 역시 벌금 이상의 형이 선고, 면제 또는 선고유예 되어야 작성됩니다(같은 법 제2조 제5호 가목). 따라서, 불기소처분을 받는다고 해서 전과기록이 남는 것은 아닙니다.다만, 수사경력자료(경찰청에서 관리)에는 기록이 남는데, 혐의없음, 공소권없음, 죄가안됨 또는 기소유예 처분이 있은 경우에는 소정의 보존기간이 지나면 전산입력된 수사경력자료의 해당 사항을 삭제하는 것으로 되어 있습니다(같은 법 제8조의2 제1항 제1호).

■ 불기소처분의 일사부재리 효력 인정여부

[질문] A로부터 사기죄와 횡령죄로 고소를 당하였다 증거불충분의 불기소처분을 받았습니다. A는 횡령죄의 불기소처분에 대해 항고하였으나 고등검찰청에서는 항고기각결정을 하였고, 이에 대해 A는 재항고하였습니다. 그런데 최근 대검찰청에서 횡령죄 뿐만 아니라 사기죄에 대해서도 재기수사명령을 하였습니다. 사기죄에 대한 불기소처분에 대해서는 항고를

제기하지도 않았는데 재기수사명령을 할 수 있는 건가요?

[답변] 유, 무죄의 실체판결이나 면소판결이 확정된 때에는 일사부재리의 효력
에 의하여 재차 공소제기할 수 없으며, 공소가 제기되더라도 면소판결을
하여야 하나, 불기소처분의 경우에는 일사부재리의 효력이 미치지 않으
므로 새로운 증거 등으로 범죄의 혐의가 인정되는 경우 검사는 언제든
지 수사를 재개할 수 있고, 공소시효가 도과하는 등의 소추요건을 구비
하지 못한 것이 아닌 이상 공소를 제기하는 것도 가능합니다. 따라서
횡령죄에 대한 불기소처분에 대해서만 불복하여 항고와 재항고를 제기
한 경우라고 하더라도 사기죄를 포함한 전체 범죄에 대해 재기수사명령
을 하는 것도 가능합니다.

■ 고소를 제기하지 않은 피해자의 불기소처분에 대한 불복방법

[질문] 고속도로에서 승용차를 운전하던 중 앞에서 진행하던 혼다 승용차가 급
정거하여 뒤 따라 제동하였는데 안전거리를 확보하지 않은 채 뒤따라오
던 화물차가 제 차의 뒤 범퍼를 충격하였고, 그 충격으로 핸들이 좌측
으로 조작되면서 중앙선 반대편에서 진행하던 소나타 승용차와 충돌하
여 뒷 좌석에 타고 있던 부모님이 사망하고, 저도 중상을 입고 병원에
입원해 있었습니다. 당시 사건현장에 출동하였던 경찰이 사건을 인지하
여 수사가 진행되었고, 장례식과 병원치료로 수사결과를 미처 확인하지
못하였다가 최근 제가 혼다 승용차를 추월하려다 소나타 승용차를 충돌
하였고, 자신은 그 후 미처 제동하지 못해 제 차를 충돌한 것이라는 화
물차량 운전자의 주장을 받아들여 불기소처분을 한 사실을 알게 되었습
니다. 검찰청법 상 항고나 재정신청은 고소인 또는 고발인만 가능하다고
하던데 고소를 제기하지 않고도 불기소처분에 대해 다툴 수 있는 방법
은 없을까요?

[답변] 피해자의 고소가 아닌 수사기관의 인지 등에 의해 수사가 개시된 피의
사건에서 검사의 불기소처분이 이루어진 경우, 고소하지 아니한 피해자
로 하여금 별도의 고소 및 이에 수반되는 권리구제절차를 거치게 하는
방법으로는 종래의 불기소처분 자체의 취소를 구할 수 없고 당해 수사
처분 자체의 위법성도 치유될 수 없다는 점에서 이를 본래 의미의 사전
권리구제절차라고 볼 수 없고, 고소하지 아니한 피해자는 검사의 불기소
처분을 다툴 수 있는 통상의 권리구제수단도 경유할 수 없으므로, 그

불기소처분의 취소를 구하는 헌법소원의 사전 권리구제절차라는 것은
형식적·실질적 측면에서 모두 존재하지 않을 뿐만 아니라, 별도의 고소
등은 그에 수반되는 비용과 권리구제가능성 등 현실적인 측면에서 볼
때에도 불필요한 우회절차를 강요함으로써 피해자에게 지나치게 가혹할
수 있으므로, 고소하지 아니한 피해자는 예외적으로 불기소처분의 취소
를 구하는 헌법소원심판을 곧바로 청구할 수 있다(헌재 2010. 6. 24.
2008헌마716 참조). 나아가 헌법재판소에서는 검사가 교통사고의 현장
에서 수집할 수 있는 객관적인 증거자료를 바탕으로 하는 과학적인 수
사 등의 방법을 전혀 취하여 보지아니한 채, 신빙성에 의심이 가는 피
의자의 변소와 참고인의 피의자의 변소에 부합하는 진술만을 쉽사리 믿
고 피의자에 대하여 혐의없음의 불기소처분을 한 것은 결국 현저히 정
의와 형평에 반하는 자의적인 수사 및 증거판단에 따른 것이라 아니할
수 없고, 이로 말미암아 청구인은 형사피해자로서 헌법상 보장된 재판절
차에서의 진술권과 평등권을 침해받게 되었다고 판단하여 불기소처분을
취소한 사례도 있습니다(헌재 1992. 7. 23. 91헌마142 참조).

5. 관련판례

[대법원 2012.6.28.선고 2011두16735 판결]

【판시사항】

불기소처분 기록 중 피의자신문조서 등에 기재된 피의자 등의 인적사항 외의
진술내용이 개인의 사생활 비밀 또는 자유를 침해할 우려가 인정되는 경우,
공공기관의 정보공개에 관한 법률 제9조 제1항 제6호에서 정한 비공개대상
에 해당하는지 여부(적극)

【판결요지】

정보공개법 제9조 제1항 제6호 본문의 규정에 따라 비공개대상이 되는 정보
에는 구 공공기관의 정보공개에 관한 법률(2004. 1. 29. 법률 제7127호로
전부 개정되기 전의 것) 제7조 제1항 제6호 본문 소정의 이름·주민등록번호
등 정보의 형식이나 유형을 기준으로 비공개대상정보에 해당하는지 여부를
판단하는 '개인식별정보'뿐만 아니라 그 외에 정보의 내용을 구체적으로 살펴
'개인에 관한 사항의 공개로 인하여 개인의 내밀한 내용의 비밀 등이 알려지
게 되고, 그 결과 인격적·정신적 내면생활에 지장을 초래하거나 자유로운 사

생활을 영위할 수 없게 될 위험성이 있는 정보'도 포함된다고 새겨야 한다. 따라서 불기소처분 기록 중 피의자신문조서 등에 기재된 피의자 등의 인적사항 이외의 진술내용 역시 개인의 사생활의 비밀 또는 자유를 침해할 우려가 인정되는 경우 정보공개법 제9조 제1항 제6호 본문 소정의 비공개대상에 해당한다고 할 것이다(대법원 2012. 6. 18. 선고 2011두2361 전원합의체 판결 참조).

[대법원 2012.5.24.선고 2012도1284 판결]
【판시사항】
검찰청이 보관하고 있는 불기소처분기록에 포함된 불기소결정서가 변호인의 열람·지정에 의한 공개의 대상이 되는지 여부(=원칙적 적극)
【판결요지】
검찰청이 보관하고 있는 불기소처분기록에 포함된 불기소결정서는 형사피의자에 대한 수사의 종결을 위한 검사의 처분 결과와 이유를 기재한 서류로서, 작성 목적이나 성격 등에 비추어 이는 수사기관 내부의 의사결정과정 또는 검토과정에 있는 사항에 관한 문서도 아니고, 그 공개로써 수사에 관한 직무의 수행을 현저하게 곤란하게 하는 것도 아니므로, 달리 특별한 사정이 없는 한 변호인의 열람·지정에 의한 공개의 대상이 된다.

[대법원 1992. 2. 14.선고 91누8838 판결]
【판시사항】
운전자에게 귀책사유 있는 교통사고는 있으면서 교통사고처리특례법에 의하여 불기소처분을 받은 경우를 자동차운수사업법시행규칙 제15조 소정의 무사고운전경력에 포함시킬 수 있는지 여부(소극)
【판결요지】
자동차운송사업면허에 관한 특례를 규정하고 있는 자동차운수사업법시행규칙 제15조 제1항 제1호 소정의 무사고운전경력이라 함은, 처벌사실의 유무를 불구하고 운전자의 책임 있는 사유에 의한 사고가 없었다는 운전경력을 말하고, 운전자에게 귀책하는 사고는 있으면서 피해자와의 합의 등으로 교통사고처리특례법 제3조 제2항 에 의하여 피해자가 운전자의 처벌을 바라지 않아 불기소처분이 된 경우는 물론 교통사고를 일으킨 차가 위 특례법 제4조 소정

의 보험 또는 공제에 가입된 사실이 증명되어 공소를 제기할 수 없어 불기소
처분을 받은 경우 등은 이를 무사고운전경력에 포함시킬 수 없다.

[대법원 1991. 11. 5.자 91모68 결정]

【판시사항】

진정사건에 대한 검사의 내사종결처리가 재정신청의 대상이 되는 불기소처분
인지 여부(소극)

【판결요지】

원심결정 이유에 의하면 원심은 서울지방검찰청 동부지청 검사가 1991.2.2.
대통령비서실로부터 재항고인이 대통령에게 제출한 청원서를 이관받아 진정
사건으로 내사한 후 1991.4.27.공소권 없음 등을 이유로 내사종결처리를 하
자 이에 대하여 재항고인이 같은 해 5.8. 재정신청을 한 이 사건에 있어서
형사소송법 제260조 제1항 의 규정에 의하면 형법 제123조 내지 제125조
의 죄에 대한 고소 또는 고발사건에 대한 검사의 불기소처분의 통지를 받은
때에 한하여 재정신청을 할 수 있는 것인데 검사의 위 내사종결 처리는 고소
또는 고발사건에 대한 불기소처분이라고 볼 수 없고 또 재항고인의 위 진정
내용은 재정신청의 대상이 되는 죄라고도 할 수 없다고 하여 형사소송법 제
262조 제1항 제1호에 의하여 재항고인의 재정신청을 기각 하였는 바 기록에
의하여 살펴보면 원심의 위와 같은 조치는 정당하고 거기에 소론과 같은 심
리미진, 채증법칙 위배등의 위법이 있다고 할 수 없으며 달리 위 재정결정에
형사소송법 제415조 에 규정된 재항고사유가 있음을 찾아볼 수 없다. 피의
자 C에 대한 재항고는 그에 대한 재정신청자체가 없었으므로 부적법하다.

[10] 처분통지

1. 고소인 등에 대한 처분통지

① 검사는 고소 또는 고발이 있는 사건에 관하여 공소를 제기하거나 제기하지 않는 처분(불기소처분), 공소의 취소 또는 타관송치(형사소송법 제256조)를 한 때에는 그 처분한 날로부터 7일 이내에 서면으로 고소인 또는 고발인에게 그 취지를 통지해야 합니다(형사소송법 제258조제1항).

② 검사는 고소 또는 고발이 있는 사건에 관하여 공소를 제기하지 않는 처분(불기소처분)을 한 경우에 고소인 또는 고발인의 청구가 있는 때에는 7일 이내에 고소인 또는 고발인에게 그 이유를 서면으로 설명해야 합니다(형사소송법 제259조).

2. 피의자에 대한 처분통지

검사는 불기소처분 또는 타관송치(형사소송법 제256조)를 한 때에는 피의자에게 즉시 그 취지를 통지해야 합니다(형사소송법 제258조제2항).

[11] 불기소처분에 대한 불복

1. 재정신청

① 고소권자로서 고소를 한 자[직권남용(형법 제123조), 불법체포·불법 감금(형법 제124조), 폭행·가혹행위(형법 제125조), 피의사실공표(형법 제126조)의 죄에 대하여는 고발을 한 자를 포함함]는 검사로부터 공소를 제기하지 않는다는 통지를 받은 때에는 그 검사 소속의 지방검찰청 소재지를 관할하는 고등법원에 그 당부에 관한 재정을 신청할 수 있습니다.

② 다만, 「형법」 제126조의 죄에 대해서는 피공표자의 명시적 의사에 반해 재정을 신청할 수 없습니다(형사소송법 제260조제1항).

2. 항고·재항고

① 검사의 불기소처분에 불복하는 고소인이나 고발인은 그 검사가 속한 지방검찰청 또는 지청을 거쳐 서면으로 관할하는 고등검찰청 검사장에게 항고할 수 있습니다. 이 경우 해당 지방검찰청 또는 지청의 검사는 항고가 이유 있다고 인정하면 그 처분을 고쳐야 합니다(검찰청법 제10조제1항).

② 위의 항고를 한 사람(형사소송법 제260조에 따라 재정신청을 할 수 있는 사람은 제외함)은 그 항고를 기각하는 처분에 불복하거나 항고를 한 날부터 항고에 대한 처분이 이루어지지 않고 3개월이 지났을 때에는 그 검사가 속한 고등검찰청을 거쳐 서면으로 검찰총장에게 재항고할 수 있습니다. ③ 이 경우 해당 고등검찰청의 검사는 재항고가 이유 있다고 인정하면 그 처분을 고쳐야 합니다(검찰청법 제10조제3항).

[서식 예] 항고장(검사의 불기소처분)

항　고　장

항 고 인(고소인)　　○　○　○ (전화번호 ○○○ - ○○○○)
　　　　　　　　　　○○시 ○○구 ○○길 ○○번지
피고소인　　　　　　△　△　△ (전화번호 ○○○ - ○○○○)
　　　　　　　　　　○○시 ○○구 ○○길 ○○번지

　위 피고소인에 대한 ○○지방검찰청 ○○지청 2000형제 ○○○호 횡령
사건에 관하여 동 검찰청 지청 검사 이□□은 2000. ○. ○. 자로 혐의가
없다는 이유로 불기소처분결정을 하였으나, 그 결정은 아래와 같은 이유로
부당하므로 이에 불복하여 항고를 제기합니다.
　(고소인은 위 불기소처분결정통지를 2000. ○. ○. 수령하였습니다.)

-아　래-

1. 검사의 불기소이유의 요지는 "피의자는 2000. ○. ○. 고소인의 실소
   유물인 19톤 트럭(서울 ○○다 ○○○○호) 1대를 강제집행 목적으로
   회수하여 피의자가 ☆☆보증보험(주)를 퇴사하기 전까지는 위 차량을 회
   사의 주차장에 보관하고 있었고 그 후 2000. ○월경 위 회사의 성명
   불상 직원들이 위 차량을 매각이나 경매하지 않고 등록원부상 소유자로
   되어 있는 ◎◎중기에 반환하여 주었던 것이므로 피의자가 위 차량을
   임의로 운용하였다고 단정할 자료가 없다"는 것으로 파악됩니다.
2. 그러나 위와 같은 사실은 피고소인이 진술을 그대로 받아들인 것으로서
   피고소인의 진술을 뒷받침하는 증거로는 ◎◎중기(주) 대표이사의 동생
   인 김□□의 진술 및 피의자가 퇴사하기 전에 위 덤프트럭을 위 ☆☆보
   증보험(주)의 주차장에 주차하여 관리하고 있음을 입증하는 차량관리대
   장과 주차비용지급 기안용지 뿐인바, 위 김□□은 소유자도 아닌데 위
   덤프트럭을 인수하여 이익을 본 입장일 수도 있어 그 진술에 신빙성이
   없습니다.

3. 그리고 20○○. ○월경 ☆☆보증보험(주) 직원들이 위 덤프트럭을 ◎◎
   중기(주)에 반환하였다면 ☆☆보증보험(주)에 그 근거서류가 남아 있거
   나 그 사실을 누군가 알고 있어야 하는데, 불기소이유에 의하면 ☆☆보
   증보험(주)의 직원인 박□□은 자신도 위 사실을 알지 못하고 그 사실
   을 아는 사람이 누구인지도 모른다고 진술한 것으로 되어 있습니다.
   따라서 20○○. ○월이면 피의자가 퇴사한지 2년이나 지난 후인데, 회
   사직원 그 누구도 모르는 사실을 어떻게 2년전에 퇴사한 피고소인만
   알고 있는지 도저히 이치에 맞지 않습니다.

4. 또한 피의자가 위 회사를 퇴사하기 전에 위 덤프트럭을 회사의 주차장
   에 주차하여 관리하고 있었다는 사실이 위 회사의 차량관리대장과 회수
   중기 보관에 따른 주차비용지급이라는 제목의 기안용지에 의해 입증될
   수 있는 것이라면 위 회사가 위 덤프트럭을 20○○. ○월경 ◎◎중기
   (주)에 반환하기 전까지 주차하여 관리했던 사실 및 위 트럭을 ◎◎중
   기(주)에 반환하였다는 사실도 위 차량관리대장과 같은 문서에 의해 근
   거가 남겨져 있어야만 합니다. 위 박□□이 위 사실에 대해 모르는 것
   으로 미루어 서류상 그러한 근거가 남아 있지 않음이 분명한 바, 그렇
   다면 피의자의 진술은 거짓임이 분명합니다.

5. 그 뿐만 아니라 위 ☆☆보증보험(주) 직원들이 위 덤프트럭을 반납하였
   다는 ◎◎중기(주)는 위 덤프트럭의 지입회사이지 소유자가 아니며, 20
   ○○. ○월경 당시 이미 부도처리된 회사이므로 부도난 회사에 위 덤프
   트럭을 반환하였다는 것도 이해가 가지 않습니다.
   그리고 고소인은 고소인의 처인 고소외 김□□ 명의로 위 덤프트럭을
   고소외 현대자동차 (주)로부터 대금 76,000,000원에 36개월 할부로 구
   입하면서 그 담보로 위 ☆☆보증보험 (주)과 할부판매보증보험계약을 체
   결하였고 그 후 고소인이 위 할부금 중 38,000,000원을 납부하고 나
   머지 대금을 연체하자 ☆☆보증보험(주)이 위 보증보험계약에 따라 그
   잔금 34,742,547원을 위 현대자동차 (주)에 대신 지급하고 주채무자인
   위 김□□와 연대보증인인 고소인에게 구상금 청구를 하고 있던 상황에
   서 피의자가 채권 회수 목적으로 위 덤프트럭을 가져갔던 것이며 지금
   도 위 ☆☆보증보험에서는 고소인 및 고소인의 처에게 위 구상금 변제
   독촉장을 보내고 있습니다.

위와 같은 경위에 비추어 볼 때, ☆☆보증보험(주)의 직원들로서는 위 덤프트럭이 지입회사인 ◎◎중기(주)의 소유가 아니라 고소인 및 고소인 처의 소유라는 사실을 명백히 알고 있었다고 하므로 위 덤프트럭을 고소인측이 아닌 ◎◎중기(주)에 반환하였다는 진술은 이치에 맞지 않습니다.

6. 또한 피의자가 위 덤프트럭을 회수해 간 후 한 동안은 위 ☆☆보증보험(주)으로부터 위 구상금을 변제하라는 독촉장이 오지 않다가 언제부터인가 다시 독촉장이 오기 시작하여 20○○. 말 경 고소인이 위 ☆☆보증보험(주)으로 찾아가니 위 회사 담당직원이 "피고소인은 이미 퇴사하였고 회사로서는 위 덤프트럭이 어디 있는지 몰라 경매도 못한다"고 말한 사실이 있습니다. 이 건 불기소이유에서 인정한 사실관계에 의하면 위 덤프트럭은 계속 위 ☆☆보증보험(주) 주차장에 보관되어 있다가 20○○. ○월경 위 ◎◎중기(주)에 반환되었다는 것이므로, 당시 위 회사 담당직원이 고소인에게 한 말과 일치하지 않습니다.

뿐만 아니라 위 ☆☆보증보험(주) 직원들이 20○○. ○월경 위 덤프트럭을 ◎◎중기(주)에 반환하였다면 그 뒤에라도 고소인에게 이를 알려 주었을 텐데 고소인은 위 회사 직원으로부터 그런 통보를 받은 사실이 없습니다.

7. 위와 같은 사유로 항고하오니 고소인의 주장을 면밀히 검토하여 재수사를 명해주시기를 간절히 바랍니다.

첨 부 서 류

1. 불기소처분 통지서   1통
1. 공소부제기이유고지서   1통

20○○. ○. ○.

위 고소인 (항고인) ○ ○ ○ (인)

○ ○ 고 등 검 찰 청   귀 중

[12] 형벌의 종류

1. 사형

사형은 수형자의 생명을 박탈하는 것을 내용으로 하는 형벌로서 가장 중한 형벌입니다. 그 집행 방법은 교수형이 원칙이나 군인인 경우 총살형에 처할 수도 있습니다.

2. 징역

① 수형자를 형무소 내에 구금하여 노동에 복무하게 하는 형벌로서, 수형자의 신체적 자유를 박탈하는 것을 내용으로 하는 자유형의 일종입니다.

② 징역에는 무기와 유기의 2종이 있고, 무기는 종신형을 말하며, 유기는 1월 이상 30년 이하이고, 유기징역에 형을 가중하는 때에는 최고 50년까지도 될 수 있습니다.

3. 금고

① 수형자를 형무소에 구금하여 자유를 박탈하는 점에서 징역과 같으나, 노동에 복무하지 않는 점에서 징역과 다릅니다.

② 그러나 금고 수형자에게도 신청에 의하여 작업을 시킬 수 있습니다.

③ 금고에도 무기와 유기가 있으며, 그 기간은 징역형과 같습니다.

④ 금고는 주로 과실범 및 정치적 확신범과 같은 비파렴치성 범죄자에게 과하고 있습니다.

4. 자격상실

① 수형자에게 일정한 형의 선고가 있으면 그 형의 효력으로서 당연히 일정한 자격이 상실되는 형벌입니다.

② 범죄인의 일정한 자격을 박탈하는 의미에서 자격정지형과 더불어

명예형 또는 자격형이라고 합니다.

③ 형법상 자격이 상실되는 경우는 사형, 무기징역 또는 무기금고의 판결을 받은 경우이며, 상실되는 자격은 (1) 공무원이 되는 자격, (2) 공법상의 선거권과 피선거권, (3) 법률로 요건을 정한 공법상의 업무에 관한 자격, (4) 법인의 이사, 감사 또는 지배인 기타 법인의 업무에 관한 검사역이나 재산관리인이 되는 자격입니다.

5. 자격정지

① 수형자의 일정한 자격을 일정한 기간 정지시키는 경우로 현행 형법상 범죄의 성질에 따라 선택형 또는 병과형으로 하고 있습니다.

② 유기징역 또는 유기금고의 판결을 받은 자는 그 형의 집행이 종료하거나 면제될 때까지 자격상실의 내용 중 위 (1),(2),(3)의 자격이 당연 정지됩니다.

③ 판결선고에 기하여 다른 형과 선택형으로 되어 있을 때 단독으로 과할 수 있고, 다른 형에 병과할 수 있는 경우 병과형으로 과할 수 있습니다.

④ 자격정지기간은 1년 이상 15년 이하로 하고, 유기징역 또는 유기금고에 자격정지를 병과하였을 경우에는 징역 또는 금고의 집행을 종료하거나 면제된 날로부터 정지기간을 기산하고, 자격정지만을 과할 경우에는 판결이 확정된 날로부터 정지기간을 기산합니다.

6. 벌금

① 과료 및 몰수와 더불어 재산형의 일종입니다. 벌금액은 50,000원 이상이고, 감경하는 경우에는 50,000원 미만으로 할 수도 있습니다.

② 벌금은 판결 확정일로부터 30일 이내에 납입하여야 하며, 벌금을 납입하지 아니한 사람은 1일 이상 3년 이하의 기간 동안 노역장에 구금하여 작업에 복무하게 하는데 이를 환형유치라고 합니다.

③ 형의 집행은 검찰청 소관 업무이므로 벌금의 분할 납부 등 벌금의
납부와 관련된 사항은 검찰청에 문의하기 바랍니다.

7. 구류

① 금고와 같으나 그 기간이 1일 이상 30일 미만이라는 점이 다릅니다.

② 구류는 형법에서는 아주 예외적인 경우에만 적용되며, 주로 경범죄
처벌법위반죄 등 경범죄에 과하고 있습니다.

③ 형무소에 구금하는 것이 원칙이나 실제로는 경찰서의 유치장에 구
금하는 경우가 많습니다.

8. 과료

벌금과 같으나 그 금액이 2,000원 이상 50,000원 미만으로, 판결
확정일로부터 30일 이내에 납입하여야 하며, 납입하지 아니한 사람은
1일 이상 30일 미만의 기간 동안 노역장에 구금하여 작업에 복무하게
합니다.

9. 몰수

① 몰수는 원칙적으로 다른 형에 부가하여 과하는 형벌로서, 범죄행위
와 관계 있는 일정한 물건을 박탈하는 처분입니다.

② 몰수에는 필요적 몰수와 임의적 몰수가 있는데 임의적 몰수가 원칙
입니다.

③ 몰수할 수 있는 물건은 범인 이외의 자의 소유에 속하지 아니하거
나 범죄 후 범인 이외의 자가 정을 알면서 취득한 다음 기재의 물
건의 전부 또는 일부입니다.
(1) 범죄행위에 제공하였거나 제공하려고 한 물건
(2) 범죄행위로 인하여 생하였거나 이로 인하여 취득한 물건
(3) (1) 또는 (2)의 대가로 취득한 물건

10. 관련판례

[대법원 2018.2.13. 선고 2017도17809 판결]

【판시사항】

노역장유치기간의 하한을 정한 형법 제70조 제2항의 시행 전에 행해진 피고인의 범죄행위에 대하여, 원심이 피고인을 징역 5년 6개월과 벌금 13억 1,250만 원에 처하면서 형법 제70조 제1항, 제2항을 적용하여 노역장유치기간(525일)을 정한 판결을 선고한 사건

【판결요지】

1억 원 이상의 벌금형을 선고하는 경우 노역장유치기간의 하한을 정한 형법(2014. 5. 14. 법률 제12575호로 개정되어 같은 날 시행된 것, 이하 같다) 제70조 제2항(이하 '노역장유치조항'이라 한다)의 시행 전에 행해진 피고인의 범죄행위에 대하여, 원심이 피고인을 징역 5년 6개월과 벌금 13억 1,250만 원에 처하면서 형법 제70조 제1항, 제2항을 적용하여 '벌금을 납입하지 않는 경우 250만 원을 1일로 환산한 기간 노역장에 유치한다'는 내용의 판결을 선고하였는데, 원심판결 선고 후 헌법재판소가 형법 제70조 제2항을 시행일 이후 최초로 공소 제기되는 경우부터 적용하도록 한 형법 부칙(2014. 5. 14.) 제2조 제1항이 헌법상 형벌불소급원칙에 위반되어 위헌이라고 판단한 사안에서, 헌법재판소의 위헌결정 선고로 위 부칙조항은 헌법재판소법 제47조 제3항 본문에 따라 효력을 상실하였으므로, 노역장유치조항을 적용하여 노역장유치기간을 정한 원심판결은 유지될 수 없다.

[대법원 2017. 12. 21. 선고 2015도8335 전원합의체 판결]

【판시사항】

죄형법정주의 원칙이 적용되는 형벌법규의 해석

【판결요지】

죄형법정주의는 국가형벌권의 자의적인 행사로부터 개인의 자유와 권리를 보호하기 위하여 범죄와 형벌을 법률로 정할 것을 요구한다. 그러한 취지에 비추어 보면 형벌법규의 해석은 엄격하여야 하고, 문언의 가능한 의미를 벗어나 피고인에게 불리한 방향으로 해석하는 것은 죄형법정주의의 내용인 확장해석금지에 따라 허용되지 아니한다. 법률을 해석할 때 입법 취지와 목적,

제·개정 연혁, 법질서 전체와의 조화, 다른 법령과의 관계 등을 고려하는 체계적·논리적 해석 방법을 사용할 수 있으나, 문언 자체가 비교적 명확한 개념으로 구성되어 있다면 원칙적으로 이러한 해석 방법은 활용할 필요가 없거나 제한될 수밖에 없다. 죄형법정주의 원칙이 적용되는 형벌법규의 해석에서는 더욱 그러하다.

Chapter 2.
형사소송은 어떻게 진행되나요?

Section 1. 체포

1. 체포의 개념

"체포"란 죄를 범하였다고 의심할 만한 상당한 이유가 있는 피의자의 신병을 확보하기 위하여 피의자를 단기간 동안 수사관서 등 일정한 장소에 인치하는 제도를 말합니다.

2. 영장에 의한 체포

피의자가 죄를 범하였다고 의심할 만한 상응하는 이유가 있고, 정당한 이유 없이 「형사소송법」 제200조에 의한 출석요구에 따르지 않거나 따르지 않을 우려가 있는 때에는 검사는 관할 지방법원판사에게 청구하여 체포영장을 발부받아 피의자를 체포할 수 있고, 사법경찰관은 검사에게 신청하여 검사의 청구로 관할 지방법원판사의 체포영장을 발부받아 피의자를 체포할 수 있습니다(형사소송법 제200조의2제1항).

3. 현행범인의 체포

① 범죄를 실행하고 있거나 실행하고 난 직후의 사람을 현행범인이라고 하고 현행범인은 누구든지 영장 없이 체포할 수 있습니다(형사소송법 제211조제1항 및 제212조).

② 다음의 어느 하나에 해당하는 사람은 현행범인으로 봅니다(형사소송법 제211조제2항).

- 범인으로 불리며 추적되고 있을 때
- 장물이나 범죄에 사용되었다고 인정하기에 충분한 흉기나 그 밖의 물건을 소지하고 있을 때
- 신체나 의복류에 증거가 될 만한 뚜렷한 흔적이 있을 때
- 누구냐고 묻자 도망하려고 할 때

4. 긴급체포

검사 또는 사법경찰관은 피의자가 사형·무기 또는 장기 3년 이상의 징역이나 금고에 해당하는 죄를 저질렀다고 의심할 만한 상응하는 이유가 있고, 다음에 해당하는 사유가 있는 경우에 긴급을 요하여 지방법원판사의 체포영장을 받을 수 없는 때에는 그 사유를 알리고 영장 없이 피의자를 체포할 수 있습니다. 이 경우 긴급을 요한다 함은 피의자를 우연히 발견한 경우 등과 같이 체포영장을 받을 시간적 여유가 없는 때를 말합니다(형사소송법 제200조의3제1항).

- 피의자가 증거를 인멸할 염려가 있는 때

- 피의자가 도망하거나 도망할 우려가 있는 때

5. 상담사례

■ 긴급체포 후 석방된 피의자를 다시 구속할 수 있는지요?

[질문] 甲은 「마약류관리에관한법률」 위반으로 긴급체포되었다가 수사기관의 조치로 석방된 후 법원이 발부한 구속영장에 의하여 구속되었습니다. 이러한 경우 「형사소송법」 제200조의4 제3항 및 제208조의 재구속의 제한규정에 위반된 것이 아닌지요?

[답변] 긴급체포와 영장청구기간에 관하여 「형사소송법」제200조의4는 "①검사 또는 사법경찰관이 제200조의3의 규정에 의하여 피의자를 긴급체포한 경우 피의자를 구속하고자 할 때에는 지체 없이 검사는 관할지방법원판사에게 구속영장을 청구하여야 하고, 사법경찰관은 검사에게 신청하여 검사의 청구로 관할지방법원판사에게 구속영장을 청구하여야 한다. 이 경우 구속영장은 피의자를 체포한 때부터 48시간 이내에 청구하여야 하며, 제200조의3 제3항에 따른 긴급체포서를 첨부하여야 한다. ②제1항의 규정에 의하여 구속영장을 청구하지 아니하거나 발부 받지 못한 때에는 피의자를 즉시 석방하여야 한다. ③제2항의 규정에 의하여 석방된 자는 영장 없이는 동일한 범죄사실에 관하여 체포하지 못한다."라고 규정하고 있으며, 같은 법 제208조는 "①검사 또는 사법경찰관에 의하여 구속되었다가 석방된 자는 다른 중요한 증거를 발견한 경우를 제외하고

는 동일한 범죄사실에 관하여 재차 구속하지 못한다. ②전항의 경우에는 1개의 목적을 위하여 동시 또는 수단결과의 관계에서 행하여진 행위는 동일한 범죄사실로 간주한다."라고 규정하고 있습니다.

그런데 위 사안과 같이 긴급체포 되었다가 수사기관의 조치로 석방된 후 법원이 발부한 구속영장에 의하여 구속이 이루어진 경우, 「형사소송법」 제200조의4 제3항, 제208조에 위배되는 위법한 구속인지에 관하여 판례는 "형사소송법 제200조의4 제3항은 영장 없이는 긴급체포 후 석방된 피의자를 동일한 범죄사실에 관하여 체포하지 못한다는 규정으로, 위와 같이 석방된 피의자라도 법원으로부터 구속영장을 발부 받아 구속할 수 있음은 물론이고, 형사소송법 제208조 소정의 '구속되었다가 석방된 자'라 함은 구속영장에 의하여 구속되었다가 석방된 경우를 말하는 것이지, 긴급체포나 현행범으로 체포되었다가 사후영장발부 전에 석방된 경우는 포함되지 않는다 할 것이므로, 피고인이 수사 당시 긴급체포 되었다가 수사기관의 조치로 석방된 후 법원이 발부한 구속영장에 의하여 구속이 이루어진 경우 앞서 본 법조에 위배되는 위법한 구속이라고 볼 수 없다."라고 하였습니다(대법원 2001. 9. 28. 선고 2001도4291 판결).

따라서 긴급체포되었다가 수사기관의 조치로 석방된 후 법원이 발부한 구속영장에 의하여 구속이 이루어진 경우에는 재구속의 제한규정에 위반되지 않는다고 할 것입니다.

■ 체포적부심에서 보증금 납입 조건부 석방결정이 가능한지요?

[질문]　　제 아들은 수사기관의 출석요구에 불응하여 체포영장이 발부되었고 현재 체포된 상태입니다. 억울해서 곧바로 체포적부심을 신청할 예정인데, 혹시 보증금을 납입하는 것으로 조건으로 석방 결정이 될 수도 있는지요. 저희가 경제적으로 여유가 없어 보증금을 납입하는 조건이면 이행하지 못할 것 같거든요.

[답변]　　형사소송법 제214조의 2 제5항은 "법원은 구속된 피의자(심사청구 후 공소제기된 자를 포함한다)에 대하여 피의자의 출석을 보증할 만한 보증금의 납입을 조건으로 하여 결정으로 제4항의 석방을 명할 수 있다." 고 규정하고 있어 체포된 피의자는 보증금의 납입을 조건으로 석방을 명할 수 있도록 하고 있지 않습니다. 따라서 보증금의 납입을 조건으로 한 석방결정은 이뤄질 수 없으므로 이에 대한 걱정할 필요 없이 체포적부심을 준비하는 것에 전념하시면 될 것입니다.

■ 체포시 타인의 주거를 수색할 수 있는지요?

[질문] 저는 친구 집에서 지내다가 얼마 전 체포영장을 소지한 경찰에게 체포되었습니다. 출석에 응하지 않아 체포영장이 발부된 것은 제 잘못이기는 하지만 친구의 동의도 없이 친구 집까지 들어와서 저를 수색하여 체포한 것은 잘못된 것이지 않은지요. 경찰을 주거침입죄로 고소할 수 없는지요.

[답변] 검사 또는 사법경찰관이 체포영장에 의하여 피의자를 체포 또는 구속하는 경우에 필요한 때에는 영장 없이 타인의 주거나 타인이 간수하는 가옥 내에서의 피의자 수사를 할 수 있습니다. (형사소송법 제216조 제1항) 따라서 특별한 사정이 없는 한 경찰이 귀하의 친구의 집에 들어와 귀하를 수색한 것은 영장주의의 예외로 정당한 직무집행이라 할 것이므로 이를 이유로 귀하가 체포의 적법성을 다투거나 경찰을 주거침입죄로 처벌받게 할 수는 없을 것입니다.

■ 피의자로 전환될 여지없는 참고인이 체포될 수 있는지요?

[질문] 저는 길을 가다가 우연히 모르는 사람들이 싸우는 장면을 목격하였습니다. 경찰에서 저에게 그 싸움과 관련해서 참고인으로 출석해서 진술을 해 달라고 하여 약속 시간을 잡았는데 그날 일이 생겨서 출석하지 못하였고 다시 약속한 날 역시 일이 생겨서 출석하지 못하였습니다. 경찰이 자꾸 약속을 어긴다고 살짝 싫은 소리를 하던데 혹시 제가 출석요구 불응 등을 이유로 체포될 수도 있나요.

[답변] 현행 형사소송법은 피의자가 아닌 참고인을 강제로 구인하는 방안을 규정하고 있지 않습니다. 따라서 피의자로 전환될 여지가 없이 순수한 참고인일 뿐인 귀하가 체포될 일은 없을 것입니다. 다만, 대한민국 국민은 형사절차에 협조할 의무가 있다 할 것이므로 가급석이년 수사기관의 실체진실 발견에 도움을 주기를 바라고, 수사절차와 달리 형사재판절차에서 증인으로 채택된 경우에는 출석하지 않을 시 법원의 판단에 따라 과태료 또는 강제 구인될 수도 있고 7일 이내의 감치에 처해질 수도 있으므로 (형사소송법 제151조) 유의하시기 바랍니다.

■ **현행범 체포시 변호인선임권 등을 고지하는 시기**

[질문] 저는 다른 사람의 물건을 훔치다가 경찰에게 발견되어 도주하였으나 저를 추격한 경찰에게 잡혀 현행범으로 체포되었습니다. 그런데, 경찰관은 체포 당시 체포의 이유, 변호인 선임권을 고지하지 않고 저를 제압하는 것에만 열중하다가 제압이 끝난 후에야 변호인 선임권 등을 고지해 주었습니다. 경찰관의 이런 행동은 잘못된 것이 아닌지요?

[답변] 검사 또는 사법경찰관이 현행범인을 체포하는 경우에는 반드시 피의사실의 요지, 체포의 이유와 변호인을 선임할 수 있음을 말하고 변명할 기회를 주어야 합니다.(형사소송법 제213조의2 , 제200조의5). 또한, 이와 같은 고지는 체포를 위한 실력행사에 들어가기 전에 미리 하는 것이 원칙입니다. 그러나 이러한 원칙이 모든 경우에 일률적으로 적용되는 것은 아니고 대법원은 '달아나는 피의자를 쫓아가 붙들거나 폭력으로 대항하는 피의자를 실력으로 제압하는 경우에는 붙들거나 제압하는 과정에서 고지하거나, 그것이 여의치 않은 경우에는 일단 붙들거나 제압한 후에 지체없이 고지할 수 있다 (대법원 2010. 6. 24. 선고 2008도11226 판결 등 참조).'고 판단하고 있습니다. 따라서 경찰관이 귀하를 추격하여 붙잡고 제압하는 과정에서 체포의 이유 등을 고지하는 것이 여의치 않아 제압이 끝난 후에야 지체없이 체포의 이유, 변호인 선임권 등을 고지한 것이라면 그러한 경찰관의 체포에 어떤 위법이 있다고는 볼 수 없습니다.

6. 관련판례

[대법원 2025. 3. 13.선고 2022도9819 판결]

【판시사항】
구속 전 피의자심문절차에서 심문기일을 속행하는 것이 바람직한지 여부(원칙적 소극)

【판결요지】
대한민국헌법(이하 '헌법'이라 한다) 제12조는 국민의 신체의 자유와 관련하여 제1항에서 "모든 국민은 신체의 자유를 가진다. 누구든지 법률에 의하지 아니하고는 체포·구속·압수·수색 또는 심문을 받지 아니한다."라고 정하고, 제3항 본문에서 "체포·구속·압수 또는 수색을 할 때에는 적법한 절차에 따라 검사의 신청에 의하여 법관이 발부한 영장을 제시하여야 한다."라고 정하며,

제5항에서 "누구든지 체포 또는 구속의 이유와 변호인의 조력을 받을 권리가 있음을 고지받지 아니하고는 체포 또는 구속을 당하지 아니한다. 체포 또는 구속을 당한 자의 가족 등 법률이 정하는 자에게는 그 이유와 일시·장소가 지체 없이 통지되어야 한다."라고 정함으로써 적법절차와 영장주의의 원칙을 선언하고 있다.

[대법원 2024. 12. 24.선고 2022도2071 판결]
【판시사항】
수사기관의 압수·수색절차 과정에서 처분을 받는 자가 의사능력 있는 미성년자인 경우, 반드시 미성년자에게 영장이 제시되어야 하는지 여부(적극)

【판결요지】
헌법 제12조 제3항 본문은 "체포·구속·압수 또는 수색을 할 때에는 적법한 절차에 따라 검사의 신청에 의하여 법관이 발부한 영장을 제시하여야 한다."라고 규정하고, 구 형사소송법(2022. 2. 3. 법률 제18799호로 개정되기 전의 것, 이하 같다) 제219조, 제118조는 '수사기관이 압수·수색영장을 집행할 때에는 처분을 받는 자에게 반드시 압수·수색영장을 제시하여야 한다.'는 취지로 규정하고 있다. 이와 같이 압수·수색영장은 현장에서 처분을 받는 자가 여러 명일 경우에는 그들 모두에게 개별적으로 영장을 제시해야 하는 것이 원칙이고, 수사기관이 압수·수색에 착수하면서 그 장소의 관리책임자에게 영장을 제시했더라도, 물건을 소지하고 있는 다른 사람으로부터 이를 압수하고자 하는 때에는 그 사람에게 따로 영장을 제시해야 한다. 압수·수색이 정보저장매체에 대하여 이루어질 때 그 범위를 정하여 출력 또는 복제하는 방법이 불가능하거나 압수의 목적을 달성하기에 현저히 곤란한 예외적인 사정이 인정되어 전자정보가 담긴 저장매체 또는 복제본을 수사기관 사무실 등으로 옮겨 이를 복제·탐색·출력하는 경우에도, 그와 같은 일련의 과정에서 구 형사소송법 제219조, 제121조에서 규정하는 압수·수색영장의 집행을 받는 당사자(이하 '피압수자'라 한다)나 그 변호인에게 참여의 기회를 보장하고 혐의사실과 무관한 전자정보의 임의적인 복제 등을 막기 위한 적절한 조치를 취하는 등 영장주의 원칙과 적법절차를 준수하여야 한다. 만약 그러한 조치가 취해지지 않았다면 피압수자 측이 참여하지 아니한다는 의사를 명시적으로 표시하였거나 절차 위반행위가 이루어진 과정의 성질과 내용 등에 비추어 피압수자 측에 절차 참여를 보장한 취지가 실질적으로 침해되었다고 볼 수 없을 정도에 해당한다는 등의 특별한 사정이 없는 이상 압수·수색이 적법하다고 평가할 수 없다. 이와 같은 수사기관의 압수·수색절차 과정에서 처분을 받는 자가 미성년자인 경우, 의사능력이 있는 한 미성년자에게 영장이 반드시 제시되어야 하고, 그 친권자에 대한 영장제시로 이를 갈음할 수 없다. 또한 의사능력이 있는 미성년자나 그 변호인에게 압수·수색영장 집행 절차에 참여할 기회가 보장되어야 하고, 그 친권자에게 참여의 기회가 보장되었다는 이유만으로 압수·수색이 적법하게 되는 것은 아니다.

[대법원 2022. 8. 31.선고 2019도15178 판결]

【판시사항】

현행범 체포현장이나 범죄 현장에서 소지자 등이 임의로 제출하는 물건을 형사소송법 제218조에 따라 영장 없이 압수하는 것이 허용되는지 여부(적극) 및 이때 검사나 사법경찰관은 별도로 사후에 영장을 받을 필요가 있는지 여부(소극)

【판결요지】

현행범 체포현장에서 형사소송법 제218조에 따른 압수 가부

범죄를 실행 중이거나 실행 직후의 현행범인은 누구든지 영장 없이 체포할 수 있다(형사소송법 제212조). 검사 또는 사법경찰관은 피의자 등이 유류한 물건이나 소유자·소지자 또는 보관자가 임의로 제출한 물건을 영장 없이 압수할 수 있다(형사소송법 제218조). 따라서 현행범 체포현장이나 범죄 현장에서도 소지자 등이 임의로 제출하는 물건을 형사소송법 제218조에 따라 영장 없이 압수하는 것이 허용되고, 이 경우 검사나 사법경찰관은 별도로 사후에 영장을 받을 필요가 없다(대법원 2016. 2. 18. 선고 2015도13726 판결, 대법원 2019. 11. 14. 선고 2019도13290 판결, 대법원 2020. 4. 9. 선고 2019도17142 판결 참조).

원심판결 이유를 위와 같은 법리에 따르면 현행범 체포현장에서는 임의로 제출하는 물건이라도 형사소송법 제218조에 따라 압수할 수 없고 형사소송법 제217조 제2항이 정한 사후영장을 받아야 한다는 원심판결은 잘못되었다.

[대법원 2022. 4. 28.선고 2021도17103 판결]

【판시사항】

수사기관이 외국인을 체포하거나 구속하면서 지체 없이 영사통보권 등이 있음을 고지하지 않은 경우, 체포나 구속 절차가 위법한지 여부(적극)

【판결요지】

영사관계에 관한 비엔나협약(1977. 4. 6. 대한민국에 대하여 발효된 조약 제594호, 이하 '협약'이라 한다) 제36조 제1항은 "파견국의 국민에 관련되는 영사기능의 수행을 용이하게 할 목적으로 다음의 규정이 적용된다."라고 하면서, (b)호에서 "파견국의 영사관할구역 내에서 파견국의 국민이 체포되는 경우, 재판에 회부되기 전에 구금되거나 유치되는 경우, 또는 그 밖의 방법으로 구속되는 경우에, 그 국민이 파견국의 영사기관에 통보할 것을 요청하면 접수국의 권한 있는 당국은 지체 없이 통보하여야 한다. 체포, 구금, 유치되거나 구속되어 있는 자가 영사기관에 보내는 어떠한 통신도 위 당국에 의하여 지체 없이 전달되어야 한다. 위 당국은 관계자에게 (b)호에 따른 그의 권리를 지체 없이 통보하여야 한다."라고 정하고 있다. 이에 따라 경찰수사규칙 제91조 제2항, 제3항은 "사법경찰관리는 외국인을 체포·구속하는 경우 국내 법령을 위반하지 않는 범위에서 영사관원과 자유롭게 접견·교통할 수 있고, 체포·구속된 사실을 영사기관에 통보해 줄 것을 요청할 수 있다는 사실을 알려야 한다. 사법경찰관리는 체포·구속된 외국인이 제2항 에 따른 통보를 요청하는 경우에는 [별지 제93호 서식]의 영사기관 체포·구속 통보서를 작성하여 지체 없이 해당 영사기관에 체포·구속 사실을 통보해야 한다."라고 정하고 있다.

위와 같이 협약 제36조 제1항 (b)호, 경찰수사규칙 제91조 제2항, 제3항이 외국인을 체포·구속하는 경우 지체 없이 외국인에게 영사통보권 등이 있음을 고지하고, 외국인의 요청이 있는 경우 영사기관에 체포·구금 사실을 통보하도록 정한 것은 외국인의 본국이 자국민의 보호를 위한 조치를 취할 수 있도록 협조하기 위한 것이다. 따라서 수사기관이 외국인을 체포하거나 구속하면서 지체 없이 영사통보권 등이 있음을 고지하지 않았다면 체포나 구속 절차는 국내법과 같은 효력을 가지는 협약 제36조 제1항 (b)호를 위반한 것으로 위법하다.

[대법원 2022. 2. 11.선고 2021도12213 판결]

【판시사항】

현행범인 체포의 요건으로 '체포의 필요성'이 있어야 하는지 여부(적극) / 현행범인 체포의 요건을 갖추었는지는 체포 당시의 상황을 기초로 판단하여야 하는지 여부(적극) 및 이에 관한 수사주체의 판단 재량

【이유】

범죄를 실행 중이거나 실행 직후의 현행범인은 누구든지 영장 없이 체포할 수 있다(형사소송법 제212조). 현행범인으로 체포하기 위하여는 행위의 가벌성, 범죄의 현행성·시간적 접착성, 범인·범죄의 명백성 외에 체포의 필요성, 즉 도망 또는 증거인멸의 염려가 있어야 한다(대법원 1999. 1. 26. 선고 98도3029 판결 등 참조). 이러한 현행범인 체포의 요건을 갖추었는지는 체포 당시의 상황을 기초로 판단하여야 하고, 이에 관한 수사주체의 판단에는 상당한 재량의 여지가 있다. 따라서 체포 당시의 상황에서 보아 그 요건에 관한 수사주체의 판단이 경험칙에 비추어 현저히 합리성이 없다고 인정되지 않는 한 수사주체의 현행범인 체포를 위법하다고 단정할 것은 아니다 (대법원 2012. 11. 29. 선고 2012도8184 판결, 대법원 2016. 2. 18. 선고 2015도13726 판결 참조).

[대법원 2022. 1. 27.선고 2020도1716 판결]

【판시사항】

현행범 체포 현장이나 범죄 현장에서 소지자 등이 임의로 제출하는 물건을 형사소송법 제218조에 따라 영장 없이 압수할 수 있는지 여부(적극)

【이유】

범죄를 실행 중이거나 실행 직후의 현행범인은 누구든지 영장 없이 체포할 수 있고(형사소송법 제212조), 검사 또는 사법경찰관은 피의자 등이 유류한 물건이나 소유자·소지자 또는 보관자가 임의로 제출한 물건은 영장 없이 압수할 수 있다(형사소송법 제218조). 따라서 현행범 체포 현장이나 범죄 현장에서도 소지자 등이 임의로 제출하는 물건은 형사소송법 제218조에 따라 영장 없이 압수하는 것이 허용되고, 이 경우 검사나 사법경찰관은 별도로 사후에 영장을 받을 필요가 없다(대법원 2019. 11. 14. 선고 2019도13290 판결 참조).

위 법리에 따르면 현행범 체포 현장에서는 임의로 제출하는 물건이라도 압수할 수 없다는 원심판결 부분은 잘못되었다. 그러나 기록에 비추어 살펴보면, 이 부분 공소사실에 대하여 범죄의 증명이 없다고 본 원심의 결론 자체는 수긍할 수 있다. 따라서 원심판결에 논리와 경험의 법칙에 반하여 자유심증주의의 한계를 벗어나거나 압수물 제출의 임의성에 관한 법리를 오해하여 판결에 영향을 미친 잘못이 없다.

[대법원 2021. 11. 25.선고 2019다235450 판결]

【판시사항】

체포·구속된 사람뿐만 아니라 불구속 피의자 및 피고인의 경우에도 헌법상 기본권인 변호인의 조력을 받을 권리가 당연히 인정되는지 여부(적극)

【이유】

헌법 제12조 제4항 및 제12조 제5항 제1문은 형사절차에서 체포·구속된 사람이 가지는 변호인의 조력을 받을 권리를 헌법상 기본권으로 명시하고 있고, 체포·구속된 사람뿐만 아니라 불구속 피의자 및 피고인의 경우에도 헌법상 법치국가원리, 적법절차원칙에 의하여 변호인의 조력을 받을 권리가 당연히 인정된다(헌법재판소 2004. 9. 23. 선고 2000헌마138 전원재판부 결정 참조). 변호인의 조력을 받을 권리의 보장은 피의자·피고인과 국가권력 사이의 실질적 대등을 이루고 이로써 공정한 형사절차를 실현하기 위한 헌법적 요청이다(헌법재판소 2017. 11. 30. 선고 2016헌마503 전원재판부 결정 참조).

피의자 및 피고인을 조력할 변호인의 권리 가운데 그것이 보장되지 않으면 그들이 변호인의 조력을 받는다는 것이 유명무실하게 되는 핵심적인 부분은 헌법상 기본권인 피의자 및 피고인이 가지는 변호인의 조력을 받을 권리와 표리의 관계에 있다. 따라서 피의자 및 피고인이 가지는 변호인의 조력을 받을 권리가 실질적으로 확보되기 위해서는, 피의자 및 피고인에 대한 변호인의 조력할 권리의 핵심적인 부분이 헌법상 기본권으로서 보호되어야 한다(헌법재판소 2003. 3. 27. 선고 2000헌마474 전원재판부 결정 참조). 이와 같이 헌법상 기본권으로 인정되는 피의자 및 피고인이 가지는 변호인의 조력을 받을 권리에서 '변호인의 조력'이란 변호인의 충분한 조력을 의미한다 (헌법재판소 1992. 1. 28. 선고 91헌마111 전원재판부 결정 등 참조).

한편 피의자신문의 과정과 결과는 수사의 방향 및 피의자의 기소 여부를 결정하고, 유죄 입증에 중요한 증거자료로 사용될 수 있으므로, 형사절차에서 중요한 의미를 가진다. 변호인이 피의자신문에 자유롭게 참여할 수 없다면, 변호인은 피의자가 조언과 상담을 요청할 때 이를 시의적절하게 제공할 수 없고, 나아가 피의자는 스스로의 판단에 따라 의견을 진술할 수밖에 없으며 수사기관의 부당한 신문방법 등에 대하여 이의를 제기할 수 없게 된다. 그 결과 피의자는 형사절차에서 매우 중요한 의미를 가지는 피의자신문의 시기에 변호인으로부터 충분한 조력을 받을 수 없게 되어 변호인의 조력을 받을 피의자의 권리가 형해화된다. 따라서 변호인이 피의자신문에 자유롭게 참여할 수 있는 권리는 피의자가 가지는 변호인의 조력을 받을 권리를 실질적으로 실현하는 수단이라고 할 수 있으므로 헌법상 기본권인 변호인의 변호권으로서 보호의 대상도 된다(헌법재판소 2017. 11. 30. 선고 2016헌마503 전원재판부 결정 참조).

[대법원 2020. 3. 27.선고 2016도18713 판결]

【판시사항】

[1] 체포죄의 실행의 착수 시기

[2] 체포죄의 기수 시기 및 체포죄의 미수범이 성립하는 경우

[3] 체포치상죄에서 '상해'의 의미 / 피해자가 입은 상처가 체포치상죄의 상해에 해당하지 아니하는 경우

【판결요지】

[1] 체포죄는 사람의 신체에 대하여 직접적이고 현실적인 구속을 가하여 신체활동의 자유를 박탈하는 죄로서, 그 실행의 착수 시기는 체포의 고의로 타인의 신체적 활동의 자유를 현실적으로 침해하는 행위를 개시한 때이다.

[2] 체포죄는 계속범으로서 체포의 행위에 확실히 사람의 신체의 자유를 구속한다고 인정할 수 있을 정도의 시간적 계속이 있어야 기수에 이르고, 신체의 자유에 대한 구속이 그와 같은 정도에 이르지 못하고 일시적인 것으로 그친 경우에는 체포죄의 미수범이 성립할 뿐이다.

[3] 체포치상죄의 상해는 피해자 신체의 건강상태가 불량하게 변경되고 생활기능에 장애가 초래되는 것을 말한다. 피해자가 입은 상처가 극히 경미하여 굳이 치료할 필요가 없고 치료를 받지 않더라도 일상생활을 하는 데 아무런 지장이 없으며 시일이 경과함에 따라 자연적으로 치유될 수 있는 정도라면, 그로 인하여 피해자의 신체의 건강상태가 불량하게 변경되었다거나 생활기능에 장애가 초래된 것으로 보기 어려워 체포치상죄의 상해에 해당한다고 할 수 없다.

Section 2. 피의자의 구속

[1] 구속의 개념

피의자의 구속이란 피의자의 자유를 제한하여 형사재판에 출석할 것을 보장하고, 증거인멸을 방지하여 실체적 진실 발견에 기여하며, 확정된 형벌을 집행하기 위한 것으로 형사소송의 진행과 형벌의 집행을 확보하기 위한 제도입니다.

[2] 구속 사유

피의자가 죄를 범했다고 의심할 만한 상당한 이유가 있고, 다음 중 어느 하나에 해당하는 사유가 있는 경우 검사는 관할 지방법원 판사에게 청구하여 구속영장을 발부 받아 피의자를 구속할 수 있습니다(형사소송법 제201조제1항 본문 및 제70조제1항).

- 피의자에게 일정한 주거가 없는 경우

- 피의자가 증거를 인멸할 염려가 있는 경우

- 피의자가 도망하거나 도망할 염려가 있는 경우

[3] 구속영장의 청구

1. 구속방법

① 사법경찰관은 검사에게 구속영장을 신청하여 검사의 청구로 관할 지방법원 판사로부터 구속영장을 발부 받아 피의자를 구속할 수 있습니다(형사소송법」 제201조제1항 본문).

② 다만, 다액(多額) 50만원 이하의 벌금, 구류 또는 과료에 해당하는 범죄에 대해서는 피의자가 일정한 주거가 없는 경우에만 구속영장을 발부 받을 수 있습니다(형사소송법 제201조제1항 단서).

2. 구속영장의 청구

검사는 지방법원 판사에게 구속의 필요성을 인정할 수 있는 자료의 제출과 함께 구속영장을 청구하며, 지방법원 판사는 아래와 같이 "구속 전 피의자심문(영장실질심사)" 절차를 마친 후 검사의 청구가 상당하다고 인정될 때에는 구속영장을 발부합니다(형사소송법 제201조제2항 및 제4항).

[4] 구속 전 피의자심문(영장실질심사)

① 체포된 피의자에 대해 구속영장을 청구 받은 지방법원 판사는 특별한 사정이 없는 한 구속영장이 청구된 날의 다음 날까지 피의자를 심문해야 합니다(형사소송법 제201조의2제1항).

② 체포된 피의자 외의 피의자에 대해 구속영장을 청구 받은 판사는 피의자가 죄를 범했다고 의심할 만한 이유가 있는 경우에는 피의자가 도망하는 등의 사유로 심문할 수 없는 경우를 제외하고 구인을 위한 구속영장을 발부하여 피의자를 구인한 후 심문해야 합니다(형사소송법 제201조의2제2항).

[5] 구속영장의 집행

1. 집행기관

구속영장은 검사의 지휘에 의하여 사법경찰관리가 집행합니다. 교도소 또는 구치소에 있는 피의자에 대하여 발부된 구속영장은 검사의 지휘에 의하여 교도관리가 집행합니다.

2. 집행의 절차

① 구속영장을 집행함에 있어서는 피의자에게 범죄사실의 요지, 구속의 이유와 변호인을 선임할 수 있음을 말하고 변명할 기회를 주어야 하며 피의자에게 구속영장을 제시하여야 합니다.

② 구속영장을 소지하지 아니한 경우에 급속을 요하는 때에는 영장을 제시하지 않고 집행할 수 있으나 집행을 종료한 후에는 신속히 구속영장을 제시하여야 합니다.

3. 구속의 통지

피의자를 구속한 때에는 구속 후 지체 없이 서면으로 변호인이 있는 경우에는 변호인에게, 변호인이 없는 경우에는 피의자의 법정대리인, 배우자, 직계친족, 형제자매 중 피의자가지정한 자에게 피의사건명, 구속일시·장소, 범죄사실의 요지, 구속의 이유와 변호인을 선임할 수 있다는 취지를 알려야 합니다.

[6] 피의자에 대한 구속기간

1. 사법경찰관의 구속기간

사법경찰관이 피의자를 구속한 때에는 10일 이내에 피의자를 검사에게 인치(引致)해야 하며, 이 기간이 경과하면 피의자를 석방해야 합니다(형사소송법 제202조).

2. 검사의 구속기간

① 검사가 피의자를 구속한 때 또는 사법경찰관으로부터 피의자의 인치를 받은 때에는 10일 이내에 공소를 제기해야 하며, 이 기간이 지나면 피의자를 석방해야 합니다(형사소송법 제203조).

② 다만, 판사의 허가를 받은 경우에는 10일 이내의 범위에서 구속기간을 한 차례 연장할 수 있습니다(형사소송법 제205조).

3. 법원

① 법원의 구속기간은 2개월이며, 공소제기 전의 체포·구인·구금 기간은 구속기간에 산입하지 않습니다. 구속기간의 초일은 시간을 계산함이 없이 1일로 산정하며, 말일이 토요일, 공휴일이더라도 구속기간에 산입합니다.

② 구속기간은 2개월이나 특히 구속을 계속할 필요가 있는 경우에는 심급마다 2차에 한하여 결정으로 갱신할 수 있고 갱신한 기간도 2개월입니다. ③ 다만, 상소심은 피고인 또는 변호인이 신청한 증거의 조사, 상소이유를 보충한 서면의 제출 등으로 추가 심리가 필요한 부득이한 경우에는 3차에 한하여 갱신할 수 있습니다.

④ 따라서 재판을 위하여 구속할 수 있는 기간은 1심에서 6개월, 2심과 3심에서 각각 4개월부터 6개월까지 등 합계 1년 2개월부터 1년 6개월까지입니다.

4. 재구속의 제한

검사 또는 사법경찰관에 의하여 구속되었다가 석방된 사람은 다른 중요한 증거를 발견한 경우를 제외하고는 동일한 범죄사실에 관하여 재차 구속하지 못합니다.

[7] 영장주의의 예외

1. 긴급체포

검사 또는 사법경찰관은 피의자가 사형·무기 또는 장기 3년 이상의 징역이나 금고에 해당하는 죄를 범하였다고 의심할 만한 상당한 이유가 있고, 도망 및 증거인멸의 염려가 있으며, 긴급을 요하는 경우에는 영장 없이 피의자를 체포할 수 있습니다.

2. 현행범체포

범죄를 실행 중이거나 실행한 직후인 사람을 현행범인이라고 하고, 현행범인은 수사기관뿐만 아니라 누구든지 영장 없이 체포할 수 있습니다. 다만, 일반인이 현행범인을 체포한 경우에는즉시 수사기관에 인도하여야 합니다.

3. 체포 후의 조치

① 수사기관이 긴급체포하거나 현행범인으로 체포한 피의자를 구속하고자 할 때에는 체포한 때로부터 48시간 이내에 판사에게 구속영장을 청구하여야 하고, 그 시간 내에 영장을 청구하지아니하거나 발부받지 못한 때에는 피의자를 즉시 석방하여야 합니다.

② 다만, 긴급체포된 피의자에 대한 구속영장청구는 지체 없이 이루어져야 하고, 48시간 이내에 영장이 청구되었다고하여 당연히 '지체 없이'라는 요건이 충족되는 것은 아닙니다.

[8] 상담사례

■ 구속된 피의자가 석방될 수 있는 구속적부심사청구절차

[질문] 저희 아들이 친구들과 어울려 술을 마시던 중 사람을 구타하여 전치 8주의 상해를 입혀 구속되었고 저는 아들을 석방시키기 위해 피해를 보상하고 합의서를 받았습니다. 이 경우 구속적부심사를 청구할 수 있는지? 그 방법과 절차는 어떻게 되는지요?

[답변] 「형사소송법」 제214조의2 제1항 및 제3항에 의하면 체포 또는 구속된 피의자 또는 그 변호인, 법정대리인, 배우자, 직계친족, 형제자매나 가족, 동거인 또는 고용주는 관할법원에 체포 또는 구속의 적부심사를 청구할 수 있습니다. 다만, 청구가 청구권자 아닌 자가 청구하거나 동일한 체포영장 또는 구속영장의 발부에 대하여 재청구한 때, 공범 또는 공동피의자의 순차청구가 수사방해의 목적임이 명백한 때 등에는 법원은 심문 없이 결정으로 청구를 기각할 수 있습니다. 그러므로 귀하는 직계친족인 부모로서 위 규정에 따라 체포 또는 구속의 적부심사를 청구할 수 있습니다. 구속적부심사를 청구하려면 그 심사청구서를 관할법원에 제출하여야 하며, 그 청구서에는 ①체포 또는 구속된 피의자의 성명, 주민등록번호 등, 주거, ②체포 또는 구속된 일자, ③청구취지 및 청구이유, ④청구인의 성명 및 구속된 피의자와의 관계 등을 기재하여야 합니다(형사소송규칙 제102조). 또한, 청구권자임을 인정할 수 있는 서류(예를 들면 주민등록등본이나 가족관계증명서)와 피해자로부터 받은 합의서 기타 피해보상을 입증할 수 있는 서류를 그 청구서에 첨부하여야 합니다.

청구자는 법원으로부터 심문기일의 통지를 받으면 그 심문기일에 출석하여 피의자의 석방을 위하여 유리한 자료를 법원에 제출할 수 있으며, 법원의 심문이 끝난 후 의견을 진술할 수도 있습니다(형사소송규칙 제105조).

법원은 피의자에 대한 심문이 종료된 때로부터 24시간이내에 피의자를 석방할 것인가의 여부를 결정하게 되어 있으며(형사소송규칙 제106조), 법원이 석방결정을 하여야 구속된 피의자는 석방되게 됩니다.

그리고 법원은 구속된 피의자(심사청구후 공소제기된 자를 포함)에 대하여 피의자의 출석을 보증할 만한 보증금의 납입을 조건으로 하여 결정으로 위와 같은 피의자의 석방을 명할 수 있고(형사소송법 제214조의2 제5항 본문), 일정한 사유가 있는 경우에는 그 보증금을 몰수할 수도 있습니다(형사소송법 제214조의4).

■ 구속영장의 효력범위

[질문] 얼마 전 절도죄를 범하여 교도소에 수감되었다가 최근 출소한 사람입니다. 저는 절도죄를 범한 뒤 구속영장에 의하여 구속이 되었는데요, 구속 당시 수사기관이 피의자신문을 위해 출석을 요구하였는데, 저는 수사를 받고 싶지 않아서 출석을 거부하였습니다. 그럼에도 불구하고 수사기관이 구속영장에 근거해서 저를 조사실로 구인해갔는데요, 이러한 수사기관의 행동이 적법한 것인가요? 적법하지 않다면 구제받을 방법이 있을까요?

[답변] 형사소송법 제201조 제1항에서는 수사기관은 피의자가 죄를 범하였다고 의심할만한 상당한 이유가 있고, 형사소송법 제70조 제1항 각호의 사유인 ① 일정한 주거가 없는 때, ② 피고인이 증거를 인멸할 염려가 있는 때, ③ 피고인이 도망하거나 도망할 염려가 있는 때에 해당하는 경우 법원으로부터 구속영장을 발부받아 피의자를 구속할 수 있다고 정하고 있습니다.

귀하께서 처하신 상황은 구속영장의 효력의 범위가 문제가 되는데요, 구속영장으로 이미 구속된 문의자를 다시 수사기관의 조사실로 구인할 수 있는가가 쟁점인 것을 보입니다. 이와 거의 동일한 사실관계에 대한 사건에서, 법원은 "수사기관이 관할 지방법원 판사 가 발부한 구속영장에 의하여 피의자를 구속하는 경우, 그 구속영장은 기본적으로 장차 공판정에의 출석이나 형의 집행을 담보하기 위한 것이지만, 이와 함께 구속기간의 범위 내에서 수사기관이 적법한 방식으로 구속된 피의자를 조사하는 등 적정한 방법으로 범죄를 수사하는 것도 예정하고 있다고 할 것이다. 따라서 구속영장 발부에 의하여 적법하게 구금된 피의자가 피의자신문을 위한 출석요구에 응하지 아니하면서 수사기관 조사실에의 출석을 거부한다면 수사기관은 그 구속영장의 효력에 의하여 피의자를 조사실로 구인할 수 있다고 보아야 할 것이다."리고 판시하였습니다(대법원 2013. 7. 1. 2013모160호 결정 참조).

그렇다면 귀하를 수사기관의 조사실로 구인한 것은 구속영장의 효력에 의한 것으로 적법한 조치이며, 이러한 조치에 대하여 위법사항이 없으므로 귀하가 수사기관에 대하여 특별히 구제를 요청할만한 권리도 없다고 할 것입니다.

■ 피의자 구속영장발부명령에 대한 불복가부

[질문] 상해 피의자로 최근 구속된 아내의 남편입니다. 아내와 접견을 하고 왔는데, 아내가 수사기관이 법원에 신청하여 발부받은 구속영장에 대하여 어떻게 불복을 하는지 궁금해 합니다. 구속적부심사라는 것이 있다는 것은 들어봤는데, 혹시 판사의 구속 영장 발부 명령 자체에 대해서는 다툴 방법이 없을까요? 아내는 주거도 일정하고, 도주의 염려도 없는 가정주부라 할 수 있고, 증거인멸을 할 만한 사람도 아닌 것 같은데 이렇게 구속영장이 발부된 사실이 너무 억울합니다. 어떤 방법이 없을까요?

[답변] 배우자에 대하여 구속영장이 발부되어 얼마 전에 구속되셨으며, 이에 대한 불복 방법을 알아보고 계신 것으로 보입니다. 문의하시면서 기재해주신 내용에서는 분명하게 드러나지 않으나, ① 만약 구속 자체를 실효시키고 싶으시다면 구속적부심사를 청구하여 결정을 받아봄으로써 석방을 받으실 수 있지만, ② 판사님의 구속영장 발부 명령 자체에 대하여 불복하고 싶으시다면 현재 형사소송법에서는 이에 대하여 불복할 수 있는 방법을 두지 않고 있습니다.

우선 구속적부심사와 관련하여, 형사소송법 제214조의2에서는 구속된 피의자가 구속의 적부심사를 청구하면, 법원은 체포 구속이 적법한지 여부나, 계속 구금이 정당한지 여부(체포 구속은 적법하였으나 고소취소, 합의 등의 사정 변경을 고려)를 심사하고, 심문절차 등을 거쳐 구속적부심사 기각 또는 석방결정을 내릴 수 있습니다. 보다 구체적인 절차를 알고 싶으시다면 법률구조공단 상담사례에 해당 주제를 참조하시기 바랍니다.

다음으로 판사님의 구속 영장 발부 명령 자체에 불복할 수 있는지와 관련하여, 즉시항고, 보통항고 등을 고려해볼 수 있습니다. 그런데 즉시항고의 경우 법률규정이 있어야만 허용되지만, 현재 형사소송법에서는 피의자 구속과 관련한 즉시항고 규정을 두지 않고 있으므로 즉시항고는 허용되지 않는다고 할 것입니다. 다음으로 형사소송법 제402조의 보통항고의 경우, 수소법원의 결정에 대해서만 가능하므로 수임판사의 명령(피의자에 대한 구속영장 발부 는 수임판사의 명령)에 대해서는 보통항고도 불가능합니다. 이에 더하여 형사소송법 제416조의 준항고 역시, 수소법원 소속의 재판장과 수명법관의 명령에 대해서만 허용하고 있으므로 수임판사 명령에 의하여 결정되는 피의자 구속의 경우에는 준항고가 허용되지 않습니다.

따라서 귀하께서는 배우자의 구속에 대하여 구속적부심사를 청구하는 것이 가장 효과적인 대응방법이라고 할 것입니다.

■ 구속전피의자심문에서 판사가 피의자에게 꼭 질문을 해야하는지요?

[질문] 제 동생이 구속전 피의자심문에 가서는 구속이 되었는데요, 얼마 전 접견을 가보니 판사님이 구속전피의자심문에서 질문도 안하셨다고 하더라고요. 이렇게 질문도 하나 없이 동생을 구속한 것이 적법한 조치인가요?

[답변] 「구속전 피의자심문은 구속영장이 청구된 피의자를 법관이 직접 심문하여 구속영장을 발부하는 제도이며, 이는 필수적 절차라서 구속영장이 청구된 피의자라면 누구나 이 절차를 거치게 됩니다.

그러나 이 절차 내에서 판사가 피의자를 의무적으로 심문(질문을 하고 답변을 듣는 것)해야하는 것은 아닙니다. 문의자께서 처하신 상황과 유사한 사실관계를 갖는 사건에서 법원은 "형사소송법 제201조의2 제1항은 체포된 피의자에 대하여 구속영장을 청구받은 판사는 피의자 등의 신청이 있을 때에는 피의자를 심문할 수 있다고 규정하여 영장을 발부함에 있어 피의자를 심문할 것인지 여부를 판사의 재량사항으로 정하고 있으므로, 이 사건에서 피고인을 심문할 필요가 없다고 판단한 영장담당 판사가 피고인을 심문함이 없이 영장을 발부하였다 하여, 영장발부에 관한 형사소송법의 규정을 위반한 위법이 있다고 할 수 없고, 그에 따라 피고인이 구속된 상태에서 수사가 이루어지고 재판이 진행되었다 하더라도 그것이 재판 결과에 영향을 미친 어떤 위법사유가 된다고는 할 수 없으므로, 이 점에 관한 피고인의 상고이유의 주장은 받아들일 것이 못된다."고 판시하였습니다(대법원 1999. 8. 20. 선고 99도2029호 판결 참조).

그렇다면 판사가 동생에 대하여 아무런 질문도 하지 않은 채, 동생에 대하여 구속영장을 발부하였다고 하더라도 적법하다고 할 것입니다.

■ 구속취소의 가능성 여부

[질문] 저는 사기죄로 구속기소되어 1, 2심에서 모두 징역 6월의 선고받았고 검사는 상고하지 않고 저만 상고하여 현재 상고심이 진행 중인 상태입니다. 그런데 제1심 판결선고 전의 구금일수 중 58일을 본형에 산입 받았고, 항소 후 구금일수까지 합하면 구금일수가 6개월이 다 되어 가는데 제가 석방될 수 있는 방법이 있을까요?

[답변] 형사소송법 제제93조는 "구속의 사유가 없거나 소멸된 때에는 법원은 직권 또는 검사, 피고인, 변호인과 제30조제2항에 규정한 자의 청구에

의하여 결정으로 구속을 취소하여야 한다.”고 규정하고 있습니다. 또한 대법원은 “폭력행위등처벌에관한법률위반의 죄로 원심에서 징역 6월의 형을 선고받고 상고중에 있으나 제1심 판결선고전의 구금일수중 50일을 본형에 산입받았고, 또 형사소송법 제482조 의 규정에 의하여 그 전부 가 형기에 산입될 항소제기 후 원심판결 선고전의 구금 일수가 126일 이나 되어 피고인에 대한 형이 그대로 확정된다 하더라도 구속을 필요 로 하는 잔여형기는 8일 이내가 될 것이 명백한 바, 피고인의 주거가 일정할 뿐더러 증거인멸이나 도망의 염려도 없어 보인다. 그렇다면 피고 인을 구속할 사유는 소멸하였다고 보아야 할 것이니 원심이 그 구속취 소 신청을 이유 없다하여 기각한 조치에는 형사소송법 제93조 의 법리 오해가 있다 않을 수 없다. (대법원 1983. 8. 18. 자 83모42 결정) 고 판시하고 있습니다.” 따라서 귀하의 형이 그대로 확정된다 하더라도 잔여형기가 극히 미미하고 그 외 증거인멸이나 도망의 염려도 없다면 귀하는 석방을 위하여 형사소송법 제93조의 구속취소를 신청할 필요가 있을 것입니다.

[9] 관련판례

[대법원 2025. 3. 13.선고 2022도9819 판결]

【판시사항】

구속 전 피의자심문절차에서 심문기일을 속행하는 것이 바람직한지 여부(원칙적 소극) / 별다른 사유 없이 심문절차가 지연됨으로써 구속영장이 발부되지 않은 상태로 피의자의 신체의 자유가 장기간 제한되어 실질적으로 불법구금에 해당한다고 볼 정도에 이른 것이 아닌 경우, 단지 심문기일을 속행하였다는 사정만으로 구속영장의 적법성과 효력에 영향을 미치는지 여부(소극)

【판결요지】

(가) 대한민국헌법(이하 '헌법'이라 한다) 제12조는 국민의 신체의 자유와 관련하여 제1항에서 "모든 국민은 신체의 자유를 가진다. 누구든지 법률에 의하지 아니하고는 체포·구속·압수·수색 또는 심문을 받지 아니한다."라고 정하고, 제3항 본문에서 "체포·구속·압수 또는 수색을 할 때에는 적법한 절차에 따라 검사의 신청에 의하여 법관이 발부한 영장을 제시하여야 한다."라고 정하며, 제5항에서 "누구든지 체포 또는 구속의 이유와 변호인의 조력을 받을 권리가 있음을 고지받지 아니하고는 체포 또는 구속을 당하지 아니한다. 체포 또는 구속을 당한 자의 가족 등 법률이 정하는 자에게는 그 이유와 일시·장소가 지체 없이 통지되어야 한다."라고 정함으로써 적법절차와 영장주의의 원칙을 선언하고 있다.

(나) 이에 따라 형사소송법(이하 '법'이라 한다)과 형사소송규칙(이하 '규칙'이라 한다)은 피의자에 대한 구속영장의 청구와 발부절차에 관하여 다음과 같이 규정하고 있다.

① 영장에 의해 체포한 피의자를 구속하고자 할 때에는 체포한 때부터 48시간 이내에 법 제201조의 규정에 의하여 구속영장을 청구하여야 하고, 그 기간 내에 구속영장을 청구하지 아니하는 때에는 피의자를 즉시 석방하여야 한다(법 제200조의2 제5항). 위 규정은 검사 또는 사법경찰관리가 현행범인을 체포하거나 현행범인을 인도받은 경우에 준용되고(법 제213조의2), 같은 취지의 규정이 긴급체포한 피의자를 구속하고자 하는 경우에 관하여도 존재한다(법 제200조의4 제1항, 제2항).

② 체포된 피의자에 대하여 구속영장을 청구받은 판사는 지체 없이 피의자를 심문하여야 하는데, 특별한 사정이 없는 한 구속영장이 청구된 날의 다음 날까지 심문하여야 한다(법 제201조의2 제1항). 체포된 피

의자 외의 피의자에 대하여 구속영장을 청구받은 판사는 구인을 위한
구속영장을 발부하여 피의자를 구인한 후 심문하여야 한다(법 제201
조의2 제2항 본문). 이때 구인한 피의자를 법원에 인치한 경우에 구
금할 필요가 없다고 인정한 때에는 그 인치한 때로부터 24시간내에
석방하여야 하고(법 제209조, 제71조), 구인한 피의자를 유치할 필요
가 있어 교도소·구치소 또는 경찰서 유치장에 유치하는 경우에 유치기
간은 인치한 때로부터 24시간을 초과할 수 없다(법 제201조의2 제
10항, 제71조의2).

③ 판사는 체포된 피의자에 대하여 구속영장을 청구받은 경우에는 즉시, 체포
된 피의자 외의 피의자에 대하여는 피의자가 구인영장에 의하여 인치된
후 즉시 검사, 피의자 및 변호인에게 심문기일과 장소를 통지하여야 한다
(법 제201조의2 제3항). 체포된 피의자 외의 피의자에 대한 심문기일
은 심문기일의 통지 및 그 출석에 소요되는 시간 등을 고려하여 피의
자가 법원에 인치된 때로부터 가능한 한 빠른 일시로 지정하여야 하
고(규칙 제96조의12 제2항), 심문기일의 통지는 서면 이외에 구술·전
화·모사전송·전자우편·휴대전화 문자전송 그 밖에 적당한 방법으로 신
속하게 하여야 한다(규칙 제96조의12 제3항).

④ 구속영장청구를 받은 판사는 신속히 구속영장의 발부 여부를 결정하여
야 한다(법 제201조 제3항).

⑤ 심문을 진행하는 판사는 구속 여부를 판단하기 위하여 필요한 사항에
관하여 신속하고 간결하게 심문하여야 한다(규칙 제96조의16 제2항).
판사는 구속 여부의 판단을 위하여 필요하다고 인정하는 때에는 피해
자 그 밖의 제3자를 심문할 수 있는데 피해자 그 밖의 제3자가 심문
장소에 출석한 때에 한한다(규칙 제96조의16 제5항).

(다) 위와 같은 헌법이 정한 적법절차와 영장주의 원칙, 형사소송법령이 정한
피의자에 대한 구속영장의 청구 및 발부절차에 관한 규정을 종합하면,
구속영장이 청구되는 경우 구속영장 발부 여부의 결정은 최대한 신속하
게 이루어져야 하고, 구속영장 발부 여부를 결정하기 위한 피의자심문절
차는 구속 여부를 판단하는 데 필요한 사항에 한하여 신속하고 간결하게
이루어져야 한다. 따라서 특별한 사정이 없는 한 구속 전 피의자심문절
차에서 심문기일을 속행하는 것은 바람직하지 않다. 구속영장을 청구받은
판사가 피의자심문을 진행하면서 심문기일을 자유롭게 속행한다면 신속히
구속영장의 발부 여부를 결정하도록 정하고 있는 형사소송법령의 규정과

취지에 부합하지 않을 뿐만 아니라, 피의자의 구속 여부가 장기간 유동적인 상태에 놓여 헌법과 형사소송법령이 적법절차 및 영장주의의 원칙을 통하여 보호하고자 하는 신체의 자유에 관한 기본권이 부당하게 제한될 우려가 있기 때문이다.

그런데 구속 전 피의자심문을 요체로 하는 구속영장실질심사제도는 검사로부터 구속영장을 청구받은 판사가 구속 여부를 결정하기 전에 피의자를 대면하여 직접 심문함으로써 구속 사유를 더욱 신중히 판단하기 위하여 마련된 제도이다. 판사가 피의자를 심문하는 과정에서 심문기일을 속행하는 것은 그와 같은 직접 심문을 더욱 충실히 하기 위한 소송지휘권의 일환일 수 있고 그 과정에서 피의자에게 의견진술의 기회를 추가적으로 보장하는 의미도 있음을 부정할 수 없다.

따라서 별다른 사유 없이 심문절차가 지연됨으로써 구속영장이 발부되지 않은 상태로 피의자의 신체의 자유가 장기간 제한되어 실질적으로 불법구금에 해당한다고 볼 정도에 이른 것이 아니라면, 단지 심문기일을 속행하였다는 사정만으로는 구속영장의 적법성과 효력에 어떠한 영향을 미친다고 볼 수 없다.

[대법원 2001. 10. 26.선고 2001다51466 판결]

【판시사항】

유치장에 수용된 피의자에 대한 알몸신체검사가 신체검사의 허용 범위를 일탈하여 위법하다고 한 사례

【판결요지】

수용자들이 공직선거및선거부정방지법상 배포가 금지된 인쇄물을 배포한 혐의로 현행범으로 체포된 여자들로서, 체포될 당시 신체의 은밀한 부위에 흉기 등 반입 또는 소지가 금지되어 있는 물품을 은닉하고 있었을 가능성은 극히 낮았다고 할 것이고, 그 후 변호인 접견시 변호인이니 디른 피의지들로부디 흉기 등을 건네 받을 수도 있었다고 의심할 만한 상황이 발생하였기는 하나, 변호인 접견절차 및 접견실의 구조 등에 비추어, 가사 수용자들이 흉기 등을 건네 받았다고 하더라도 유치장에 다시 수감되기 전에 이를 신체의 은밀한 부위에 은닉할 수 있었을 가능성은 극히 낮다고 할 것이어서, 신체검사 당시 다른 방법으로는 은닉한 물품을 찾아내기 어렵다고 볼 만한 합리적인 이유가 있었다고 할 수 없으므로, 수용자들의 옷을 전부 벗긴 상태에서 앉았다 일어서기를 반복하게 한 신체검사는 그 한계를 일탈한 위법한 것이라고 한 사례.

Section 3. 피고인의 구속

[1] 피고인의 구속

1. 구속기소

"구속기소"란, 피의자가 구속된 상태에서 검사가 공소를 제기하는 것을 말하며, 구속기소된 피고인은 구치소 등에 구인·구금된 상태로 법원의 재판을 받게 됩니다.

2. 구속사유

① 법원은 피고인이 죄를 범했다고 의심할 만한 상당한 이유와 다음 중 어느 하나에 해당하는 사유가 있는 경우에는 피고인을 구속할 수 있습니다(형사소송법 제70조제1항).
  - 피고인이 일정한 주거가 없는 경우
  - 피고인이 증거를 인멸할 염려가 있는 경우
  - 피고인이 도망하거나 도망할 염려가 있는 경우

② 법원은 구속사유를 심사할 때 범죄의 중대성, 재범의 위험성, 피해자 및 중요 참고인 등에 대한 위해(危害) 우려 등을 고려합니다(형사소송법 제70조제2항).

③ 다액 50만원 이하의 벌금, 구류 또는 과료에 해당하는 사건에 대해서는 피고인이 일정한 주거가 없는 경우를 제외하고 피고인을 구속할 수 없습니다(형사소송법 제70조제3항).

[2] 구속의 방법

1. 구속영장의 발부 및 집행

① 법원은 피고인을 구속하려면 구속영장을 발부해야 합니다(형사소송법 제73조).

② 구속영장은 검사의 지휘에 따라 사법경찰관리가 집행합니다. 다만, 긴급한 필요가 있다고 판단되는 경우에는 재판장, 수명법관 또는 수탁판사가 그 집행을 지휘할 수 있습니다(형사소송법 제81조제1항).

③ 교도소 또는 구치소에 있는 피고인에 대해 발부된 구속영장은 검사의 지휘에 따라 교도관이 집행합니다(형사소송법 제81조제3항).

④ 구속영장을 집행할 때에는 피고인에게 반드시 영장을 제시하고 그 사본을 교부해야 하며 신속히 지정된 법원, 그 밖의 장소에 인치해야 합니다(형사소송법 제85조제1항).

⑤ 구속영장을 집행하는 사람이 구속영장을 소지하지 않았지만 긴급하게 집행할 필요가 있는 경우에는 피고인에 대해 공소사실의 요지와 영장이 발부되었음을 고지하고 이를 집행할 수 있으며, 집행 완료 후 신속히 구속영장을 제시하고 그 사본을 교부해야 합니다(형사소송법 제85조제3항·제4항).

⑥ 피고인을 구속하려면 피고인이 도망한 경우를 제외하고, 피고인에게 범죄사실의 요지, 구속의 이유와 변호인을 선임할 수 있음을 말하고 변명할 기회를 준 후에 구속해야 합니다(형사소송법 제72조).

2. 구속의 통지 등

① 피고인을 구속한 때에는 변호인이 있는 경우에는 변호인에게, 변호인이 없는 경우에는 「형사소송법」 제30조제2항에 따른 변호인 선임권자 중 피고인이 지정한 사람에게 사건명, 구속일시·장소, 범죄사실의 요지, 구속의 이유와 변호인을 선임할 수 있는 취지를 지체

없이 서면으로 알려야 합니다(형사소송법 제87조).

② 피고인을 구속한 때에는 즉시 공소사실의 요지와 변호인을 선임할 수 있음을 알려야 합니다(형사소송법 제88조).

③ 그러나 구속 시 공소사실의 요지와 변호인 선임권을 고지하는 것은 사후 청문절차에 관한 규정으로서 이를 위반하였다고 하여 구속영장의 효력에 어떠한 영향을 미치는 것은 아닙니다(대법원 2000. 11. 10. 자 2000모134 결정).

3. 구속 기간

① 원칙적으로 피고인의 구속기간은 2개월입니다. 그러나 특별히 구속을 계속할 필요가 있는 경우에는 심급마다 2개월 단위로 2회까지만 결정으로 갱신할 수 있습니다.

② 다만, 상소심은 피고인 또는 변호인이 신청한 증거의 조사, 상소이유를 보충하는 서면의 제출 등으로 추가 심리가 필요한 부득이한 경우에는 3회까지만 갱신할 수 있습니다(형사소송법 제92조제1항·제2항).

③ 공판절차가 정지된 기간 및 공소 제기 전의 체포·구인·구금 기간은 구속 기간에 산입되지 않습니다(형사소송법 제92조제3항).

4. 구속의 취소 등

① 구속의 사유가 없거나 소멸된 경우 법원은 직권 또는 검사, 피고인, 변호인과 변호인 선임권자의 청구에 따라 결정으로 구속을 취소합니다(형사소송법 제93조).

② 법원은 상당한 이유가 있는 경우에는 검사의 의견을 듣고 결정으로 구속된 피고인을 친족·보호단체, 그 밖의 적당한 사람에게 부탁하거나 피고인의 주거를 제한하여 구속의 집행을 정지할 수 있습니다.

③ 다만, 긴급한 필요가 있다고 판단하는 경우에는 검사의 의견을 묻지 않을 수 있습니다(형사소송법 제101조제1항·제2항).

[3] 피고인 미결구금일수(未決拘禁日數)의 산입

1. 구금일수의 통산

① 피고인으로써 판결선고 전에 구속되었던 기간은 징역기간에 포함됩니다(형법 제57조제1항).

② 구금일수의 1일은 징역, 금고, 벌금이나 과료에 관한 유치 또는 구류의 기간의 1일로 계산합니다(형법 제57조제2항).

2. 상담사례

■ 피고인 미결구금일수는 유죄판결을 받은 경우 형기에 산입되나요?

[질문] 저는 폭행치상죄로 구속기소되어 확정 판결을 받기 전까지 구치소에 구금을 당했습니다. 법원으로부터 징역 1년의 유죄 판결을 받았는데, 판결을 받은 날부터 앞으로 1년 동안 교도소에 수감되는 것인가요?

[답변] 법원의 판결선고 전에 피고인의 신분으로써 구금되었던 기간을 미결구금일수(未決拘禁日數)라 하며, 그 기간동안은 신체의 자유가 극도로 제한되기 때문에 유죄 판결 후 징역 등 강제로 구금되는 경우에는 미결구금일수를 징역 등의 구금일수에 포함시키도록 하고 있습니다. 따라서 위 사례의 경우 1년의 징역기간에 판결선고 전 구금되었던 일수를 제외한 기간이 징역기간이 됩니다.

[4] 체포·구속적부심사제도

1. 체포·구속적부심사제도의 의의

① 누구든지 체포 또는 구속을 당한 때에는 적부의 심사를 법원에 청구할 권리를 가집니다(대한민국헌법 제12조제6항).

② "체포·구속적부심사"란 수사기관에 의하여 체포·구속된 피의자에 대하여 법원이 체포 또는 구속의 적법여부와 그 필요성을 심사하여 피의자의 석방여부를 결정하는 재판을 말합니다.

2. 체포·구속적부심사 청구권자

체포 또는 구속된 피의자 또는 그 변호인, 법정대리인, 배우자, 직계친족, 형제자매나 가족, 동거인 또는 고용주는 관할법원에 체포 또는 구속의 적부심사를 청구할 수 있습니다(형사소송법 제214조의2제1항).

3. 국선변호인의 조력을 받을 권리

체포·구속적부심사를 청구한 피의자에게 변호인이 없는 때에는 법원은 직권으로 변호인을 선정하여 체포·구속적부심사를 청구한 피의자는 국선변호인의 도움을 받을 수 있습니다(형사소송법 제33조제1항제1호 및 제214조의2제10항).

[5] 상담사례

■ 구속·기소된 피고인이 석방될 수 있는 보석청구절차

[질문] 사업을 하는 저의 남편은 술을 마신 후 싸움을 하여 「폭력행위 등 처벌에 관한법률」위반죄로 구속·기소되어 현재 법원의 재판을 기다리고 있습니다. 남편은 전과도 없고 구속된 후 피해자와 합의까지 하였으며, 회사는 남편의 구속으로 사업을 대신할 사람이 없어 부도날 위기에 처해 있는데 재판을 받기 전에 석방될 방법은 없는지요?

[답변] '형사피고인은 유죄의 판결이 확정될 때까지는 무죄로 추정된다.'는 헌법의 규정이 있으나(헌법 제27조 제4항), 다른 한편으로 죄를 범하였다고 의심이 되는 자에 대하여는 형사소송법의 규정에 의해서 수사와 재판을 용이하게 하고, 유죄의 판결이 날 경우 형의 집행을 확보하기 위하여 미리 구속영장에 의하여 피의자를 구속할 수 있습니다.

일단 구속되어 법원에 기소가 되면 그에 대한 재판이 끝날 때까지 통상 짧게는 2~3개월, 길게는 1년 가량의 시일이 걸리므로 설사 재판을 받고 무죄나 집행유예로 석방된다고 하여도 개인의 사업이라든가 생활에 회복할 수 없는 손해가 발생할 수가 있습니다.

그래서 형사소송법은 구속된 피고인에 대하여 재판이 확정되기 전에도 석방될 수 있는 몇 가지 제도를 두고 있는데, 그 중에서 많이 이용되는 것이 보석제도(保釋制度)입니다.

보석의 청구는 피고인이 직접 할 수도 있고, 피고인의 변호인, 법정대리인, 배우자, 직계친족, 형제자매, 가족, 동거인 또는 고용주 등이 할 수도 있으며(형사소송법 제94조), 보석의 청구가 있으면 법원은 범죄의 종류·전과유무·증거인멸이나 도망의 염려, 주거의 확실성 등을 고려하여 보석의 허가여부를 결정하게 됩니다.

종래 보석은 부증금 납부를 조건으로 보석을 허가하였으므로 반드시 보증금을 정해야 했으나, 현행 「형사소송법」은 법원이 보석을 허가하는 경우 부가할 조건을 9가지로 상세하게 규정하면서 법원은 그 중 하나 이상의 조건을 정하도록 함으로써 보석 허가의 조건으로 보증금의 납부가 아닌 다른 조건을 정할 수 있도록 하고 있습니다(제98조).

위 조건 중에서 특히 법원이 지정하는 일시·장소에 출석하고 증거를 인멸하지 아니하겠다는 서약서의 제출, 법원이 정하는 보증금 상당의 금액을 납입할 것을 약속하는 약정서의 제출, 피고인 외의 자가 작성한 출석보증서의 제출, 법원이 지정하는 방법으로 피해자의 권리회복에 필요한 금원을 공탁하거나 그에 상당한 담보의 제공, 피고인 또는 법원이 지정하는 자의 보증금 납입이나 담보의 제공 등 5가지 조건에 대하여는 이를 이행한 후가 아니면 보석허가결정을 집행하지 못하며, 법원은 필요하다고 인정하는 때에는 다른 조건에 관하여도 그 이행 이후 보석허가결정을 집행하도록 정할 수 있습니다(제100조).

보석으로 석방된 후 도망을 한다든가 기타 보석허가에서 정한 조건을 위배하면 보석이 취소되어 다시 구속되고 보증금은 몰수될 수 있습니다. 그리고 재판결과 징역이나 금고 등 실형이 선고되어 집행을 위한 소환을 받고서도 출석하지 않거나 도망하면 보증금은 몰수됩니다(형사소송법 제102조, 제103조).

따라서 귀하의 경우 구속된 남편이 주거가 확실하고 도망하거나 증거를 인멸할 염려가 없다는 것과 피해자와 합의한 사실, 사업상의 어려움 등의 유리한 정상을 주장하여 법원에 보석허가를 신청해보시기 바랍니다.

■ 구속기간의 갱신 및 무죄추정 피고인에 대한 구속의 허용여부

[질문] 저의 남동생이 상해사건으로 재판을 받고 있습니다. 벌써 대법원까지 올라갔다가 파기환송되었다고 하는데요, 파기환송심에서도 구속기간이 갱신될 수 있는 것인가요? 그리고 제가 찾아보기로는 판결이 확정되기 전까지는 피고인이라고 해도 무죄로 추정된다고 하는데, 그런 무죄로 추정되는 사람을 구속시키는 것은 위법이 아닌가요?

[답변] 형사소송법 제92조 제1항 및 제2항에서는 "① 구속기간은 2월로 한다. 특히 계속할 필요가 있는 경우에는 심급마다 2차에 한하여 결정으로 갱신할 수 있다. ② 갱신한 기간도 2월로 한다."고 규정하고 있습니다. 다시 말해 1심, 항소심, 상고심, 그리고 파기환송심에서도 2차에 한하여 구속기간을 갱신할 수 있는 것입니다. 따라서 대법원의 파기환송 판결에 의하여 사건을 환송받은 법원은 형사소송법 제92조 제1항에 따라 2월의 구속기간이 만료되면 2차에 의하여 구속기간을 갱신할 수 있습니다. 한편 피고인이라고 하더라도 무죄추정의 원칙에 의하여 판결이 확정되기 전까지는 죄인이라고 할 수는 없습니다. 그러나 무죄추정을 받는 피고인이라고 하더라도 그에게 구속의 사유가 있어 구속영장이 발부, 집행된 이상 신체의 자유가 제한되는 것은 당연한 것이므로, 이러한 조치가 무죄추정의 원칙에 위배되는 것이라고 할 수는 없습니다.

■ 구속피고인이 무죄확정판결을 받은 경우 형사보상 청구 여부

[질문] 저는 절도죄로 구속·기소되어 징역 10월에 집행유예 2년의 형을 선고받고 석방된 후 항소하였습니다. 항소심에서 공소사실에 대한 증명이 없다는 이유로 제1심 판결을 파기하고 무죄를 선고하였으며, 이에 검사가 상고하였으나 대법원에서 상고가 기각되어 무죄판결이 확정되었습니다. 이 경우 저는 국가에 대하여 보상을 청구할 수 있는지요?

[답변] 형사상의 재판절차에서 억울하게 구금 또는 형의 집행을 받은 사람에 대하여 국가가 그 손해를 보상해주는 제도가 있는데 이를 형사보상이라고 합니다. 이에 관하여는 「헌법」 제28조가 명문으로 규정하고 있으며 또한 「형사보상 및 명예회복에 관한 법률」이 이를 구체적으로 규정하고 있습니다. 다만, 적극적 요건을 충족하는 경우에도 ①형사책임능력 없음을 이유로 무죄판결을 받은 경우, ② 본인이 수사나 심판을 그르칠 목적으로 거짓자백을 하거나 다른 유죄의 증거를 만듦으로써 기소, 미결구금, 유죄재판을 받았다고 인정된 경우, ③1개의 재판으로 경합범의 일부에 대하여 무죄, 나머지에 대하여 유죄재판을 받은 경우에는 보상청구의 전부 또는 일부를 기각할 수 있습니다(형사보상 및 명예회복에 관한 법률 제4조).

그리고 보상내용으로는 구금에 대한 보상을 할 때에는 그 구금일수(拘禁日數)에 따라 1일당 보상청구의 원인이 발생한 연도의 「최저임금법」에 따른 일급(日給) 최저임금액 이상으로 하고 일급(日給) 최저임금액 5배 이하의 비율에 의한 보상금을 지급합니다(형사보상 및 명예회복에 관한 법률 제5조 제1항, 같은 법 시행령 제2조). 형집행에 대한 보상은 「형사보상 및 명예회복에 관한 법률」 제5조 제3항 이하에서 규정하고 있습니다.

보상청구는 확정된 무죄판결을 한 법원에 무죄의 판결을 받은 자 본인 또는 그 상속인이 보상청구를 할 수 있습니다. 보상결정 및 보상의 청구를 기각하는 결정에 대하여는 즉시항고를 할 수 있습니다.(같은 법 제20조) 청구기간은 보상청구는 무죄재판이 확정된 사실을 안 날부터 3년, 무죄재판이 확정된 때부터 5년 이내에 하여야 한다.(같은 법 제8조)

보상금 지급청구는 보상을 결정한 법원에 대응한 검찰청에 하여야 하며, 청구서에는 법원의 보상결정서를 첨부하여야 합니다. 보상결정이 도달된 후 2년 이내에 보상금 지급청구를 하지 아니할 때에는 권리를 상실합니다. 한편, 피의자로 구금되었던 자 중 검사로부터 공소를 제기하지 아니하는 처분을 받은 자는 국가에 대하여 그 구금에 관한 보상을 청구할 수 있습니다(다만, 구금된 이후 공소를 제기하지 아니하는 처분을 할 사유가 있는 경우와 공소를 제기하지 아니하는 처분이 종국적인 것이 아니거나 불기소처분의 내용이 기소유예일 경우에는 청구할 수 없음). 이를 '피의자보상'이라 하는데, 피의자보상의 청구는 불기소처분의 고지 또는 통지를 받은 날로부터 3년 이내에 그 보상청구서에 공소를 제기하지 아니하는 처분을 받은 사실을 증명하는 서류를 첨부하여 관할지방검찰청에 설치된 피의자보상심의회에 신청하면 됩니다(형사보상 및 명예회복에 관한 법률 제27조, 제28조).

■ 친고죄에서 고소가 취하되면 구속의 이유가 소멸되는지요?

[질문] 저는 따로 살고 있는 4촌 형님을 상대로 횡령을 하고 수차례 명예훼손을 하여 횡령, 명예훼손의 혐의로 구속되어 있습니다. 이번 구속으로 제 잘못을 깨닫고 4촌 형님에게 진심으로 사과하여 곧 합의가 될 것 같습니다. 아직 기소되지는 않았는데 합의가 된다면 저는 석방 될 수 있는지요 아니면 재판에서 판결을 받아야지만 석방되는 것인지요.

[답변] 명예훼손죄는 피해자의 명시한 의사에 반하여 공소를 제기할 수 없는 반의사 불벌죄이므로 고소가 취소되면 횡령죄. 명예훼손죄로 처벌할 수 없습니다. 즉, 귀하와 4촌 형님이 합의가 되어 4촌 형님이 귀하에 대한 고소를 취소하면 더 이상 귀하를 횡령죄, 명예훼손죄로 처벌할 수 없으므로 귀하를 구속할 이유도 소멸하였다고 할 것입니다. 한편, 형사소송법 제209조는 같은 법 제93조를 준용하여 구속의 사유가 없거나 소멸된 때에는 직권 또는 피의자, 변호인 등의 신청으로 구속을 취소하여야 한다고 규정하고 있습니다. 따라서 귀하의 4촌 형님이 고소취하서를 제출된다면 귀하의 구속은 직권 또는 귀하의 신청에 의하여 취소될 것이고 검사는 귀하에 대하여 공소권없음의 불기소처분을 하게 될 것입니다.

[6] 관련판례

[대법원 2024. 7. 25.선고 2024도8202 판결]

【판시사항】

형사소송법 제33조 제1항 제1호에서 정한 필요적 국선변호인 선정사유인 '피고인이 구속된 때'가 피고인이 해당 형사사건에서 구속되어 재판을 받고 있는 경우에 한정되는지 여부(소극) 및 피고인이 별건으로 구속영장이 발부되어 집행되거나 다른 형사사건에서 유죄판결이 확정되어 그 판결의 집행으로 구금 상태에 있는 경우도 포괄하는지 여부(적극)

【이유】

형사소송법 제33조 제1항 제1호의 문언, 위 법률조항의 입법 과정에서 고려된 '신체의 자유', '변호인의 조력을 받을 권리', '공정한 재판을 받을 권리' 등 헌법상 기본권 규정의 취지와 정신 및 입법 목적 그리고 피고인이 처한 입장 등을 종합하여 보면, 형사소송법 제33조 제1항 제1호가 필요적 국선변호인 선정사유 중 하나로 정하고 있는 '피고인이 구속된 때'라고 함은 피고인이 해당 형사사건에서 구속되어 재판을 받고 있는 경우에 한정된다고 볼 수 없고, 피고인이 별건으로 구속영장이 발부되어 집행되거나 다른 형사사건에서 유죄판결이 확정되어 그 판결의 집행으로 구금 상태에 있는 경우 또한 포괄하고 있다고 보아야 한다(대법원 2024. 5. 23. 선고 2021도6357 전원합의체 판결 참조).

형사소송법 제282조에 규정된 필요적 변호사건에 해당하는 사건에서 제1심의 공판절차가 변호인 없이 이루어져 증거조사와 피고인신문 등 심리가 이루어졌다면, 그와 같은 위법한 공판절차에서 이루어진 증거조사와 피고인신문 등 일체의 소송행위는 모두 무효이므로, 이러한 경우 항소심으로서는 변호인이 있는 상태에서 소송행위를 새로이 한 후 위법한 제1심판결을 파기하고, 항소심에서이 증거조사 및 진술 등 심리 결과에 기초하여 다시 판결하여야 한다(대법원 1995. 4. 25. 선고 94도2347 판결, 대법원 2015. 12. 24. 선고 2015도10544 판결 등 참조).

[대법원 2024. 7. 11.선고 2024도4202 판결]

【판시사항】

제1심법원이 피고인에 대하여 무죄를 선고하였으나 검사가 항소한 사안에서 항소법원이 변호인이 선임되지 않은 피고인에 대하여 검사의 항소를 받아들여 유죄를 선고하는 경우, 피고인의 권리보호를 위하여 공판심리단계에서부터 국선변호인의 선정을 더욱 적극적으로 고려하여야 하는지 여부(적극)

【판결요지】

항소심에서 양형이 피고인에게 불리하게 변경되는 경우뿐 아니라, 제1심법원이 피고인에 대하여 무죄를 선고하였으나 검사가 항소한 사안에서 항소법원이 변호인이 선임되지 않은 피고인에 대하여 검사의 항소를 받아들여 유죄를 선고하는 경우에는 공판심리단계에서부터 국선변호인의 선정을 더욱 적극적으로 고려하여야 한다. 그리하여 국선변호인이 피고인을 위하여 유죄 증명을 위한 검사의 주장과 증거 제출에 대응하는 데에서 나아가, 제1심의 무죄판결에서는 판단된 바 없는 양형에 관한 주장과 그에 관한 자료를 제출하도록 함으로써 피고인의 권리를 보호할 필요성은 충분하다고 할 것이다.

[대법원 2024. 6. 27.선고 2023도6592 판결]

【판시사항】

형사소송법 제33조 제1항 제1호에서 정한 필요적 국선변호인 선정사유인 '피고인이 구속된 때'가 피고인이 해당 형사사건에서 구속되어 재판을 받고 있는 경우에 한정되는지 여부(소극) 및 피고인이 별건으로 구속영장이 발부되어 집행되거나 다른 형사사건에서 유죄판결이 확정되어 그 판결의 집행으로 구금 상태에 있는 경우도 포괄하는지 여부(적극)

【이유】

상고이유를 판단한다.

형사소송법 제33조 제1항 제1호의 문언과 그 입법 과정에서 고려된 '신체의 자유', '변호인의 조력을 받을 권리', '공정한 재판을 받을 권리' 등 헌법상 기본권 규정의 취지 등을 종합하여 보면, 형사소송법 제33조 제1항 제1호의 '피고인이 구속된 때'라고 함은 피고인이 해당 형사사건에서 구속되어 재판을 받고 있는 경우에 한정된다고 볼 수 없고, 피고인이 별건으로 구속영장이 발부되어 집행되거나 다른 형사사건에서 유죄판결이 확정되어 그 판결의 집행으로 구금 상태에 있는 경우 또한 포괄하고 있다고 보아야 한다(대법원 2024. 5. 23. 선고 2021도6357 전원합의체 판결 참조).

기록에 따르면, 피고인은 2022. 10. 14. 수원지방법원에서 별건인 건조물침

입죄 등으로 징역 2년을 선고받아 2022. 12. 16. 그 판결이 확정되었고 이 사건 원심 공판 진행 당시 피고인이 위 별건에서 확정된 판결에 따른 형 집행 중에 있었던 사실을 알 수 있다. 그렇다면 이 사건은 형사소송법 제282조, 제33조 제1항 제1호에서 정한 필요적 변호사건에 해당하고 형사소송법 제370조에 따라 항소심에서도 변호인 없이 개정하지 못한다.

그럼에도 변호인을 선임한 적이 없는 피고인에 대하여 국선변호인을 선정하지 않은 채 개정하여 사건을 심리한 다음 검사의 항소를 받아들여 징역 4월을 선고한 제1심판결을 파기하면서 징역 8월을 선고한 원심의 조치에는 소송절차가 법령을 위반하여 판결에 영향을 미친 잘못이 있다.

[대법원 2024. 5. 23.선고 2021도6357 전원합의체 판결]

【판시사항】

형사소송법 제33조 제1항 제1호 에서 필요적 국선변호인 선정사유 중 하나로 정한 '피고인이 구속된 때'가 피고인이 해당 형사사건에서 구속되어 재판을 받고 있는 경우에 한정되는지 여부(소극) 및 피고인이 별건으로 구속영장이 발부되어 집행되거나 다른 형사사건에서 유죄판결이 확정되어 그 판결의 집행으로 구금 상태에 있는 경우도 포괄하는지 여부(적극)

【판결요지】

[다수의견] 형사소송법 제33조 제1항 제1호 는 피고인에게 변호인이 없는 때에 법원이 직권으로 변호인을 선정하여야 할 사유(이하 '필요적 국선변호인 선정사유'라고 한다) 중 하나로 '피고인이 구속된 때'를 정하고 있다.

대법원은 그동안 형사소송법 제33조 제1항 제1호의 '피고인이 구속된 때'란, 원래 구속제도가 형사소송의 진행과 형벌의 집행을 확보하기 위하여 법이 정한 요건과 절차 아래 피고인의 신병을 확보하는 제도라는 점 등에 비추어 볼 때 피고인이 해당 형사사건에서 구속되어 재판을 받는 경우를 의미하고, 피고인이 해당 형사사건이 아닌 별개의 사건, 즉 별건으로 구속되어 있거나 다른 형사사건에서 유죄로 확정되어 수형 중인 경우는 이에 해당하지 않는다고 판시하여 왔다(이하 '종래의 판례 법리'라고 한다).

형사소송법 제33조 제1항 제1호의 문언, 위 법률조항의 입법 과정에서 고려된 '신체의 자유', '변호인의 조력을 받을 권리', '공정한 재판을 받을 권리' 등 헌법상 기본권 규정의 취지와 정신 및 입법 목적 그리고 피고인이 처한 입장 등을 종합하여 보면, 형사소송법 제33조 제1항 제1호의 '피고인이 구속된 때'란 피고인이 해당 형사사건에서 구속되어 재판을 받고 있는 경우에 한 정된다고 볼 수 없고, 피고인이 별건으로 구속영장이 발부되어 집행되거나 다른 형사사건에서 유죄판결이 확정되어 그 판결의 집행으로 구금 상태에 있 는 경우 또한 포괄하고 있다고 보아야 한다. 구체적인 이유는 다음과 같다.

(가) '구속'이라는 법 문언의 의미

① 형사소송법 제69조는 "본법에서 구속이라 함은 구인과 구금을 포함한다." 라고 하여 '구속'의 구체적인 의미를 제시하지 않고 단지 '구인과 구금'을 포함하는 개념이라고만 정의하고 있다. '구속'의 사전적 의미는 '행동이나 의사의 자유를 제한하거나 속박하는 것'을 말하고, '구금'의 사전적 의미 는 '강제력에 의하여 특정인을 특정 장소에 가두어 그의 의사에 따른 장 소적 이동을 금지하는 것'을 뜻한다. 이처럼 '구속'의 의미를 그 사전적 의미나 정의 규정에 따라 '피고인의 행동이나 의사의 자유를 제한하거나 속박하는 구금 상태'로 이해하면, 해당 형사사건으로 구속되어 있는 경우 와 별건으로 구속되어 있는 경우 그리고 다른 형사사건에서 유죄판결이 확정되어 그 판결의 집행으로 구금 상태에 있는 경우 모두가 '구속'의 개 념에 어렵지 않게 포함될 수 있다. 형사소송법 제33조 제1항 제1호가 정한 법 문언을 그대로 따르더라도 필요적 국선변호인 선정사유인 '구속' 은 해당 형사사건의 구속으로 한정되어 있지 않다.

② 형사소송법이 재판의 집행에 관하여, '사형, 징역, 금고 또는 구류의 선고 를 받은 자가 구금되지 아니한 때에는 검사는 형을 집행하기 위하여 이 를 소환하여야 하고, 소환에 응하지 아니한 때에는 검사는 형집행장을 발부하여 구인하여야 한다.'(제473조 제1항 및 제2항)고 규정하고 있거 나, "형집행장은 구속영장과 동일한 효력이 있다."(제474조 제2항), '형 집행장의 집행에는 피고인의 구속에 관한 규정을 준용한다.'(제475조), '노역장유치의 집행에는 형의 집행에 관한 규정을 준용한다.'(제492조)라 고 정하고 있는 것에도 주목하여 보면, 형사소송법은 형 집행에 따른 수 용(수용)도 '구속'의 한 유형인 '구금'에 해당하는 것으로 구성하고 있는 바, 형사소송법상의 '구속'이 반드시 수사와 재판을 위한 신병 확보라는 기능적 개념에만 한정되는 것이 아님을 알 수 있다. 적어도 필요적 국선 변호인 선정사유에 해당하는지 여부를 판단함에 있어서 '구속'의 한 유형 인 '구금'의 개념을 '해당 사건과의 관련성 유무'나 '유죄판결의 확정 전 후'로 구별해서 이해하여야 할 뚜렷한 이유를 찾기 어렵다.

③ 종래의 판례 법리도 '구속'이라는 법 문언의 본래적 의미가 해당 형사사건

의 구속으로 한정된다는 이유에서보다는, 피고인의 신병 확보라는 구속제도의 역할과 기능 등을 규범적으로 고려하여 형사소송법 제33조 제1항 제1호에서 정한 '피고인이 구속된 때'의 의미를 제한적으로 해석하였다고 이해된다. 결국 필요적 국선변호인 선정사유로서 위 '구속'의 의미를 해석함에 있어서, 구속의 제도적 의의 등을 충분히 고려하되, 바로 그 구속으로 인하여 피고인의 헌법 및 형사소송법상 권리에 미칠 부정적 영향 등을 막거나 최소화하기 위하여 마련된 국선변호인 제도의 의미와 기능 등에도 주목하여 이를 반영할 필요가 있다.

(나) 헌법 그리고 입법 목적을 고려한 해석

① 헌법 제12조는 제1항 제1문에서 "모든 국민은 신체의 자유를 가진다."라고 규정하고 그에 이어 제1항 제2문 내지 제7항에서 신체의 자유를 위한 일련의 절차적 보장을 규정하고 있다. 특히 헌법 제12조 제4항 본문은 신체의 자유를 보장하기 위한 절차적 권리로서 누구든지 '체포 또는 구속을 당한 때 즉시 변호인의 조력을 받을 권리'를 가진다고 규정하였다. 나아가 헌법 제12조 제4항 단서에서는 "형사피고인이 스스로 변호인을 구할 수 없을 때에는 법률이 정하는 바에 의하여 국가가 변호인을 붙인다."라고 하여 국회로 하여금 국선변호인 제도를 입법하도록 명시하고 있다.

② 국회는 2006. 7. 19. 법률 제7965호로 형사소송법을 개정하면서 '피고인이 구속된 때'를 필요적 국선변호인 선정사유로 처음 규정하였는데, 그 이유로 내세운 것 역시 '국선변호인 제도를 두고 있는 헌법 정신을 구체화하고 형사절차에서 침해될 수 있는 인신의 자유, 절차적 기본권 등 국민의 인권을 최대한 보장하기 위하여 구속 피고인에 대하여도 필요적으로 국선변호인을 선정하도록 하려는 것'이었다.

③ 관련 헌법규정의 취지와 정신 그리고 입법 목적을 고려하면, 형사소송법 제33조 제1항 제1호의 제도적 의의를 다음과 같이 이해할 수 있다.
㉮ 형사재판은 유무죄를 판단하고 형을 정하는 절차로 그 과정 및 결과 모두가 형사재판을 받는 피고인에게 중대한 영향을 미친다. ㉯ 헌법과 형사소송법이 피고인에게 다양한 방어적 권리를 부여하고 있지만, 전문가의 도움 없이 피고인 스스로 수사기관이자 법률전문가인 검사를 상대로 자신을 효과적으로 변호한다는 것은 매우 어려운 일이다. 그래서 헌법은 변호인의 조력을 받을 권리를 중요한 기본권으로 정하고 있다. ㉰ 피고인이 구속되어 구금된 상태라면 더욱 그렇다. 정신적·육체적으로 제한되고 위축될 뿐만 아니라 사회와 단절됨에 따라 유리한 증거 수집 등 공소

에 대한 방어에 상당한 제약을 받을 수밖에 없게 된다. ㉑ 이처럼 형사 재판에서 검사와 구속 피고인 사이에 존재할 수 있는 '힘의 불균형'을 바로잡아 '법이라는 저울의 형평성'을 복원하기 위해서는 법률전문가인 변호인이 피고인을 조력하는 것이 필요하다. 그렇기 때문에 구속 피고인에게 변호인이 없는 때에는 국가가 비용을 들여서라도 반드시 변호인을 선정하여 그가 구속 피고인을 위해 조력하도록 해야 한다. ㉒ 기본적 인권 옹호를 사명으로 하는 변호인이 구속 피고인의 방어력을 보충함으로써 형사재판의 법정에서 '무죄 추정을 받는 피고인'과 '검사'는 대등한 지위에서 적법한 절차에 따라 공방을 할 수 있다. 이를 통해 공정한 재판에 대한 당사자나 일반 국민의 신뢰를 높일 수 있는 사회적 토대가 두터워질 수 있다.

④ 위와 같은 이해에 따르면, 국선변호인을 반드시 선정할 상황으로 입법자가 상정한 '피고인이 구속된 때'를 '해당 형사사건에서 구속되어 재판을 받는 경우'로 굳이 한정하여 해석할 것은 아니다. 피고인이 별건으로 구속영장이 발부되어 집행되거나 다른 형사사건에서 유죄판결이 확정되어 그 판결의 집행으로 구금 상태에 있는 경우 또한 필요적 국선변호인 선정사유인 '피고인이 구속된 때'에 해당한다고 보아야 한다.

여러 죄를 범한 동일 피고인에 대하여 검사가 그중 일부를 분리기소하거나 법원이 별건으로 계속 중인 사건을 병합하는지 여부, 일부 죄에 대한 판결이 먼저 확정되는지 여부와 그 시기 등에 따라 '해당 형사사건에서의 구속 상태', '별건 구속 상태', '다른 형사사건에서 유죄로 확정되어 형 집행 중인 상태'로 구금 상태의 유형이 달라질 수 있는데, 구금 상태로 인한 정신적·육체적 제약이나 사회와의 단절 등으로 국가의 형벌권 행사에 대한 피고인의 방어권이 크게 제약된다는 실질이나 제약된 방어력의 보충을 위해 국선변호인의 선정이 요청되는 정도는 구금 상태의 이유나 상황에 관계없이 모두 동일하기 때문이다.

이러한 해석은 특별히 신체구속을 당한 사람에 대하여 변호인의 조력을 받을 권리를 기본권으로 보장하고 있는 등 관련 헌법규정의 취지와 정신을 가장 잘 실현할 수 있도록 하면서 입법 목적 또한 충실하게 구현할 수 있게 하는 것이다. 나아가 국선변호인 제도가 경제적 약자의 형사사법절차상 권리를 실질적으로 보장하기 위한 것이므로 그 적용 범위를 되도록 넓게 인정하는 방향으로 국선변호인 제도를 운용할 필요가 있다는 관점에서도 타당성을 찾을 수 있다.

(다) 사건이 아닌 피고인의 입장에 선 해석

변호인의 조력을 받을 권리를 통한 방어권의 보장은 사건의 병합이나 분리 여부와 무관하게 형사재판을 받는 피고인의 입장 및 관점에서 실현되어야 한다.

① 동일한 피고인이 범한 여러 죄가 하나의 재판절차에서 진행되는지 또는 분리되어 여러 재판절차에서 진행되는지 등의 사정에 따라 이론적으로는 피고인의 구속을 해당 형사사건 구속과 별건 구속 또는 형 집행으로 구분할 수 있지만, 피고인의 입장에서 보면 '해당 형사사건에서의 구속 상태', '별건 구속 상태', '다른 형사사건에서 유죄로 확정되어 형 집행 중인 상태' 모두 '구금 상태'라는 점에서는 전혀 다르지 않다.

해당 사건과 별건의 구분은 입건된 사건별로 수사하거나 분리기소 내지 추가기소 혹은 한 개 또는 수 개의 법원에 계속된 사건의 병합·분리 여부 등 수사, 기소, 재판에 이르는 일련의 형사사법절차에 의해 여러 개의 사건으로 구분된 것일 뿐, 피고인의 의사와는 기본적으로 무관하다고 볼 여지가 크다. 다른 형사사건에서 유죄판결이 확정되어 그 형이 집행된 경우 역시 동일한 피고인이 범한 여러 죄 중 일부에 관하여 먼저 판결이 확정되어 형의 집행을 받는 수형자가 된 상황일 뿐이다.

② 형법 제37조 후단의 경합범 규정이 판결이 확정된 죄와 확정 전에 범한 죄를 경합범으로 함으로써 '여러 개의 죄를 동시에 재판받을 경우와의 형 평성'을 실체법적 관점에서 구현한 것이라면, 필요적 국선변호인 선정사유인 '구속'의 의미를 앞서 본 바와 같이 해석하는 것은 '동시에 재판받을 경우와의 형평성'을 절차법적 관점에서 관철하는 것이다. 피고인이 구속된 상태에서 여러 사건이 병합기소되거나 병합심리되어 동시에 재판받을 경우 필요적 국선변호인 선정사유에 해당되어 병합된 모든 사건에 관하여 변호인의 조력을 받게 되는바, 구속된 피고인의 의사와 무관하게 여러 죄를 동시에 재판받지 못하게 되는 상황에서도 모든 사건에 관하여 변호인의 조력을 받을 기회를 제공함으로써 절차적 형평성을 구현할 필요가 있다. 즉, 동일한 피고인이 범한 여러 죄가 병합되지 않거나 분리된 채 서로 다른 법원이나 재판부에서 심리되었다는 사정으로 변호인의 조력을 받을 권리가 일부 사건으로 제한되지 않도록 '구속'의 의미를 해석함으로써 여러 죄를 동시에 재판받을 경우와 비교하여 피고인의 방어권 보장에 상당한 불균형이 발생하지 않도록 하여야 한다.

[대법관 이동원, 대법관 노태악, 대법관 신숙희의 별개의견] 형사소송법 제33

조 제1항 제1호의 '피고인이 구속된 때'란 피고인이 해당 형사사건에서 구속되어 재판을 받는 경우를 의미하고, 피고인이 별건으로 구속되어 있거나 다른 형사사건에서 유죄로 확정되어 수형 중인 경우는 이에 해당하지 않는다고 판시한 종래의 판례 법리는 여전히 타당하므로 그대로 유지되어야 한다. 다수의견과 같이 확립된 선례를 변경하지 않고도 구체적인 사안에서 타당한 해결이 가능할 뿐만 아니라 필요적 국선변호인 선정사유인 '구속'의 범위를 확대하는 해석론은 문언해석의 범위를 넘는 것으로서 사회적 공감대가 형성된 후 국회의 입법절차를 통하여 해결하는 것이 바람직하다. 그 이유의 요지는 다음과 같다.

첫째, 종래의 판례 법리는 형사소송법 제33조 제1항 제1호의 법 문언과 규정체계, 입법자의 의사에 부합한다. 형사소송법 제33조 제1항 제1호에서 명시적으로 해당 형사사건으로 인한 구속을 의미하는 '구속'이라고만 규정하고 있음에도 불구하고, 별건으로 구속영장이 발부되어 집행 중이거나 다른 형사사건에서 유죄판결이 확정되어 그 판결의 집행으로 구금 상태에 있는 경우까지 이에 포함된다고 해석할 수 없다.

둘째, 종래의 판례 법리는 '구속'이 형사소송법상 필요적 국선변호인 선정사유로 도입된 이후 현재에 이르기까지 반복적으로 선언된 법리로서 이에 따른 재판 실무가 안정적으로 유지되고 있다. 형사소송법 제33조 제1항 제1호의 '구속'을 해당 형사사건으로 인한 구속으로 해석하더라도 해당 형사사건이 아닌 다른 사건 등으로 구금 상태에 있는 피고인에 대하여 필요한 경우 피고인의 청구에 의하거나 법원이 직권으로 국선변호인을 선정함으로써 피고인의 방어권을 충분히 보장할 수 있으므로 신체의 자유와 변호인의 조력을 받을 권리 및 공정한 재판을 받을 권리 등 헌법상 보장된 기본권의 취지나 정신에 반하지 아니한다. 확립된 판례를 변경하려면 이를 정당화할 명확한 근거가 있어야 하나, 다수의견이 들고 있는 논거들은 추상적 선언에 그칠 뿐 그 구체적인 사유를 제시하지 못한다.

셋째, 필요적 국선변호인 선정사유에 관하여 해당 형사사건에서 구속되어 재판을 받는 경우와 별건으로 구속되었거나 확정된 유죄판결의 집행으로 구금 상태에 있는 경우가 피고인의 방어권에 미치는 영향 등이 같다고 보기 어렵다. 다수의견과 같이 필요적 국선변호인 선정사유인 '구속'을 확대해석한다면 자칫 신속한 사법 정의의 실현 등을 위한 사법자원의 효율적 배분에 어긋나는 결과도 가져올 수 있다. 종래의 판례 법리는 피고인의 방어권 보장과 사법자원의 효율적 배분을 조화롭게 도모할 수 있는 법리이다.

넷째, 피고인의 충실한 방어권 보장이라는 형사법의 방향성은 충분히 공감하나, 법조문을 목적론적 해석에 맞추어 정의하는 것은 입법을 해석으로 대체하려는 것으로서 타당하지 않다. 특히 형사사건에서 유죄판결이 확정되어 그 판결의 집행으로 구금 상태에 있는 사람은 형의 집행을 받고 있는 사람이지 구속된 사람이 아님이 문언상 분명함에도 필요적 국선변호인 선정사유인 '구속'에 해당한다고 보는 것은 법 문언의 가능한 해석의 한계를 넘는 것이다.

[대법원 2023. 12. 28.선고 2020도12586 판결]

【판시사항】

법원이 선고기일에 피고인에 대하여 실형을 선고하면서 구속영장을 발부하는 경우, 검사가 법정에 재정하여 법원으로부터 구속영장을 전달받아 집행을 지휘하고, 그에 따라 피고인 대기실로 인치된 피고인이 도주죄의 주체인 '법률에 의하여 체포 또는 구금된 자'에 해당하는지 여부(원칙적 적극)

【판결요지】

법원이 선고기일에 피고인에 대하여 실형을 선고하면서 구속영장을 발부하는 경우 검사가 법정에 재정하여 법원으로부터 구속영장을 전달받아 집행을 지휘하고, 그에 따라 피고인이 피고인 대기실로 인치되었다면 다른 특별한 사정이 없는 한 피고인은 형법 제145조 제1항의 '법률에 의하여 체포 또는 구금된 자'에 해당한다. 그 이유는 다음과 같다.

(가) 형사소송법은 재판의 집행 일반에 관하여 재판의 성질상 법원 또는 법관이 지휘할 경우를 제외하면 재판을 한 법원에 대응한 검찰청 검사가 지휘한다고 정하면서(제460조 제1항), 구속영장(제81조 제1항 본문, 제209조), 체포영장(제81조 제1항 본문, 제200조의6), 압수·수색·검증영장(제115조 제1항 본문, 제219조)의 집행 등에 관하여도 검사의 지휘에 의하여 집행한다고 규정하고 있다. 따라서 검사가 법정에서 법원으로부터 구속영장을 전달받아 교도관 등으로 하여금 피고인을 인치하도록 하였다면 집행절차가 적법하게 개시되었다고 볼 수 있다.

(나) 구속영장의 집행을 통하여 최종적으로 피고인에 대한 신병을 인계받아 구금을 담당하는 교도관이 법정에서 곧바로 피고인에 대한 신병을 확보하였다면 구속의 목적이 적법하게 달성된 것으로 볼 수 있다.

(다) 구속영장 발부, 구속영장 집행, 구금 등 모든 과정이 공개된 법정 및 법관의 면전에서 이루어졌다면 특별한 사정이 없는 한, 피고인의 방어권이나 절차적 권리 및 신체의 자유가 침해될 만한 위법이 있다고 평가하기 어렵다.

[대법원 2022. 11. 22.자 2022모1799 결정]

【판시사항】

군사법원법상 전자장치의 부착을 피고인에 대한 구속집행정지의 조건으로 부가할 수 있는지 여부(적극)

【판결요지】

군사법원법 제141조 제2항은 피고인에 대한 구속집행정지에 관하여 '피고인이 영내거주자이면 그 소속 부대장에게 부탁하고, 영내거주자가 아니면 친족·보호단체 그 밖의 적당한 사람에게 부탁하거나 피고인의 주거를 제한'하도록 규정한다. 이때 구속집행정지 제도의 취지에 부합한다면 피고인의 도주 방지 및 출석을 확보하기 위하여 예컨대, 전자장치의 부착을 구속집행정지의 조건으로 부가할 수도 있다. 이하에서 더 구체적으로 살펴본다.

(가) 군사법원법 제141조 제1항에 근거한 피고인에 대한 구속집행정지는 상당한 이유가 있을 때 군사법원이 직권으로 제반 사정을 고려하여 피고인의 구속 상태를 잠정적으로 해제하는 것이다. 가장 중한 기본권 제한인 구속을 예외적으로 해제하면서 다시 구속될 것을 담보하기 위해 일정한 조건을 부가하는 것은 구속집행정지의 성질상 당연히 허용된다고 보아야 한다. 구속의 목적을 달성하는 데 지장이 없다면 일정한 조건을 부가하더라도 구속집행을 정지하는 것이 피고인에게 더 유리하기 때문이다.

(나) 군사법원법 제141조 제2항에서 규정한 구속집행정지 조건의 내용은 예시로 볼 수 있고 반드시 이에 한정되지 않는다. 물론 이때에도 그 내용은 피고인의 도주 예방과 출석에 대한 담보라는 구속집행정지 제도의 취지에 들어맞는 것이어야 하고, 그 구체적인 조건은 보석의 조건(군사법원법 제139조)이 성질에 반하지 않는 한 적용될 수 있다. 구속집행정지 제도는 불구속재판의 원칙과 무죄추정의 원칙을 구현하기 위한 보석 제도를 보충하는 기능을 하므로 본질적으로 보석과 같은 성격을 띠고 있고, 군사법원법 제142조 제2항에서는 보석과 구속집행정지의 취소사유에 관하여 동일한 내용을 규정하고 있기 때문이다.

(다) 군사법원법, 전자장치 부착 등에 관한 법률(이하 '전자장치부착법'이라 한다) 등에서 구속집행정지의 조건으로 전자장치의 부착을 부가할 수 있는지에 관하여 별도의 규정을 두고 있지는 않다. 그러나 전자장치 부착으로 인해 제한되는 피부착자의 자유는 자신의 위치가 24시간 국가에 노출됨으로 인하여 행동의 자유가 심리적으로 위축된다는 것일 뿐 행동 자

체가 금지되거나 물리적으로 제한되는 것은 아니다. 전자장치의 부착은 피고인의 기본권을 제한하는 성격을 갖고 있지만 구속보다 가벼운 처분을 통하여 피고인의 도주를 방지하여 가장 중한 기본권 제한인 구속의 목적을 달성할 수 있다는 점에서 불구속재판의 원칙의 실현에 기여하면서 비례의 원칙에도 어긋나지 않는다. 또한 전자장치 부착은 전자장치부착법상 보석의 조건으로도 허용되고 있다. 따라서 전자장치 부착은 구속집행정지 조건으로도 허용된다고 보아야 한다.

Section 4. 구속영장실질심사

① 구속영장실질심사는 구속영장이 청구된 피의자에 대하여 법관이 수사기록에만 의지하지 아니하고 구속여부를 판단하기 위하여 필요한 사항에 대하여 직접 피의자를 심문하고, 필요한 때에는 심문장소에 출석한 피해자, 고소인 등 제3자를 심문하거나 그 의견을 듣고 이를 종합하여 구속 여부를 결정하는 제도입니다.

② 피의자의 방어권 및 법관대면권을 최대한 보장하기 위해 법관이 영장에 관한 실질심사를 하도록 한 것입니다.

[1] 피의자심문

1. 체포된 피의자의 경우

이미 체포영장에 의하여 체포되거나, 현행범으로 체포되거나 긴급체포된 피의자에 대하여 구속영장을 청구받은 판사는 지체 없이 심문을 하여야 합니다. 이 경우 특별한 사정이 없는 한 구속영장이 청구된 날의 다음날까지 심문하여야 합니다.

2. 미체포된 피의자의 경우

① 미체포된 피의자에 대하여 구속영장을 청구받은 판사는 피의자가 죄를 범하였다고 의심할 만한 이유가 있는 경우에 구인을 위한 구속영장을 발부하여 피의자를 구인한 후 심문하여야 합니다.

② 다만, 피의자가 도망하는 등의 사유로 심문할 수 없는 경우에는 심문 없이 영장 발부 여부를 결정할 수 있습니다.

3. 심문장소 및 기일 통지

체포된 피의자에 대하여는 구속영장의 청구를 받은 즉시, 그 외의 피의자에 대하여는 피의자를 인치한 후 즉시 심문기일과 장소를 검사, 피의자 및 변호인에게 각각 통지합니다.

4. 국선변호인 선정

판사는 심문할 피의자에게 변호인이 없는 때에는 직권으로 국선변호인을 선정합니다.

[2] 심문절차

1. 진술거부권 고지

피의자에게 일체의 진술을 하지 아니하거나 개개의 질문에 대하여 진술을 거부할 수 있으며 이익 되는 사실을 진술할 수 있음을 고지합니다.

2. 인정심문

피의자의 성명, 주민등록번호(외국인등록번호 등), 주거, 직업을 확인하여 피의자의 동일성을 확인합니다.

3. 범죄사실 및 구속사유의 고지

구속영장청구서에 기재된 범죄사실 및 구속사유를 고지합니다.

4. 피의자 심문

① 판사는 구속여부를 판단하기 위하여 필요한 사항에 관하여 피의자를 심문하고, 이 경우 피의자는 판사의 심문 도중에도 변호인의 조력을 구할 수 있습니다.

② 판사는 필요한 경우에 법원에 출석한 피해자 또는 제3자에 대하여 심문할 수 있습니다.

5. 관계인의 의견진술

① 검사와 변호인은 판사의 심문이 끝난 후 의견을 진술할 수 있으며, 필요한 경우에는 판사의 심문 도중에도 판사의 허가를 얻어 의견을 진술할 수 있습니다.

② 피의자의 법정대리인·배우자·직계친족·형제자매나 가족·동거인 또는 고용주, 판사가 방청을 허가한 피해자나 고소인도 판사의 허가를 얻어 사건에 관한 의견을 진술할 수 있습니다.

[3] 구속 여부의 결정

① 판사는 심문이 끝나면 구속여부를 결정하게 됩니다.

② 이 경우 판사가 구속사유가 없다고 판단하여 구속영장청구를 기각하면 체포된 피의자는 구금상태에서 벗어나게 되고, 구속영장이 발부되면 미체포 피의자도 그 때부터 구금되게 됩니다.

[4] 재구속의 제한 등

① 검사 또는 사법경찰관에 의하여 구속되었다가 석방된 사람에 대하여는 다른 중요한 증거를 발견한 경우를 제외하고는동일한 범죄사실에 관하여 재차 구속하지 못합니다.

② 구속여부의 재판은 유·무죄에 대한 재판이 아닙니다. 즉, 영장이 기각된 경우에도 검사에 의하여 기소가 되면 재판을거쳐 유·무죄 또는 실형 여부를 결정하므로, 석방결정은 사건의 종국적인 결정과는 무관합니다.

[5] 상담사례

■ 구속영장의 효력범위

[질문] 얼마 전 절도죄를 범하여 교도소에 수감되었다가 최근 출소한 사람입니다. 저는 절도죄를 범한 뒤 구속영장에 의하여 구속이 되었는데요, 구속 당시 수사기관이 피의자신문을 위해 출석을 요구하였는데, 저는 수사를 받고 싶지 않아서 출석을 거부하였습니다. 그럼에도 불구하고 수사기관이 구속영장에 근거해서 저를 조사실로 구인해갔는데요, 이러한 수사기관의 행동이 적법한 것인가요? 적법하지 않다면 구제받을 방법이 있을까요?

[답변] 형사소송법 제201조 제1항에서는 수사기관은 피의자가 죄를 범하였다고 의심할만한 상당한 이유가 있고, 형사소송법 제70조 제1항 각호의 사유인 ① 일정한 주거가 없는 때, ② 피고인이 증거를 인멸할 염려가 있는 때, ③ 피고인이 도망하거나 도망할 염려가 있는 때에 해당하는 경우 법원으로부터 구속영장을 발부받아 피의자를 구속할 수 있다고 정하고 있습니다.

귀하께서 처하신 상황은 구속영장의 효력의 범위가 문제가 되는데요, 구속영장으로 이미 구속된 문의자를 다시 수사기관의 조사실로 구인할 수 있는가가 쟁점인 것을 보입니다. 이와 거의 동일한 사실관계에 대한 사건에서, 법원은 "수사기관이 관할 지방법원 판사 가 발부한 구속영장에 의하여 피의자를 구속하는 경우, 그 구속영장은 기본적으로 장차 공판정에의 출석이나 형의 집행을 담보하기 위한 것이지만, 이와 함께 구속기간의 범위 내에서 수사기관이 적법한 방식으로 구속된 피의자를 조사하는 등 적정한 방법으로 범죄를 수사하는 것도 예정하고 있다고 할 것이다. 따라서 구속영장 발부에 의하여 적법하게 구금된 피의자가 피의자신문을 위한 출석요구에 응하지 아니하면서 수사기관 조사실에의 출석을 기부한디면 수사기관은 그 구속영징의 효력에 의하어 피의자를 조사실로 구인할 수 있다고 보아야 할 것이다."라고 판시하였습니다(대법원 2013. 7. 1. 2013모160호 결정 참조).

그렇다면 귀하를 수사기관의 조사실로 구인한 것은 구속영장의 효력에 의한 것으로 적법한 조치이며, 이러한 조치에 대하여 위법사항이 없으므로 귀하가 수사기관에 대하여 특별히 구제를 요청할만한 권리도 없다고 할 것입니다.

■ 구속영장발부명령에 대한 불복가부

[질문] 상해 피의자로 최근 구속된 아내의 남편입니다. 아내와 접견을 하고 왔는데, 아내가 수사기관이 법원에 신청하여 발부받은 구속영장에 대하여 어떻게 불복을 하는지 궁금해 합니다. 구속적부심사라는 것이 있다는 것은 들어봤는데, 혹시 판사의 구속 영장 발부 명령 자체에 대해서는 다툴 방법이 없을까요? 아내는 주거도 일정하고, 도주의 염려도 없는 가정주부라 할 수 있고, 증거인멸을 할 만한 사람도 아닌 것 같은데 이렇게 구속영장이 발부된 사실이 너무 억울합니다. 어떤 방법이 없을까요?

[답변] 배우자에 대하여 구속영장이 발부되어 얼마 전에 구속되셨으며, 이에 대한 불복 방법을 알아보고 계신 것으로 보입니다. 문의하시면서 기재해 주신 내용에서는 분명하게 드러나지 않으나, ① 만약 구속 자체를 실효시키고 싶으시다면 구속적부심사를 청구하여 결정을 받아봄으로써 석방을 받으실 수 있지만, ② 판사님의 구속영장 발부 명령 자체에 대하여 불복하고 싶으시다면 현재 형사소송법에서는 이에 대하여 불복할 수 있는 방법을 두지 않고 있습니다.

우선 구속적부심사와 관련하여, 형사소송법 제214조의2에서는 구속된 피의자가 구속의 적부심사를 청구하면, 법원은 체포 구속이 적법한지 여부나, 계속 구금이 정당한지 여부(체포 구속은 적법하였으나 고소취소, 합의 등의 사정 변경을 고려)를 심사하고, 심문절차 등을 거쳐 구속적부심사 기각 또는 석방결정을 내릴 수 있습니다. 보다 구체적인 절차를 알고 싶으시다면 법률구조공단 상담사례에 해당 주제를 참조하시기 바랍니다.

다음으로 판사님의 구속 영장 발부 명령 자체에 불복할 수 있는지와 관련하여, 즉시항고, 보통항고 등을 고려해볼 수 있습니다. 그런데 즉시항고의 경우 법률규정이 있어야만 허용되지만, 현재 형사소송법에서는 피의자 구속과 관련한 즉시항고 규정을 두지 않고 있으므로 즉시항고는 허용되지 않는다고 할 것입니다. 다음으로 형사소송법 제402조의 보통항고의 경우, 수소법원의 결정에 대해서만 가능하므로 수임판사의 명령(피의자에 대한 구속영장 발부 는 수임판사의 명령)에 대해서는 보통항고도 불가능합니다. 이에 더하여 형사소송법 제416조의 준항고 역시, 수소법원 소속의 재판장과 수명법관의 명령에 대해서만 허용하고 있으므로 수임판사 명령에 의하여 결정되는 피의자 구속의 경우에는 준항고가 허용되지 않습니다.

따라서 귀하께서는 배우자의 구속에 대하여 구속적부심사를 청구하는 것이 가장 효과적인 대응방법이라고 할 것입니다.

■ 구속영장 기재 범죄사실과 공소장 기재 공소사실이 다른 경우

[질문] 저는 횡령죄로 구속영장이 청구되어 영장실질심사 후 구속되었습니다. 그런데 얼마 전 공소장을 받았는데 공소장에는 구속영장에 기재되어 있는 횡령죄가 아닌 사기죄를 저지른 것으로 되어 있었습니다. 그렇다면 저는 더 이상 횡령죄가 아니므로 사기죄로 다시 구속영장이 발부되지 않는 이상 석방되어야 하는 것은 아닌가요. 만약 석방되어야 한다면 어떤 절차를 거쳐야 하나요.

[답변] 대법원은 구속영장에 기재된 범죄사실과 공소장에 기재된 공소사실이 다른 경우 구속영장의 효력에 대하여 "구속영장의 효력은 구속영장에 기재된 범죄사실 및 그 사실의 기초가 되는 사회적 사실관계가 기본적인 점에서 동일한 공소사실에 미친다고 할 것이고, 이러한 기본적 사실관계의 동일성을 판단함에 있어서는 그 사실의 동일성이 갖는 기능을 염두에 두고 피고인의 행위와 그 사회적인 사실관계를 기본으로 하되 규범적 요소도 아울러 고려하여야 한다고 할 것이다(대법원 2001. 5. 25. 자 2001모85 결정)고 판시하여 기본적인 사실관계의 동일성이 인정된다면 구속영장의 효력이 공소사실에도 미친다고 보고 있습니다. 따라서 공소사실이 사기죄로 기재되어 있다 하더라도 그것만으로 곧바로 횡령죄의 구속영장의 효력이 사기죄의 공소사실에 미치지 않는다고 할 수 없고 구속영장에 기재된 횡령죄의 범죄사실 및 그 사실의 기초가 되는 사회적 사실관계가 기본적인 점에서 사기죄의 공소사실과 동일하지 않는 경우에만 구속영장의 효력이 미치지 않는다고 할 것입니다. 귀하의 설명만으로는 기본적 사실관계의 동일성이 부정될 수 있을 지 판단하기 어렵지만, 만약 기본적 사실관계의 동일성을 인정할 수 없을 것으로 판단된다면 형사소송법 제93조의 구속의 취소를 신청하여 그 당부를 판단받아 보시기를 바랍니다.

■ 구속기간 만료 전 새로운 구속영장 발부의 적법여부

[질문] 저는 사기죄로 구속기소 되어 현재 1심 재판을 받고 있습니다. 1심 재판이 진행된 지 6개월이 다 되어가 내심 구속기간 만료로 곧 석방 되겠구나 기대하고 있었습니다. 그런데 얼마 전 무고죄로 다시 구속영장이 발부되어 계속 구속된 상태로 재판을 받아야 한다고 합니다. 1심 재판 구속기간은 최장 6개월로 알고 있는데 이제 와서 다시 구속영장을 발부

해서 더 구속한다는 것은 구속기간제한 규정을 위반한 위법한 구속영장
이라고 해야 하는 것 아닌지요.

[답변] 구속기간이 만료될 무렵 종전 구속영장에 기재된 범죄사실과 다른 범죄
사실로 피고인을 구속한 경우, 그러한 구속이 위법한 것인지 여부에 대
하여 대법원은 "형사소송법 제75조 제1항은, "구속영장에는 피고인의
성명, 주거, 죄명, 공소사실의 요지, 인치구금할 장소, 발부연월일, 그
유효기간과 그 기간을 경과하면 집행에 착수하지 못하며 영장을 반환하
여야 할 취지를 기재하고 재판장 또는 수명법관이 서명날인하여야 한
다."고 규정하고 있는바, 구속의 효력은 원칙적으로 위 방식에 따라 작
성된 구속영장에 기재된 범죄사실에만 미치는 것이므로, 구속기간이 만
료될 무렵에 종전 구속영장에 기재된 범죄사실과 다른 범죄사실로 피고
인을 구속하였다는 사정만으로는 피고인에 대한 구속이 위법하다고 할
수 없다.(대법원 2000. 11. 10. 자 2000모134 결정)"고 판시하고 있
습니다. 따라서 귀하의 무고죄에 관한 구속영장이 독자적인 위법사유가
있지 않는 이상 귀하가 주장하는 사유만으로는 위법한 구속영장이라고
할 수는 없을 것입니다.

■ 형의 집행과 구속영장집행 경합 시 미결구금일수의 본형산입 여부

[질문] 甲은 사기·절도죄로 체포영장에 의하여 체포되고 구속영장이 발부되어
구속된 후 순차 구속기간이 연장되어 구속기간이 만료될 때까지 구금되
어 있었지만 한편, 그 사건과는 별도로 「폭력행위 등 처벌에 관한 법
률」위반죄 등으로 징역 1년의 형을 선고받고 그 형이 확정되어 검사의
집행지휘에 의하여 사기·절도사건 제1심판결 선고일인 현재까지 「폭력행
위 등 처벌에 관한 법률」위반죄 형의 집행을 받고 있습니다. 이 경우
甲에 대한 형의 집행과 구속영장집행이 경합하고 있는 미결구금일수를
본형에 산입할 수 있는지요?

[답변] 판결선고 전 구금일수의 통산에 관하여 「형법」제57조는 "① 판결선고전
의 구금일수는 그 전부를 유기징역, 유기금고, 벌금이나 과료에 관한 유
치 또는 구류에 산입한다. ② 전항의 경우에는 구금일수의 1일은 징역,
금고, 벌금이나 과료에 관한 유치 또는 구류의 기간의 1일로 계산한다."
라고 규정하고 있습니다.

그런데 미결구금일수의 통산에 관한 「형법」제57조의 규정취지 및 형의

집행과 구속영장의 집행이 경합하고 있는 경우, 미결구금일수의 본형에의 산입 여부에 관하여 판례는 "미결구금은 공소의 목적을 달성하기 위하여 어쩔 수 없이 피고인 또는 피의자를 구금하는 강제처분이어서 형의 집행은 아니지만, 자유를 박탈하는 점이 자유형과 유사하기 때문에, 형법 제57조는 인권보호의 관점에서 미결구금일수의 전부 또는 일부를 본형에 산입한다고 규정하고 있는 것이나, 형의 집행과 구속영장의 집행이 경합하고 있는 경우에는 구속여부와 관계없이 피고인 또는 피의자는 형의 집행에 의하여 구금을 당하고 있는 것이어서, 구속은 관념상은 존재하지만 사실상은 형의 집행에 의한 구금만이 존재하는 것에 불과하므로 즉, 구속에 의하여 자유를 박탈하는 것이 아니므로, 인권보호의 관점에서 이러한 미결구금기간을 본형에 통산할 필요가 없고, 오히려 이것을 통산한다면 하나의 구금으로써 두 개의 자유형의 집행을 동시에 하는 것과 같게 되는 불합리한 결과가 되어 피고인에게 부당한 이익을 부여하게 되므로, 이러한 경우의 미결구금은 본형에 통산하여서는 아니 된다."라고 규정하고 있습니다(대법원 2001. 10. 26. 선고 2001도4583 판결, 2003. 2. 11. 선고 2002도6606 판결).
따라서 형의 집행과 구속영장의 집행이 경합하고 있는 기간은 미결구금일수의 본형에의 산입을 할 수 없다고 할 것입니다.

[6] 관련판례

[대법원 2006.12.18.자 2006모646 결정]

【판시사항】

[1] 형사사법절차에서 검사에게 허용되는 재판에 대한 불복의 절차와 범위 및 방법 등의 문제가 입법정책에 속하는 사항인지 여부(적극)

[2] 검사의 체포영장 또는 구속영장 청구에 대한 지방법원판사의 재판이 항고나 준항고의 대상이 되는지 여부(소극)

[3] 체포영장 또는 구속영장의 청구에 관한 재판 자체에 대하여 직접 항고나 준항고를 통한 불복을 허용하지 아니한 것이 헌법에 위반되는지 여부(소극)

【판결요지】

[1] 헌법과 법률이 정한 법관에 의하여 법률에 의한 신속한 재판을 받을 권리를 국민의 기본권의 하나로 보장하고 있는 헌법 제27조 의 규정과 대법원을 최고법원으로 규정한 헌법 제101조 제2항 , 명령·규칙 또는 처분에 대한 대법원의 최종심사권을 규정한 헌법 제107조 제2항의 규정 등에 비추어, 대법원 이외의 각급법원에서 잘못된 재판을 하였을 경우에는 상급심으로 하여금 이를 바로 잡게 하는 것이 국민의 재판청구권을 실질적으로 보장하는 방법이 된다는 의미에서 심급제도는 재판청구권을 보장하기 위한 하나의 수단이 되는 것이지만, 심급제도는 사법에 의한 권리보호에 관하여 한정된 법 발견자원의 합리적인 분배의 문제인 동시에 재판의 적정과 신속이라는 서로 상반되는 두 가지 요청을 어떻게 조화시키느냐의 문제에 귀착되므로 어느 재판에 대하여 심급제도를 통한 불복을 허용할 것인지의 여부 또는 어떤 불복방법을 허용할 것인지 등은 원칙적으로 입법자의 형성의 자유에 속하는 사항이고, 특히 형사사법절차에서 수사 또는 공소제기 및 유지를 담당하는 주체로서 피의자 또는 피고인과 대립적 지위에 있는 검사에게 어떤 재판에 대하여 어떤 절차를 통하여 어느 범위 내에서 불복방법을 허용할 것인가 하는 점은 더욱 더 입법정책에 달린 문제이다.

[2] 검사의 체포영장 또는 구속영장 청구에 대한 지방법원판사의 재판은 형사소송법 제402조의 규정에 의하여 항고의 대상이 되는 '법원의 결정'에 해당하지 아니하고, 제416조 제1항 의 규정에 의하여 준항고의 대상이 되는 '재판장 또는 수명법관의 구금 등에 관한 재판'에도 해당하지 아니한다.

[3] 헌법 제12조 제1항, 제3항, 제6항 및 형사소송법 제37조, 제200조의2, 제201조, 제214조의2, 제402조, 제416조 제1항 등의 규정들은, 신체의 자유와 관련한 기본권의 침해는 부당한 구속 등에 의하여 비로소 생길 수 있고 검사의 영장청구가 기각된 경우에는 그로 인한 직접적인 기본권 침해가 발생할 여지가 없다는 점 및 피의자에 대한 체포영장 또는 구속영장의 청구에 관한 재판 자체에 대하여 항고 또는 준항고를 통한 불복을 허용하게 되면 그 재판의 효력이 장기간 유동적인 상태에 놓여 피의자의 지위가 불안하게 될 우려가 있으므로 그와 관련된 법률관계를 가급적 조속히 확정시키는 것이 바람직하다는 점 등을 고려하여, 체포영장 또는 구속영장에 관한 재판 그 자체에 대하여 직접 항고 또는 준항고를 하는 방법으로 불복하는 것은 이를 허용하지 아니하는 대신에, 체포영장 또는 구속영장이 발부된 경우에는 피의자에게 체포 또는 구속의 적부심사를 청구할 수 있도록 하고 그 영장청구가 기각된 경우에는 검사로 하여금 그 영장의 발부를 재청구할 수 있도록 허용함으로써, 간접적인 방법으로 불복할 수 있는 길을 열어 놓고 있는 데 그 취지가 있고, 이는 헌법이 법률에 유보한 바에 따라 입법자의 형성의 자유의 범위 내에서 이루어진 합리적인 정책적 선택의 결과일 뿐 헌법에 위반되는 것이라고는 할 수 없다.

[대법원 2009.4.23.선고 2009도526 판결]
【판시사항】
[1] 구속집행절차에 위배된 구속중 수집한 피고인의 진술증거의 증거능력 유무(원칙적 소극) 및 그 판단 기준
[2] 구속영장의 집행 당시 구속영장이 제시되지는 않았으나, 그 구속중 수집한 피고인의 진술증거가 유죄 인정의 증거로 삼을 수 있는 예외적인 경우에 해당한다고 한 사례
【판결요지】
[1] 형사소송법 제308조의2는 '적법한 절차에 따르지 아니하고 수집한 증거는 증거로 할 수 없다'고 규정하고 있는바, 수사기관이 헌법과 형사소송법이 정한 절차에 따르지 아니하고 수집한 증거는 물론, 이를 기초로 하여 획득한 2차적 증거 역시 유죄 인정의 증거로 삼을 수 없는 것이 원

칙이다. 다만, 수사기관의 절차 위반 행위가 적법절차의 실질적인 내용을 침해하는 경우에 해당하지 아니하고, 오히려 그 증거의 증거능력을 배제하는 것이 헌법과 형사소송법이 형사소송에 관한 절차 조항을 마련하여 적법절차의 원칙과 실체적 진실 규명의 조화를 도모하고, 이를 통하여 형사 사법 정의를 실현하려 한 취지에 반하는 결과를 초래하는 것으로 평가되는 예외적인 경우라면, 법원은 그 증거를 유죄 인정의 증거로 사용할 수 있다. 따라서 법원이 2차적 증거의 증거능력 인정 여부를 최종적으로 판단할 때에는 먼저 절차에 따르지 아니한 1차적 증거 수집과 관련된 모든 사정들, 즉 절차 조항의 취지와 그 위반의 내용 및 정도, 구체적인 위반 경위와 회피가능성, 절차 조항이 보호하고자 하는 권리 또는 법익의 성질과 침해 정도 및 피고인과의 관련성, 절차 위반행위와 증거수집 사이의 인과관계 등 관련성의 정도, 수사기관의 인식과 의도 등을 살피는 것은 물론, 나아가 1차적 증거를 기초로 하여 다시 2차적 증거를 수집하는 과정에서 추가로 발생한 모든 사정들까지 구체적인 사안에 따라 주로 인과관계 희석 또는 단절 여부를 중심으로 전체적·종합적으로 고려하여야 한다. 수사기관이 헌법 제12조 제3항 , 형사소송법 제85조 제1항, 제209조에 반하여 사전에 영장을 제시하지 아니한 채 구속영장을 집행한 경우, 그 구속중 수집한 2차적 증거들인 구속 피고인의 진술증거가 유죄 인정의 증거로 사용될 수 있는지 역시 위와 같은 법리에 의하여 판단되어야 하고, 이는 형사소송법 제81조 제3항, 제209조에 따라 검사의 지휘에 의하여 교도관리가 구속영장을 집행하는 경우에도 마찬가지이다.

[2] 사전에 구속영장을 제시하지 아니한 채 구속영장을 집행하고, 그 구속중 수집한 피고인의 진술증거 중 피고인의 제1심 법정진술은, 피고인이 구속집행절차의 위법성을 주장하면서 청구한 구속적부심사의 심문 당시 구속영장을 제시받은 바 있어 그 이후에는 구속영장에 기재된 범죄사실에 대하여 숙지하고 있었던 것으로 보이고, 구속 이후 원심에 이르기까지 구속적부심사와 보석의 청구를 통하여 구속집행절차의 위법성만을 다투었을 뿐, 그 구속중 이루어진 진술증거의 임의성이나 신빙성에 대하여는 전혀 다투지 않았을 뿐만 아니라, 변호인과의 충분한 상의를 거친 후 공소사실 전부에 대하여 자백한 것이라면, 유죄 인정의 증거로 삼을 수 있는 예외적인 경우에 해당한다고 한 사례.

[대법원 2001. 5. 25.자 2001모85 결정]

【판시사항】

[1] 구속영장의 효력이 미치는 공소사실의 범위 및 그 판단 기준

[2] 구속영장에 기재된 횡령죄의 범죄사실과 공소장에 기재된 사기죄의 공소사실의 기본적인 사실관계가 동일하다고 보아 구속영장의 효력이 공소사실에 미친다고 판단한 원심의 조치를 수긍한 사례

【판결요지】

[1] 구속영장의 효력은 구속영장에 기재된 범죄사실 및 그 사실의 기초가 되는 사회적 사실관계가 기본적인 점에서 동일한 공소사실에 미친다고 할 것이고, 이러한 기본적 사실관계의 동일성을 판단함에 있어서는 그 사실의 동일성이 갖는 기능을 염두에 두고 피고인의 행위와 그 사회적인 사실관계를 기본으로 하되 규범적 요소도 아울러 고려하여야 한다.

[2] 구속영장에 기재된 횡령죄의 범죄사실과 공소장에 기재된 사기죄의 공소사실이 범행일시 및 장소, 범행의 목적물과 그 행위의 내용에 있어서는 같으나 그 영득행위에 대한 법적인 평가만이 다를 뿐이므로 그 기본적인 사실관계는 동일하다는 이유로 구속영장의 효력이 공소사실에 미친다고 판단한 원심의 조치를 수긍한 사례.

[대법원 1997. 8. 27.자 97모21 결정]

【판시사항】

[1] 긴급체포된 피의자에게 체포적부심사청구권이 있는지 여부(적극)

[2] 체포적부심사절차에서 피의자를 보증금 납입을 조건으로 석방할 수 있는지 여부(소극)

[3] 보증금 납입을 조건으로 한 피의자 석방결정에 대하여 항고할 수 있는지 여부(적극)

【판결요지】

[1] 헌법 제12조 제6항은 누구든지 체포 또는 구속을 당한 때에는 적부의 심사를 법원에 청구할 권리를 가진다고 규정하고 있고, 형사소송법 제214조의2 제1항 은 체포영장 또는 구속영장에 의하여 체포 또는 구속된 피의자 등이 체포 또는 구속의 적부심사를 청구할 수 있다고 규정하고 있는바, 형사소송법의 위 규정이 체포영장에 의하지 아니하고 체포된

피의자의 적부심사청구권을 제한한 취지라고 볼 것은 아니므로 긴급체포 등 체포영장에 의하지 아니하고 체포된 피의자의 경우에도 헌법과 형사소송법의 위 규정에 따라 그 적부심사를 청구할 권리를 가진다.

[2] 형사소송법은 수사단계에서의 체포와 구속을 명백히 구별하고 있고 이에 따라 체포와 구속의 적부심사를 규정한 같은 법 제214조의2에서 체포와 구속을 서로 구별되는 개념으로 사용하고 있는바, 같은 조 제4항에 기소 전 보증금 납입을 조건으로 한 석방의 대상자가 '구속된 피의자'라고 명시되어 있고, 같은 법 제214조의3 제2항의 취지를 체포된 피의자에 대하여도 보증금 납입을 조건으로 한 석방이 허용되어야 한다는 근거로 보기는 어렵다 할 것이어서 현행법상 체포된 피의자에 대하여는 보증금 납입을 조건으로 한 석방이 허용되지 않는다.

[3] 형사소송법 제402조의 규정에 의하면, 법원의 결정에 대하여 불복이 있으면 항고를 할 수 있으나 다만 같은 법에 특별한 규정이 있는 경우에는 예외로 하도록 되어 있는바, 체포 또는 구속적부심사절차에서의 법원의 결정에 대한 항고의 허용 여부에 관하여 같은 법 제214조의2 제7항은 제2항 과 제3항의 기각결정 및 석방결정에 대하여 항고하지 못하는 것으로 규정하고 있을 뿐이고 제4항에 의한 석방결정에 대하여 항고하지 못한다는 규정은 없을 뿐만 아니라, 같은 법 제214조의2 제3항 의 석방결정은 체포 또는 구속이 불법이거나 이를 계속할 사유가 없는 등 부적법한 경우에 피의자의 석방을 명하는 것임에 비하여, 같은 법 제214조의2 제4항의 석방결정은 구속의 적법을 전제로 하면서 그 단서에서 정한 제한사유가 없는 경우에 한하여 출석을 담보할 만한 보증금의 납입을 조건으로 하여 피의자의 석방을 명하는 것이어서 같은 법 제214조의2 제3항의 석방결정과 제4항의 석방결정은 원래 그 실질적인 취지와 내용을 달리 하는 것이고, 또한 기소 후 보석결정에 대하여 항고가 인정되는 점에 비추어 그 보석결정과 성질 및 내용이 유사한 기소 전 보증금 납입 조건부 석방결정에 대하여도 항고할 수 있도록 하는 것이 균형에 맞는 측면도 있다 할 것이므로, 같은 법 제214조의2 제4항 의 석방결정에 대하여는 피의자나 검사가 그 취소의 실익이 있는 한 같은 법 제402조에 의하여 항고할 수 있다.

Section 5. 구속적부심사

① 구속영장에 의하여 구속된 피의자에 대하여 일정한 사람의 청구가 있을 때에 법원이 그 구속이 적법한지 여부와 구속을 계속할 필요가 있는지 여부를 심사하여 구속이부적법 또는 부당하다고 판단되는 경우에는 피의자를 석방하는 제도를 말합니다.

② 그 중에서도 특히 피의자의 출석을 담보할 만한 보증금 납입을 조건으로 하여 피의자를석방하는 경우를 '기소전 보석'이라고도 합니다.

[1] 청구권자 및 청구의 방식

1. 청구권자

① 구속된 피의자 본인은 물론 피의자의 변호인, 법정대리인, 배우자, 직계친족, 형제자매나 동거인 또는 고용주도 청구할 수 있습니다.

② 다만, 피의자가 아닌 사람이 청구하는 경우에는 피의자와의 관계를 소명하는 자료(예: 가족관계기록사항 증명서, 주민등록등본 등)를 신청서에 첨부하여야 합니다.

2. 청구의 방식

① 청구서 양식에 다음과 같은 사항을 기재하여 청구하시면 됩니다.
   (1) 구속된 피의자의 성명, 주민등록번호(주민등록번호가 없거나 이를 알 수 없는 경우에는 생년월일, 성별), 주거
   (2) 구속영장의 발부일자
   (3) 청구의 취지 및 이유
   (4) 청구인의 성명 및 구속된 피의자와의 관계
② 청구서 작성에 필요한 사항을 확인하기 위하여 청구권자는 구속영장 등을 보관하고 있는 검사, 사법경찰관 또는 법원사무관 등에게 그 등본의 교부를 청구할 수 있습니다.

구 속 적 부 심 사 청 구

사　　건　　도로교통법위반(음주측정거부) 등
피 의 자　　○ ○ ○ (주민등록번호 : 111111 - 1111111)
주　　거　　○○시 ○○길 ○○
구속장소　　○○경찰서 유치장

위 피의자는 도로교통법위반 등 피의사건으로 20○○. ○. ○. 귀원에서 발부한 구속영장에 의하여 현재 ○○경찰서 유치장에 수감중이나, 피의자의 변호인은 다음과 같은 이유로 구속적부심사를 청구하오니 심리하시어 청구취지와 같은 결정을 하여 주시기 바랍니다.

청 구 취 지

"피의자 ○○○의 석방을 명한다"
라는 결정을 구합니다.

청 구 이 유

1. 구속적부심사의 요건
   가. 피의자의 이 사건 범죄사실에 관하여는 경찰 및 검찰에서 충분한 조사가 되어있으므로 죄증인멸의 여지가 전혀 없습니다.
   나. 피의자는 직업 및 주거가 일정하고 가족들과 함께 동거하고 있기 때문에 도주할 염려가 전혀 없습니다.
2. 피의자의 생활환경
   피의자는 한 가족의 가장으로 부인 및 자녀들과 함께 주거지의 주택에서 살고 있으며, ○○시 ○○길에 소재한 "○○식당"을 운영하고 있습니다.
3. 이 사건 발생 당일의 상황
   가. 피의자는 ○○식당을 운영하고 있는데 사건외 □□□은 공사현장의 목수반장으로서 인부들의 식비로 피의자에게 금 1,600,000원을 주

기로 하였습니다. 위 □□□은 피의자에게 우선 금 500,000원을 지급한 후 잔금 1,100,000원은 20○○. ○. ○.까지 주기로 했는데 변제기가 지나도 돈을 주지 않은 상태이었습니다.

나. 피의자는 본 건 발생 당일 오전 ○시경 □□□으로부터 잔금을 받기 위해 피의자의 처인 사건외 김□□가 운전하는 화물트럭을 타고 □□□이 있는 공사현장에 갔습니다. 피의자와 김□□는 □□□에게 대금지급을 요구하다가 김□□는 자신이 운영하는 식당영업을 위해 그곳을 떠나고 피의자는 전날 술을 많이 마신 상태이었기 때문에 공사현장에 있는 사무실 쇼파 위에서 잠이 들었습니다.

다. 당일 오전 ○○시경 사건외 황□□은 본인 소유의 본 건 전북○○다○○○○호 승용차를 타고 ○○식당 앞에 도착하였는데 그곳은 인적이 드문 곳이었기 때문에 차 열쇠를 열쇠구멍에 그대로 꽂아 놓은 상태로 주차를 해 놓았습니다. 식당안에 피의자가 없자 피의자의 처인 김□□에게 전화를 해보니 공사현장에 있다고 하여 찾아가니 피의자가 자고 있어 피의자를 깨워 피의자와 같이 ○○식당에 돌아왔습니다.

라. 위 황□□은 ○○식당의 칸막이 공사를 하고 있었고 피의자는 위 식당에서 자고 있었는데 당일 오후 ○시 ○○분경 음주운전을 하였다는 이유로 경찰에 의해 피의자가 연행된 것입니다.

4. 피의자 구속의 부당성

가. 피의자는 무면허 상태로 술에 취한 상태에서 본 건 당일 ○○:○○경 ○○시 ○○동 ○○보쌈식당 앞에서부터 ○○동 ○○직업훈련원 앞까지 약 1킬로미터 가량을 운전하였다는 혐의를 받고 있으나 이는 다음과 같은 이유로 부당합니다.

니. 피의자는 실제로 운전하나가 난속경찰에 의하여 체포된 것이 아니고 신고를 받고 출동한 경찰에 의하여 체포된 것입니다. 따라서 신고자의 진술 외에는 피의자를 유죄로 인정할 증거가 없습니다.

다. 그런데, 신고자는 위 □□□으로서 처음 진술할 때는 '평소 안면이 있는 ○○식당 사장이 전북○○다○○○○호 흰색 차량을 운행하는 것을 보았다'고 하였으나(수사기록 제11면), 검찰에서 진술할 때는 '누가 운전하는지는 못 보고 차량이 비틀거리는 것만 보았다, 차량

뒷번호는 봤는데 운전자는 안보여서 못 보았다, 경찰관에게 피의자를 지칭하지는 않았다, 당일 ○○시 ○○분경 차가 현장 앞에 있길래 우연히 번호판을 기억했다가 나중에 그 번호를 불러준 것이다'(위 기록 제47면) 등 진술이 일관되지 않습니다.

라. 이에 비해 피의자를 체포하였던 경찰관 고□□은 체포당시 위 □□□이 피의자를 가리키면서 차량의 운전자로 지목했다고 진술하고 있어(위 기록 제60면) □□□의 진술과 배치되고 있습니다. 또한 □□□은 피의자가 차량을 운행하였다는 장소에서 약 25미터 떨어진 곳에 있는 3층 건물에서 목격하였다고 하는데 그와 같이 근거리에서 차량번호도 전부 볼 수 있는 사람이 운전자를 보지 못했다고 하는 것은 납득이 되지 않습니다.

마. 이에 비하면 본 건 차량은 당일 오전 ○○시 이후에 계속 위 식당 앞에 주차되어 있는 상태이었고 피의자는 그 시각 이후에 계속 잠을 자고 있었다는 황□□의 진술은 일관되고 있습니다.

바. 또한, 경찰관들이 신고를 받은 시각이 본 건 당일 ○○:○○경이고 피의자가 체포된 시각은 같은 날 ○○:○○경인데 그 동안에 피의자가 운전을 마치고 주차를 한 다음 잠에 깊이 빠진다는 것은 상식적으로 생각하기 힘듭니다.

5. 결어

위와 같이 피의자가 이 사건 범행을 저질렀다는 증거가 없으므로 피의자에게 석방의 은전을 베풀어주시기 바랍니다.

첨 부 서 류

1. 구속영장사본   1통
1. 변호인선임신고서   1통

20○○년　○월　○일

위 피의자의 변호인
변 호 사 　○　○　○　(인)

○ ○ 지 방 법 원 ○ ○ 지 원 귀 중

구 속 적 부 심 사 청 구

사　　건　특수절도
피 의 자　○　○　○
생년월일　19○○년 ○월 ○일생
주　　소　○○시 ○○구 ○○길 ○○
구속장소　○○구치소

　위 피의자에 대한 특수절도 피의사건에 관하여 피의자는 귀원에서 발부한 구속영장에 의하여 구속된 다음 ○○경찰서에서 수사 후 현재 ○○구치소에 수감중인 자인 바, 위 피의자의 변호인은 아래와 같이 피의자에 대한 구속영장의 적부에 대한 심사를 청구하오니 청구취지와 같이 결정하여 주시기 바랍니다.

청 구 취 지

　피의자 ○○○의 석방을 명한다.
　라는 결정을 바랍니다.

청 구 이 유

1. 이 사건은 실제 사건 내용이 구속영장기재사실과 다른 점이 있습니다.
　　구속영장상의 범죄사실에는 처음부터 절취의 고의로 피해자 방□□의 재물을 절취한 것으로 기재되어 있으나, 사실은 피해자가 분실한 것을 피의자가 습득한 것입니다. 이 점은 피해자도 인정하고 있습니다.
2. 이 사건은 그 사안이 경미합니다.
　　구속영장기재 범죄사실을 그대로 인정한다고 하여도 피의자는 다음과 같이 결과나 경위로 보아 극히 경미하다할 것입니다.
　　첫째, 피해자의 신체 등에 어떠한 위해를 가하거나 상처를 입히지 아니
　　　　　하였으며,

둘째, 그 경위로 보아 피의자는 피해자가 새벽에 술에 취하여 벤치에서
자고 있는 모습을 보고 순간적 실수로 저질렀으며,

셋째, 실제 피해자의 피해액은 10만원에 불과하여 피해정도가 미미하며,

넷째, 사기 등 법정형이 정한 중한 죄에 해당하는 범행을 저지르긴 하
였으나, 사실은 1시간 여만에 일어난 단순한 범행으로, 행위불법이
나 결과불법의 측면에서 모두 경미한 사건에 불과합니다.

3. 사정의 변경이 있습니다.

피의자는 구속 후 피해자 방□□과 합의하였으며, 경제적으로 어려운
형편임에도 실제 피해액인 10만원을 훨씬 넘는 300만원이라는 많은 액
수의 돈을 합의금으로 주었을 뿐 아니라, 스스로도 1년 여전의 잘못을
깊이 뉘우치고 있습니다.

피의자는 20○○. ○. ○.의 이 사건 후에 과거의 잘못을 뉘우치며 새
로운 삶을 살고자 노력하였고, 그러다가 피의자의 처 김□□를 만났고,
20○○. ○. ○.엔 혼인신고를 하여 월세 ○○만원의 단칸방이지만, 그
곳에서 단란하게 가정을 꾸려나가던 중이었습니다. 그런데, 현재처럼
피의자가 장기간 구속되어 영어의 몸이 된다면 가족의 생계마저 보장할
수 없는 상태입니다.

또한 위와 같은 사정을 볼 때, 피의자는 주거를 떠나거나, 이 사건의
증거를 인멸할 염려는 없다 할 것입니다.

이상의 여러 점을 참작하면 형사소송법상의 원리인 불구속수사가 타당
할 것인 바, 특히 결혼한 지 얼마 되지 않아 신혼의 단꿈을 꾸어야 할
피의자의 처를 고려, 이번에 한하여 피의자의 석방이 상당하다고 사료
되어 이건 청구에 이른 것입니다.

첨 부 서 류

1. 구속영장등본	1통
1. 합 의 서	1통
1. 가족관계증명서	1통
1. 주민등록등본	1통
1. 부동산임대차계약서	1통

1. 탄 원 서   1통
1. 변호인 선임계   1통

2000년   ○월   ○일

위 피의자의 변호인
변 호 사   ○   ○   ○ (인)

○ ○ 지 방 법 원 귀 중

[서식 예] 구속집행정지신청서(수술받기 위해)

구 속 집 행 정 지 신 청

사건번호   2000고단 ○○○호 ○○
피 고 인   ○   ○   ○

위 피고인의 변호인은 다음과 같은 이유로 구속의 집행정지를 신청합니다.

다   음

1. 피고인은 2000년에 당한 교통사고로 인하여, 오른 팔 수술을 받았으나, 1년전부터 수술 받은 부위에 고정된 금속판이 노출이 되어, 그 증세가 심해지다가, 지금으로서는 시급히 금속판 제거수술 등의 조치를 받아야 하는 상태입니다.

2. 본 변호인이 구치소에 있는 피고인을 접견하여 본 결과, 금속판이 15cm이상 피부 밖으로 노출이 된 상태이며, 그 부위에 있는 피부는 곪거나, 썩어 들어가는 증세까지 보여, 자칫 수술 등의 외과적 조치를 하지 않는다면, 팔을 절단하여야 할 지도 모르는 상황입니다.

3. 피고인도 노출부위가 점점 커가면서, 통증으로 숙면을 취할 수가 없고,

오른팔의 마비증세까지 와서, 더 이상 지금의 상태로는 구치소 생활을
할 수가 없음을 호소하고 있습니다.

4. 이상의 이유로 피고인에 대한 구속집행을 정지하여, 피고인으로 하여금
적절한 의료적 조치를 받을 수 있도록 하여 주시기를 바랍니다.

첨 부 서 류

1. 진료의견서   1통

2000년   ○월   ○일

위 피고인의 변호인   ○ ○ ○ (인)

○ ○ 지 방 법 원   귀 중

[서식 예] 구속취소청구서

구 속 취 소 청 구

사   건   20○○고단○○○호   폭력행위등처벌에관한법률위반
피 고 인   ○   ○   ○

  위 사람은 폭력행위등처벌에관한법률위반 사건으로 20○○년 ○월 ○일
구속되어 현재 ○○구치소에 수용 중에 있는 바, 구속의 사유가 소멸되었
으므로 구속을 취소하여 주시기 바랍니다.

2000년   ○월   ○일

위 피고인   ○ ○ ○ (인)

○ ○ 지 방 법 원   귀 중

구 속 집 행 정 지 신 청

사건번호　　20○○고단 ○○○호 ○○
피 고 인　　○　○　○

　위 피고인은 20○○. ○. ○. 구속되어 현재 ○○구치소에서 수감중에 있는바, 피고인의 변호인은 다음과 같은 사유로 구속집행정지를 신청합니다.

다　　　　　음

1. 피고인은 오래전부터 간경화증세를 보이고 있어서 병원에 매일 치료하러 다니다가 급기야는 1년 전에 입원하여 수술을 하기도 했습니다. 수술 이후 증세가 나아지기는 했으나 담당의사의 소견에 의하면 신경을 쓰거나 환경이 급격히 바뀌면 증세가 다시 악화될 것이라고 하였습니다.
2. 피고인이 20○○. ○. ○. 구속된 이후 구치소생활에 적응하지 못하여 급격히 건강이 나빠지고 있고 특히 간경화증세가 수술하기 이전만큼 다시 악화되어 그대로 놔두면 생명이 위험한 상태에 있습니다.
3. 따라서 위와 같은 사실로 인하여 위 피고인에 대한 구속집행을 정지하여 주시기 바랍니다.

첨　부　서　류

1. 진단서　　　　　　　　　　　　　　　1통

20○○년　　○월　　○일

위 피고인의 변호인
변호사　○　○　○ (인)

○ ○ 지 방 법 원 ○ ○ 지 원 귀 중

[2] 담당재판부

서울중앙지방법원에서는 구속적부심사를 공정하게 처리할 수 있도록 이를 전담하는 합의재판부를 두고 있습니다.

[3] 심문기일의 지정과 통지

구속적부심사 청구를 받은 법원은 지체 없이 청구한 때부터 3일 이내로 심문기일을 지정하고, 즉시 청구인, 변호인, 검사 및 피의자를 구금하고 있는 경찰서, 교도소 또는 구치소의 장에게 심문기일과 장소를 통지합니다.

[4] 국선변호인의 선정

1. 필요적 국선변호

피의자에게 사선변호인이 없는 경우, 다음의 사유에 해당하는 때에는 법원이 국선변호인을 선정하여 드립니다.

(1) 피의자가 미성년자이거나, 70세 이상인 때, 농아자인 때, 심신장애의 의심이 있는 때

(2) 당해 사건이 사형, 무기, 단기 3년 이상의 징역이나 금고에 해당할 때

(3) 구속적부심사를 청구한 사람이 빈곤 기타의 사유로 변호인을 선임할 수 없어 국선변호인의 선정을 청구한 때

국선변호인 선임청구서

사   건   20○○고합 ○○○호
피 고 인   ○   ○   ○

 위 사람에 대한 20○○ 고합 ○○호 사건에 관하여 다음의 이유에 의하여 변호인을 선임할 수가 없으므로 귀원에서 국선변호인을 선임하여 주시기 바랍니다.

다   음

 사유 : 피고인의 경제 사정상 변호인을 선임할 비용이 없음

20○○년   ○월   ○일

피 고 인 ○   ○   ○ (인)

○ ○ 지 방 법 원 ○ ○ 지 원 귀 중

2. 소명자료의 제출

　피의자 등이 빈곤 기타의 사유로 변호인을 선임할 수 없어 국선변호인의 선정을 청구한 때에는 기록에 의하여 그 사유가 소명되지 않는 한 그 사유에 관한 소명자료를 제출하여야 하나, 서울중앙지방법원에서는 당사자의 권리 구제를 위하여 가급적 청구를 받아들이고 있습니다.

[5] 심문

대체로 전담재판부의 합의부원 중 1인이 재판부의 명을 받아 피의자에 대한 심문을 하게 되고, 심문기일에 출석한 검사, 변호인, 청구인은 법원의 심문이 끝난 후에 피의자를 심문하거나 의견을 진술할 수 있으며, 피의자, 변호인, 청구인은 피의자에게 유리한 자료를 제출할 수 있습니다.

[6] 결정

1. 석방 여부의 결정

심문절차가 종료된 때로부터 24시간 이내에 청구에 대한 결정을 합니다. 결정을 할 때에는 구속 당시의 사정 뿐만 아니라, 적부심 심사시까지 변경된 사정(예: 구속 이후에 합의가 이루어진 경우)도 고려하여 판단합니다.

2. 보증금

① 법원은 구속된 피의자의 석방을 명할 경우 피의자의 출석을 담보할 만한 보증금을 납입할 것을 조건으로 정할 수 있습니다(기소전 보석).

② 보증금은 피의자의 출석을 담보하는 효과를 갖기 때문에 현금으로 납입하게 하는 것이 원칙이나, 사안에 따라서는 보증금의 일부 또는 전부에 대하여 보석보증보험증권을 첨부한 보증서로 대신하는 것을 허가할 수도 있습니다.

③ 보증금은 피의자가 수사기관 또는 법원에 잘 출석하여 사건이 종국적으로 끝나게 되면 되찾아갈 수 있습니다.

[서식 예] 보석보증금 납입방법 변경신청서

보석보증금납입방법변경신청

사 건 명   20○○고단 ○○○호 사기
피 고 인   ○ ○ ○

 위 사건에 관하여 귀원의 20○○. ○. ○.자 보석보증금 금 ○○○원으로 하는 보석허가결정이 있었는바, 피고인은 현재 국민기초생활보장수급자로 가정형편상 동 보증금의 납입이 곤란하므로 동 납입방법을 보석보증보험증권을 첨부한 보증서 제출로 갈음할 수 있도록 변경하여 주시기 바랍니다.

                        20○○년   ○월   ○일
                              위 신청인 피고인   ○   ○   ○ (인)

            ○ ○ 지 방 법 원 귀 중

[7] 재구속의 제한 등 기타사항

1. 구속기간에의 불산입

① 법원이 구속적부심 청구에 따라 수사관계서류와 증거물을 접수한 때부터 결정 후 검찰청에 반환할 때까지의 기간은 사법경찰관 또는 검사의 구속기간(사법경찰관 10일, 검사 10일, 단 검사의 경우 1차에 한하여 10일 연장가능)에 산입되지 않습니다.

② 그러나 이는 피의자의 미결구금일수에 산입되지 않는다는 의미는 아닙니다.

2. 재구속의 제한

① 적부심사 결과 석방된 피의자에 대하여는 도망하거나 죄증을 인멸하지 않는 한 동일한 범죄사실에 관하여 재차 구속하지 못합니다.

② 또한 기소전 보석 결정에 의하여 석방된 피의자에 대하여는 다음 사유에 해당하는 이외에는 동일한 범죄사실로 재차 구속하지 못합니다.

(1) 도망한 때

(2) 도망하거나 죄증을 인멸할 염려가 있다고 믿을만한 충분한 이유가 있는 때

(3) 출석요구를 받고 정당한 이유없이 출석하지 아니한 때

(4) 주거의 제한 기타 법원이 정한 조건을 위반한 때

③ 구속적부심은 유·무죄에 대한 재판이 아닙니다. 즉 석방된 경우에도 검사에 의하여 기소가 되면 재판을 거쳐 유·무죄 또는 실형 여부를 결정하므로 석방결정은 사건의 종국과는 무관합니다.

[8] 상담사례

■ 구속된 피의자가 석방될 수 있는 구속적부심사청구절차

[질문] 저희 아들이 친구들과 어울려 술을 마시던 중 사람을 구타하여 전치 8주의 상해를 입혀 구속되었고 저는 아들을 석방시키기 위해 피해를 보상하고 합의서를 받았습니다. 이 경우 구속적부심사를 청구할 수 있는지? 그 방법과 절차는 어떻게 되는지요?

[답변] 「형사소송법」 제214조의2 제1항 및 제3항에 의하면 체포 또는 구속된 피의자 또는 그 변호인, 법정대리인, 배우자, 직계친족, 형제자매나 가족, 동거인 또는 고용주는 관할법원에 체포 또는 구속의 적부심사를 청구할 수 있습니다. 다만, 청구가 청구권자 아닌 자가 청구하거나 동일한 체포영장 또는 구속영장의 발부에 대하여 재청구한 때, 공범 또는 공동피의자의 순차청구가 수사방해의 목적임이 명백한 때 등에는 법원은 심문 없이 결정으로 청구를 기각할 수 있습니다. 그러므로 귀하는 직계친족인 부모로서 위 규정에 따라 체포 또는 구속의 적부심사를 청구할 수 있습니다. 구속적부심사를 청구하려면 그 심사청구서를 관할법원에 제출하여야 하며, 그 청구서에는 ①체포 또는 구속된 피의자의 성명, 주민등록번호 등, 주거, ②체포 또는 구속된 일자, ③청구취지 및 청구이유, ④청구인의 성명 및 구속된 피의자와의 관계 등을 기재하여야 합니다(형사소송규칙 제102조). 또한, 청구권자임을 인정할 수 있는 서류(예를 들면 주민등록등본이나 가족관계증명서)와 피해자로부터 받은 합의서 기타 피해보상을 입증할 수 있는 서류를 그 청구서에 첨부하여야 합니다.

청구자는 법원으로부터 심문기일의 통지를 받으면 그 심문기일에 출석하여 피의자의 석방을 위하여 유리한 자료를 법원에 제출할 수 있으며, 법원의 심문이 끝난 후 의견을 진술할 수도 있습니다(형사소송규칙 제105조). 법원은 피의자에 대한 신문이 종료된 때로부터 24시간이내에 피의자를 석방할 것인가의 여부를 결정하게 되어 있으며(형사소송규칙 제106조), 법원이 석방결정을 하여야 구속된 피의자는 석방되게 됩니다. 그리고 법원은 구속된 피의자(심사청구후 공소제기된 자를 포함)에 대하여 피의자의 출석을 보증할 만한 보증금의 납입을 조건으로 하여 결정으로 위와 같은 피의자의 석방을 명할 수 있고(형사소송법 제214조의2 제5항 본문), 일정한 사유가 있는 경우에는 그 보증금을 몰수할 수도 있습니다(형사소송법 제214조의4).

[9] 관련판례

[대법원 2004. 1. 16.선고 2003도5693 판결]

【판시사항】

[1] 구속적부심문조서의 증거능력 유무(적극)

[2] 피의자의 자백이 기재된 구속적부심문조서의 증명력을 평가함에 있어 유
의할 점

【판결요지】

[1] 구속적부심은 구속된 피의자 또는 그 변호인 등의 청구로 수사기관과는
별개 독립의 기관인 법원에 의하여 행하여지는 것으로서 구속된 피의자
에 대하여 피의사실과 구속사유 등을 알려 그에 대한 자유로운 변명의
기회를 주어 구속의 적부를 심사함으로써 피의자의 권리보호에 이바지하
는 제도인바, 법원 또는 합의부원, 검사, 변호인, 청구인이 구속된 피의
자를 심문하고 그에 대한 피의자의 진술 등을 기재한 구속적부심문조서
는 형사소송법 제311조가 규정한 문서에는 해당하지 않는다 할 것이나,
특히 신용할 만한 정황에 의하여 작성된 문서라고 할 것이므로 특별한
사정이 없는 한, 피고인이 증거로 함에 부동의하더라도 형사소송법 제
315조 제3호에 의하여 당연히 그 증거능력이 인정된다.

[2] 구속적부심문조서의 증명력은 다른 증거와 마찬가지로 법관의 자유판단에
맡겨져 있으나, 피의자는 구속적부심에서의 자백의 의미나 자백이 수사절
차나 공판절차에서 가지는 중요성을 제대로 헤아리지 못한 나머지 허위
자백을 하고라도 자유를 얻으려는 유혹을 받을 수가 있으므로, 법관은
구속적부심문조서의 자백의 기재에 관한 증명력을 평가함에 있어 이러한
점에 각별히 유의를 하여야 한다.

[대법원 2019. 1. 4.자 2018모3621 결정]

【판시사항】

[1] 형사소송법 제411조의 취지 및 항고심에서 항고인이 항고에 대한 의견
진술을 한 경우, 형사소송법 제411조 를 위반한 것인지 여부(소극)

[2] 국선변호인 제도가 인정되는 경우 및 집행유예 취소청구 사건의 심리절
차에서도 인정되는지 여부(소극)

【이유】

1. 형사소송법 제411조는 당사자에게 항고에 관하여 그 이유서를 제출하거나 의견을 진술하고 유리한 증거를 제출할 기회를 부여하려는 데 취지가 있으므로(대법원 2003. 9. 22.자 2003모300 결정 등 참조), 항고심에서 항고인이 항고에 대한 의견진술을 한 경우에는 위와 같은 기회가 있었다고 봄이 상당하므로 형사소송법 제411조를 위반하였다고 볼 수 없다(대법원 2016. 1. 20.자 2016모73 결정 등 참조).

   기록에 의하면, 원심법원은 재항고인에게 항고기록접수통지서를 발송하여 2018. 12. 4. 재항고인이 유치되어 있던 의정부교도소에서 이를 수령한 사실, 원심은 재항고인에게 항고기록접수통지서가 송달된 후 3일째인 2018. 12. 7. 재항고인의 항고를 기각한 사실, 한편 제1심 국선변호인이 제출한 즉시항고장에는 항고이유가 기재되어 있지 않지만 재항고인이 제출한 즉시항고장에는 항고이유가 기재되어 있으며, 그 내용은 연로한 모친과 단둘이 살고 있으니 한 번만 기회를 달라는 것으로서 제1심법원에서 제출한 의견서, 반성문, 최후진술서 및 심문기일의 진술과 같은 내용인 사실을 알 수 있다.

   이러한 사정을 위에서 본 법리에 비추어 살펴보면, 재항고인은 원심에서 항고에 관한 의견을 진술하고 유리한 증거를 제출할 기회를 부여받았으며 실제로 항고에 관한 의견을 진술하였으므로, 원심결정에 형사소송법 제411조 를 위반한 잘못이 있다거나 사선변호인을 선임할 시간적 여유가 없었다는 주장은 받아들일 수 없다. 재항고이유로 인용한 선례는 이 사건과 사안이 다르므로 이 사건에 원용할 수 없다.

2. 국선변호인 제도는 구속영장실질심사, 체포·구속 적부심사의 경우를 제외하고는 공판절차에서 피고인의 지위에 있는 자에게만 인정되고 이 사건과 같이 집행유예의 취소청구 사건의 심리절차에서는 인정되지 않는다(대법원 2013. 2. 13.자 2013모281 결정 참조). 원심이 제1심가는 달리 국선변호인을 선정하지 않았는데도 재판서에는 '변호사 ○○○ '을 국선변호인으로 기재한 것은 잘못이지만, 국선변호인을 선정하지 않은 조치에 어떠한 위법이 있다고 할 수 없다.

Section 6. 공소제기

① 공소제기란 검사가 법원에 특정 피고인의 형사사건에 관하여 유죄판결을 요구하는 것으로서 '기소'라 약칭하기도 합니다.

② 검사가 수사를 행한 결과 범죄의 혐의가 있고 처벌할 필요가 있다고 판단하면 공소를 제기합니다.

[1] 공소제기의 효과

① 공소가 제기되면, 피의사건이 피고사건으로 변하여(피의자 역시 '피고인'으로 지위가 변합니다) 법원은 그 사건에 관하여 심판할 권한과 의무를 갖게 되고, 검사와 피고인은 당사자로서 법원의 심판을 받아야 합니다.

② 공소가 제기된 사건에 관하여는 다시 이중으로 공소를 제기할 수 없고, 만일 동일 사건이 법원에 이중으로 기소되었을 때에는 판결로써 그 부분에 대하여 공소를 기각하게 됩니다.

③ 공소가 제기되면 공소시효의 진행이 정지됩니다.

[2] 공소제기의 방식

① 공소의 제기는 공소장을 관할 법원에 제출함으로써 이루어지고, 구술로 공소를 제기할 수는 없습니다.

② 공소장에 기재되는 사항은 아래와 같습니다.

   (1) 피고인의 성명 기타 피고인을 특정할 수 있는 사항

   (2) 죄명

   (3) 공소사실

   (4) 적용법조

   (5) 피고인의 구속 여부

[3] 상담사례

■ 피고인의 생활근거지는 서울이나 강릉지원에 공소가 제기되었습니다. 서울중앙법원으로 이송신청이 가능한가요?

[질문] 피고인의 생활근거지는 서울이나 강릉지원에 공소가 제기되었습니다. 서울중앙법원으로 이송신청이 가능한가요?

[답변] 법원이 피고인에 대하여 관할권은 있으나 피고인이 그 관할구역 내에 현재하지 않는 경우에 심리의 편의와 피고인의 이익을 위하여 법원의 재량으로 사건을 피고인의 현재지를 관할하는 동급법원에 이송할 수 있습니다.(형사소송법 제8조 제1항) 이 결정은 직권에 의해서 하며 피고인이나 검사에게는 신청권이 없고 이송신청이 있는 경우 이는 법원의 직권발동을 촉구하는 의미가 있습니다.

■ 고소권자가 비친고죄로 고소하였음에도 검사가 친고죄로 공소제기한 경우, 법원은 고소에 대하여 적법여부에 대하여 심리하여야 할까요?

[질문] 갑은 을이 자신에 대하여 자신의 명예를 훼손하였다는 이유로 고소를 하였으나, 검사는 을의 범죄사실이 모욕에 해당한다고 하면서 모욕죄로 공소제기 하였습니다. 법원은 갑의 고소에 대하여 적법여부에 대하여 심리하여야 할까요?

[답변] 판례는 "법원은 검사가 공소를 제기한 범죄사실을 심판하는 것이지 고소권자가 고소한 내용을 심판하는 것이 아니므로, 고소권자가 비친고죄로 고소한 사건이더라도 검사가 사건을 친고죄로 구성하여 공소를 제기하였다면 공소장 변경절차를 거쳐 공소사실이 비친 고죄로 변경되지 아니하는 한, 법원으로서는 친고죄에서 소송조건이 되는 고소가 유효하게 존재하는지를 직권으로 소사 · 심리하여야 한다"고 하여 고소권자의 고소내용과는 별개로 검사가 친고죄로 공소제기 하였다면, 적법한 고소가 있는지 여부를 직권으로 심리하여야 한다고 보았습니다. 명예훼손의 경우 피해자의 의사에 반하여 공소제기 할 수 없고, 모욕의 경우 고소권자의 고소가 있는 경우에 한하여 공소제기가 가능합니다. 따라서 갑의 고소로서 적법한지 여부를 심리하여야 할 필요가 있습니다.

■ 공범에 대한 공소제기와 공소시효의 정지

[질문] 2008. 2. 1. 甲과 乙로부터 사기 피해를 당해 이들을 고소하였으나 모두 그 행방이 묘연(출국사실은 확인되지 않았습니다)하여 검거하지 못하고 있다가 甲만 검거되었고, 2016. 2. 1. 사기죄의 공동정범으로 공소제기되어 2017. 7. 31. 유죄판결이 확정되었습니다. 乙이 2018. 1.까지 이대로 검거가 되지 않으면 처벌을 면하게 되나요.

[답변] 사기죄의 법정형은 "10년 이하의 징역 또는 2천만원 이하의 벌금"이며(형법 제347조 1항), 공소시효기간은 10년(형사소송법 제249조 제1항 3호)입니다. 공소시효는 범죄행위가 종료한 때부터 진행(형사소송법 제252조 제1항)하므로 특별한 사정이 없다면 2018. 1. 31.까지 공소가 제기되지 못하면 공소시효가 완성되게 됩니다. 그러나 공범의 1인에 대한 공소제기의 효력(공소시효의 정지)은 다른 공범자에게 대하여 미치고 당해 사건의 재판이 확정된 때로부터 진행한다(형사소송법 제253조 제2항)고 규정하고 있으므로 甲에 대한 공소제기의 효력이 乙에게도 미치게 되어 乙에 대한 공소시효는 甲에 대한 공소제기시점(2017. 2. 1.)부터 재판확정시점(2017. 7. 31.)까지 정지하게 됩니다. 따라서 2018. 7. 말까지는 乙에 대한 처벌가능성이 남아 있다고 할 것입니다.

■ 공소제기 후의 검찰청에 기록 등사를 신청방법

[질문] 공소장 부본을 송달받고서 검찰청에 기록 등사를 신청하였는데, 검찰청 직원의 말이 변호인이 있는 사건이라서 등사를 할 수 없다고 합니다. 이 말이 맞는가요.

[답변] 피고인 또는 변호인은 공소제기된 사건에 관하여 검사가 증거로 신청할 서류등의 열람·등사를 청구할 수 있으나(형사소송법 제266조의3 제1항 본문), 피고인에게 변호인이 있는 경우에는 피고인은 열람만을 신청할 수 있습니다(같은 항 단서). 따라서, 사안의 경우에는 변호인을 통하여 기록 등사를 하셔야 합니다

[4] 관련판례

[대법원 2024. 12. 26.선고 2024도9537 판결]

【판시사항】

공소제기된 사건의 심리 결과 피고인의 재범 가능성과 아울러 일정한 강제력을 수반하는 감호 상태에서 치료받아야 할 필요성에 관한 구체적인 사정이 명백하게 확인되었는데도 그러한 요구 권한을 행사하지 아니한 것이 매우 불합리하다고 인정되는 경우, 그러한 권한의 불행사는 재량의 한계를 현저하게 벗어난 것으로 위법한지 여부(적극)

【판결요지】

치료감호 등에 관한 법률(이하 '치료감호법'이라 한다)은 심신장애 상태, 마약류·알코올이나 그 밖의 약물중독 상태, 정신성적(정신성적) 장애가 있는 상태 등에서 범죄행위를 한 자로서 재범(재범)의 위험성이 있고 특수한 교육·개선 및 치료가 필요하다고 인정되는 자에 대하여 적절한 보호와 치료를 함으로써 재범을 방지하고 사회복귀를 촉진하는 것을 목적으로 한다(제1조).

치료감호법은 알코올을 섭취하는 습벽이 있거나 그에 중독된 자로서 금고 이상의 형에 해당하는 죄를 지은 자를 치료감호대상자라고 규정하고(제2조 제1항 제2호), 검사는 치료감호대상자가 치료감호를 받을 필요가 있는 경우 관할 법원에 치료감호를 청구할 수 있으며(제4조 제1항), 그 경우 정신건강의학과 등 전문의의 진단이나 감정(감정)을 참고하여야 하고(제4조 제2항 본문), 공소제기한 사건의 경우 항소심 변론종결 시까지 치료감호를 청구할 수 있다고(제4조 제5항) 규정하면서, 법원은 공소제기된 사건의 심리 결과 치료감호를 할 필요가 있다고 인정할 때에는 검사에게 치료감호청구를 요구할 수 있다고 규정한다(제4조 제7항). 이는 검사가 공소제기 당시 피고인의 치료감호 사유에 대한 의견을 달리하거나 그 판단에 필요한 고려요소를 간과하고 치료감호를 청구하지 않았으나 공소제기 후 재판과정에서 치료감호의 필요성이 충분히 드러나게 된 경우, 법원으로 하여금 검사에게 치료감호청구를 요구할 수 있도록 함으로써 검사가 치료감호청구 권한을 독점함에 따라 나타날 수 있는 폐해를 보완하고 치료감호대상자의 재범 방지를 위한 실질적인 조치가 가능할 수 있도록 직권주의적 요소를 가미한 것이다.

대법원은, 치료감호법 제4조 제1항, 제7항의 규정 형식과 내용 등에 비추어 볼 때 치료감호법 제4조 제7항이 법원에 대하여 치료감호청구 요구에 관한 의무를 부과하고 있는 것으로 볼 수 없다고 하면서도, 법원으로서는 심신장애의 정도가 불분명한 피고인에 대하여 정신감정을 하여야 하고, 그러한 피고인에 대하여 정신감정을 실시함에 있어 그 장애가 장차 사회적 행동에 있어서 미칠 영향 등에 관하여도 아울러 감정하게 하며, 그 감정의견을 참작하여 객관적으로 판단한 결과 정신질환이 계속되어 피고인을 치료감호에 처함이 상당하다고 인정될 때에는 치료 후의 사회복귀와 사회안전을 도모하기 위하여 별도로 보호처분이 실시될 수 있도록 검사에게 치료감호청구를 요구할 수 있다고 강조한 바 있다.

이러한 치료감호법의 목적, 치료감호대상자의 범위, 치료감호청구의 요건과 절차, 치료감호청구 요구 제도의 취지와 기능, 치료감호청구 요구에 관한 판례 법리 등을 종합하여 보면, 치료감호법이 법원에 대하여 치료감호청구 요구에 관한 의무를 부과하고 있는 것으로 볼 수 없어 치료감호청구 요구 여부가 법관의 재량에 맡겨져 있다고 하더라도, 거기에는 치료감호대상자의 재범방지와 사회복귀 촉진이라는 치료감호법의 목적에 따른 재량의 내재적 한계가 있으므로, 공소제기된 사건의 심리 결과 피고인의 재범 가능성과 아울러 일정한 강제력을 수반하는 감호 상태에서 치료받아야 할 필요성에 관한 구체적인 사정이 명백하게 확인되었는데도 그러한 요구 권한을 행사하지 아니한 것이 매우 불합리하다고 인정되는 경우라면 그러한 권한의 불행사는 재량의 한계를 현저하게 벗어난 것으로 위법하다.

[대법원 2024. 5. 30.선고 2022두65559 판결]

【판시사항】

군검사가 공소제기된 사건과 관련하여 보관하고 있는 서류 또는 물건에 관하여 공공기관의 정보공개에 관한 법률에 의한 정보공개청구가 허용되는지 여부(소극)

【판결요지】

군사법원법 제309조의3 제1항, 제2항, 제309조의4 제1항, 제2항, 제309조의16 제1항, 제2항의 내용·취지 등을 고려하면, 군사법원법 제309조의3은 군검사가 공소제기된 사건과 관련하여 보관하고 있는 서류 또는 물건의 공개 여부나 공개 범위, 불복절차 등에 관하여 공공기관의 정보공개에 관한 법률(이하 '정보공개법'이라 한다)과 달리 규정하고 있는 것으로 볼 수 있다. 결국 정보공개법 제4조 제1항에서 정한 '정보의 공개에 관하여 다른 법률에 특별한 규정이 있는 경우'에 해당한다. 따라서 군검사가 공소제기된 사건과 관련하여 보관하고 있는 서류 또는 물건에 관하여는 피고인이나 변호인의 정보공개법에 의한 정보공개청구가 허용되지 아니한다.

[대법원 2024. 10. 31.선고 2024도8903 판결]
【판시사항】
공소제기 절차는 관련 법령이 정한 요건과 절차에 따라 이루어진 것으로 교통사고처리 특례법의 취지에 반하는 위법이 있다고 보기 어렵다는 이유로, 이와 달리 본 원심판단에 법리오해의 잘못이 있다고 한 사례

【판결요지】
피고인이 승용차를 운전하며 진로를 변경하다 갑이 운전하는 승용차와 충돌하여 갑에게 상해를 입히자 이를 조사한 경찰은 피고인에게 진로변경방법 위반을 이유로 범칙금 통고처분과 함께 면허벌점을 부과하였고, 피고인의 차량이 종합보험에 가입되어 있어 교통사고처리 특례법 위반(치상) 혐의에 관하여 불입건 결정을 하였는데, 피고인이 범칙금을 납부하였다가 면허벌점을 받는 것이 부당하다는 이유로 돌려받자, 경찰은 피고인의 범칙금 미납을 이유로 즉결심판을 청구하였으나 법원이 기각하였고, 이후 사건을 송치받은 검사가 도로교통법 위반으로 약식기소를 한 사안에서, 피고인은 진로변경방법 위반의 범칙행위로 교통사고를 일으켰으나 종합보험 가입으로 벌을 받지 아니하게 되었으므로 도로교통법 제162조 제2항 제2호 단서에 따라 통고처분의 대상인 '범칙자'에 해당하고, 통고처분에 따라 범칙금을 납부하면 범칙행위에 대하여 다시 처벌받지 않게 되는데, 피고인이 면허벌점 부과가 부당하다는 이유로 이미 납부한 범칙금을 회수한 후 범칙금을 납부하지 않아 도로교통법과 즉결심판에 관한 절차법에 따라 후속절차가 진행되어 공소제기에 이르렀으므로, 위 공소제기 절차는 관련 법령이 정한 요건과 절차에 따라 이루어진 것으로서, 거기에 교통사고처리 특례법의 취지에 반하는 위법이 있다고 보기 어렵다는 이유로, 이와 달리 본 원심판단에 도로교통법과 교통사고처리 특례법에 따른 교통사고 및 도로교통법규 위반행위 처리 절차, 범칙금 통고처분의 요건, 공소제기 절차의 적법성 등에 관한 법리오해의 잘못이 있다고 한 사례.

[대법원 2024. 3. 12.자 2022모2352 결정]

【판시사항】

수사기관의 압수물 환부에 관한 형사소송법 제417조 준항고의 요건 및 공소제기 이후의 단계에서 검사의 압수물에 대한 처분에 관하여 준항고로 다툴 수 있는지 여부(소극) / 압수물에 대한 몰수의 선고가 포함되지 않은 판결이 확정되어 압수가 해제된 것으로 간주된 경우, 검사에게 압수물 환부에 대한 처분을 할 권한이 있는지 여부(소극)

【판결요지】

수사기관의 압수물의 환부에 관한 형사소송법 제417조의 준항고는 검사 또는 사법경찰관이 수사 단계에서 압수물의 환부에 관하여 처분을 할 권한을 가지고 있을 경우에 그 처분에 관하여 제기할 수 있는 불복절차이다. 공소제기 이전의 수사 단계에서는 압수물 환부·가환부에 관한 처분권한이 수사기관에 있으나 공소제기 이후의 단계에서는 위 권한이 수소법원에 있으므로 검사의 압수물에 대한 처분에 관하여 형사소송법 제417조 의 준항고로 다툴 수 없다. 또한 형사소송법 제332조에 따라 압수물에 대한 몰수의 선고가 포함되지 않은 판결이 확정된 때에는 압수가 해제된 것으로 간주되므로 이 경우 검사에게는 압수물 환부에 대한 처분을 할 권한이 없다.

Section 7. 공판절차

검사가 피고인에 대하여 공소를 제기한 경우 법원은 다음과 같은 순서에 따라 공판절차를 진행합니다.

[1] 공판의 준비 및 공판준비절차

① 법원은 검사의 공소제기가 있는 때에 피고인(변호인)에 대한 공소장 부본의 송달, 공판기일의 지정·변경 등 공판의 준비를 하고, 필요한 때에는 사건을 공판준비절차에 회부할 수 있습니다.

② 법원은 공판준비절차에서 검사나 피고인, 변호인의 주장 및 입증계획 등을 서면으로 준비하게 할 수 있고, 쟁점의 정리와 검사나 피고인, 변호인의 주장 및 입증계획의 협의 등을 위해 검사, 피고인 또는 변호인의 의견을 들어 공판준비기일을 열 수 있습니다.

[2] 의견서 제출 제도

① 피고인 또는 변호인은 공소장 부본을 송달받은 날부터 7일 이내에 공소사실에 대한 인정여부, 공판준비절차에 관한 의견 등을 기재한 의견서를 법원에 제출하여야 합니다.

② 다만, 피고인이 진술을 거부하는 경우에는 그 취지를 기재한 의견서를 제출할 수 있습니다.

[3] 증거의 열람·등사 제도

① 소송당사자는 증거의 열람·등사 제도를 통하여 제1회 공판기일 전에 서로 상대방이 보관하고 있는 증거자료를 취득할 수 있습니다.

② 소송당사자는 상대방이 서류 등의 열람·등사 또는 서면의교부를 거부하거나 그 범위를 제한하거나 또는 검사가 신청을 받은 때부터 48시간 내에 거부 통지를 하지 아니하는 때에는 법원에 그 서류 등의 열람·등사 또는 서면의 교부를 허용하도록 할 것을 신청할 수 있고, 법원은 심리 결과 이유 있다고 인정되면 열람·등사를 허용할 수 있습니다.

③ 소송당사자가 열람·등사 또는 서면의 교부에 관한 법원의 결정을 지체 없이 이행하지 아니하는 때에는 해당 증인 및 서류 등에 대한 증거신청을 할 수 없습니다.

[4] 피고인의 진술거부권

피고인은 진술하지 아니하거나 개개의 질문에 대하여 진술을 거부할 수 있고, 재판장은 인정신문에 앞서 피고인에게 진술을 거부할 수 있음을 고지합니다.

[5] 인정신문

재판장은 피고인의「성명, 주민등록번호, 직업, 주거, 등록기준지」를 물어서 출석한 사람이 피고인이 틀림이 없는지를 확인합니다.

[6] 검사의 모두진술

검사는 공소장에 의하여 공소사실·죄명 및 적용법조를 낭독합니다. 다만, 재판장은 필요하다고 인정하는 때에는 검사에게 공소의 요지를 진술하게 할 수 있습니다.

[7] 피고인의 모두진술

　검사의 모두진술이 끝나면 재판장은 피고인에게 공소사실을 인정하는지 여부에 관하여 묻고, 피고인은 진술거부권을 행사하지 않는 이상 공소사실의 인정 여부를 진술합니다.

[8] 재판장의 쟁점정리 등

　피고인의 모두진술 후 재판장은 피고인 또는 변호인에게 쟁점의 정리를 위하여 필요한 질문을 할 수 있고, 증거조사에 앞서 검사 및 변호인으로 하여금 공소사실 등의 증명과 관련된 주장 및 입증계획 등을 진술하게 할 수 있습니다.

[9] 증거조사

① 법원은 사건의 사실인정과 양형에 관한 심증을 얻기 위하여 각종의 증거방법(증인, 물증, 서류증거)을 조사합니다.

② 증거조사는 재판장의 쟁점 정리 및 검사·변호인의 증거관계 등에 대한 진술이 끝난 후에 합니다.

③ 피고인이 자백한 때에는 간이공판절차에 의하여 간이하게 증거조사를 하고, 피고인이 부인할 경우에도 검사가 제출한 증거에 대하여 동의하면 그 증거들을 토대로 판결을 하게 되며, 동의하지 않으면 법정에서 그 증거의 진실성 여부를 다시 조사하게 됩니다.

④ 예컨대, 검사가 작성한 진술조서에 대하여 피고인이 동의하지 않으면 그 진술을 한 사람을 법정에 불러 증인신문합니다.

[10] 피고인신문

① 피고인신문은 증거조사 종료 후 피고인에게 공소사실과 그 정상에 관하여 필요한 사항을 물을 수 있는 절차입니다.

② 재판장은 필요하다고 인정하면 증거조사가 완료되기 전이라도 피고인신문을 허가할 수 있습니다. 피고인신문의 순서는 검사와 변호인이 차례로 피고인에게 직접 신문하고 재판장은 검사와 변호인의 신문이 끝난 뒤에 신문합니다.

[11] 구형과 변론

① 피고인신문과 증거조사를 마친 때에는 검사는 사실과 법률적용에 관하여 의견을 진술하여야 합니다. 즉 검사의 구형이 있게 됩니다.

② 그러나 법원은 검사의 구형에 좌우되지 않습니다. 재판장은 검사의 의견을 들은 후 피고인과 변호인에게 최종 의견을 진술할 기회를 주게 됩니다.

[12] 변론종결 및 판결선고

이상의 절차를 마치면 변론을 종결하고, 정해진 기일에 판결을 선고하게 됩니다. 판결의 선고는 재판장이 하며 주문을 낭독하고 이유의 요지를 설명합니다.

1. 유죄판결

심리 결과 피고인의 죄가 인정되면 유죄의 판결을 하게 됩니다. 유죄인 경우 정상에 따라 실형을 선고할 수도 있고, 집행유예, 선고유예의 판결을 할 수도 있습니다.

① 실형

교도소에서 징역형이나 금고형을 복역하게 하는 형을 실형이라고 하고, 불구속 상태에서 재판을 받던 피고인에게 실형을 선고하면서 곧바로 구속하는 경우가 있는데 이를 가리켜 흔히 '법정구속'이라고 합니다.

② 집행유예

형을 선고하되 일정기간 그 형의 집행을 미루어 두었다가 그 기간 동안 죄를 범하지 않고 성실히 생활하면 형 선고의 효력을 상실하게 하여 형의 집행을 하지 않는 제도입니다. 즉 3년 이하의 징역이나 금고 또는 500만원 이하의 벌금의 형을 선고할 경우에 정상에 참작할 만한 사유가 있는 때에는 1년 이상 5년 이하의 유예기간을 정하여 형의 집행을 유예할 수 있습니다.

③ 선고유예

형의 선고 자체를 미루어 두었다가 일정기간을 무사히 지나면 면소된 것으로 간주되는 제도입니다. 즉 1년 이하의 징역이나 금고, 자격정지 또는 벌금의 형을 선고할 경우에 양형의 조건을 참작하여 잘못을 뉘우치고 마음을 바르게 하여 성실히 생활할 의지를 뚜렷이 보이는 때, 즉 개전의 정상이 뚜렷한 때에는 형의 선고를 유예할 수도 있습니다.

2. 무죄판결

검사가 기소한 사건에 대하여 유죄로 인정할 만한 증거가 없거나 공소사실이 범죄로 되지 아니한 때에는 법원은 무죄를 선고합니다.

3. 면소판결

면소판결이란 동일한 사안에 대하여 이미 확정판결이 있은 때, 사면이 있은 때, 공소시효가 완성되었을 때, 범죄 후 법령의 개폐로 형이 폐지된 때 등 실체적 소송조건이 구비되지 않은 경우에 선고되는 종국판결입니다.

4. 공소기각

공소기각의 재판은 피고사건에 대하여 관할권 이외의 형식적 소송조건을 구비하지 못한 경우에 절차상의 하자를 이유로 사건의 실체에 대한 심리를 하지 않고 소송을 종결시키는 종국재판으로서 결정으로 할 경우와 판결로 할 경우가 있습니다.

① 공소기각을 결정으로 하는 경우

공소가 취소되었을 때, 피고인이 사망하거나 피고인인 법인이 존속하지 아니하게 되었을 때, 동일사건과 수 개의 소송계속 또는 관할의 경합 규정에 의하여 심판할 수없을 때, 공소장에 기재된 사실이 진실하다 하더라도 범죄가 될 만한 사실이 포함되지 아니한 때에는 결정으로 공소기각을 하여야 합니다.

② 공소기각을 판결로 하는 경우

피고인에 대하여 재판권이 없는 때, 공소제기의 절차가 법률의 규정에 위반하여 무효인 때, 공소가 제기된 사실에 대하여 다시 공소가 제기되었을 때, 공소취소와 재기소의 규정에위반하여 공소가 제기되었을 때, 고소가 있어야 죄를 논할 사건에 대하여 고소의 취소가 있은 때(예컨대, 강간죄나 간통죄 등 친고죄에서 고소인이 고소를 취소한 때), 피해자의명시한 의사에 반하여 죄를 논할 수 없는 사건에 대하여 처벌을 희망하지 아니하는 의사표시가 있거나 처벌을 희망하는 의사표시가 철회되었을 때(예컨대, 단순폭행죄, 명예훼손죄등 반의사불벌죄에서 피해자가 처벌을 원하지 않는다는 의사를 표시한 때)에는 판결로써 공소기각을 하여야 합니다.

[13] 상담사례

■ 간이공판절차는 무엇인지요?

[질문] 저는 술에 만취된 상태에서 본의 아니게 음주운전을 하다가 교통사고를 일으켜 경찰과 검찰에서 수사를 받고 기소가 되어 재판을 받게 되었습니다. 법정에서 검사가 신문할 때는 제가 저지른 사고에 대해 모두 인정하였고, '공소사실은 모두 사실과 다름없다'는 취지로 정리가 되었으나, 사실은 당시 술을 너무 많이 마셔 제대로 기억이 나질 않기 때문에 변호인의 반대신문 때에는 '사고 당시 어떻게 술을 마신 채 운전했는지도 모르겠고, 경찰서에서는 왜 그곳에 있는지도 모를 지경이었으며 술에 너무 취해 무슨 행동을 했는지도 모르겠다'는 취지로 진술하였습니다. 그러나 판사는 '피고인이 공소사실을 모두 자백하고 있으므로 간이공판절차에 의하여 심리한다'고 하면서 재판이 금방 끝나버렸는데, 어떻게 된 것인가요?

[답변] 「형사소송법」 제286조의2는 "피고인이 공판정에서 공소사실에 대하여 자백한 때에는 법원은 그 공소사실에 한하여 간이공판절차에 의하여 심판할 것을 결정할 수 있다."라고 간이공판절차를 규정하고 있습니다.

간이공판결정이 있게 되면 같은 법 제297조의2에 의하여 증거조사 방식과 관련하여 엄격한 절차를 거치지 아니하고 법원이 상당하다고 인정하는 방법으로 증거조사가 진행되어, 공판절차가 신속하게 진행되는 효과가 있습니다.

판사는 귀하께서 검사의 신문에 공소사실을 모두 인정하는 취지로 대답을 하자, 일응 공소사실을 자백한 것으로 보고 간이공판절차로 진행한 것으로 생각됩니다.

그러나 귀하가 변호인이 반대신문을 할 당시에는 술에 만취되어 기억이 없다는 취지로 진술하였는바, 이러한 내용의 진술은 사고 사실을 몰랐다고 범의를 부인함과 동시에 그 범행 당시 심신상실 또는 심신미약의 상태에 있었다는 주장으로서 형사소송법 제323조 제2항에 정하여진 법률상 범죄의 성립을 조각하거나 형의 감면의 이유가 되는 사실의 진술에 해당할 여지가 있습니다(대법원 2004. 7. 9. 선고 2004도2116 판결).

그러므로 귀하가 변호인 반대신문 당시 실제로 위와 같은 의도로써 진술한 것이라면, 공소사실을 모두 자백한 것으로 볼 수 없어 간이공판절차에 의한 재판이 아닌, 일반적인 정식의 증거조사절차를 통하여 증거능력이 있는 증거에 따라 법원의 판단을 받을 필요성이 있다고 할 것입니다. 따라서 위와 같은 경우라면 귀하는 이 판결에 대하여 항소하여 항소심에서 정식의 증거조사를 거친 증거를 통하여 판단을 받으실 수 있을 것으로 보입니다.

■ 간이공판절차로 진행된 1심에서 제출된 증거의 증거능력

[질문] 1심에서 자백하여 간이공판절차로 진행되어 유죄판결을 받은 후 항소심에서 무죄 주장할 경우 1심에서 제출된 증거의 증거능력을 부인하고, 증거조사를 다시 할 것을 요청할 수 있나요.

[답변] 피고인이 제1심법원에서 공소사실에 대하여 자백하여 제1심법원이 이에 대하여 간이공판절차에 의하여 심판할 것을 결정하고, 이에 따라 제1심법원이 제1심판결 명시의 증거들을 증거로 함에 피고인 또는 변호인의 이의가 없어 형사소송법 제318조의3 의 규정에 따라 증거능력이 있다고 보게 됩니다. 이렇게 1심법원에서 상당하다고 인정하는 방법으로 증거조사를 한 이상, 항소심에 이르러 범행을 부인하였다고 하더라도 제1심법원에서 증거로 할 수 있었던 증거는 항소법원에서도 증거로 할 수 있는 것이므로 제1심법원에서 이미 증거능력이 있었던 증거는 항소심에서도 증거능력이 그대로 유지되어 심판의 기초가 될 수 있고 다시 증거조사를 할 필요가 없게 됩니다. 따라서 증거능력 자체를 다툴 수는 없습니다(대법원 1998. 2. 27. 97도3421 참조).

■ 판결선고일에 피고인이 출석하여야 하나요?

[질문] 판결선고일에 피고인이 출석하여야 하나요?

[답변] 형사소송은 민사소송과 달리 경미사건 등 특수한 예외를 제외하고는 판결선고시에 피고인의 출석을 요하며, 상소기간도 선고일로부터 기산됩니다.(형사소송법 제343조 제2항, 제358조, 제374조)

■ 피고인 회사의 대표이사만이 공판기일에 출석하여야 하는가요? 아니면 대리인도 출석가능한가요?

[질문] 피고인 회사의 대표이사만이 공판기일에 출석하여야 하는가요? 아니면 대리인도 출석가능한가요?

[답변] 형사소송법 제276조 단서는 피고인이 법인의 경우 대리인을 출석시킬 수 있다고 규정되어 있습니다. 법인이 대리인을 출석시키고자 할 때에는 그 대리권수여 사실을 증명하는 서면을 법원에 제출하여야 하며, 법원의 허가는 필요하지 않습니다.

■ 공판절차에서 법률조력인이 출석할 수 있는지요?

[질문] 공판절차에서 법률조력인이 출석할 수 있나요?

[답변] 가능합니다. 헌법은 제27조 제5항에서 형사피해자는 피해자의 권리구제를 위하여 재판절차에서 진술할 수 있다고 규정하며, 범죄피해자보호법은 제8조에서 범죄피해자가 재판절차에 참여하여 진술하는 등 형사절차상의 권리를 행사할 수 있도록 보장하여야 한다고 규정하고 있습니다. 한편, 아동·청소년의 성보호에 관한 법률 제18조의6은 제3항 내지 제4항에서 법률조력인에게 명시적인 출석권을 부여하고 있습니다.

■ 공판기일 불출석시 구속여부

[질문] 최근 법원으로부터 공판기일 통지서를 수령하였습니다. 저를 사기죄로 기소하였다고 하는데요, 저는 사기죄를 범한 적이 없습니다. 그래도 이 공판기일에 출석해야 하나요? 출석하지 않으면 불이익이 있을까요?

[답변] 형사소송법 제70조 제1항, 제2항은 "① 법원은 피고인이 죄를 범하였다고 의심할 만한 상당한 이유가 있고 다음 각호의 1에 해당하는 사유가 있는 경우에는 피고인을 구속할 수 있다. 1. 피고인이 일정한 주거가 없는 때, 2. 피고인이 증거를 인멸할 염려가 있는 때, 3. 피고인이 도망하거나 도망할 염려가 있는 때 ② 법원은 제1항의 구속사유를 심사함에 있어서 범죄의 중대성, 재범의 위험성, 피해자 및 중요 참고인 등에 대한 위해우려 등을 고려하여야 한다."고 구속에 대하여 규정하고 있습니다.

다시 말해 법원은 불구속 상태로 재판을 받을 피고인이라고 하더라도, 피고인이 범죄를 범하였다고 의심할만한 합리적 이유가 있고 위 제1항 각 호의 사유가 있으며, 제2항에서 고려할 수 있는 요소들을 종합하여 피고인을 구속을 결정할 수 있다는 의미입니다.

만약 귀하와 같이 법원으로부터 공판기일을 통지받은 뒤에도, 지정된 공판기일에 출석하지 않으신다면, 법원은 귀하께서 증거의 인멸할 우려가 있거나, 도망할 염려가 있다고 보아 귀하를 구속할 수 있는 것입니다. 물론 본인은 범죄를 저지르지 않았으므로 범죄를 범하였다고 의심할만한 합리적 이유가 없다고 생각하실 수 있으나, 일단 기소가 되었다면 범죄를 범하였다고 의심할만한 상황이라고 보는 것이 일반적입니다. 따라서 위와 같은 법원의 통지를 수령하신다면 반드시 공판기일에 출석하시기 바라며, 그렇지 않는다면 구속될 위험이 있다는 점을 알고 계셔야 합니다.

■ 형사사건의 피해자가 공판정에서 진술할 권리가 있는지요?

[질문] 저는 얼마 전 여자친구와 길을 가던 중 50대 중반의 만취한 아저씨가 여자친구에게 시비를 걸어와 말리는 과정에서 폭행당하여 상해를 입었습니다. 그런데 그 아저씨는 경찰조사에서 "시비는 있었지만 폭행한 적은 없다."라고 주장합니다. 너무 억울하여 법정에서 진술을 하고 싶은데 피해자가 형사재판절차에 참여할 수도 있는지요?

[답변] 형사재판은 원칙적으로 범죄자의 범죄행위를 국가가 처벌하기 위한 재판절차입니다. 따라서 국가의 대리인인 검사와 피고인이 당사자가 되어 법원에서 유·무죄 여부와 형량에 대하여 다투는 재판입니다.

한편, 형사피해자의 권리에 관하여 「형사소송법」제294조의2 제1항은 "법원은 범죄로 인한 피해자 또는 그 법정대리인(피해자가 사망한 경우에는 배우자·직계친족·형제자매를 포함한다. 이하 이 조에서 "피해자등"이라 한다)의 신청이 있는 때에는 그 피해자등을 증인으로 신문하여야 한다. 다만, 피해자등이 이미 당해 사건에 관하여 공판절차에서 충분히 진술하여 다시 진술할 필요가 없다고 인정되는 경우, 피해자등의 진술로 인하여 공판절차가 현저하게 지연될 우려가 있는 경우에는 그러하지 아니할 수 있다."라고 규정하고 있고, 같은 법 제294조의2 제2항은 "법원은 제1항에 따라 피해자등을 신문하는 경우 피해의 정도 및 결과, 피고인의 처벌에 관한 의견, 그 밖에 당해 사건에 관한 의견을 진술할 기회를 주어야 한다."라고 규정하여 피해자가 형사재판과정에 참여를 원하는 경우에는 그 참여를 허용하고 있습니다.

또한, 구 형사소송법(2008. 1. 1. 법률 제8496호)의 일부개정으로 도입된 제294조의3은 "법원은 범죄로 인한 피해자를 증인으로 신문하는 경우 당해 피해자·법정대리인 또는 검사의 신청에 따라 피해자의 사생활의 비밀이나 신변보호를 위하여 필요하다고 인정하는 때에는 결정으로 심리를 공개하지 아니할 수 있다.”고 규정하고 있으며, 제294조의4는 “소송계속 중인 사건의 피해자(피해자가 사망하거나 그 심신에 중대한 장애가 있는 경우에는 그 배우자·직계친족 및 형제자매를 포함한다), 피해자 본인의 법정대리인 또는 이들로부터 위임을 받은 피해자 본인의 배우자·직계친족·형제자매·변호사는 소송기록의 열람 또는 등사를 재판장에게 신청할 수 있다.”고 규정하여 피해자의 재판절차진술권을 강화하고 있습니다. 따라서 귀하가 경찰이나 검찰단계에서 진술하지 못한 다른 중요한 사항이 있다고 생각한다면 당해 사건을 심리하고 있는 재판부에 증인으로 법정에서 진술하고 싶다는 취지의 증인신청을 하여 증인의 자격으로 진술을 할 수 있을 것입니다.

■ 공판기일에 원진술자가 증언거부권을 행사한 경우 증거능력에 대한 예외에 해당하여 원진술자에 대한 진술조서의 증거능력을 인정할 수 있는지요?

[질문] 변호사 甲이 작성하여 乙회사 측에 전송한 전자문서를 출력한 법률의견서에 대하여 공판기일에 피고인들은 증거로 사용함에 동의하지 아니하고, 변호사 甲은 그에 관한 증언을 거부하였습니다. 법률의견서가 형사소송법 제314조의 증거능력에 대한 예외에 해당하여 증거로 사용될 수 있는지요?

[답변] 「형사소송법」 제314조는 “제312조 또는 제313조의 경우에 공판준비 또는 공판기일에 진술을 요하는 자가 사망·질병·외국거주·소재불명 그 밖에 이에 준하는 사유로 인하여 진술할 수 없는 때에는 그 조서 및 그 밖의 서류(피고인 또는 피고인 아닌 자가 작성하였거나 진술한 내용이 포함된 문자·사진·영상 등의 정보로서 컴퓨터용디스크, 그 밖에 이와 비슷한 정보저장매체에 저장된 것을 포함한다)를 증거로 할 수 있다. 다만, 그 진술 또는 작성이 특히 신빙할 수 있는 상태하에서 행하여졌음이 증명된 때에 한한다.”라고 규정하고 있습니다. 따라서 甲의 증언거부권 행사가 ‘그 밖에 이에 준하는 사유’에 해당한다는 이유로 법률의견서의 증거능력을 인정할 수 있는지가 의문이 될 수 있습니다.

이와 관련하여 대법원은 “증거능력에 대한 예외사유로 1995. 12. 29. 법률 제5054호로 개정되기 전의 구 형사소송법 제314조 가 ‘사망, 질병 기타 사유로 인하여 진술할 수 없는 때’, 2007. 6. 1. 법률 제8496

호로 개정되기 전의 구 형사소송법 제314조 가 '사망, 질병, 외국거주 기타 사유로 인하여 진술할 수 없는 때'라고 각 규정한 것에 비하여 현행 형사소송법은 그 예외사유의 범위를 더욱 엄격하게 제한하고 있는데, 이는 직접심리주의와 공판중심주의의 요소를 강화하려는 취지가 반영된 것이다. 한편 형사소송법은 누구든지 자기 또는 친족 등이 형사소추 또는 공소제기를 당하거나 유죄판결을 받을 사실이 발로될 염려가 있는 증언을 거부할 수 있도록 하고(제148조), 또한 변호사, 변리사, 공증인, 공인회계사, 세무사, 대서업자, 의사, 한의사, 치과의사, 약사, 약종상, 조산사, 간호사, 종교의 직에 있는 자 또는 이러한 직에 있던 사람은 그 업무상 위탁을 받은 관계로 알게 된 사실로서 타인의 비밀에 관한 것은 증언을 거부할 수 있도록 규정하여(제149조 본문), 증인에게 일정한 사유가 있는 경우 증언을 거부할 수 있는 권리를 보장하고 있다. 위와 같은 현행 형사소송법 제314조 의 문언과 개정 취지, 증언거부권 관련 규정의 내용 등에 비추어 보면, 법정에 출석한 증인이 형사소송법 제148조, 제149조 등에서 정한 바에 따라 정당하게 증언거부권을 행사하여 증언을 거부한 경우는 형사소송법 제314조의 '그 밖에 이에 준하는 사유로 인하여 진술할 수 없는 때'에 해당하지 아니한다(대법원 2012. 5. 17. 선고 2009도6788 전원합의체 판결 참조)."고 판시한바 있습니다. 따라서 「형사소송법」제314조의 '그 밖에 이에 준하는 사유'에 증언거부권행사는 포함되지 않으므로 위 사안에서 법률의견서의 증거능력은 인정되지 않습니다.

■ 불구속상태에서 판결을 선고받았는데 판결문을 받지 못하였습니다. 판결문을 집으로 보내주는 것이 아닌가요?

[질문] 불구속상태에서 판결을 선고받았는데 판결문을 받지 못하였습니다. 판결문을 집으로 보내주는 것이 아닌가요?

[답변] 법원은 피고인에 대하여 판결선고일로부터 14일 이내에 그 판결서 등본을 송달하여야 합니다. 다만 불구속 피고인과 형사소송법 제331조의 규정에 의하여 구속영장의 효력이 상실된 구속 피고인에 대하여는 피고인이 송달을 신청하는 경우에 한하여 판결서 등본을 송달합니다.(형사소송규칙 148조) 판결등본의 송달을 신청하고자 하는 피고인은 선고일부터 7일 이내에 송달신청서를 작성하여 법원에 제출하여야 합니다.

[14] 관련판례

[대법원 2024. 10. 25.선고 2024두45832 판결]

【판시사항】

현재 형사피의자나 피고인으로서 수사 및 공판절차에 계속 중인 사람뿐만 아니라 장차 형사피의자나 피고인이 될 가능성이 있는 사람에게도 진술내용이 자기의 형사책임에 관련되는 것일 때에는 그 진술을 강요받지 않을 자기부죄 거절의 권리가 보장되는지 여부(적극) / 헌법상 진술거부권의 보호대상이 되는 '진술'의 의미

【이유】

헌법 제12조 제2항은 "모든 국민은 고문을 받지 아니하며, 형사상 자기에게 불리한 진술을 강요당하지 아니한다."라고 규정하여 형사책임에 관하여 자기에게 불이익한 진술을 강요당하지 않을 것을 국민의 기본권으로 보장하고 있다. 이러한 진술거부권은 형사절차에서만 보장되는 것이 아니고 행정절차이거나 국회에서의 질문 등 어디에서나 그 진술이 자기에게 형사상 불리한 경우에는 묵비권을 가지고 이를 강요받지 아니할 국민의 기본권으로 보장된다. 따라서 현재 형사피의자나 피고인으로서 수사 및 공판절차에 계속 중인 사람뿐만 아니라 장차 형사피의자나 피고인이 될 가능성이 있는 사람에게도 그 진술내용이 자기의 형사책임에 관련되는 것일 때에는 그 진술을 강요받지 않을 자기부죄 거절의 권리가 보장된다(대법원 2015. 5. 28. 선고 2015도3136 판결, 헌법재판소 1990. 8. 27. 선고 89헌가118 전원재판부 결정 등 참조). 헌법상 진술거부권의 보호대상이 되는 '진술'이라 함은 언어적 표출, 즉 개인의 생각이나 지식, 경험사실을 정신작용의 일환인 언어를 통하여 표출하는 것을 의미한다. 여기서 '진술'이란 형사상 자신에게 불이익이 될 수 있는 것으로서 범죄의 성립과 양형에서의 불리한 사실 등을 말하는 것이고, 그 진술내용이 자기의 형사책임에 관련되는 것임을 전제로 한다(헌법재판소 1997. 3. 27. 선고 96헌가11 전원재판부 결정, 헌법재판소 2014. 9. 25. 선고 2013헌마11 전원재판부 결정 등 참조).

[대법원 2024. 10. 31.자 2023모358 결정]

【판시사항】

형사소송법이 증인의 법정 출석을 강제할 수 있는 권한을 법원에 부여한 취지
【판결요지】
증인은 법정에 출석하여 선서하고 자신이 경험한 사실을 진술하여야 하는 의무를 부담한다. 법원은 소환장을 송달받은 증인이 정당한 사유 없이 출석하지 아니한 경우에 당해 불출석으로 인한 소송비용을 증인이 부담하도록 명하고, 500만 원 이하의 과태료를 부과할 수 있으며(형사소송법 제151조 제1항 전문), 정당한 사유 없이 소환에 응하지 아니하는 경우에는 구인할 수 있다(형사소송법 제152조). 형사소송법이 증인의 법정 출석을 강제할 수 있는 권한을 법원에 부여한 취지는, 다른 증거나 증인의 진술에 비추어 굳이 추가 증인신문을 할 필요가 없다는 등 특별한 사정이 없는 한 사건의 실체를 규명하는 데 가장 직접적·핵심적인 증인으로 하여금 공개된 법정에 출석하여 선서 후 증언하도록 하고, 법원은 출석한 증인의 진술을 토대로 형성된 유죄·무죄의 심증에 따라 사건의 실체를 규명하도록 하기 위함이다.

한편 감정인은 특정한 분야에 특별한 학식과 경험을 가진 사람으로, 그 학식과 경험에 의하여 알고 있거나 그 전문적 학식과 경험에 의하여 얻은 일정한 원리 또는 판단을 법원에 진술·보고한다. 감정에 관하여는 형사소송법의 증인에 관한 규정이 준용되나, 감정인이 소환에 응하지 않더라도 구인할 수는 없다(형사소송법 제177조). 감정인이라 하더라도 특별한 지식에 의하여 알게 된 과거의 사실에 관하여 진술하여야 하는 경우에는 증인의 지위에 해당하는 감정증인으로서 증인신문절차에 따라 신문하여야 하나(형사소송법 제179조), 감정인이 감정을 하여 감정서(형사소송법 제171조 제1항) 를 제출한 경우에 그 기재된 의견에 관한 설명을 추가로 듣는 절차(형사소송법 제171조 제4항) 등은 감정인이 과거의 사실을 진술하는 지위에 있지 않은 이상 증인신문이 아니라 형사소송법 제1편 제13장의 감정에 관한 규정에 따라 소환하여 진행하는 감정인신문으로 하여야 한다. 따라서 경험한 과거의 사실을 진술할 지위에 있지 않음이 명백한 감정인을 법원이 증인 또는 감정증인으로 소환한 경우, 감정인이 소환장을 송달받고 출석하지 않았더라도 그 불출석에 대한 제재로서 형사소송법 제151조 제1항 에 따른 과태료를 부과할 수는 없다. 이러한 법리는 법원으로부터 감정의 명을 받아 형사소송법 제169조 내지 제177조에서 정한 선서 등 절차를 거쳐 감정을 행한 감정인에게 적용됨은 물론, 형사소송법 제221조 제2항 에 따라 수사기관에 의하여 감정을 위촉받은 사람이 감정의 결과로 감정서를 제출한 경우 그에 관한 법정에서의 진술이 그가 경험한 과거의 사실에 관한 것이 아니라 오로지 감정인으로서의 학식과

경험에 의하여 얻은 일정한 원리 또는 판단을 진술하는 것임이 명백한 때에도 마찬가지로, 이때에는 필요한 범위 내에서 형사소송법 제1편 제13장의 관련 절차를 거쳐 감정인신문으로 하여야 할 것이다.

따라서 형사소송법 제221조 제2항에 근거한 검사 또는 사법경찰관의 위촉에 응하여 감정을 수행한 사람이 공판절차에서 전문적 학식과 경험에 의하여 얻은 자신의 의견이나 판단을 진술하게 되는 것으로 명백히 볼 수 있는 경우 그러한 진술은 다른 감정인을 통해서도 이루어질 수 있는 성질의 것인바, 그럼에도 이와 다른 전제에서 그를 증인 또는 감정증인으로 소환하여 신문한다면, 사안의 실체 규명을 위해 대체가능성이 없는 증인에게 인정되는 구인 등 조치를 비롯한 법정 출석 의무를 감정인신문을 하여야 할 지위에 있는 자에게 부과하는 부당한 결과가 되어 관련 형사소송법의 취지에 부합하지 않는다.

[대법원 2024. 7. 11.선고 2024도6850 판결]

【판시사항】

필요적 변호사건에서 제1심의 공판절차가 변호인 없이 이루어져 증거조사와 피고인신문 등 심리가 이루어진 경우, 제1심이 행한 소송행위의 효력(무효) 및 이때 항소심이 취해야 할 조치

【이유】

형사소송법 제282조에 규정된 필요적 변호사건에 해당하는 사건에서 제1심의 공판절차가 변호인 없이 이루어져 증거조사와 피고인신문 등 심리가 이루어졌다면, 그와 같은 위법한 공판절차에서 이루어진 증거조사와 피고인신문 등 일체의 소송행위는 모두 무효이므로, 이러한 경우 항소심으로서는 변호인이 있는 상태에서 소송행위를 새로이 한 후 위법한 제1심판결을 파기하고, 항소심에서의 증거조사 및 진술 등 심리 결과에 기초하여 다시 판결하여야 한다(대법원 1995. 4. 25. 선고 94도2347 판결, 대법원 2015. 12. 24. 선고 2015도10544 판결 등 참조).

[대법원 2024. 1. 4.선고 2023도13081 판결]

【판시사항】

법관이 검사가 제출한 증거와 피고인이 제출한 증거를 종합하여 볼 때 공소사실에 관하여 조금이라도 합리적인 의심이 있는 경우, 피고인이 제출한 증

거만으로 피고인의 주장 사실을 인정하기에 부족하다는 이유를 들어 공소사실에 관하여 유죄판결을 선고할 수 있는지 여부(소극)

【판결요지】

형사피고인은 유죄의 판결이 확정될 때까지는 무죄로 추정된다(헌법 제27조 제4항, 형사소송법 제275조의2). 무죄추정의 원칙은 수사를 하는 단계뿐만 아니라 판결이 확정될 때까지 형사절차와 형사재판 전반을 이끄는 대원칙으로서, '의심스러우면 피고인의 이익으로'라는 오래된 법언에 내포된 것이며 우리 형사법의 기초를 이루고 있다. 형사소송법 제307조 제2항이 "범죄사실의 인정은 합리적인 의심이 없는 정도의 증명에 이르러야 한다."라고 정한 것의 의미는, 법관은 검사가 제출하여 공판절차에서 적법하게 채택·조사한 증거만으로 유죄를 인정하여야 하고, 법관이 합리적인 의심을 할 여지가 없을 만큼 확신을 가지는 정도의 증명력을 가진 엄격한 증거에 의하여 공소사실을 증명할 책임은 검사에게 있다는 것이다. 결국 검사가 법관으로 하여금 그만한 확신을 가지게 하는 정도로 증명하지 못한 경우에는 설령 피고인의 주장이나 변명이 모순되거나 석연치 않은 면이 있는 등 유죄의 의심이 가는 사정이 있다고 하더라도 피고인의 이익으로 판단하여야 한다. 따라서 피고인이 유리한 증거를 제출하면서 범행을 부인하는 경우에도 공소사실에 대한 증명책임은 여전히 검사에 있고, 피고인이 공소사실과 배치되는 자신의 주장 사실에 관하여 증명할 책임까지 부담하는 것은 아니므로, 검사가 제출한 증거와 피고인이 제출한 증거를 종합하여 볼 때 공소사실에 관하여 조금이라도 합리적인 의심이 있는 경우에는 무죄를 선고하여야 할 것이지, 피고인이 제출한 증거만으로 피고인의 주장 사실을 인정하기에 부족하다는 이유를 들어 공소사실에 관하여 유죄판결을 선고하는 것은 헌법상 무죄추정의 원칙은 물론 형사소송법상 증거재판주의 및 검사의 증명책임에 반하는 것이어서 허용될 수 없다.

Section 8. 집행유예

① 집행유예란 형을 선고하되 일정기간 형의 집행을 미루어 두었다가 무사히 그 기간이 경과하면 형 선고의 효력을 상실하게 하여 형의 집행을 하지 않는 제도입니다.

② 피고인에게 형의 집행을 받지 않으면서 스스로 사회에 복귀할 수 있는 길을 열어주는 제도라고 할 수 있습니다.

[1] 요건

① 3년 이하의 징역이나 금고 또는 500만원 이하의 벌금의 형을 선고할 경우에 그 정상에 참작할 만한 사유가 있는 때에는 1년 이상 5년 이하의 기간 형의 집행을 유예할 수 있습니다.

② 다만, 금고 이상의 형을 선고한 판결이 확정된 때부터 그 집행을 종료하거나 면제된 후 3년까지의 기간에 범한 죄에 대하여 형을 선고하는 경우에는 형의 집행을 유예할 수 없습니다.

③ 정상에 참작할 만한 사유
형법 제51조에 정해진 양형의 조건들, 즉 피고인의 연령, 성행, 지능과 환경, 피해자에 대한 관계, 범행의 동기, 수단과 결과, 범행 후의 정황 등을 종합하여 판단해 볼 때 피고인이 형의 집행을 받지 않더라도 장래에 재범을 하지 않을 만한 정상이 있는 경우를 말합니다.

④ 금고 이상의 형을 선고한 판결이 확정된 때부터 그 집행을 종료하거나 면제된 후 3년까지의 기간에 범한 죄가 아닐 것
(1) 금고 이상의 형의 선고한 판결이 확정된 때부터 그 집행을 종료하거나 면제된 후 3년까지의 기간에 범한 죄에 대하여 재판을 받는 경우에는 그 죄에 대하여 집행을 유예 받을 수 없습니다.
(2) 피고인이 집행유예기간 중에 있는 경우에도, 법원은 원칙적으로 다시 집행유예를 선고할 수 없으나, 다만 현재의 심판대상인

범죄가 집행유예 판결이 확정되기 이전에 저질러진 경우에는 집행유예기간 중이라도 다시 형의 집행을 유예할 수 있습니다.

(3) 3년의 기간은 '범행시점'을 기준으로 판단하여야 하고, 형 집행의 종료 또는 면제 후 3년 이내에 범한 죄에 대하여는 3년을 경과한 후에 형을 선고하는 경우에도 그 선고시점과 관계없이 집행유예를 선고할 수 없습니다.

[2] 보호관찰 및 사회봉사·수강명령

① 법원은 집행유예를 선고하는 경우 피고인의 정상적인 사회복귀를 꾀하고 범죄를 예방하기 위하여 보호관찰 및 사회봉사·수강명령을 부가할 수 있습니다.

② 이러한 명령을 받은 사람은 집행유예 판결 선고시 교부받은 준수사항에 따라 판결이 확정된 후 10일 이내에 보호관찰소에 신고하고, 주거를 이전하는 경우에는 반드시 보호관찰소에 신고하며, 보호관찰관의 지도에 따라 성실히 그 명령을 이행하여야 합니다.

③ 만약 이를 이행하지 않거나 그 준수사항을 위반하는 때에는 집행유예가 취소될 수 있습니다.

④ 생업에 종사하여 사회봉사명령을 이행하기 어려운 경우에는 보호관찰소에 신청하여 평일의 오전과 오후 중에 선택하거나 토요일 오후와 휴일만을 이용하여 이행하는 것도 가능합니다.

[3] 집행유예의 효과

① 집행유예의 선고를 받은 후 그 선고가 실효 또는 취소되지 않고 유예기간을 경과한 때에는 형의 선고는 효력을 잃게 됩니다.

②이에 따라 다른 법률에 의하여 그 유예기간 중에 정지되었던 자격이나 권리가 되살아나기도 하고(예 : 공직선거에 출마할 수 있는 권

리), 반면 유예기간 경과 후에도 일정기간 동안은 자격이나 권리를 얻을 수 없는 경우도 있습니다(예 : 유예기간 경과 후 2년 동안은 국가공무원으로 임용될 수 없습니다).

③ 집행유예 기간의 시점은 집행유예 판결이 확정된 날이므로, 항소나 상고 등에 의하여 판결이 확정되지 않은 경우에는 집행유예 기간이 진행되지 않음을 주의하여야 합니다.

[4] 집행유예의 실효와 취소

1. 집행유예의 실효

① 집행유예의 선고를 받은 사람이 유예기간 중 고의로 범한 죄로 금고 이상의 실형을 선고 받아 그 판결이 확정된 때에는 집행유예의 선고는 효력을 잃게 됩니다.

② 집행유예가 실효되면 새로이 선고받은 형뿐만 아니라 이전에 집행이 유예되었던 형까지도 함께 복역하게 되어 불이익이 크므로, 집행유예 기간 중에는 사소한 잘못이라도 저지르지 않도록 항상 조심을 하여야 합니다.

2. 집행유예의 취소

① 필요적 취소

집행유예의 선고를 받은 후에 집행유예 결격사유, 즉 금고 이상의 형의 선고를 받아 집행을 종료한 후 또는 집행이 면제된 후부터 3년이 경과하지 아니한 사람이라는 것이 발각된 때에는 검사의 청구에 의하여 피고인의 소재지를 관할하는 법원이 결정으로 집행유예의 선고를 취소합니다.

② 임의적 취소

(1) 집행유예를 선고받으면서 보호관찰이나 사회봉사 또는 수강명

령을 함께 받은 사람이 그 명령이나 준수사항을 위반하고, 그 위반의 정도가무거운 경우에는 검사의 청구에 의하여 피고인의 소재지를 관할하는 법원이 결정으로 집행유예를 취소할 수 있습니다.

(2) 보호관찰소에 아무런 연락도 하지 아니하여 상당기간 피고인의 소재가 파악되지 않거나 사회봉사 또는 수강명령을 전혀이행하지 아니한 경우에는 특별한 사정이 없는 한 집행유예가 취소되는 경우가 많으므로, 보호관찰관의 지도에 따라 성실히 명령을 이행하여야 합니다.

(3) 특히 보호관찰소로부터 몇 차례 연락을 받고도 출석하지 아니한 후에는 처벌이 두려워 아예 소재를 감추어 버리는 경우가 많은데, 아무리 늦었다고 하더라도 스스로 보호관찰소에 출석하여 그 후 명령을 충실히 이행하면 집행유예가 취소되지 않을 수 있으므로, 피고인이 자진하여 명령을 이행할 필요가 있고, 보호관찰소로부터 연락을 받은 가족들도 그와 같이 지도해 주시기 바랍니다.

[5] 상담사례

■ 집행유예기간 중 죄를 범한 피고인에 대한 보석 가능 여부

[질문] 甲은 교통사고를 야기하여 집행유예를 선고받고 그 집행유예기간이 경과되기 전에 다시 폭행죄를 범하여 구속되었습니다. 甲은 점포를 운영하고 있으나, 구속으로 인하여 가족의 생계가 어렵게 되어 보석을 청구하려고 하는데, 집행유예기간 중 죄를 범한 경우에는 절대적으로 보석이 허용되지 않는지요?

[답변] 「형사소송법」 제95조는 필요적 보석에 관하여 "보석의 청구가 있는 때에는 ①피고인이 사형, 무기 또는 장기 10년이 넘는 징역이나 금고에 해당하는 죄를 범한 때, ②피고인이 누범(累犯)에 해당하거나 상습범(常習犯)인 죄를 범한 때, ③피고인이 죄증(罪證)을 인멸하거나 인멸할 염려가 있다고 믿을 만한 충분한 이유가 있는 때, ④피고인이 도망하거나 도망할 염려가 있다고 믿을 만한 충분한 이유가 있는 때, ⑤피고인의 주거가 분명하지 아니한 때, ⑥피고인이 피해자, 당해 사건의 재판에 필요한 사실을 알고 있다고 인정되는 자 또는 그 친족의 생명. 신체나 재산에 해를 가하거나 가할 염려가 있다고 믿을 만한 충분한 이유가 있는 때 이외의 경우에는 보석을 허가하여야 한다."라고 규정하고 있습니다.

한편, 집행유예기간 중에 있는 피고인에 대한 보석이 불가능한 것인지에 관하여 판례는 "피고인이 집행유예의 기간 중에 있어 집행유예의 결격자라고 하여 보석을 허가할 수 없는 것은 아니고, 형사소송법 제95조는 그 제1호 내지 제5호 이외의 경우에는 필요적으로 보석을 허가하여야 한다는 것이지 여기에 해당하는 경우에는 보석을 허가하지 아니할 것을 규정한 것이 아니므로, 집행유예기간 중에 있는 피고인의 보석을 허가한 것이 누범과 상습범에 대하여는 보석을 허가하지 아니할 수 있다는 형사소송법 제95조 제2호의 취지에 위배되어 위법이라고 할 수 없다."라고 하였습니다(대법원 1990. 4. 18.자 90모22 결정).

따라서 甲이 집행유예기간 중 다시 죄를 범하였다는 사유만으로 반드시 보석허가를 받을 수 없다고 할 수는 없을 것이지만, 보석이 허가될 것인지는 구체적 사안에 따라서 판단될 것입니다.

■ 집행유예 판결 선고 시 피고인은 언제 석방되나요?

[질문] 저는 횡령죄로 구속기소 되어 재판을 받고 있는 중입니다. 만약 제가 집행유예를 선고받는다면 바로 석방되는 것인지요. 아니면 판결이 확정되어야만 석방될 수 있는 것인지요 그리고 바로 석방되는 것이라면 그 자리에서 석방되는 것인가요 아니면 우선 교도소로 연행되었다가 석방되는 것인지요.

[답변] 형사소송법 제331조는 "무죄, 면소, 형의 면제, 형의 선고유예, 형의 집행유예, 공소기각 또는 벌금이나 과료를 과하는 판결이 선고된 때에는 구속영장은 효력을 잃는다."라고 규정하고 있습니다. 따라서 귀하가 집행유예의 판결을 선고받는다면 판결의 확정과 상관없이 곧바로 구속영장의 효력이 상실되므로 귀하는 바로 석방될 수 있을 것입니다. 한편, 무죄 등 판결이 선고된 피고인을 피고인의 의사에 반하여 교도소로 강제로 연행할 수 있는지에 관하여 헌법재판소는 "형사소송법 제331조 에 의하면 무죄 등 판결 선고와 동시에 바로 구속영장의 효력이 상실되는 것이므로, 무죄 등 판결을 받은 피고인은 법정에서 즉시 석방되어야 하는 것이다 바꾸어 말하면 교도관이 석방절차를 밟는다는 이유로 법정에 있는 석방대상 피고인을 그의 의사에 반하여 교도소로 다시 연행하는 것은 어떠한 이유를 내세운다고 할지라도 헌법상의 정당성을 갖는다고 볼 수 없는 것이다. (헌법재판소 1997. 12. 24. 자 95헌마247)"고 판시하여 교도소로 강제로 연행할 수 없다고 판단하고 있습니다. 또한, 대검예규인 '석방지휘신속처리지침' 역시 구속영장의 효력이 상실된 경우, 교도관의 포승·수갑 등 계구(계구)사용을 금하고, 피고인과 교도소에 임의동행하되 자유인으로서 처우하도록 규정하고 있습니다. 따라서, 귀하에게 집행유예가 선고된다면 귀하는 교도소에서 지급한 각종 지급품의 회수, 수용시의 휴대금품 또는 수용 중 영치된 금품의 반환 내지 환급을 위해 임의로 교도관과 교도소에 동행할 수는 있으나 귀하의 의사에 반하여 교도소로 연행되는 일은 없을 것입니다.

■ **피고인만 항소하였을 때, 항소심에서 원심의 집행유예보다 기간이 짧은 실형을 선고받을 수도 있는지요?**

[질문] 저는 얼마 전 저지른 범죄로 1심에서 징역 1년에 집행유예 3년을 선고받았습니다. 이에 대하여 저만 항소를 하였습니다. 이 경우 불이익변경금지의 원칙이 적용되는 것으로 알고 있습니다. 그런데 예를 들어 항소심에서 징역 6개월의 실형을 선고받게 되면 형 자체는 짧아졌지만 실제로 감옥에 가게 될 것인데 이런 경우는 형이 불리하게 변경된 것이 아닌가요?

[답변] 귀하의 경우 1심에서 징역 1년에 집행유예 3년의 형을 선고받으셨으므로 집행유예 기간 중에 다시 범죄를 저지르지 않으신다면 실제로 감옥에 가게 되지는 않을 것입니다. 하지만 만약 귀하만 항소를 하였다가 징역 6개월의 실형을 선고받게 되면, 형량 자체는 줄어든 것처럼 보이지만 실제로 감옥에 가야할 것입니다.

따라서 이러한 경우 "형사소송법 제368조(불이익변경의 금지) 피고인이 항소한 사건과 피고인을 위하여 항소한 사건에 대하여는 원심판결의 형보다 중한 형을 선고하지 못한다."는 불이익금지의 원칙을 위반하였다고 볼 수 있습니다.

우리 판례는 "불이익변경금지의 원칙을 적용함에 있어서는 주문을 개별적·형식적으로 고찰할 것이 아니라 전체적·실질적으로 고찰하여 그 형의 경중을 판단하여야 한다(대법원 1998. 3. 26. 선고 97도1716 전원합의체 판결 등 참조)."고 합니다.

위와 같은 입장에서 우리 판례는 "제1심에서 징역형의 집행유예를 선고한 데 대하여 제2심이 그 징역형의 형기를 단축하여 실형을 선고하는 것도 불이익변경금지원칙에 위배된다(대법원 2016.03.24. 선고 2016도1131 판결 참조)."는 입장입니다.

따라서 귀하만이 항소한 경우 항소심에서 실형이 선고되지는 않을 깃으로 보입니다.

[6] 관련판례

[대법원 1989. 9. 12.선고 87도2365 전원합의체 판결]

【판시사항】

집행유예기간 중에 다시 집행유예를 선고할 수 있는지 여부

【판결요지】

(다수의견)

형법 제62조 제1항 단서에서 규정한 "금고 이상의 형의 선고를 받아 집행을 종료한 후 또는 집행이 면제된 후로부터 5년을 경과하지 아니한 자"라는 의미는 실형선고를 받고 집행종료나 집행면제 후 5년을 경과하지 않은 경우만을 가리키는 것이 아니라 형의 집행유예를 선고받고 그 유예기간이 경과하지 않은 경우를 포함하나 형법 제37조의 경합범관계에 있는 수죄가 전후로 기소되어 각각 별개의 절차에서 재판을 받게 된 결과 어느 하나의 사건에서 먼저 집행유예가 선고되어 그 형이 확정되었을 경우 다른 사건의 판결에서는 다시 집행유예를 선고할 수 없다면 그 수죄가 같은 절차에서 동시에 재판을 받아 한꺼번에 집행유예를 선고받을 수 있었던 경우와 비교하여 현저히 균형을 잃게 되므로 이러한 불합리가 생기는 경우에 한하여 위 단서 규정의 "형의 선고를 받아"라는 의미는 실형이 선고된 경우만을 가리키고 형의 집행유예를 선고받은 경우는 포함되지 않는다고 해석함이 상당하다.

(반대의견)

형법 제62조 제1항 단서 소정의 "금고 이상의 형의 선고를 받아"라고 함은 실형만을 지칭하는 것은 아니고 집행유예의 선고를 받은 경우도 포함하며, 집행유예기간 이전의 범죄가운데 형법 제37조 후단 경합범의 경우에 대하여도 그 의미를 달리 해석할 것이 아니다.

(별개의견)

형법 제62조 제1항 단서의 "금고 이상의 형의 선고를 받아"에서 말하는 "형"이란 실형만을 가리키는 것이지 집행유예를 받은 형까지도 포함하는 것으로는 해석되지 않으므로 형의 집행유예기간중이더라도 여죄인지의 여부에 관계없이 집행유예를 할 수 있다.

Section 9. 국선변호

사선변호인이 선임되지 않은 경우에 피고인을 위하여 법원이 국가의 비용으로 변호인을 선정해 주는 제도를 말합니다.

[1] 필요적 국선변호

아래 사항에 해당하는 피고인의 경우 법원에서 직권으로 국선변호인을 선임합니다.

(1) 구속영장이 청구되고 영장실질심문절차에 회부된 피의자에게 변호인이 없는 때

(2) 체포·구속적부심사가 청구된 피의자에게 변호인이 없는 때

(3) 피고인이 구속된 때, 미성년자인 때, 70세 이상인 때, 농아자인 때, 심신장애의 의심이 있는 자인 때, 사형, 무기 또는 단기 3년 이상의 징역이나 금고에 해당하는 사건으로 기소된 때

(4) 피고인의 연령, 지능, 교육정도 등을 참작하여 권리보호를 위하여 필요하다고 인정되고, 피고인이 국선변호인의 선정을 희망하지 아니한다는 명시적인 의사를 표시하지 않은 때

(5) 공판준비기일이 지정된 사건에 관하여 변호인이 없는 경우와 공판준비기일이 지정된 후에 변호인이 없게 된 경우

(6) 일정한 재심사건의 경우

(7) 국민참여재판 대상사건에서 피고인에게 변호인이 없는 경우

(8) 치료감호법상 치료감호청구사건의 경우

(9) 군사법원법이 적용되는 사건의 경우

[2] 임의적 국선변호인 선정

① 피고인이 빈곤 기타의 사유로 변호인을 선임할 수 없을 때에는 법원에 국선변호인 선정을 청구할 수 있습니다.

② 빈곤 기타의 사유는 법원이 정한사유에 따르나, 법원은 그 사유를 점점 넓혀가고 있습니다.

③ 종전에는 국선변호인을 법원에서 일방적으로 선정하였으나 2003. 3. 1.부터 임의적 국선변호인 선택제도의 도입에 따라 피고인이 재판부별 국선변호인 예정자명부에 등재된 변호인 중에서 국선변호를 원하는 변호인을 임의적으로 선택하여 선정 청구를 할 수 있습니다.

[3] 국선변호인 선정 청구

1. 피고인

법원은 공소가 제기된 피고인에게 공소장부본의 송달과 함께 국선변호인 선정에 관한 고지도 함께 하고 있는데, 특히 피고인이 빈곤 기타의 사유로 인하여 개인적으로 변호인을 선임할 수 없을 때에는 그 고지서 뒷면에 '국선변호인선정 청구서'가 인쇄되어 있으므로 그 빈칸을 기재하고 날인한 다음 신속하게(늦어도 고지서를 받은 때부터 48시간 안에) 법원에 제출하면 됩니다.

2. 피고인 이외의 청구권자

피고인의 법정대리인, 배우자, 직계친족과 형제자매는 독립하여 변호인을 선임할 수 있습니다.

3. 국선변호인

① 국선변호인은 재판부별로 전속되어 있고, 그 전속변호인이나 그외 변호인들 중에서 원하는 변호인이 있으면국선변호인선정 청구서에

기재할 수 있습니다. 다만, 변호인의 사정 등에 따라 원하는 변호인이 선정되지 않을 수 있습니다.

② 국선변호인은 피고인 1인에 대하여 변호인 1인을 선정함이 원칙이지만, 공동 피고인이 있는 경우 공동 피고인들사이에 서로 이해관계가 대립하지 않을 때에는 그 공동 피고인들에 대하여 동일한 변호인을 선정할 수 있습니다.

③ 국선변호인은 변호사나 사법연수생 중에서 선임하고, 그 보수는 법원에서 지급합니다.

[4] 상담사례

■ 국선변호인의 선임절차는 어떻게 되는지요?

[질문] 형사사건에 있어서 변호사를 선임할 수 없는 경우 국선변호인을 선임할 수 있다고 하는데, 국선변호인의 선임절차는 어떻게 되는지요?

[답변] 형사사건의 피고인 및 피의자에 대하여 국선변호인이 선임되는 경우는 다음과 같습니다.

먼저, 피고인이 ①구속된 때 ②미성년자인 때 ③70세 이상의 자인 때 ④농아자인 때 ⑤심신장애의 의심이 있는 자인 때 ⑥사형, 무기 또는 단기 3년 이상의 징역이나 금고에 해당 사건으로 기소된 때에, 피고인에게 변호인이 없는 경우에는 법원은 직권으로 변호인을 선정하여야 합니다(형사소송법 제33조 제1항 제1호 내지 제6호).

또한, 피고인이 위 항목에 해당하지 않더라도 빈곤 그 밖의 사유로 변호인을 선임할 수 없는 때에는 피고인의 청구에 의하여 국선변호인을 선임할 수 있으며, 피고인은 위 사유에 대한 소명자료(영세민증명 등)를 법원에 제출하여야 하나, 사건기록에 의하여 그 사유가 명백히 소명되었다고 인정될 때에는 그러하지 아니하도록 되어 있습니다(형사소송법 제33조 제2항, 형사소송규칙 제17조의 2).

나아가 법원은 피고인의 연령, 지능 및 교육 정도 등을 참작하여 권리 보호를 위하여 필요하다고 인정하는 때에는 피고인의 명시적 의사에 반하지 아니하는 범위 안에서 변호인을 선정하도록 하고 있으며, 위와 같은 필요적 변호사건에 변호인이 선임된 경우 법원은 변호인 없이 개정을 하지 못하도록 하고 있습니다(형사소송법 제33조 제3항, 제282조, 제283조).

또한, 재심개시결정이 확정된 사건에 있어서도 일정한 경우에는 국선변호인을 선임하여야 하는 경우가 있습니다(형사소송법 제438조 제4항).

한편, 피의자의 경우에는 구속영장이 청구되어 구속 전 피의자 심문을 받는 피의자에게 변호인이 없는 경우에 법원은 직권으로 국선변호인을 선정하여야 하며(형사소송법 제201조의2 8항), 체포 또는 구속된 피의자가 체포·구속적부심사를 청구한 경우 위 제33조의 국선변호인 선임사유에 해당하고 변호인이 없는 때에도 국선변호인을 선정하도록 하고 있습니다(형사소송법 제214조의2 10항).

■ 이해상반되는 공동피고인에 대한 동일국선변호인 선정이 가능한지요?

[질문] 甲과 乙은 「폭력행위 등 처벌에 관한 법률」 위반죄의 공동피고인인데, 법원에서는 변호사 丙을 甲·乙 모두의 국선변호인으로 선정하였습니다. 그런데 甲과 乙 중 일방 피고인에게 유리한 변론이 다른 피고인에게는 불리한 결과를 초래하는 것으로 생각되는바, 이 경우 甲과 乙이 취할 수 있는 방법이 있는지요?

[답변] 「형사소송규칙」 제15조는 "①국선변호인은 피고인 또는 피의자마다 1인을 선정한다. 다만, 사건의 특수성에 비추어 필요하다고 인정할 때에는 1인의 피고인 또는 피의자에게 수인의 국선변호인을 선정할 수 있다. ②피고인 또는 피의자 수인 간에 이해가 상반되지 아니할 때에는 그 수인의 피고인 또는 피의자를 위하여 동일한 국선변호인을 선정할 수 있다."라고 규정하고 있습니다.

그리고 관련 판례를 보면, "공범관계에 있지 않은 공동피고인들 사이에서도 공소사실의 기재 자체로 보아 어느 피고인에 대한 유리한 변론이 다른 피고인에 대하여는 불리한 결과를 초래하는 사건에 있어서는 공동피고인들 사이에 이해가 상반된다고 할 것이어서, 그 공동피고인들에 대하여 선정된 동일한 국선변호인이 공동피고인들을 함께 변론한 경우에는 형사소송규칙 제15조 제2항에 위반된다고 할 것이며, 그러한 공동피고인들 사이의 이해상반 여부의 판단은 모든 사정을 종합적으로 판단하여야 하는 것은 아니지만, 적어도 공동피고인들에 대하여 형을 정함에 있어 영향을 미친다고 보이는 구체적 사정을 종합하여 실질적으로 판단하여야 한다."라고 하면서 피고인에 대한 공소사실 범행의 피해자가 공동피고인이고 범행동기도 공동피고인에 대한 공소사실 범행에 있어 피고인에 대한 유리한 변론은 공동피고인의 정상에 대하여 불리한 결과를 초래하므로 공소사실들 자체로 피고인과 공동피고인은 이해가 상반되는 관계에 있다고 보아 동일한 국선변호인을 선정한 것은 형사소송규칙 제15조 제2항에 위배된다."라고 하였습니다(대법원 2000. 11. 24. 선고 2000도4398 판결).

따라서 이러한 위법은 피고인으로 하여금 국선변호인의 조력을 받아 효과적인 방어권을 행사하지 못한 결과를 가져옴으로써 판결에 영향을 미쳤다고 할 것이므로 상고이유가 될 수 있을 것으로 보입니다.

■ 국선변호인 선정의 지연으로 항소이유서 제출기간이 경과된 경우

[질문] 甲은 제1심 법원으로부터 유죄판결을 받고, 빈곤 등을 이유로 국선변호인의 선정을 청구하면서, 국선변호인의 조력을 받아 항소이유서를 작성·제출하는 데 필요한 시간여유를 충분히 두고 선정청구를 하였는데도 법원이 정당한 이유 없이 그 선정을 지연하여 항소이유서 제출기간이 경과한 후에야 비로소 국선변호인이 선정됨으로써 항소이유서의 작성·제출에 필요한 변호인의 조력을 받지도 못한 상태로 甲에 대한 항소이유서 제출기간이 도과해버렸습니다. 이 경우 항소기각이 되는지요?

[답변] 국선변호인의 선정 및 소송기록접수통지에 관하여 「형사소송규칙」제156조의2 제1항은 "기록의 송부를 받은 항소법원은 법 제33조 제1항 제1호부터 제6호까지의 필요적 변호사건에 있어서 변호인이 없는 경우에는 지체없이 변호인을 선정한 후 그 변호인에게 소송기록접수통지를 하여야 한다. 법 제33조 제3항에 의하여 국선변호인을 선정한 경우에도 그러하다."라고 규정하고 있습니다.

판례는 "피고인이 빈곤 등을 이유로 국선변호인의 선정을 청구하면서, 국선변호인의 조력을 받아 항소이유서를 작성·제출하는 데 필요한 시간여유를 충분히 두고 선정청구를 하였는데도 법원이 정당한 이유 없이 그 선정을 지연하여 항소이유서 제출기간이 경과한 후에야 비로소 국선변호인이 선정됨으로써 항소이유서의 작성·제출에 필요한 변호인의 조력을 받지도 못한 상태로 피고인에 대한 항소이유서 제출기간이 도과해버렸다면 이는 변호인의 조력을 받을 피고인의 권리가 법원에 의하여 침해된 것과 다를 바 없으므로, 설사 항소이유서 제출기간 내에 그 피고인으로부터 적법한 항소이유서의 제출이 없었다고 하더라도 그러한 사유를 들어 곧바로 결정으로 피고인의 항소를 기각하여서는 아니 된다고 할 것이며, 그와 같은 경우에는 형사소송규칙 제156조의2를 유추적용하여 그 국선변호인에게도 별도로 소송기록접수통지를 하여 국선변호인이 그 통지를 받은 날로부터 기산하여 소정의 기간 내에 피고인을 위하여 항소이유서를 제출할 수 있는 기회를 주어야 하며, 그와 같은 기회의 부여에도 불구하고 그 국선변호인마저 정해진 기간 내에 항소이유서를 제출하지 아니하는 경우에 한하여 비로소 결정으로 항소를 기각할 수 있을 뿐이라고 보는 것이 형사피고인에 대하여 변호인의 조력을 받을 권리를 국민의 기본적 권리로 규정한 헌법의 정신에 합치하는 해석이다."라고 하였습니다(대법원 2000. 11. 28.자 2000모66 결정, 2003.

10. 27.자 2003모306 결정).

또한 「형사소송규칙」 제156조의2는 "②항소법원은 항소이유서 제출기간이 도과하기 전에 피고인으로부터 법 제33조제2항의 규정에 따른 국선변호인 선정청구가 있는 경우에는 지체없이 그에 관한 결정을 하여야하고, 이 때 변호인을 선정한 경우에는 그 변호인에게 소송기록접수통지를 하여야 한다. ③제1항, 제2항의 규정에 따라 국선변호인 선정결정을 한 후 항소이유서 제출기간 내에 피고인이 책임질 수 없는 사유로 그 선정결정을 취소하고 새로운 국선변호인을 선정한 경우에도 그 변호인에게 소송기록접수통지를 하여야 한다. ④항소법원이 제2항의 국선변호인 선정청구를 기각한 경우에는 피고인이 국선변호인 선정청구를 한 날로부터 선정청구기각결정등본을 송달받은 날까지의 기간을 법 제361조의3제1항이 정한 항소이유서 제출기간에 산입하지 아니한다. 다만, 피고인이 최초의 국선변호인 선정청구기각결정을 받은 이후 같은 법원에 다시 선정청구를 한 경우에는 그 국선변호인 선정청구일로부터 선정청구기각결정등본 송달일까지의 기간에 대해서는 그러하지 아니하다."고 규정하고 있습니다.

따라서 위 사안에 있어서도 법원은 국선변호인에게도 별도로 소송기록접수통지를 하여 국선변호인이 그 통지를 받은 날로부터 기산하여 소정의 기간 내에 甲을 위하여 항소이유서를 제출할 수 있는 기회를 주어야 하며, 그와 같은 기회의 부여에도 불구하고 그 국선변호인마저 정해진 기간 내에 항소이유서를 제출하지 아니하는 경우에 한하여 비로소 결정으로 항소를 기각하게 될 것입니다.

■ 즉심에 대한 정식재판청구 시 국선변호인선정 가능 여부

[질문] 甲은 「도로교통법」 위반으로 벌금 10만원을 부과받고 납부하지 않아 즉결심판에 회부되어 역시 벌금 10만원의 형을 선고받았습니다. 그런데 甲은 즉결심판에 불복하여 정식재판을 청구하였는데, 甲은 71세의 고령으로 자기를 변호하기 어려운 형편인바, 이 경우에도 국선변호인이 선정될 수 있는지요?

[답변] 「즉결심판에 관한 절차법」 제14조에는 "①정식재판을 청구하고자 하는 피고인은 즉결심판의 선고·고지를 받은 날부터 7일 이내에 정식재판청구서를 경찰서장에게 제출하여야 한다. 정식재판청구서를 받은 경찰서장

은 지체없이 판사에게 이를 송부하여야 한다. ④형사소송법 제340조 내지 제342조, 제344조 내지 제352조, 제354조, 제454조, 제455조의 규정은 정식재판의 청구 또는 그 포기·취하에 이를 준용한다."라고 규정하고 있습니다.

그리고 「형사소송법」제455조 제3항은 "정식재판의 청구가 적법한 때에는 공판절차에 의하여 심판하여야 한다."라고 규정하고 있고, 「형사소송법」제283조 및 제33조 제1항 제3호는 피고인이 70세 이상의 자인 때에 변호인이 없거나 출석하지 아니한 때에는 법원은 직권으로 변호인을 선정하여야 한다고 규정하고 있습니다.

위 규정에 따라 피고인이 즉결심판에 대하여 적법한 정식재판 청구를 한 경우 공판절차가 개시되고, 귀하께서는 만 70세 이상이므로 위 공판절차의 수행과정에서 변호인이 없을 경우라면 국선변호인 선정이 될 수 있을 것으로 보여집니다.

■ 소년 사건에도 국선변호인의 도움을 받을 수 있는지요?

[질문] 얼마 전 저희 아이가 절도죄를 저질러서 재판을 받고 있습니다. 저희 부모가 법적인 절차에 대해서 잘 모르고 경제적으로도 어렵다 보니 아이에게 도움을 주지 못하여 안타깝습니다. 형사재판에서 이런 경우 국선변호인이 선임되는 것으로 알고 있는데, 소년 사건의 경우에도 국선변호인 선임을 요청할 수 있나요?

[답변] 소년사건에도 국선변호인과 같은 제도가 있습니다. 다만 소년 사건인 경우에는 국선변호인이라는 용어를 쓰지 않고 국선보조인이라는 용어를 사용합니다.

소년법 제17조(보조인 선임) ① 사건 본인이나 보호자는 소년부 판사의 허가를 받아 보조인을 선임할 수 있다. ② 보호자나 변호사를 보조인으로 선임하는 경우에는 제1항의 허가를 받지 아니하여도 된다. ③ 보조인을 선임함에 있어서는 보조인과 연명날인한 서면을 제출하여야 한다. 이 경우 변호사가 아닌 사람을 보조인으로 선임할 경우에는 위 서면에 소년과 보조인과의 관계를 기재하여야 한다. ④ 소년부 판사는 보조인이 심리절차를 고의로 지연시키는 등 심리진행을 방해하거나 소년의 이익에 반하는 행위를 할 우려가 있다고 판단하는 경우에는 보조인 선임의 허가를 취소할 수 있다. ⑤ 보조인의 선임은 심급마다 하여야 한다. ⑥

「형사소송법」 중 변호인의 권리의무에 관한 규정은 소년 보호사건의 성질에 위배되지 아니하는 한 보조인에 대하여 준용한다.

제17조의2(국선보조인) ① 소년이 소년분류심사원에 위탁된 경우 보조인이 없을 때에는 법원은 변호사 등 적정한 자를 보조인으로 선정하여야 한다. ② 소년이 소년분류심사원에 위탁되지 아니하였을 때에도 다음의 경우 법원은 직권에 의하거나 소년 또는 보호자의 신청에 따라 보조인을 선정할 수 있다.

1. 소년에게 신체적·정신적 장애가 의심되는 경우

2. 빈곤이나 그 밖의 사유로 보조인을 선임할 수 없는 경우

3. 그 밖에 소년부 판사가 보조인이 필요하다고 인정하는 경우

③ 제1항과 제2항에 따라 선정된 보조인에게 지급하는 비용에 대하여는 「형사소송비용 등에 관한 법률」을 준용한다.

위 규정들에서 보는 바와 같이 사건 본인이나 보호자는 소년부 판사의 허가를 받아 보조인을 선임할 수 있고 보호자나 변호사를 보조인으로 선임하는 경우에는 허가를 받지 않아도 됩니다.

한편, 귀하의 경우와 같이 경제적으로 어렵거나 법을 잘 몰라 국선보조인의 도움을 받고자 하는 경우, 법원에 국선보조인의 선정을 신청하실 수 있습니다.

[5] 관련판례

[대법원 2024. 7. 25.선고 2024도8202 판결]

【판시사항】

형사소송법 제33조 제1항 제1호에서 정한 필요적 국선변호인 선정사유인 '피고인이 구속된 때'가 피고인이 해당 형사사건에서 구속되어 재판을 받고 있는 경우에 한정되는지 여부(소극) 및 피고인이 별건으로 구속영장이 발부되어 집행되거나 다른 형사사건에서 유죄판결이 확정되어 그 판결의 집행으로 구금 상태에 있는 경우도 포괄하는지 여부(적극)

【이유】

형사소송법 제33조 제1항 제1호의 문언, 위 법률조항의 입법 과정에서 고려된 '신체의 자유', '변호인의 조력을 받을 권리', '공정한 재판을 받을 권리' 등 헌법상 기본권 규정의 취지와 정신 및 입법 목적 그리고 피고인이 처한 입장 등을 종합하여 보면, 형사소송법 제33조 제1항 제1호가 필요적 국선변호인 선정사유 중 하나로 정하고 있는 '피고인이 구속된 때'라고 함은 피고인이 해당 형사사건에서 구속되어 재판을 받고 있는 경우에 한정된다고 볼 수 없고, 피고인이 별건으로 구속영장이 발부되어 집행되거나 다른 형사사건에서 유죄판결이 확정되어 그 판결의 집행으로 구금 상태에 있는 경우 또한 포괄하고 있다고 보아야 한다(대법원 2024. 5. 23. 선고 2021도6357 전원합의체 판결 참조).

형사소송법 제282조에 규정된 필요적 변호사건에 해당하는 사건에서 제1심의 공판절차가 변호인 없이 이루어져 증거조사와 피고인신문 등 심리가 이루어졌다면, 그와 같은 위법한 공판절차에서 이루어진 증거조사와 피고인신문 등 일체의 소송행위는 모두 무효이므로, 이러한 경우 항소심으로서는 변호인이 있는 상태에서 소송행위를 새로이 한 후 위법한 제1심판결을 파기하고, 항소심에서의 증거조사 및 진술 등 심리 결과에 기초하여 다시 판결하여야 한다(대법원 1995. 4. 25. 선고 94도2347 판결, 대법원 2015. 12. 24. 선고 2015도10544 판결 등 참조).

[대법원 2024. 7. 11.선고 2024도4202 판결]

【판시사항】

[1] 형사소송법 제33조에서 규정한 국선변호인 제도의 취지와 내용

[2] 약물중독 등으로 인한 심신미약 정도, 마약 투약으로 수사받던 피고인이 중요한 수사협조를 하여 특별감경 양형요소로 반영될 개연성이 높은 경우 등 피고인에게 유리한 양형요소를 주장할 필요성이 있는 경우, 피고인의 권리보호를 위하여 국선변호인을 선정하여 방어권을 보장해 줄 필요가 있는지 여부(적극)

[3] 제1심법원이 피고인에 대하여 무죄를 선고하였으나 검사가 항소한 사안에서 항소법원이 변호인이 선임되지 않은 피고인에 대하여 검사의 항소를 받아들여 유죄를 선고하는 경우, 피고인의 권리보호를 위하여 공판심리단계에서부터 국선변호인의 선정을 더욱 적극적으로 고려하여야 하는지 여부(적극)

[4] 형사소송법 제33조 제3항 을 적용하여 국선변호인을 선정하여 방어권을 보장해 줄 필요가 있는지 판단할 때 고려하여야 할 사정 / 이때 국선변호인을 선정할 필요가 있음에도 국선변호인의 선정 없이 공판심리가 이루어져 피고인의 방어권이 침해됨으로써 판결에 영향을 미친 경우, 형사소송법 제33조 제3항을 위반한 것인지 여부(적극)

【판결요지】

[1] 형사소송법 제33조는 헌법 제12조에 의하여 피고인에게 보장된 변호인의 조력을 받을 권리가 공판심리절차에서 효과적으로 실현될 수 있도록 일정한 경우에 직권 또는 피고인의 청구에 의한 법원의 국선변호인 선정 의무를 규정하는 한편(제1항, 제2항), 피고인의 나이·지능 및 교육 정도 등을 참작하여 권리보호를 위하여 필요하다고 인정되면 피고인의 명시적 의사에 반하지 아니하는 범위에서 법원이 국선변호인을 선정하여야 한다고 규정하고 있다(제3항).

[2] 공소제기된 범죄의 내용과 보호법익, 피고인의 직업이나 경제력, 범죄 전력, 예상되는 주형과 부수처분의 종류, 약물중독 등으로 인한 심신미약 정도, 마약 투약으로 수사받던 피고인이 중요한 수사협조를 하여 특별감경 양형요소로 반영될 개연성이 높은 경우 등 피고인에게 유리한 양형요소를 주장할 필요성이 있다면 피고인의 권리보호를 위하여서는 피고인의 명시적 의사에 반하지 아니하는 범위에서 국선변호인을 선정하여 방어권을 보장해 줄 필요가 있다고 할 것이다.

[3] 항소심에서 양형이 피고인에게 불리하게 변경되는 경우뿐 아니라, 제1심 법원이 피고인에 대하여 무죄를 선고하였으나 검사가 항소한 사안에서 항소법원이 변호인이 선임되지 않은 피고인에 대하여 검사의 항소를 받아들여 유죄를 선고하는 경우에는 공판심리단계에서부터 국선변호인의 선정을 더욱 적극적으로 고려하여야 한다. 그리하여 국선변호인이 피고인을 위하여 유죄 증명을 위한 검사의 주장과 증거 제출에 대응하는 데에서 나아가, 제1심의 무죄판결에서는 판단된 바 없는 양형에 관한 주장과 그에 관한 자료를 제출하도록 함으로써 피고인의 권리를 보호할 필요성은 충분하다고 할 것이다.

[4] 헌법상 변호인의 조력을 받을 권리 및 형사소송법상 국선변호인 제도의 취지와 형사소송법 제33조 제3항 및 항소심에서의 국선변호인 선정과 관련한 판례의 취지에 비추어 보면, 법원으로서는 피고인의 나이·지능 및 교육 정도, 건강상태, 다투는 내용에 관하여 피고인 홀로 방어권 행사가 가능한 수준과 정도, 피고인의 재판을 도와줄 가족이 있는지 여부 등을 충분히 살펴 권리보호를 위하여 필요하다고 인정되면 형사소송법 제33조 제3항의 규정을 적용하여 피고인의 명시적 의사에 반하지 아니하는 범위에서 국선변호인을 선정하여 방어권을 보장해 줄 필요가 있다. 그런데도 국선변호인의 선정 없이 공판심리가 이루어져 피고인의 방어권이 침해됨으로써 판결에 영향을 미쳤다고 인정되는 경우에는 형사소송법 제33조 제3항을 위반한 위법이 있다고 보아야 한다.

[대법원 2024. 6. 27.선고 2022도15875 판결]

【판시사항】

형사소송법 제33조 제1항 제1호에서 정한 필요적 국선변호인 선정사유인 '피고인이 구속된 때'가 피고인이 해당 형사사건에서 구속되어 재판을 받고 있는 경우에 한정되는지 여부(소극)

【이유】

직권으로 판단한다.

형사소송법 제33조 제1항 제1호의 문언, 위 법률조항의 입법 과정에서 고려된 '신체의 자유', '변호인의 조력을 받을 권리', '공정한 재판을 받을 권리' 등 헌법상 기본권 규정의 취지와 정신 및 입법 목적 그리고 피고인이 처한 입장 등을 종합하여 보면, 형사소송법 제33조 제1항 제1호의 '피고인이 구속된 때'라고 함은 피고인이 해당 형사사건에서 구속되어 재판을 받고 있는 경우에 한정된다고 볼 수 없고, 피고인이 별건으로 구속영장이 발부되어 집행되거나 다른 형사사건에서 유죄판결이 확정되어 그 판결의 집행으로 구금 상태에 있는 경우 또한 포괄하고 있다고 보아야 한다(대법원 2024. 5. 23. 선고 2021도6357 전원합의체 판결 참조).

피고인에 대하여 별건인 「마약류 관리에 관한 법률」위반(향정)죄로 부산지방법원에서 발부된 구속영장이 2022. 5. 4. 집행되었고 이 사건 원심 공판 진행 당시 피고인이 위 별건으로 구속 중이었던 사실은 기록에 의하여 알 수 있거나 이 법원에 현저하다. 이러한 사실을 앞서 본 법리에 비추어 살펴보면, 이 사건은 형사소송법 제282조, 제33조 제1항 제1호에 정하여진 필요적 변호사건에 해당하고 형사소송법 제370조에 따라 항소심에서도 변호인 없이 개정하지 못한다.

그럼에도 기록에 의하면, 원심은 피고인이 변호인을 선임한 적이 없는데도 국선변호인을 선정하지 않은 채 개정하여 사건을 심리한 다음 피고인의 항소를 기각하였음을 알 수 있다. 따라서 이러한 원심의 조치에는 소송절차가 형사소송법을 위반하여 판결에 영향을 미친 잘못이 있다.

[대법원 2024. 5. 9.선고 2024도3298 판결]

【판시사항】

제1심 변호인이 피고인의 송달영수인으로 제1심 변호인을, 송달장소로 그 사무소를 각 기재한 신고서를 제1심에 제출하였고, 원심은 국선변호인 선정결정 후 국선변호인에게 소송기록접수통지서 등을 송달하며, 제1심 변호인의 사무소로 피고인에 대한 소송기록접수통지서 등을 송달하였는데, 이후 피고인이 제1심과 다른 변호인을 선임하여 변호인 선임서를 제출하자, 원심이 국선변호인 선정을 취소한 후 피고인에 대한 제1회 공판기일 소환장을 제1심 변호인의 사무소로 송달하였고, 원심 변호인에게 소송기록접수통지를 하지 않은 채 공판기일을 진행한 후 변론을 종결하고 판결을 선고한 사안에서, 원심판결에 소송절차 법령위반의 위법이 있다고 한 사례

【판결요지】

제1심 변호인이 피고인의 송달영수인으로 제1심 변호인을, 송달장소로 그 사무소를 각 기재한 신고서를 제1심에 제출하였고, 원심은 국선변호인 선정결정 후 국선변호인에게 소송기록접수통지서 등을 송달하며, 제1심 변호인의

사무소로 피고인에 대한 소송기록접수통지서 등을 송달하였는데, 이후 피고인이 원심에서 제1심과 다른 변호인을 선임하여 변호인 선임서를 제출하자, 원심은 국선변호인 선정을 취소한 후 피고인에 대한 제1회 공판기일 소환장을 제1심 변호인의 사무소로 송달하였고, 원심 변호인에게 소송기록접수통지를 하지 않은 채 공판기일을 진행한 후 변론을 종결하고 판결을 선고한 사안에서, 제1심 변호인의 사무소는 피고인의 주소·거소·영업소 또는 사무소 등의 송달장소가 아니고, 제1심에서 한 송달영수인 신고의 효력은 원심법원에 미치지 아니하므로 피고인에게 소송기록접수통지서가 적법하게 송달되었다고 볼 수 없어, 피고인에 대한 적법한 소송기록접수통지가 이루어지지 않은 상태에서 사선변호인이 선임되고 국선변호인 선정이 취소되었으므로 원심으로서는 피고인과는 별도로 원심에서 선임된 변호인에게도 소송기록접수통지를 하여야 하고, 그 통지가 이루어지기 전에는 항소이유서 제출기간이 진행하지 않으므로 그 기간의 경과를 기다리지 않고는 항소사건을 심판할 수 없다는 이유로, 이와 달리 보아 피고인에 대한 적법한 소송기록접수통지가 이루어지지 않은 상태에서 원심에서 선임된 변호인에게도 소송기록접수통지를 하지 아니한 채 판결을 선고한 원심판결에 소송절차 법령위반의 위법이 있다고 한 사례.

[대법원 2023. 8. 31.선고 2023도7561 판결]

【판시사항】

법원이 국선변호인을 반드시 선정해야 하는 사유로 형사소송법 제33조 제1항 제5호에서 정한 '피고인이 심신장애의 의심이 있는 때'의 의미 및 피고인의 의식상태나 사물에 대한 변별능력, 행위통제능력이 결여되거나 저하된 상태로 의심되어 피고인이 공판심리단계에서 효과적으로 방어권을 행사하지 못할 우려가 있다고 인정되는 경우가 이에 포함되는지 여부(적극)

【이유】

형사소송법 제33조는 헌법 제12조에 의하여 피고인에게 보장된 변호인의 조력을 받을 권리가 공판심리절차에서 효과적으로 실현될 수 있도록 일정한 경우에 직권 또는 피고인의 청구에 의한 법원의 국선변호인 선정의무를 규정하는 한편(제1항, 제2항), 피고인의 연령·지능 및 교육 정도 등을 참작하여 권리 보호를 위하여 필요하다고 인정되는 때에도 피고인의 명시적 의사에 반하지 아니하는 범위 안에서 법원이 국선변호인을 선정하여야 한다고 규정하고 있다(제3항). 그리고 형사소송법 제282조는 제33조 제1항의 필요적 변호 사건과 제2항, 제3항에 따라 국선변호인이 선정된 사건에 관하여는 변호인 없이 개정하지 못한다고 규정하고 있다.

헌법상 변호인의 조력을 받을 권리와 형사소송법에 국선변호인 제도를 마련한 취지 등에 비추어 보면, 법원이 국선변호인을 반드시 선정해야 하는 사유로 형사소송법 제33조 제1항 제5호에서 정한 '피고인이 심신장애의 의심이 있는 때'라 함은 진단서나 정신감정 등 객관적인 자료에 의하여 피고인의 심신장애 상태를 확신할 수 있거나 그러한 상태로 추단할 수 있는 근거가 있는 경우는 물론, 범행의 경위, 범행의 내용과 방법, 범행 전후 과정에서 보인 행동 등과 아울러 피고인의 연령·지능·교육 정도 등 소송기록과 소명자료에 드러난 제반 사정에 비추어 피고인의 의식상태나 사물에 대한 변별능력, 행위통제능력이 결여되거나 저하된 상태로 의심되어 피고인이 공판심리단계에서 효과적으로 방어권을 행사하지 못할 우려가 있다고 인정되는 경우를 포함한다(대법원 2019. 9. 26. 선고 2019도8531 판결 참조).

[대법원 2019. 9. 26.선고 2019도8531 판결]

【판시사항】

형사소송법 제33조의 취지 / 법원이 국선변호인을 반드시 선정해야 하는 사유로 형사소송법 제33조 제1항 제5호에서 정한 '피고인이 심신장애의 의심이 있는 때'의 의미 및 피고인의 의식상태나 사물에 대한 변별능력, 행위통제능력이 결여되거나 저하된 상태로 의심되어 피고인이 공판심리단계에서 효과적으로 방어권을 행사하지 못할 우려가 있다고 인정되는 경우가 이에 포함되는지 여부(적극)

【판결요지】

형사소송법 제33조는 헌법 제12조에 의하여 피고인에게 보장된 변호인의 조력을 받을 권리가 공판심리절차에서 효과적으로 실현될 수 있도록 일정한 경우에 직권 또는 피고인의 청구에 의한 법원의 국선변호인 선정의무를 규정하는 한편(제1항, 제2항), 피고인의 연령·지능 및 교육 정도 등을 참작하여 권리 보호를 위하여 필요하다고 인정되는 때에도 피고인의 명시적 의사에 반하지 아니하는 범위 안에서 법원이 국선변호인을 선정하여야 한다고 규정하고 있다(제3항). 그리고 형사소송법 제282조는 제33조 제1항 의 필요적 변호사건과 제2항, 제3항에 따라 국선변호인이 선정된 사건에 관하여는 변호인 없이 개정하지 못한다고 규정하고 있다.

헌법상 변호인의 조력을 받을 권리와 형사소송법에 국선변호인 제도를 마련한 취지 등에 비추어 보면, 법원이 국선변호인을 반드시 선정해야 하는 사유로 형사소송법 제33조 제1항 제5호에서 정한 '피고인이 심신장애의 의심이 있는 때'란 진단서나 정신감정 등 객관적인 자료에 의하여 피고인의 심신장애 상태를 확신할 수 있거나 그러한 상태로 추단할 수 있는 근거가 있는 경우는 물론, 범행의 경위, 범행의 내용과 방법, 범행 전후 과정에서 보인 행동 등과 아울러 피고인의 연령·지능·교육 정도 등 소송기록과 소명자료에 드러난 제반 사정에 비추어 피고인의 의식상태나 사물에 대한 변별능력, 행위통제능력이 결여되거나 저하된 상태로 의심되어 피고인이 공판심리단계에서 효과적으로 방어권을 행사하지 못할 우려가 있다고 인정되는 경우를 포함한다.

[대법원 2019. 7. 10.선고 2019도4221 판결]

【판시사항】

피고인과 국선변호인이 모두 법정기간 내에 항소이유서를 제출하지 아니하였으나 국선변호인이 항소이유서를 제출하지 아니한 데 대하여 피고인에게 귀책사유가 없는 경우, 항소법원이 취하여야 할 조치 / 이러한 법리는 항소법원이 종전 국선변호인의 선정을 취소하고 새로운 국선변호인을 선정하여 소송기록접수통지를 하기 이전에 피고인 스스로 선임한 사선변호인에 대하여도 마찬가지로 적용되는지 여부(적극)

【판결요지】

피고인을 위하여 선정된 국선변호인이 항소이유서 제출기간 내에 항소이유서를 제출하지 아니하면 이는 피고인을 위하여 요구되는 충분한 조력을 제공하지 아니한 것으로 보아야 하고, 이런 경우에 피고인에게 책임을 돌릴 만한 아무런 사유가 없음에도 항소법원이 형사소송법 제361조의4 제1항 본문에 따라 피고인의 항소를 기각한다면, 이는 피고인에게 국선변호인으로부터 충분한 조력을 받을 권리를 보장하고 이를 위한 국가의 의무를 규정하고 있는 헌법의 취지에 반하는 조치이다. 따라서 피고인과 국선변호인이 모두 법정기간 내에 항소이유서를 제출하지 아니하였더라도, 국선변호인이 항소이유서를 제출하지 아니한 데 대하여 피고인에게 귀책사유가 있음이 특별히 밝혀지지 않는 한, 항소법원은 종전 국선변호인의 선정을 취소하고 새로운 국선변호인을 선정하여 다시 소송기록접수통지를 함으로써 새로운 변호인으로 하여금 그 통지를 받은 때로부터 형사소송법 제361조의3 제1항의 기간 내에 피고인을

위하여 항소이유서를 제출하도록 하여야 한다. 그리고 이러한 법리는 항소법
원이 종전 국선변호인의 선정을 취소하고 새로운 국선변호인을 선정하여 소
송기록접수통지를 하기 이전에 피고인 스스로 변호인을 선임한 경우 그 사선
변호인에 대하여도 마찬가지로 적용되어야 한다.

Section 10. 배상명령

① 제1심 또는 제2심의 형사공판절차에서 법원이 유죄판결을 선고할 경우에 그 유죄판결과 동시에 범죄행위로 인하여 발생한 직접적인 물적 피해 및 치료비 손해의 배상을 명하거나, 피고인과 피해자 사이에 합의된 손해배상액에 관하여 배상을 명하는 제도를 말합니다.

② 즉 피해자가 민사 등 다른 절차에 의하지 않고 가해자인 피고인의 형사재판절차에서 간편하게 피해배상을 받을 수 있는 제도입니다.

[1] 배상의 대상과 범위

1. 대상 범죄

상해, 중상해, 상해치사, 폭행치사상, 과실치사상, 절도, 강도, 사기, 공갈, 횡령, 배임, 손괴죄(위 각 범죄에 대하여 가중처벌하는 특정범죄가중처벌등에관한법률 등 특별법상의 범죄도 포함됩니다)에 관하여 유죄판결을 선고할 경우와 위 죄뿐만 아니라 그 이외의 죄에 대한 피고사건에 있어서, 피고인과 피해자 사이에 손해배상액에 관하여 합의가 이루어진 경우입니다.

2. 배상의 범위

① 2006. 6. 14. 이전에는 배상명령을 할 손해는 '직접적인 물적 피해 및 치료비 손해'로 한정되지만, 그 이후에는 위자료도 포함됩니다.

② 예컨대 절도, 강도 등 재산범죄에 있어서는 피고인이 당해 범죄행위로 인하여 불법으로 얻은 재물 또는 이익의 가액이, 손괴의 경우에는그 수리비가, 상해 등 신체에 대한 범죄에 있어서는 치료비 손해, 그리고 위와 같은 범죄로 피해자나 그 유족이 입은 정신적 고통으로 인한 손해가 그것입니다.

③ 그 외에 기대수입 상실의 손해 등은 모두 제외됩니다. 다만, 피고인과 피해자 사이에 손해배상액에 관하여 합의가이루어진 경우에는 그 합의된 금액입니다.

[2] 배상신청인과 상대방

① 위 각 범죄로 인하여 직접적인 물적 피해 및 치료비 손해, 정신적 고통을 입은 피해자 및 그 상속인, 그리고 피고인과 손해배상액에 관하여 합의한 피해자나그 상속인이 배상신청을 할 수 있습니다.

② 그 상대방은 당해 형사공판절차의 피고인이므로, 기소되지 아니한 다른 공범자나 약식명령이 청구된 피고인을 상대방으로 하여 배상신청을 할 수는 없습니다.

[3] 신청절차

피해자의 배상신청은 신청서에 피고사건의 번호·사건명 및 사건이 계속된 법원, 신청인의 성명·주소, 대리인이 신청할 때에는 그 성명·주소, 상대방 피고인의 성명·주소, 배상의 대상과 그 내용, 배상을 청구하는 금액을 기재하고 서명날인한 다음 상대방인 피고인의 수에 따른 부본을 첨부하여, 제1심 또는 항소심 공판의 변론종결시까지 당해 형사공판절차가 계속된 법원에 제출하여야 합니다. 신청서에는 필요한 증거서류를 첨부할 수 있습니다.

[서식 예] 배상명령신청서

<table>
<tr><td colspan="2" align="center">배 상 명 령 신 청</td></tr>
<tr><td>사　　　건</td><td>20〇〇고단 〇〇〇호 〇〇</td></tr>
<tr><td>배상신청인</td><td>〇　〇　〇</td></tr>
<tr><td></td><td>〇〇시 〇〇구 〇〇길 〇번지</td></tr>
<tr><td>피 고 인</td><td>△　△　△</td></tr>
<tr><td>배상을 청구하는 금액</td><td>금　〇〇원</td></tr>
</table>

배상의 대상과 그 내용

1. 피고인은, 사실은 타인으로부터 돈을 차용하더라도 이를 변제할 의사나 능력이 없음에도 불구하고, 20○○. ○. ○. 배상신청인에게 '돈을 빌려주면 고율의 이자를 지급하겠다'는 취지의 거짓말을 하여 이에 속은 배상신청인으로부터 즉석에서 차용금 명목으로 금 10,000,000원을 교부받아 이를 편취하였습니다.

2. 따라서 배상신청인은 피고인의 사기 범행으로 인하여 신청취지 기재 상당의 피해를 입었으므로 피고인에 대한 형사사건의 판결과 동시에 위 피해금품 상당의 금원을 지급하도록 하는 내용의 배상명령을 발해주시도록 이 건 신청에 이른 것입니다.

첨 부 서 류

1. 차 용 증 사본   1부.

20○○.   ○.   ○.

배상명령신청인   ○   ○   ○ (인)

○○지방법원 형사 제○부 귀 중

제출기관	사건계속 법원(소송촉진등에관한특례법25조1항)	청구기간	1 또는 2심 공판의 변론종결시까지(동법 26조1·2항)
청구권자	·본인(피해자) ·상속인(본인 사망시)	관 할	사건계속 법원
제출부수	신청서 1부 및 상대방수 만큼의 부본제출	관련법규	소송촉진등에관한특례법

배상명령을 신청할 수 있는 형사사건	1. 상해를 당했을 때
	2. 상해를 당하여 불구가 되거나 난치의 병에 걸렸을 때
	3. 폭행을 당하여 상처를 입거나 죽었을 때
	4. 과실 또는 업무상 과실로 상처를 입거나 죽었을 때

	5. 강간 등 성범죄를 당했을 때(혼인빙자간음 부분은 제외함) 6. 절도나 강도를 당했을 때 7. 사기나 공갈을 당했을 때 8. 횡령이나 배임의 피해자일 때 8. 재물을 손괴당했을 때 9. 고용 등 보호감독관계에 있는 자, 법률상 구금된 자를 감호하는 자, 장애인등 보호시설의 종사자에 의해 추행등을 당했을 때 10. 대중교통수단, 공연장 등 공중이 밀집하는 장소에서 추행을 당했을 때 11. 전화기, 우편, 컴퓨터 등을 통한 음란물 전송의 피해를 당한 때 12. 카메라 등에 의해 동의 없이 신체를 촬영 당하거나, 이를 유포당한 때 13. 아동, 청소년에 대한 성매매, 성매매 강요사건의 피해자가 되었을 때로 한정
효 과	• 배상명령이 기재된 유죄판결문은 민사판결문과 동일한 효력이 있어 강제집행도 할 수 있음 • 신청인은 신청이 이유없다고 각하되거나 일단 배상명령이 있으면 배상명령을 다시 신청할 수 없고 또 인용된 금액 범위내에서는 민사소송을 제기할 수도 없음
불복절차 및 기 간	– 신청을 각하하거나 일부를 인용한 재판에 대하여는 불복을 신청하지 못함(소송촉진등에관한특례법 32조3항)

[4] 배상명령의 효력

① 배상신청은 민사소송에 있어서의 소의 제기와 동일한 효력이 있고, 법원은 배상신청인에게 공판기일을 통지하여야 하며, 배상신청인은 공판기일에 출석하여 진술하고 증거를 제출할 수 있으나, 배상신청인이 불출석한 경우에도 법원은 그 진술 없이 배상신청에 관하여 재판할 수 있습니다.

② 확정된 배상명령 또는 가집행선고 있는 배상명령이 기재된 유죄판결서의 정본은 집행력 있는 민사판결 정본과 동일한 효력이 있으므로, 배상신청인은 그 정본을 이용하여 민사집행법 절차에 따라 강제집행을 할 수 있습니다.

③ 다만, 배상신청인은 법원이 배상신청을 각하하거나 또는 신청을 일부만 인용하는 경우에도 이에 대하여 불복할 수 없습니다. 왜냐하면 그러한 경우에는 일반 민사소송을 제기할 수 있기 때문입니다. 또한 신청을 전부 인용하거나 일부 인용하는 배상명령이 확정된 때에는 피해자는 그 인용된 금액의 범위 안에서는 다른 절차에 의한 손해배상을 청구할 수 없습니다.

[5] 형사소송절차에서의 화해

피고인과 피해자 사이에 민사상 다툼에 관하여 합의한 경우, 당해 형사사건이 계속 중인 1심 또는 2심 법원에 공동으로 그 합의 내용을 공판조서에 기재하여 줄 것을 신청할 수 있으며, 이 경우 민사소송법상의 화해와 동일한 효력이 있습니다. (2006년 6월 14일 이후부터)

[6] 상담사례

■ 배상명령을 받은 이후의 절차

[질문] 저는 甲으로부터 1,000만원의 사기를 당하여 고소를 하였고 甲에 대한 형사재판절차에서 배상명령을 신청하여 배상명령결정을 받았습니다. 이후 甲이 위 배상명령에 대한 금액을 지급하지 않는 데 어떻게 해야 하나요?

[답변] 「소송촉진등에관한특례법」 제34조 제1항은 "확정된 배상명령 또는 가집행선고가 있는 배상명령

이 기재된 유죄판결서의 정본은 민사집행법에 따른 강제집행에 관하여는 집행력 있는 민사판결 정본과 동일한 효력이 있다."라고 규정하고 있습니다.

즉 위와 같이 형사재판절차에서 피고인에 대한 유죄판결과 함께 배상명령결정까지 받았음에도 불구하고 피고인이 배상명령결정에 따른 금액을 임의로 지급하지 아니할 경우, 위 배상명령결정은 민사판결 정본과 동일한 효력이 있으므로 甲은 그 결정문에 의거하여 민사집행법에 따라 강제집행을 신청하시면 될 것으로 보입니다. 그리고 배상명령은 확정되더라도 기판력이 발생하는 것은 아니고 단지 집행력만 있는 것이므로 형사상 유죄판결에도 불구하고 추후 손해배상책임이 없는 것이 밝혀진다면 채무자는 청구이의의 소나 부당이득반환청구소송을 통해 다툴 수 있습니다.

[7] 관련판례

[대법원 2023. 5. 18.선고 2023도1014 판결]

【판시사항】

소송촉진 등에 관한 특례법 제25조 제1항 에 따른 배상명령의 취지 / 피고인의 배상책임 유무 또는 범위가 명백하지 아니한 경우, 배상명령을 할 수 있는지 여부(소극) 및 이때 법원이 취해야 할 조치(=배상명령신청 각하)

【이유】

가. 「소송촉진 등에 관한 특례법」(이하 '소송촉진법'이라 한다) 제25조 제1항의 규정에 따른 배상명령은 피고인의 범죄행위로 피해자가 입은 직접적인 재산상 손해에 대하여 피해금액이 특정되고 피고인의 배상책임 범위가 명백한 경우에 한하여 피고인에게 배상을 명함으로써 간편하고 신속하게 피해자의 피해회복을 도모하고자 하는 제도이다. 피고인의 배상책임의 유무 또는 그 범위가 명백하지 아니한 경우에는 소송촉진법 제25조 제3항 제3호에 따라 배상명령을 하여서는 아니 되고, 그와 같은 경우에는 소송촉진법 제32조 제1항에 따라 배상명령신청을 각하하여야 한다 (대법원 2014. 1. 29. 선고 2013도14477 판결 등 참조).

나. 제1심은 배상신청인 1 에 대하여 편취금 80,000,000원 중 반환받지 못하였다고 주장하는 22,170,000원, 배상신청인 2에 대하여 편취금 40,000,000원 중 원금을 반환받지 못한 20,000,000원, 배상신청인 3 에 대하여 편취금 전액 40,000,000원, 배상신청인 4에 대하여 편취금 전액 30,000,000원, 배상신청인 5 에 대하여 편취금 전액 10,000,000원을 지급할 것을 명하였고, 원심은 이를 그대로 유지하였다.

다. 그러나 기록에 따르면, 피고인은 원심에서 배상신청인 1에게 58,940,000원을, 배상신청인 2에게 36,440,000원을, 배상신청인 3 에게 14,640,000원을, 배상신청인 4에게 6,300,000원을, 배상신청인 5 에게 540,000원을 각 수익금으로 지급하여 피해금액의 일부를 반환하였다고 주장하면서 해당 계좌내역을 제출한 사실이 인정된다.

라. 사정이 이와 같다면 이 사건에서는 위 배상신청인들에 대한 피고인의 배상책임의 유무 또는 그 범위가 명백하지 아니하여 배상명령을 할 수 없는 경우에 해당하므로, 원심은 이 부분 배상명령신청을 각하하여야 한다. 그럼에도 원심이 제1심판결의 위 배상신청인들에 대한 배상명령을 유지한 부분에는 배상명령에 관한 법리를 오해한 잘못이 있다. 이 점을 지적하는 상고이유 주장은 이유 있다.

[대법원 2013.10.11.선고 2013도9616 판결]

【판시사항】

'배상명령 제도'의 취지 및 피고인이 재판과정에서 배상신청인과 민사적으로 합의하였다는 내용의 합의서를 제출하였고, 합의서 기재 내용만으로는 배상신청인이 변제를 받았는지 여부 등 피고인의 민사책임에 관한 구체적인 합의 내용을 알 수 없는 경우, 사실심법원이 취해야 할 조치

【판결요지】

소송촉진 등에 관한 특례법 제25조 제1항의 규정에 의한 배상명령은 피고인의 범죄행위로 피해자가 입은 직접적인 재산상 손해에 대하여 피해금액이 특정되고 피고인의 배상책임 범위가 명백한 경우에 한하여 피고인에게 배상을 명함으로써 간편하고 신속하게 피해자의 피해회복을 도모하고자 하는 제도로서, 위 특례법 제25조 제3항 제3호의 규정에 의하면 피고인의 배상책임의 유무 또는 그 범위가 명백하지 아니한 경우에는 배상명령을 하여서는 아니 되고, 그와 같은 경우에는 위 특례법 제32조 제1항에 따라 배상명령신청을 각하하여야 한다. 이러한 취지에 비추어 볼 때, 피고인이 재판과정에서 배상신청인과 민사적으로 합의하였다는 내용의 합의서를 제출하였고, 합의서 기재 내용만으로는 배상신청인이 변제를 받았는지 여부 등 피고인의 민사책임에 관한 구체적인 합의 내용을 알 수 없다면, 사실심법원으로서는 배상신청인이 처음 신청한 금액을 바로 인용할 것이 아니라 구체적인 합의 내용에 관하여 심리하여 피고인의 배상책임의 유무 또는 그 범위에 관하여 살펴보는 것이 합당하다.

[대법원 1985. 11. 12.선고 85도1765 판결]

【판시사항】

가. 소송촉진등에관한특별법 제25조 제1항, 제3항, 제2호 및 제3호에 의하여 배상명령을 할 수 있는 경우

나. 상대방을 기망하여 매매계약을 체결하고 금원을 편취한 경우, 피해자가 배상명령을 받기 위한 요건

【판결요지】

가. 배상명령에 관한 소송촉진등에 관한 특례법 제25조 제1항, 제3항 제2호 및 제3호 규정의 취지는 피고인의 범죄행위로 피해자가 입은 직접적인

재산상 손해에 대하여 그 피해금액이 특정되고 피고인의 배상책임의 범위가 명백한 경우에 한하여 피고인에게 그 배상을 명함으로써 간편하고 신속하게 피해자의 피해회복을 도모하고자 하는 데에 있다.

나. 기망에 의한 의사표시는 민법상 당연히 무효가 아니라 취소의 대상이 되는 것뿐이므로 피해자가 피고인들과의 토지매매계약을 기망에 의한 의사표시임을 이유로 취소 또는 해제하지 않는 한 그 계약의 효력은 그대로 존속하는 것으로서 특단의 사정이 없는 한 그 대금전액의 반환을 구하거나 대금전액 상당의 손해배상을 구할 수는 없다.

[대법원 1982. 7. 27.선고 82도1217 판결]

【판시사항】

별도의 채무명의를 갖고 있는 경우 배상명령 신청의 이익유무

【판결요지】

배상명령제도는 범죄행위로 인하여 재산상 이익을 침해당한 피해자로 하여금 당해 형사소송절차내에서 신속히 그 피해를 회복하게 하려는데 그 주된 목적이 있으므로 피해자가 이미 그 재산상 피해의 회복에 관한 채무명의를 가지고 있는 경우에는 이와 별도로 배상명령 신청을 할 이익이 없다.

Section 11. 보석

① 보석이란 법원이 적당한 조건을 붙여 구속의 집행을 해제하는 재판 및 그 집행을 말합니다.

② 피고인이 도망하거나 지정된 조건에 위반한 경우에 과태료 또는 감치에 처하거나 보석을 취소하고 보증금을 몰취하는 등의 심리적 강제를 가하여, 공판절차에의 출석 및 나중에 형벌의 집행단계에서의 신체확보를 기하고자 하는 제도입니다.

③ 신체를 구속하지 않으면서도 구속과 동일한 효과를 얻을 수 있게 함으로써 불필요한 구속을 억제하고 이로 인한 폐해를 방지하려는 데 그 존재의의가 있습니다.

> ※ "보석"과 "구속집행정지"의 구별
> "구속집행정지"란, 법원이 상당한 이유가 있는 때에 결정으로 구속된 피고인을 친족·보호단체, 그 밖의 적당한 사람에게 부탁하거나 피고인의 주거를 제한하여 구속의 집행을 정지하는 제도를 말합니다(형사소송법 제101조). 이는 보증금을 조건으로 하지 않고, 직권으로 행해진다는 점에서 보석제도와 구별됩니다.

[1] 보석 청구권자

① 보석을 청구할 수 있는 사람은 피고인, 피고인의 변호인·법정대리인· 배우자·직계친족·형제자매·가족·동거인·고용주입니다.

② 다민, 청구기 없을지라도 법원은 상당한 이유가 있는 경우에는 직권으로 보석을 허가할 수 있습니다.

[2] 보석 허가사유

① 법원은 보석의 청구가 있으면
    (1) 피고인이 사형·무기 또는 장기 10년이 넘는 징역이나 금고에 해당하는 죄를 범한 때
    (2) 피고인이 누범에 해당하거나 상습범인 죄를 범한 때
    (3) 피고인이 죄증을 인멸하거나 인멸할 염려가 있다고 믿을 만한 충분한 이유가 있는 때
    (4) 피고인이 도망하거나 도망할 염려가 있다고 믿을 만한 충분한 이유가 있는 때
    (5) 피고인의 주거가 분명하지 아니한 때
    (6) 피고인이 피해자, 당해 사건의 재판에 필요한 사실을 알고 있다고 인정되는 자 또는 그 친족의 생명·신체나 재산에 해를 가하거나 가할 염려가 있다고 믿을 만한 충분한 이유가 있을 때를 제외하고는 보석을 허가하여야 합니다.
② 또한, 법원은 위에서 열거한 예외사유에 해당하는 경우에도 상당한 이유가 있으면 직권 또는 청구에 의하여 보석을 허가할 수 있습니다.

[3] 보석의 조건

① 법원은 보석을 허가하는 경우 필요하고 상당한 범위에서 다음의 조건 중 하나 이상의 조건을 정해야 합니다(형사소송법 제98조).
    (1) 법원이 지정하는 일시·장소에 출석하고 증거를 인멸하지 않겠다는 서약서를 제출할 것
    (2) 법원이 정하는 보증금에 해당하는 금액을 납입할 것을 약속하는 약정서를 제출할 것
    (3) 법원이 지정하는 장소로 주거를 제한하고 주거를 변경할 필요

가 있는 경우에는 법원의 허가를 받는 등 도주를 방지하기 위해 행하는 조치를 받아들일 것

(4) 피해자, 해당 사건의 재판에 필요한 사실을 알고 있다고 인정되는 사람 또는 그 친족의 생명·신체·재산에 해를 가하는 행위를 하지 않고 주거·직장 등 그 주변에 접근하지 않을 것

(5) 피고인 아닌 자가 작성한 출석보증서를 제출할 것

(6) 법원의 허가 없이 외국으로 출국하지 않을 것을 서약할 것

(7) 법원이 지정하는 방법으로 피해자의 권리 회복에 필요한 금전을 공탁하거나 그에 상당하는 담보를 제공할 것

(8) 피고인이나 법원이 지정하는 사람이 보증금을 납입하거나 담보를 제공할 것

(9) 그 밖에 피고인의 출석을 보증하기 위해 법원이 정하는 적당한 조건을 이행할 것

② 법원은 보석조건을 정할 때 다음의 사항을 고려합니다(형사소송법 제99조).

- 범죄의 성질 및 죄상(罪狀)
- 증거의 증명력
- 피고인의 전과·성격·환경 및 자산
- 피해자에 대한 배상 등 범행 후의 정황에 관련된 사항

[4] 보석조건의 변경 및 취소

① 법원은 직권 또는 보석청구권자의 신청에 따라 결정으로 피고인의 보석조건을 변경하거나 일정기간 동안 해당 조건의 이행을 유예할 수 있습니다(형사소송법 제102조제1항).

② 법원은 보석 된 피고인이 다음 중 어느 하나에 해당하는 행위를 한 경우에는 직권 또는 검사의 청구에 따라 결정으로 보석을 취소할 수 있습니다(형사소송법 제102조제2항 본문).

- 도망한 경우
- 도망하거나 죄증을 인멸할 염려가 있다고 믿을 만한 충분한 이유가 있는 경우
- 소환을 받고 정당한 사유 없이 출석하지 않은 경우
- 피해자, 해당 사건의 재판에 필요한 사실을 알고 있다고 인정되는 사람 또는 그 친족의 생명·신체·재산에 해를 가하거나 가할 염려가 있다고 믿을만한 충분한 이유가 있는 경우
- 법원이 정한 조건을 위반한 경우

③ 피고인이 정당한 사유 없이 보석조건을 위반한 경우 법원은 결정으로 피고인에게 1천만원 이하의 과태료를 부과하거나 20일 이내의 감치(監置)를 할 수 있습니다(형사소송법 제102조제3항). 이 결정에 대해 피고인은 즉시항고할 수 있습니다(형사소송법 제102조제4항).

④ 법원은 보석을 취소하는 경우에는 직권 또는 검사의 청구에 따라 결정으로 보증금 또는 담보의 전부 또는 일부를 몰취할 수 있습니다(형사소송법 제103조제1항).

⑤ 보증금의 납입 또는 담보제공을 조건으로 석방된 피고인이 동일한 범죄사실에 대해 형의 선고를 받고 그 판결이 확정된 후 집행하기 위한 소환을 받고도 정당한 사유 없이 출석하지 않거나 도망친 경우에는 직권 또는 검사의 청구에 따라 결정으로 보증금 또는 담보의 전부 또는 일부를 몰취해야 합니다(형사소송법 제103조제2항).

[5] 보석의 집행

① 다음에 해당하는 보석 조건은 이를 이행한 후가 아니면 보석허가결정을 집행하지 못하고, 법원이 필요하다고 인정하는 경우에는 다른 조건에 대해서도 그 이행 이후 보석허가결정을 집행하도록 정할 수 있습니다(형사소송법 제100조제1항).

(1) 법원이 지정하는 일시·장소에 출석하고 증거를 인멸하지 않겠
    다는 서약서를 제출할 것

(2) 법원이 정하는 보증금 상당의 금액을 납입할 것을 약속하는 약
    정서를 제출할 것

(3) 피고인 외의 사람이 작성한 출석보증서를 제출할 것

(4) 법원이 지정하는 방법으로 피해자의 권리회복에 필요한 금원을
    공탁하거나 그에 상당한 담보를 제공할 것

(5) 피고인 또는 법원이 지정하는 사람이 보증금을 납입하거나 담
    보를 제공할 것

② 법원은 보석청구자 외의 사람에게 보증금의 납입을 허가할 수 있으
    며, 유가증권 또는 피고인 외의 사람이 제출한 보증금액을 언제든
    지 납입할 것을 기재한 보증서로써 보증금에 갈음하는 것을 허가할
    수 있습니다(형사소송법 제100조제2항부터 제4항까지).

③ 법원은 보석허가결정에 따라 석방된 피고인이 보석조건을 준수하는
    데 필요한 범위에서 관공서나 그 밖의 공사단체에 대해 적절한 조
    치를 취할 것을 요구할 수 있습니다(형사소송법 제100조제5항).

[6] 보석의 효력 상실

구속영장의 효력이 소멸된 경우에는 그 즉시 보석조건의 효력은 상
실되고, 구속 또는 보석이 취소되거나, 구속영장의 효력이 소멸되면 몰
취하지 않은 보증금 또는 담보를 청구한 날부터 7일 이내에 피고인에
게 환급해야 합니다(형사소송법 제104조 및 제104조의2제1항).

[7] 보석의 심리 및 재판

① 법원은 보석이 청구되면 검사의 의견을 물어 보석의 허가 여부를 결정하게 됩니다.

② 또한 법원은 결정을 하기에 앞서서 원칙적으로 구속된 피고인을 심문하여야 하지만, 이미 제출한 자료만으로 보석의허가 여부를 판단하는 데에 지장이 없는 경우에는 심문을 하지 않을 수도 있습니다.

[8] 보석보증금의 몰수 및 환부

1. 보증금의 몰수

① 보석이 취소되는 경우에는 법원은 결정으로 보증금의 전부 또는 일부를 몰수할 수 있습니다(임의적 몰수).

② 그리고 보석으로 석방된 사람이 형의 선고를 받고 판결이확정된 후에 집행하기 위한 검사의 소환을 받고도 이유 없이 이에 불응하거나 도망한 때에도 법원은 직권 또는 검사의 청구에 의하여 결정으로 보증금의 전부 또는 일부를 몰수하게 됩니다(필요적 몰수).

2. 보증금의 환부

① 피고인이 공판절차를 통해 집행유예나 벌금 등의 판결을 받고 석방되는 등 구속영장의 효력이 소멸한 때, 또는 구속 또는 보석이 취소되었으나 법원이 보증금을 몰수하지 않은 때에는 보증금을 환부받을 수 있습니다.

② 다만, 보증금의 환부에 관한 업무는 법원의 사무가 아니라 검찰청의 사무이므로 검사의 지휘에 의하여 환부를 받게 됩니다.

[9] 상담사례

■ 보석 후 입원치료중 도주한 경우 보석의 효력이 어떻게 되는가요?

[질문] 보석 후 입원치료중 도주한 경우 보석의 효력이 어떻게 되는가요?

[답변] 이는 형사소송법 제102조 제1항에 해당하는 사유이며 이 경우 "법원은 직권 또는 검사의 청구에 의하여 결정으로 보석 또는 구속의 집행정지를 취소할 수 있다"라고 규정하고 있습니다. 보석이 취소되면 피고인은 그 취소결정서의 등본에 의해서 재수감되며, 납입한 보증금의 전부 또는 일부가 법원의 결정에 의해 몰수될 수 있습니다.(형사소송법 제102조 제2항)

■ 구속·기소된 피고인이 석방될 수 있는 보석청구절차

[질문] 사업을 하는 저의 남편은 술을 마신 후 싸움을 하여 「폭력행위 등 처벌에 관한법률」위반죄로 구속·기소되어 현재 법원의 재판을 기다리고 있습니다. 남편은 전과도 없고 구속된 후 피해자와 합의까지 하였으며, 회사는 남편의 구속으로 사업을 대신할 사람이 없어 부도날 위기에 처해 있는데 재판을 받기 전에 석방될 방법은 없는지요?

[답변] '형사피고인은 유죄의 판결이 확정될 때까지는 무죄로 추정된다.'는 헌법의 규정이 있으나(헌법 제27조 제4항), 다른 한편으로 죄를 범하였다고 의심이 되는 자에 대하여는 형사소송법의 규정에 의해서 수사와 재판을 용이하게 하고, 유죄의 판결이 날 경우 형의 집행을 확보하기 위하여 미리 구속영장에 의하여 피의자를 구속할 수 있습니다.

일단 구속되어 법원에 기소가 되면 그에 대한 재판이 끝날 때까지 통상 짧게는 2~3개월, 길게는 1년 가량의 시일이 걸리므로 설사 재판을 받고 무죄나 집행유예로 석방된다고 하여도 개인의 사업이라든가 생활에 회복할 수 없는 손해가 발생할 수가 있습니다.

그래서 형사소송법은 구속된 피고인에 대하여 재판이 확정되기 전에도 석방될 수 있는 몇 가지 제도를 두고 있는데, 그 중에서 많이 이용되는 것이 보석제도(保釋制度)입니다.

보석의 청구는 피고인이 직접 할 수도 있고, 피고인의 변호인, 법정대리인, 배우자, 직계친족, 형제자매, 가족, 동거인 또는 고용주 등이 할 수도 있으며(형사소송법 제94조), 보석의 청구가 있으면 법원은 범죄의 종류·전과유무·증거인멸이나 도망의 염려, 주거의 확실성 등을 고려하여 보석의 허가여부를 결정하게 됩니다.

종래 보석은 보증금 납부를 조건으로 보석을 허가하였으므로 반드시 보증금을 정해야 했으나, 현행 「형사소송법」은 법원이 보석을 허가하는 경우 부가할 조건을 9가지로 상세하게 규정하면서 법원은 그 중 하나 이상의 조건을 정하도록 함으로써 보석 허가의 조건으로 보증금의 납부가 아닌 다른 조건을 정할 수 있도록 하고 있습니다(제98조).

위 조건 중에서 특히 법원이 지정하는 일시·장소에 출석하고 증거를 인멸하지 아니하겠다는 서약서의 제출, 법원이 정하는 보증금 상당의 금액을 납입할 것을 약속하는 약정서의 제출, 피고인 외의 자가 작성한 출석보증서의 제출, 법원이 지정하는 방법으로 피해자의 권리회복에 필요한 금원을 공탁하거나 그에 상당한 담보의 제공, 피고인 또는 법원이 지정하는 자의 보증금 납입이나 담보의 제공 등 5가지 조건에 대하여는 이를 이행한 후가 아니면 보석허가결정을 집행하지 못하며, 법원은 필요하다고 인정하는 때에는 다른 조건에 관하여도 그 이행 이후 보석허가결정을 집행하도록 정할 수 있습니다(제100조).

보석으로 석방된 후 도망을 한다든가 기타 보석허가에서 정한 조건을 위배하면 보석이 취소되어 다시 구속되고 보증금은 몰수될 수 있습니다. 그리고 재판결과 징역이나 금고 등 실형이 선고되어 집행을 위한 소환을 받고서도 출석하지 않거나 도망하면 보증금은 몰수됩니다(형사소송법 제102조, 제103조).

따라서 귀하의 경우 구속된 남편이 주거가 확실하고 도망하거나 증거를 인멸할 염려가 없다는 것과 피해자와 합의한 사실, 사업상의 어려움 등의 유리한 정상을 주장하여 법원에 보석허가를 신청해보시기 바랍니다.

■ 보석으로 석방된 사람에 대한 주거의 제한

[질문] 저는 형사사건으로 구속되었다가 보석(保釋)이 허가되어 보석보증금을 납부하고 석방되었으나 주거지에 제한을 받게 되었습니다. 그런데 보석을 허가하면서 주거의 제한을 조건으로 부가하는 것이 타당한 것인지요? 그리고 주거의 제한에도 불구하고 사업상 필요에 의하여 지방을 가기 위해서는 어떠한 절차를 밟아야 하는지요?

[답변] 「형사소송법」 제98조는 "법원은 보석을 허가하는 경우에는 필요하고 상

당한 범위 안에서 다음 각 호의 조건 중 하나 이상의 조건을 정하여야 한다.”고 하면서 9가지의 조건을 규정하고 있으며, 제3호에서 “법원이 지정하는 장소로 주거를 제한하고 이를 변경할 필요가 있는 경우에는 법원의 허가를 받는 등 도주를 방지하기 위하여 행하는 조치를 수인할 것”을 그 조건 중 하나로 규정하고 있습니다.

그리고 같은 법 제102조는 법원이 직권 또는 검사의 청구에 의하여 결정으로 보석을 취소할 수 있는 경우로서, 피고인이 ①도망한 때, ②도망하거나 죄증(罪證)을 인멸할 염려가 있다고 믿을 만한 충분한 이유가 있는 때, ③소환을 받고 정당한 이유없이 출석하지 아니한 때, ④피해자, 당해 사건의 재판에 필요한 사실을 알고 있다고 인정되는 자 또는 그 친족의 생명·신체나 재산에 해를 가하거나 가할 염려가 있다고 믿을 만한 충분한 이유가 있는 때, ⑤그 밖에 법원이 정한 조건을 위반한 때를 규정하고 있습니다.

보석이 취소되면 보증금의 전부 또는 일부를 몰수할 수 있으며 검사는 취소결정에 의하여 피고인을 다시 구금하게 됩니다.

또한, 보석허가결정의 취소 여부와 상관없이 피고인이 정당한 사유 없이 보석조건을 위반한 경우에는 결정으로 피고인에 대하여 1천만원 이하의 과태료를 부과하거나 20일 이내의 감치에 처할 수도 있습니다(같은 법 제102조 제3항).

따라서 귀하에게 주거의 제한조건이 부가되어 있을 경우에는 법원이 정한 제한을 위반하지 않아야 할 것이며, 주거의 제한을 변경하고자 할 경우에는 법원의 허가를 받아야 할 것입니다.

■ 보석으로 석방된 사람이 입원치료 중 도주한 경우 보석의 효력

[질문] 저희 부친은 사기죄로 구속·기소되어 재판을 받던 중 질병이 악화되어 보석을 청구하였고, 법원의 보석허가결정으로 석방되어 병원에 입원한 후 치료를 받던 중 도주하였습니다. 이 경우 보석의 효력은 어떻게 되는지요?

[답변] 「형사소송법」 제102조 제2항은 “법원은 직권 또는 검사의 청구에 의하여 결정으로 보석 또는 구속의 집행정지를 취소할 수 있다.”라고 규정하고 있습니다.

이 경우 보석취소사유로는 피고인이 ①도망한 때, ②도망하거나 또는 죄증(罪證)을 인멸(湮滅)할 염려가 있다고 믿을 만한 충분한 이유가 있는 때, ③소환을 받고 정당한 이유없이 출석하지 아니한 때, ④피해자, 당해 사건의 재판에 필요한 사실을 알고 있다고 인정되는 자 또는 그 친족의 생명·신체나 재산에 해를 가하거나 가할 염려가 있다고 믿을 만한 충분한 이유가 있는 때, ⑤그 밖에 법원이 정한 조건을 위반한 때 등입니다(다만, 국회의원에 대하여는 예외규정 있음).

보석이 취소되면 피고인은 그 취소결정서의 등본에 의해서 재수감되며(형사소송규칙 제56조), 납입한 보증금의 전부 또는 일부가 법원의 결정에 의해 몰수될 수 있습니다(형사소송법 제103조 제1항).

따라서 귀하의 부친이 보석 중 도주하였다면 법원의 직권 또는 검사의 청구에 의해 보석이 취소되어 재수감될 수 있고, 보석보증금 역시 전부 또는 일부가 몰수될 수도 있을 것입니다.

■ 보석 후 실형이 선고되자 도주한 때 보석보증금 몰수 여부

[질문] 저희 남편은 종합보험에 가입되지 않은 회사차량을 운전하다 행인을 치어 사망케 함으로써 교통사고처리특례법위반으로 구속·기소되었습니다. 그 후 피해자 유족에 대한 손해배상금을 공탁한 후 보석을 청구하여 법원으로부터 보석허가를 받고 석방되어 재판을 받던 중 실형이 선고되자 도주하였습니다. 이 경우 납입한 보석보증금은 어떻게 되는지요?

[답변] 보석보증금의 몰수는 직권 또는 검사의 청구에 의하여 법원의 결정으로 하는데 보증금의 몰수에는 임의적 몰수와 필요적 몰수가 있습니다. 임의적 몰수의 경우로는 「형사소송법」제103조 제1항은 "법원은 보석을 취소하는 직권 또는 검사의 청구에 따라 결정으로 보증금 또는 담보의 전부 또는 일부를 몰취할 수 있다."라고 규정하고 있으며, 이 경우는 판결 확정 전의 보증금 몰취에 대한 규정으로 보증금의 몰수 여부가 법원의 재량에 속합니다.

그러나 필요적 몰수의 경우에 관하여 형사소송법 제103조 제2항은 "법원은 보증금의 납입 또는 담보제공을 조건으로 석방된 피고인이 동일한 범죄사실에 관하여 형의 선고를 받고 그 판결이 확정된 후 집행하기 위한 소환을 받고 정당한 사유 없이 출석하지 아니하거나 도망한 때에는 직권 또는 검사의 청구에 따라 결정으로 보증금 또는 담보의 전부 또는 일부를 몰취하여야 한다."라고 규정하고 있는바, 이 경우 법원은 반드시 보증금의 전부 또는 일부를 몰수하여야 하나, 다만 보증금의 전부를 몰수하느냐 그 일부만을 몰수하느냐는 법원의 재량에 속합니다.

귀하의 남편이 자유형의 집행을 위한 소환에 불응하였다면 납부한 보증금의 전부 또는 일부는 법원의 결정에 의해 몰수되며, 보증금몰수결정의 확정에 의해서 보증금의 소유권은 국고에 귀속된다 하겠습니다.

■ 보석불허결정사유를 어느 정도 구체적으로 기재해야 하는지요?

[질문] 제 남편이 상해죄를 범했다는 이유로 구속 기소된 상태입니다. 남편이 구속된 상태를 너무 힘들어 하는 것 같아 변호인을 통해서 보석을 청구하였는데요, 오늘 보석의 불허 결정이 나왔습니다. 그런데 이러한 보석 불허 결정에는 단지 "보석을 허가할 이유가 없다"고만 기재되어 있는데, 이렇게 성의 없이 기재하는 것은 위법이 아닌가요? 사람의 구속과 관련된 문제에 대해서 아무런 설명도 없이 계속 잡아두겠다고 하니 너무 답답합니다.

[답변] 귀하의 남편께서 보석을 청구하였음에도 그 청구가 받아들여지지 않고 계속 구속 상태로 남아계시게 된 것으로 보입니다. 보석이 받아들여지지 않은 이유가 궁금하실만하고 보석 불허 결정문에 구체적인 불허 사유가 나타나지 않아서 더욱 답답하실 것 같습니다.

형사소송법 제39조에서는 "재판에는 이유를 명시하여야 한다. 단 상소를 불허하는 결정 또는 명령은 예외로 한다."고 하여 상소를 불허하는 결정 또는 명령을 제외하고는 모두 이유를 명시하도록 하고 있습니다.

그러나 그 이유 기재를 얼마나 구체적으로 할지에 대해서는 형사소송법 제323조에서 "① 형의 선고를 하는 때에는 판결이유에 범죄될 사실, 증거의 요지와 법령의 적용을 명시하여야 한다. ② 법률상범죄의 성립을 조각하는 이유 또는 형의 가중, 감면의 이유되는 사실의 진술이 있은 때에는 이에 대한 판단을 명시하여야 한다."고 규정하는 것 이외에는 찾아볼 수 없습니다.

또한 유사한 사실관계를 가진 사건에서 법원은 "형사소송법 제39조는 상소를 불허하는 결정 또는 명령을 제외하고는 재판에 이유를 명시하도록 규정하고 있으나, 그 이유기재의 정도에 관하여는 형사소송법 제323조가 유죄판결에 명시할 이유에 관하여 규정할 뿐 다른 규정은 없으므로 어느 재판에 어느 정도의 이유기재를 요하느냐는 그 재판의 성격에 따라 결정할 수밖에 없다 할 것인바, 구속의 취소 및 집행정지와 보석

등의 결정에는 재판의 간결성의 요청에 따라 그 구체적 사유에 대한 설명을 생략하고 다만 청구의 이유가 있다 또는 그 이유가 없다고 밝히면 된다고 보는 것이 일반적인 견해이고 그와 같이 처리하는 것이 우리 법원의 오랜 관행이기도 하다. 따라서 원심이 이 사건 구속취소청구기각결정을 함에 있어 '신청인의 이 사건 청구는 그 이유 없으므로 주문과 같이 결정 한다'라고 이유를 기재하였음은 상당하고 거기에 소론과 같은 형사소송법 위배의 위법이 있다 할 수 없으므로 논지 이유 없다."고 판시하였습니다(대법원 1985. 7. 23. 85모12호 결정 참조).

법과 판례를 종합하여보면, 귀하의 남편분의 보석 청구와 관련하여 법원이 불허하면서 "보석을 허가할 이유가 없다"라는 방식으로 기재되어 있다면 이에는 위법이 있다고 보기 어렵습니다.

■ 보석취소결정과 보증금몰취결정을 동시에 해야 하는지요?

[질문] 저희 아버지께서 절도로 구속되어 기소되셨습니다. 그 이후에 보석을 청구하여 석방되셨는데, 문제는 법원에서 지정한 공판기일을 착오로 출석하지 못하여 보석이 취소되었습니다. 그래서 아버지께서 다시 잡혀들어가셨는데요, 잡혀들어가실 때만 해도 보석금을 몰취한다는 이야기가 없어서 안심하고 있었는데, 뒤늦게 법원에서 몰취결정을 내렸습니다. 이렇게 보석 취소를 하고나서 한참이 지난 후에 다시 몰취결정을 해도 되는 것인가요?

[답변] 형사소송법 제102조의 제2항은 "보석을 취소할 때에는 결정으로 보증금의 전부 또는 일부를 몰수할 수 있다."고 규정하고 있습니다. 그러나 보증금의 전부 또는 일부를 언제 몰수할 수 있는지에 대해서는 규정하고 있지 않으며 따라서 보석 취소와 반드시 동시에 몰취를 결정할 필요도 없다고 보입니다.

이와 유사한 사실관계를 가진 판례에서도 법원은 "형사소송법 제10조의 제2항의 문언상 보석보증금의 몰수는 반드시 보석취소와 동시에 결정하여야 한다는 취지라고 단정하기는 어려운 점, 같은 법 제103조에서 보석된 자가 유죄판결 확정 후의 집행을 위한 소환에 불응하거나 도망한 경우 보증금을 몰수하도록 규정하고 있어 보석보증금은 형벌의 집행 단계에서의 신체 확보까지 담보하고 있으므로, 보석보증금의 기능은 유죄의 판결이 확정될 때까지의 신체 확보도 담보하는 취지로 봄이 상당한

점, 보석취소결정은 그 성질상 신속을 요하는 경우가 대부분임에 반하여,
보증금몰수결정에 있어서는 그 몰수의 요부(보석조건위반 등 귀책사유의
유무) 및 몰수 금액의 범위 등에 관하여 신중히 검토하여야 할 필요성도
있는 점 등을 아울러 고려하여 보면, 보석보증금을 몰수하려면 반드시
보석취소와 동시에 하여야만 가능한 것이 아니라 보석취소 후에 별도로
보증금몰수결정을 할 수도 있다고 할 것이다.”고 판시하였습니다.
그러므로 귀하의 아버지에 대하여 보석 취소를 한 후, 시간적인 간격을
두고 다시 몰취 결정을 하더라도 위법하지 않다고 할 것입니다.

■ 보증금 없이 보석결정을 받을 수 있는지요?

[질문] 저는 구속되어 있어 보석을 신청하려고 합니다. 그런데 제가 경제적으
로 여유가 없어 보증금이 나오면 보증금을 낼 방법이 없을 것 같습니
다. 보증금 없이 보석결정을 받을 수 있는 방법은 없는지요.

[답변] 보석의 조건에 대하여 형사소송법 제98조는 “법원은 보석을 허가하는
경우에는 필요하고 상당한 범위 안에서 다음 각 호의 조건 중 하나 이
상의 조건을 정하여야 한다. 1. 법원이 지정하는 일시·장소에 출석하고
증거를 인멸하지 아니하겠다는 서약서를 제출할 것 2. 법원이 정하는
보증금 상당의 금액을 납입할 것을 약속하는 약정서를 제출할 것 3. 법
원이 지정하는 장소로 주거를 제한하고 이를 변경할 필요가 있는 경우
에는 법원의 허가를 받는 등 도주를 방지하기 위하여 행하는 조치를 수
인할 것 4. 피해자, 당해 사건의 재판에 필요한 사실을 알고 있다고 인
정되는 자 또는 그 친족의 생명·신체·재산에 해를 가하는 행위를 하
지 아니하고 주거·직장 등 그 주변에 접근하지 아니할 것 5. 피고인
외의 자가 작성한 출석보증서를 제출할 것 6. 법원의 허가 없이 외국으
로 출국하지 아니할 것을 서약할 것 7. 법원이 지정하는 방법으로 피해
자의 권리회복에 필요한 금원을 공탁하거나 그에 상당한 담보를 제공할
것 8. 피고인 또는 법원이 지정하는 자가 보증금을 납입하거나 담보를
제공할 것 9. 그 밖에 피고인의 출석을 보증하기 위하여 법원이 정하는
적당한 조건을 이행할 것”이라고 규정하고 있습니다. 또한 법원이 보석
의 조건을 정할 때는 ‘범죄의 성질 및 죄상, 증거의 증명력, 피고인의
전과·성격·환경 및 자산, 피해자에 대한 배상 등 범행 후의 정황에
관련된 사항’을 고려하여야 하고(형사소송법 제99조 제1항) 법원은 피
고인의 자력 또는 자산 정도로는 이행할 수 없는 조건을 정할 수 없습

니다. (형사소송법 제99조 제2항) 즉, 법원이 보석을 허가하는 결정을 하면서 반드시 보증금을 조건으로 할 필요가 없고 다른 조건을 부과하는 것도 가능하고 보증금의 납입을 조건으로 정하였다고 하더라도 피고인의 자력 또는 자산 정도로는 이행할 수 없는 조건을 정할 수 없습니다. 따라서 귀하는 보석을 신청하면서 자력 또는 자산의 정도를 상세히 소명하시고 다른 조건으로도 출석 등을 담보할 수 있음을 적극적으로 소명하실 필요가 있을 것입니다. 또한, 법원은 유가증권 또는 피고인 외의 자가 제출한 보증서로써 보증금에 갈음함을 허가할 수 있으므로 (형사소송법 제100조 제3항) 귀하는 이를 활용하는 방법을 고려해 볼 수도 있을 것입니다.

■ 보석 이외에 급박하게 이용할 수 있는 석방방법

[질문] 저희 아버지는 현재 구속되어 재판을 받고 계시는 중입니다. 그런데 최근 할아버지가 많이 위독해지셔서 곧 돌아가실 것으로 보여 아버지가 석방되어 할아버지의 임종을 지켜보고 장례식에도 참석하였으면 합니다. 보석을 신청하면 결정까지 일정한 시간이 걸린다고 해서 그러는데 보석 이외에 급박하게 이용할 수 있는 다른 방법은 없는지요.

[답변] 시간적으로 보석 제도를 이용하기 어려울 정도로 급박한 사정이 있다면 구속의 집행정지 제도를 고려하는 것이 보다 적당할 것으로 보입니다. 즉, 형사소송법 제제101조 제1항은 "법원은 상당한 이유가 있는 때에는 결정으로 구속된 피고인을 친족 · 보호단체 기타 적당한 자에게 부탁하거나 피고인의 주거를 제한하여 구속의 집행을 정지할 수 있다."고 규정하고 있고 이러한 구속의 집행정지 결정은 심문 없이 법원의 결정으로 이뤄질 수 있으므로 급박한 사정이 있는 경우 이를 이용함이 보다 적당할 것입니다. 다만, 귀하나 귀하의 아버지에게 구속집행정지를 신청할 권리가 있는 것은 아니므로 귀하는 법원에 귀하의 아버지의 상황을 소명하여 구속집행정지에 관한 직권발동을 촉구하여야 할 것이고, 장례식장 참석 등이 반드시 구속집행정지 사유가 되는 것은 아니고 구속의 집행을 정지할만한 상당한 이유가 인정되어야 하므로 상당한 이유에 관한 사정을 적극적으로 소명하실 필요가 있을 것입니다.

[10] 관련판례

[대법원 2020.10.29.자 2020모633 결정]

【보석취소 결정에 대한 재항고】

보석취소결정 시 집행정지를 비롯한 재항고 관련 사항을 고지하지 않았다는 주장에 대하여

가. 고등법원이 한 보석취소결정에 대하여는 집행정지의 효력을 인정할 수 없다. 그 이유는 다음과 같다.

제1심 법원이 한 보석취소결정에 대하여 불복이 있으면 보통항고를 할 수 있고(형사소송법 제102조 제2항, 제402조, 제403조 제2항), 보통항고에는 재판의 집행을 정지하는 효력이 없다(형사소송법 제409조). 이는 결정과 동시에 집행력을 인정함으로써 석방되었던 피고인의 신병을 신속히 확보하려는 것으로, 당해 보석취소결정이 제1심 절차에서 이루어졌는지 항소심 절차에서 이루어졌는지 여부에 따라 그 취지가 달라진다고 볼 수 없다.

즉시항고는 법률관계나 재판절차의 조속한 안정을 위해 일정한 기간 내에서만 제기할 수 있는 항고로서, 즉시항고의 제기기간 내와 그 제기가 있는 때에 재판의 집행을 정지하는 효력이 있다(형사소송법 제410조). 그러나 보통항고의 경우에도 법원의 결정으로 집행정지가 가능한 점(형사소송법 제409조)을 고려하면, 집행정지의 효력이 즉시항고의 본질적인 속성에서 비롯된 것이라고 볼 수는 없다.

형사소송법 제415조는 "고등법원의 결정에 대하여는 재판에 영향을 미친 헌법·법률·명령 또는 규칙의 위반이 있음을 이유로 하는 때에 한하여 대법원에 즉시항고를 할 수 있다."라고 규정하고 있다. 이는 재항고이유를 제한함과 동시에 재항고 제기기간을 즉시항고 제기기간 내로 정함으로써 재항고심의 심리부담을 경감하고 항소심 재판절차의 조속한 안정을 위한 것으로, 형사소송법 제415조가 고등법원의 결정에 대한 재항고를 즉시항고로 규정하고 있다고 하여 당연히 즉시항고가 가지는 집행정지의 효력이 인정된다고 볼 수는 없다. 만약 고등법원의 결정에 대하여 일률적으로 집행정지의 효력을 인정하면, 보석허가, 구속집행정지 등 제1심 법원이 결정하였다면 신속한 집행이 이루어질 사안에서 고등법원이 결정하였다는 이유만으로 피고인을 신속히 석방하지 못하게 되는 등 부당한 결과가 발생하게 되고, 나아가 항소심 재판절차의 조속한 안정을 보장하고자

한 형사소송법 제415조의 입법목적을 달성할 수 없게 된다.

나. 형을 선고하는 경우 상소에 관한 사항의 고지를 규정한 형사소송법 제
324조는 피고인에 대하여 상소권을 행사할 기회를 놓치지 않도록 하는
입법상 고려에 따른 것이다. 재항고와 관련하여서는 그와 같은 규정이
없고, 달리 고등법원이 보석취소결정을 고지하면서 재항고 관련 사항을
고지하여야 한다고 볼 근거도 찾을 수 없다.

[대법원 2006.9.8.선고 2005도9861 판결]

【판시사항】

피고인이 보석에 의한 석방을 위하여 변호사 비용으로 지출한 회사 자금은
그 전에 구속적부심사에서의 석방을 위한 변호사 비용으로 지출한 회사 자금
과는 그 지출 목적 및 금원의 출처가 다르므로, 이의 지출은 회사에 대하여
새로운 법익의 침해로서 별도의 업무상횡령죄를 구성한다고 한 사례

【이유】

원심의 채용 증거들을 기록에 비추어 살펴보면, 피고인이 보석에 의한 석방
을 위하여 변호사 비용으로 지출한 회사 자금 1억 6,000만 원은 그 전에 구
속적부심사에서의 석방을 위한 변호사 비용으로 지출하였다가 회사의 계좌로
반환된 2억 5,000만 원과는 그 지출 목적 및 금원의 출처가 다름을 알 수
있으므로, 이의 지출은 회사에 대하여 새로운 법익의 침해로서 별도의 업무
상 횡령죄를 구성한다고 보아야 할 것이다.
같은 취지에서 원심이 피고인의 위 1억 6,000만 원 지출 행위와 관련된 공
소사실에 대하여 무죄를 선고한 제1심판결을 파기하고 이를 유죄로 인정한
조치는 정당하고, 거기에 상고이유의 주장과 같은 불가벌적 사후행위의 법리
에 관한 오해 등이 있다고 볼 수 없다.

[대법원 2006.2.10.선고 2005도6246 판결]

【판시사항】

판결 선고 당일에 집행유예, 선고유예, 벌금형 등의 선고나 보석, 구속취소
등으로 인하여 그날 중으로 석방된 피고인이 바로 당일에 상소를 제기한 경
우, 그 선고 당일(석방된 당일)의 구금일수 1일이 상소심의 재정통산의 대상
이 되는지 여부(적극)

[대법원 2002. 5. 17.자 2001모53 결정]

【판시사항】

[1] 보석보증금몰수신청사건의 사물관할

[2] 보석보증금몰수결정은 반드시 보석취소와 동시에 하여야만 하는지 여부
(소극) 및 판결확정 전에 보석이 취소된 자가 형사소송법 제103조 소정
의 '보석된 자'에 포함되는지 여부(적극)

【판결요지】

[1] 형사소송법 제103조는 "보석된 자가 형의 선고를 받고 그 판결이 확정된
후 집행하기 위한 소환을 받고 정당한 이유 없이 출석하지 아니하거나
도망한 때에는 직권 또는 검사의 청구에 의하여 결정으로 보증금의 전부
또는 일부를 몰수하여야 한다."고 규정하고 있는바, 이 규정에 의한 보증
금몰수사건은 그 성질상 당해 형사본안 사건의 기록이 존재하는 법원 또
는 그 기록을 보관하는 검찰청에 대응하는 법원의 토지관할에 속하고,
그 법원이 지방법원인 경우에 있어서 사물관할은 법원조직법 제7조 제4
항의 규정에 따라 지방법원 단독판사에게 속하는 것이지 소송절차 계속
중에 보석허가결정 또는 그 취소결정 등을 본안 관할법원인 제1심 합의
부 또는 항소심인 합의부에서 한 바 있었다고 하여 그러한 법원이 사물
관할을 갖게 되는 것은 아니다.

[2] 보석보증금이 소송절차 진행 중의 피고인의 출석을 담보하는 기능 외에
형 확정 후의 형 집행을 위한 출석을 담보하는 기능도 담당하는 것이고
형사소송법 제102조 제2항 의 규정에 의한 보증금몰수결정은 반드시 보
석취소결정과 동시에 하여야만 하는 것이 아니라 보석취소결정 후에 별
도로 할 수도 있다고 해석되는 점에 비추어 보면, 위 법 제103조에서
규정하는 "보석된 자"란 보석허가결정에 의하여 석방된 사람 모두를 가리

키는 것이지, 판결확정 전에 그 보석이 취소되었으나 도망 등으로 재구금이 되지 않은 상태에 있는 사람이라고 하여 여기에서 제외할 이유가 없다.

[대법원 2001. 5. 29.자 2000모22 전원합의체 결정]

【판시사항】

보석보증금몰수결정은 반드시 보석취소와 동시에 하여야만 하는지 여부(소극)

【판결요지】

[다수의견] 형사소송법 제102조 제2항은 "보석을 취소할 때에는 결정으로 보증금의 전부 또는 일부를 몰수할 수 있다."라고 규정하고 있는바, 이는 보석취소사유가 있어 보석취소결정을 할 경우에는 보석보증금의 전부 또는 일부를 몰수하는 것도 가능하다는 의미로 해석될 뿐, 문언상 보석보증금의 몰수는 반드시 보석취소와 동시에 결정하여야 한다는 취지라고 단정하기는 어려운 점, 같은 법 제103조에서 보석된 자가 유죄판결 확정 후의 집행을 위한 소환에 불응하거나 도망한 경우 보증금을 몰수하도록 규정하고 있어 보석보증금은 형벌의 집행 단계에서의 신체 확보까지 담보하고 있으므로, 보석보증금의 기능은 유죄의 판결이 확정될 때까지의 신체 확보도 담보하는 취지로 봄이 상당한 점, 보석취소결정은 그 성질상 신속을 요하는 경우가 대부분임에 반하여, 보증금몰수결정에 있어서는 그 몰수의 요부(보석조건위반 등 귀책사유의 유무) 및 몰수 금액의 범위 등에 관하여 신중히 검토하여야 할 필요성도 있는 점 등을 아울러 고려하여 보면, 보석보증금을 몰수하려면 반드시 보석취소와 동시에 하여야만 가능한 것이 아니라 보석취소 후에 별도로 보증금몰수결정을 할 수도 있다. 그리고 형사소송법 제104조가 구속 또는 보석을 취소하거나 구속영장의 효력이 소멸된 때에는 몰수하지 아니한 보증금을 청구한 날로부터 7일 이내에 환부하도록 규정되어 있다고 하여도, 이 규정의 해석상 보석취소 후에 보증금몰수를 하는 것이 불가능하게 되는 것도 아니다.

[반대의견] 형사소송법 제102조 제1항이 마치 보석취소 사유만을 규정하고 있는 것처럼 보이지만 거기에서 열거한 사유 중 피고인이 도망한 때(제1호), 소환을 받고 정당한 이유 없이 출석하지 아니한 때(제3호), 주거의 제한 기타 법원이 정한 조건을 위반한 때(제5호) 등은 그것이 바로 보석보증금에 의하여 담보하고자 하는 내용들이므로 결국 제1항 각 호는 보석취소와 보석보증금 몰수의 실체적 요건을 동시에 규정한 것이라 할 것이고, 따라서 같은 조

제2항의 규정 취지는 제1항 각 호의 사유가 있어서 보석을 취소할 때에는 동시에 보석보증금을 몰수할 것이지만, 다만 제1항의 열거사유가 있다고 하여 반드시 피고인에게 보석조건위반 등 귀책사유가 있다고 단정하기 어려운 경우가 있기 때문에 보석보증금의 몰수를 필요적이 아닌 임의적인 것으로 하기 위한 것이라고 보아야 한다. 같은 법 제102조 제2항은 '보석을 취소할 때에는'이라고 규정하여 보석보증금을 몰수할 수 있는 시기적 제한의 의미로 표현하고 있으며 그 문언적 의미를 '보석취소 사유가 있을 때에는 언제든지'라고 확대해석할 논리적 근거를 찾아볼 수 없다. 형사소송법은 '보석을 취소할 때에는' 보석보증금을 몰수할 수 있다고 하여 보석보증금을 몰수함이 없이 보석만을 취소할 경우는 있으나 그와 반대로 보석을 취소함이 없이 보석보증금만을 몰수하는 경우를 전혀 상정하지 않고 있으므로 일단 보석이 취소되면 그 이후에 같은 법 제102조 제1항의 사유가 발생하더라도 다시 취소할 보석은 존재하지 아니하는 것이고, 보석보증금의 출석 등 담보기능은 보석취소와 동시에 소멸되는 것이어서 보석보증금을 몰수함이 없이 보석이 취소된 경우에는 이제는 몰수의 대상인 보석보증금이 아니라 같은 법 제104조에 의하여 환부하여야 할 보관금의 성격을 가진다고 보는 것이 자연스럽고 합리적인 해석이다. 같은 법 제103조는 '보석된 자' 즉 '보석허가결정을 받아 석방된 자'에 관한 규정으로 '보석취소결정을 받은 자'에 관한 규정이 아닐 뿐만 아니라 이 규정의 취지는 보석허가를 받아 석방된 자가 자유형이나 사형을 선고받고 그 판결이 확정된 경우에는 구속영장의 효력이 소멸되고, 보석허가결정 역시 실효되어 법원으로서는 피고인이 형의 집행을 위한 소환에 불응하거나 도망하더라도 같은 법 제102조에 의하여는 보석보증금을 몰수할 수 없게 될 뿐 아니라 오히려 피고인이 같은 법 제104조에 의하여 보석보증금환부청구권을 갖게 되는 것이므로 위와 같은 경우에 예외적으로 보석보증금을 몰수하도록 함으로써 형벌의 집행단계에서의 피고인의 신체 확보를 기하고자 함에 있다. 즉, 같은 법 제103조는 같은 법 제102조 및 제104조에 대한 특별규정으로서 보석된 자에 관한 규정이므로 이를 확대해석하여 보석보증금이 보석취소 후의 재구금까지 담보한다고 풀이할 수는 없다. 같은 법 제104조는 "구속 또는 보석을 취소하거나 구속영장의 효력이 소멸된 때에는 몰수하지 아니한 보증금을 청구한 날로부터 7일 이내에 환부하여야 한다."라고 하여, 그 해석상 보석취소결정을 받은 피고인은 그 결정이 있은 때로부터 즉시 몰수하지 아니한 보석보증금에 대한 환부청구권을 가진다고 할 것인바, 이미 발생한 피고인의 환부청구권을 법원이 같은 법 제103조와 같은 명확한 근거규정 없이

사후에 침해한다는 것은 허용될 수 없다. 보석취소결정에 따른 재구금에 불응하고 도망을 한 피고인에게까지 보석보증금을 환부해야 하는 것이 건전한 법감정에 반한다고 하여 법의 근거 없이 피고인에게 불이익한 처벌을 가할 수 있다고 해석하는 것은 죄형법정주의, 형사법의 확대해석과 유추해석의 금지 등 법리에 비추어 용인할 수 없다.

[대법원 1997. 11. 27.자 97모88 결정]
【판시사항】
검사의 의견청취절차를 거치지 아니한 보석허가결정의 효력
【판결요지】
검사의 의견청취의 절차는 보석에 관한 결정의 본질적 부분이 되는 것은 아니므로, 설사 법원이 검사의 의견을 듣지 아니한 채 보석에 관한 결정을 하였다고 하더라도 그 결정이 적정한 이상, 절차상의 하자만을 들어 그 결정을 취소할 수는 없다.

[대법원 1997. 4. 18.자 97모26 결정]
【판시사항】
1995. 12. 29. 개정된 형사소송법 하에서의 보석허가결정에 대한 불복 방법(보통항고)
【판결요지】
개정된 형사소송법 제97조 제3항 이 구 형사소송법(1995. 12. 29. 법률 제5054호로 개정되기 전의 것) 제97조 제3항에서 인정하던 보석허가결정에 대한 검사의 즉시항고권을 삭제하였으나, 개정된 형사소송법이 시행된 이후에도 검사가 형사소송법 제403조 제2항에 의한 보통항고의 방법으로 보석허가결정에 대하여 불복하는 것은 허용된다.

[대법원 1991. 8. 13.자 91모53 결정]

【판시사항】

가. 형사소송규칙 제54조의2가 보석청구사건에 관하여 항고심에서도 필요적으로 피고인을 심문하도록 규정한 것인지 여부(소극)

나. 형사소송규칙 제55조의2가 요구하는 보석불허가 이유의 설시정도

【판결요지】

가. 형사소송규칙 제54조의2는 보석청구를 받은 법원이 지체 없이 심문기일을 정하여 구속 피고인을 심문하도록 규정한 것이지 항고심에서도 필요적으로 피고인을 심문하도록 규정한 것이 아니다.

나. 보석불허가 이유로 피고인이 죄증을 인멸할 염려가 있다고 믿을 만한 충분한 이유가 있다고 설시한 것은 필요적 보석의 제외사유인 형사소송법 제95조 제3호 에 해당함을 명시한 것이므로 형사소송규칙 제55조의2에 위반되지 아니한다.

[대법원 1990. 4. 18.자 90모22 결정]

【판시사항】

집행유예기간 중에 있는 피고인에 대한 보석가부(적극)

【판결요지】

피고인이 집행유예의 기간 중에 있어 집행유예의 결격자라고 하여 보석을 허가할 수 없는 것은 아니고 형사소송법 제95조는 그 제1 내지 5호 이외의 경우에는 필요적으로 보석을 허가하여야 한다는 것이지 여기에 해당하는 경우에는 보석을 허가하지 아니할 것을 규정한 것이 아니므로 집행유예기간중에 있는 피고인의 보석을 허가한 것이 누범과 상습범에 대하여는 보석을 허가하지 아니할 수 있다는 형사소송법 제95조 제2호의 취지에 위배되어 위법이하고 할 수 없다.

[대법원 1985. 7. 23.자 85모12 결정]

【판시사항】

구속의 취소 및 집행정지와 보석 등의 결정에 명시하여야 할 이유기재의 정도

【판결요지】
구속의 취소 및 집행정지와 보석등의 결정에는 재판의 간결성의 요청에 따라
그 구체적 사유에 대한 설명을 생략하고 다만 청구의 이유가 있다 또는 그
이유가 없다고 밝히면 된다고 보는 것이 일반적인 견해이고 그와 같이 처리
하는 것이 우리 법원의 오랜 관행이다.

[대법원 1984. 2. 28.선고 83도3087 판결]
【판시사항】
보석허가청구에 대한 "검찰상고포기 석방지휘하였으므로 본건 보석청구이유
없음" 이라고 기재된 검사의 의견서가 상고포기에 관한 서면으로 볼 수 있는
지 여부
【판결요지】
상소의 포기 또는 취하에 관한 서면의 형식에는 아무런 제한이 없다 하더라
도 상소의 포기 또는 취하는 상소권자가 법원에 대해서 하는 소송행위이므로
그 서면은 상소권자가 법원에 대하여 상소를 포기 또는 취하한다는 의사표시
가 명시된 것이어야 할 것인바, 보석허가에 대한 의견서에 검사가 보석청구
가 이유없다는 의견을 기재하면서 내부적으로 상고를 포기하기로 하였다는
사실을 첨가한 것에 불과한 경우「검찰상고포기, 석방지휘하였으므로 본건
보석청구 이유없음」이를 법원에 대하여 상고를 포기한다는 의사표시를 명시
한 서면이라고 볼 수는 없다.

[대법원 1983. 4. 21.자 83모19 결정]
【판시사항】
보석취소결정의 집행시 그 결정등본의 피고인에의 송달요부
【판결요지】
보석허가결정의 취소는 그 취소결정을 고지하거나 결정법원에 대응하는 검찰청
검사에게 결정서를 교부 또는 송달함으로써 즉시 집행할 수 있는 것이고 그
결정등본이 피고인에게 송달(또는 고지)되어야 집행할 수 있는 것은 아니다.

[대법원 1982. 12. 28.자 82모53 결정]
【판시사항】
보호구속된 보호대상자에 대한 보석의 가부(소극)
【판결요지】
사회보호법 제13조 제4항은 보호구속된 보호대상자에 대한 형사소송법 제94조, 제96조의 적용을 배제하고 있으므로 사회보호법에 의하여 보호구속된 자는 보석청구를 할 수 없고 또 이들에 대한 직권보석의 결정도 할 수 없다.

Section 12. 상소

제1심 판결에 대하여 제2심 법원에 불복을 하는 것을 항소라 하고, 제2심 판결에 대하여 상고심에 불복을 하는 것을 상고라고 하며, 항소와 상고를 통틀어 상소라고 합니다.

[1] 상소권자

① 피고인을 위하여 상소할 수 있는 사람은 피고인·피고인의 법정대리인·배우자·직계친족·형제자매 또는 원심의 대리인이나 변호인입니다.

② 다만 피고인의 배우자·직계친족·형제자매 또는 원심의 대리인이나 변호인은 피고인의 명시한 의사(상소포기 등)에 반하여 상소할 수는 없습니다.

[2] 상소제기의 방식

상소의 제기는 서면에 의하여야 하며 구술에 의한 상소는 허용되지 않습니다. 또한 상소장은 상소의 대상인 판결을 한 법원에 제출하여야 합니다.

[3] 상소법원

서울중앙지방법원 단독판사가 선고한 판결에 대한 항소사건은 서울중앙지방법원 항소부에서, 서울중앙지방법원 합의부가 선고한 판결에 대한 항소사건은서울고등법원에서 담당하게 되고, 제2심 판결에 대한 상고사건은 대법원에서 담당하게 됩니다.

[4] 상소제기기간

① 항소 또는 상고의 제기기간은 판결 선고일부터 7일(판결 선고일은 기산하지 아니합니다) 이내입니다. 민사소송과 달리 판결 송달일은 아무 관계가 없습니다.

② 주의할 것은 상소제기기간 내에 포함된 공휴일 또는 토요일까지 모두 계산하여 7일 이내에 상소를 제기하여야 한다는 점입니다. 다만, 상소제기기간의 마지막날이 공휴일인 경우에는 그 다음날까지, 토요일인 경우에는 그 다음주 월요일까지 상소하면 됩니다.

③ 또한 상소는 상소장이 상소기간 내에 제출처인 법원에 도달하여야만 효력이 있습니다. 다만 교도소 또는 구치소에 있는 피고인이 상소의 제기기간 내에 상소장을 교도소장 또는 구치소장 등에게 제출한 때에는 상소장이 상소의 제기기간 후에 법원에 도달되었더라도 상소의 제기기간 내에 상소한 것으로 간주됩니다.

④ 상소장이 상소제기기간 경과 후에 법원에 도달하게 되면 상소권 소멸 후의 상소가 되어 원심에서 상소기각결정을 합니다.

[5] 상소이유서 제출기간

1. 제출기간

① 항소 또는 상고를 제기할 때에는 항소장 또는 상고장만을 제출하여도 됩니다.

② 하지만 항소 또는 상고에 따라 원심법원은 그 소송기록을 상소법원에 송부하게 되고, 상소법원이 기록을 접수하였을 때에는 상소인에게 그 소송기록접수통지를 하게 되는데, 상소인은 그 통지를 받은 날부터 20일 이내에 상소법원에 항소이유서 또는 상고이유서를 제출하여야 합니다.

2. 기각결정

① 상소이유서 제출 기간 내에 이유서의 제출이 없으면 원칙적으로 항소 또는 상고의 당부에 대한 판단 없이 결정으로 항소기각 또는 상고기각됩니다.

② 따라서 항소장이나 상고장에 항소이유 또는 상고이유를 미리 기재해 두면 이러한 불이익을 피할 수 있습니다.

③ 다만 교도소 또는 구치소에 있는 고인이 상소이유서 제출기간 내에 상소이유서를 교도소장 또는 구치소장 또는 그 직무를 대리하는 자에게 제출한 때에는 상소이유서가 상소이유서 제출기간 후에 법원에 도달되었더라도 상소이유서 제출기간 내에 상소이유서를 제출한 것으로 간주됩니다.

[6] 항소이유와 상고이유

항소심에서는 원심판결 기재 범죄를 저지른 사실이 없다거나 양형이 무겁다는 등의 사유를 자유롭게 항소이유로 할 수 있지만, 상고심에서는 사형, 무기 또는 10년 이상의 징역이나 금고가 선고된 사건이 아니면 양형이 무겁다는 사유를 상고이유로 할 수 없습니다.

[7] 불이익변경의 금지

검사는 상소하지 않고 피고인만이 상소한 경우에는 상소심 법원은 피고인에게 원심판결의 형보다 중한 형을 선고할 수 없습니다.

상 소 권 회 복 청 구

사　　건　　20○○고단 ○○○호 ○○
피 고 인　　○　○　○

청 구 취 지

　피고인에 대한 귀원 20○○고단 ○○○호 ○○사건에 관하여 피고인의 상소권을 회복한다.

　라는 재판을 구합니다.

청 구 이 유

1. 피고인은 20○○. ○. ○. ○○지방법원 ○○지원에서 징역 ○월에 집행유예 ○년의 선고를 받고, 20○○. ○. ○. 항소기간 경과로 그 형이 확정된 바 있습니다.

2. 동일 석방되어 본거지인 ○○시 ○○구 ○○동 ○○번지에 귀가하였는데 그 다음날 갑자기 내리기 시작한 폭우로 교통과 일체의 통신이 두절되어 항소를 제기하려고 백방으로 노력하였으나 불가항력으로 항소기간이 경과되었습니다.

3. 이러한 사실은 이미 신문이나 방송을 통하여 보도된 바 있고 이는 형사소송법 제345조 소정의 자기 또는 대리인이 책임질 수 없는 사유에 해당함이 명백하므로 피고인은 부득이 청구취지와 같은 결정을 구하고자 이 청구에 이르게 되었습니다.

20○○.　　○.　　○.

위 청구인(피고인)　　○　○　○ (인)

○ ○ 지 방 법 원　○ ○ 지 원　귀 중

제출기관	원심법원{※아래(1)참조} (형사소송법 346조1항)	제출기간	사유가 종지한 날로부터 상소기간에 상당한 기간내에
청구권자	※ 아래(2)참조	관 할	원심법원
제출부수	신청서 1부	관련법규	형사소송법 345 ~ 347조
회복청구 사 유	자기 또는 대리인이 책임질 수 없는 사유로 인하여 상소의 제기기간내에 상소를 하지 못한 때		
회복청구 방 식	1. 서면으로 원인된 사유를 소명 2. 상소회복청구와 동시에 상소를 제기해야 함		
불복절차 및 기간	·기각결정에 대하여 즉시항고(형사소송법 347조2항) ·재판의 고지가 있은 날로부터 3일(형사소송법 405조)		

※ (1) 제출기관(형사소송법 355, 344조)

1. 교도소 또는 구치소에 있는 피고인은 사유가 종지한 날로부터 상소의 제기 기간내에 상소회복청구서를 교도소장 또는 구치소장 또는 그 직무를 대리하는 자에게 제출한 때에는 상속회복청구의 제기기간내에 회복청구한 것으로 간주

2. 피고인이 상소회복청구서를 작성할 수 없는 때에는 교도소장 또는 구치소장은 소속 공무원으로 하여금 대서하게 하여야 함

※ (2) 상소권회복청구권자(형사소송법 345조)

1. 검사

2. 피고인

3. 피고인의 법정대리인

4. 피고인의 배우자, 직계친족, 형제자매 또는 원심의 대리인이나 변호인
   단, 피고인의 명시한 의사에 반하여 상소하지 못함

5. 항고권자(형사소송법 345, 339조)

[8] 상담사례

<hr>

■ **선고내용을 잘못 듣고 항소하지 못한 때 상소권회복청구 가능한지요?**

[질문] 甲은 횡령죄로 기소된 형사사건의 제1심 선고기일에 법정에 출석하였으나, 징역 8월의 실형선고를 집행유예를 선고한 것으로 잘못 듣고 항소를 제기하지 않은 채 항소기간을 도과하였습니다. 이 경우 甲이 상소권회복청구를 할 수 없는지요?

[답변] 「형사소송법」 제345조는 "제338조 내지 제341조의 규정에 의하여 상소할 수 있는 자는 자기 또는 대리인이 책임질 수 없는 사유로 인하여 상소의 제기기간 내에 상소를 하지 못한 때에는 상소권회복의 청구를 할 수 있다."라고 규정하고 있습니다.

그런데 위 사안에서와 같이 형의 선고를 잘못 알아듣고 항소를 하지 못한 경우와 관련하여 판례는 "징역형의 실형이 선고되었으나 피고인이 형의 집행유예를 선고받은 것으로 잘못 전해 듣고, 또한 판결주문을 제대로 알아들을 수가 없어서 항소제기기간 내에 항소하지 못한 것이라면 그 사유만으로는 형사소송법 제345조가 규정한 '자기 또는 대리인이 책임질 수 없는 사유로 상소제기기간 내에 상소하지 못한 경우'에 해당된다고 볼 수 없다."라고 하였습니다(대법원 2000. 6. 15.자 2000모85 결정, 1987. 4. 8.자 87모19 결정).

따라서 위 사안에서 甲이 형의 선고를 잘못 듣게 되어 항소기간 내에 항소를 하지 못한 것이 「형사소송법」 제345조가 규정한 '자기 또는 대리인이 책임질 수 없는 사유로 상소제기기간 내에 상소하지 못한 경우'에 해당된다고 볼 수 없을 것이므로, 그러한 이유로 상소회복청구를 하지 못할 것으로 보입니다.

<hr>

■ **변호인의 상소취하에 피고인의 동의가 없는 경우, 상소취하의 효력이 발생하는지요?**

[질문] 제1회 공판기일에 피고인 甲의 변호인이 구술로써 항소를 취하한다고 진술하였으나 피고인 甲은 이에 대하여 아무런 의견도 진술하지 아니하였습니다. 이후 재판부는 피고인 甲에게 변호인의 항소취하에 대하여 동의하는지 여부에 관한 명시적인 의사를 확인하지 아니한 채 검사의 항소

이유에 대한 변호인의 최종변론과 피고인 甲의 최후진술을 듣고 변론을 종결하였습니다. 이 경우 피고인 甲의 항소가 적법하게 취하되었으므로, 재판부는 피고인 甲의 항소이유에 관하여는 판단하지 않아도 되는지요?

[답변] 대법원은 대법원 2015.9.10. 선고, 2015도7821 판결에서 "변호인은 피고인의 동의를 얻어 상소를 취하할 수 있으므로(형사소송법 제351조, 제341조), 변호인의 상소취하에 피고인의 동의가 없다면 그 상소취하의 효력은 발생하지 아니한다. 한편 변호인이 상소취하를 할 때 원칙적으로 피고인은 이에 동의하는 취지의 서면을 제출하여야 하나(형사소송규칙 제153조 제2항), 피고인은 공판정에서 구술로써 상소취하를 할 수 있으므로(형사소송법 제352조 제1항 단서), 변호인의 상소취하에 대한 피고인의 동의도 공판정에서 구술로써 할 수 있다. 다만 상소를 취하하거나 상소의 취하에 동의한 자는 다시 상소를 하지 못하는 제한을 받게 되므로(형사소송법 제354조), 상소취하에 대한 피고인의 구술 동의는 명시적으로 이루어져야만 한다. 기록에 의하면, 원심 제1회 공판기일에 피고인 2의 변호인(이하 '변호인'이라고만 한다)이 구술로써 항소를 취하한다고 진술하였으나 피고인 2는 이에 대하여 아무런 의견도 진술하지 아니한 사실, 원심은 그러한 상태에서 피고인 2에게 변호인의 항소취하에 대하여 동의하는지 여부에 관한 명시적인 의사를 확인하지 아니한 채 검사의 항소이유에 대한 변호인의 최종변론과 피고인 2의 최후진술을 듣고 변론을 종결한 후, 선고기일에 판결을 선고하면서 피고인 2의 항소가 변호인에 의하여 적법하게 취하된 것으로 보아 공동정범의 성립에 관한 법리오해 등의 잘못이 있다는 취지의 피고인 2의 항소이유에 관하여는 판단하지 아니하고 검사의 항소이유에 관하여만 판단한 사실을 알 수 있다. 위와 같은 사실관계를 앞서 본 법리에 비추어 보면, 원심법정에서의 변호인의 항소취하에 피고인 2가 동의하였다고 인정하기 어려우므로 변호인의 항소취하는 효력이 없다고 할 것이다."라고 판시한바 있습니다. 따라서 피고인 甲의 변호인이 공판기일에 구술로써 피고인 甲의 항소를 취하한다고 진술하였다고 하더라도, 피고인 甲이 명시적인 의사로 항소를 취하는 사실에 동의하지 않은 이상 피고인 甲의 항소를 취하된 것으로 볼 수 없으므로, 재판부는 판결을 선고할 때 피고인 甲의 항소이유에 관하여도 판단하여야 할 것입니다.

[질문] 구치소에서 수감중이던 피고인 甲은 약식명령등본을 송달받은 날로부터 7일 내에 정식재판청구서를 교도소장 또는 구치소장 또는 그 직무를 대리하는 자에게 제출하였지만, 법원에는 위 약식명령등본을 송달받은 날로부터 7일이 도과한 이후에 도달한 경우, 피고인 甲의 적법한 정식재판청구가 있었다고 볼 수 있는지요?

[답변] 형사소송법 제344조 제1항은 "교도소 또는 구치소에 있는 피고인이 상소의 제기기간내에 상소장을 교도소장 또는 구치소장 또는 그 직무를 대리하는 자에게 제출한 때에는 상소의 제기기간내에 상소한 것으로 간주한다.", 같은 조 제2항은 "전항의 경우에 피고인이 상소장을 작성할 수 없는 때에는 교도소장 또는 구치소장은 소속공무원으로 하여금 대서하게 하여야 한다."고 규정하여 재소자에 대한 특칙을 규정하고 있습니다. 한편, 대법원은 대법원 2006.10.13, 자, 2005모552 결정에서 "원래 형사소송법이 재소자에 대한 특칙을 두어 상소장 법원 도달주의의 예외를 인정한 취지가 재소자로서 교도소나 구치소에 구금되어 행동의 자유가 박탈되어 있는 자가 상소심 재판을 받기 위한 상소장 제출을 위하여 할 수 있는 행위는 구금당하고 있는 교도소 등의 책임자나 그 직무대리자에게 상소장을 제출하여 그들로 하여금 직무상 해당 법원에 전달케 하는 것이 통상적인 방법이라는 점을 고려하여 재소자에게 상소제기에 관한 편의를 제공하자는 데 있는 점, 약식명령을 고지받은 피고인으로서는 공개된 법정에서 정식재판절차에 따라 재판을 받기 위해서는 반드시 적법한 정식재판청구서를 제출하여야 하므로 정식재판청구서 제출의 방법에 있어서는 상소장과 그 사정이 전혀 다를 바 없는 점, 한편 제출기간 내에 교도소장 등에게 정식재판청구서를 제출하였음에도 불구하고 기간 도과 후에 법원에 전달되었다는 이유만으로 정식재판청구가 기각된다면 이는 자기가 할 수 있는 최선을 다한 자에게조차 공개된 법정에서 정식재판을 받을 기회를 박탈하는 것으로서 헌법이 보장한 공개재판을 받을 권리를 침해할 뿐만 아니라 결과적으로 실체적 진실발견을 통하여 형벌권을 행사한다는 형사소송의 이념을 훼손하며 인권유린의 결과를 초래할 수도 있는 점 등에 비추어 보면, 위에서 본 바와 같은 형사소송법 제344조 제1항의 재소자에 대한 특칙 규정의 취지와

상소권회복청구에 관하여 그 준용을 규정한 같은 법 제355조의 법리에 비추어 정식재판청구서의 제출에 관하여도 위 재소자에 대한 특칙 규정이 준용되는 것으로 해석함이 상당하다."고 판시한바 있습니다. 따라서 피고인이 정식재판청구서 제출기간 내에 수감 중이던 구치소의 교도관에게 제출한 이 사건 정식재판청구서는 그 기간 내에 제출된 적법한 것이라고 할 것입니다.

■ 피고인에게 불이익하지 않은 하급심법원 재판에 대하여 피고인이 상소권을 가지는지요?

[질문] 피고인 甲은 벌금형을 선고한 제1심판결에 대하여 항소를 하지 않았으나, 검사만이 양형부당을 이유로 항소하였습니다. 이후 항소심은 직권으로 위 피고인들에 대한 이 사건 공소사실 중 위계공무집행방해의 점을 무죄로 판단하면서 제1심판결보다 가벼운 벌금형을 선고하였습니다. 이 경우, 피고인 甲은 항소심 판결에 대하여 상고할 수 있는지요?

[답변] 대법원은 2015.2.26, 선고, 2013도13217 판결에서 "피고인을 위한 상소는 하급심법원의 재판에 대한 불복으로서 피고인에게 불이익한 재판을 시정하여 이익된 재판을 청구함을 그 본질로 하는 것이므로, 하급심법원의 재판이 피고인에게 불이익하지 않으면 이에 대하여 피고인은 상소권을 가질 수 없는 것이다(대법원 2005. 9. 15. 선고 2005도4866 판결 참조)."고 판시한바 있습니다. 따라서 항소심이 제1심판결보다 가벼운 벌금형을 선고하였으므로 피고인들에게 불이익한 판결이라고 할 수 없고, 피고인들은 항소심판결에 대한 상고권을 가질 수 없다고 할 것입니다.

■ 재판 중 이사로 항소기간이 도과한 경우 상소권회복청구

[질문] 저는 공사현장에서 일을 하는 일용직 근로자입니다. 얼마 전 저지른 범죄로 1심 재판을 받던 중 일하던 공사현장이 바뀌어 이사를 하게 되었습니다. 주소지가 변경된 것을 법원에 알리지는 않았고 그 뒤로도 별다른 통지가 오는 것이 없어 재판을 잊고 지냈습니다. 그러던 중 제가 없는 상태로 1심 재판이 끝났고, 항소기간도 지났다는 것을 알게 되었습니다. 지금이라도 항소를 하고 싶은데 가능한가요?

[답변] 형사 항소기간은 선고일로부터 7일입니다. 항소기간을 도과한 경우 원칙적으로 항소를 제기할 수 없는 것입니다. 다만 형사소송법 제345조는 "상소할 수 있는 자는 자기 또는 대리인이 책임질 수 없는 사유로 인하여 상소의 제기기간 내에 상소를 하지 못한 때에는 상소권회복의 청구를 할 수 있다."고 규정하여 책임질 수 없는 사유로 항소기간을 놓친 경우 상소권 회복의 청구를 할 수 있다고 합니다.

이 사유가 무엇인지는 규정에 명시되어 있지 않기 때문에 판례, 즉 구체적인 사실관계에 따라 법원이 그동안 인정한 사례들을 토대로 판단할 수밖에 없습니다. 지방법원 판례 가운데는 피고인의 주소가 다수 나타나 있는데도 단순히 공소장 기재 주소 등으로 소환하여 송달불능이 되자 공시송달을 거쳐 피고인의 출석 없이 판결을 한 경우, 피고인의 상소권회복청구를 인용한 사례가 있습니다(수원지방법원 1995. 10. 19. 선고 92로1 판결)

다만 귀하의 경우처럼 재판을 받다가 주소지 변경이 있었는데 이를 법원에 알리지 않아 송달 등을 받지 못한 경우에 대하여 우리 판례는 "형사피고사건으로 법원에 재판이 계류 중인 자는 공소제기 당시 주소지나 그 후 신고한 주소지를 옮긴 때에는 자기의 신주소지를 법원에 제출한다거나 기타 소송 진행상 태를 알 수 있는 방법을 강구하여야 하고, 만일 이러한 조치를 취하지 않았다면 소송서류가 송달되지 아니하여 공판기일에 출석하지 못하거나 판결 선고 사실을 알지 못하여 상고기간을 도과하는 등 불이익을 받는 책임을 면할 수 없는 것이다(대법원 1992.07.21. 자 92모32 결정 참조)." 라고 하여 부정적인 입장입니다. 위와 같은 판례의 입장에 따르면 귀하의 상소권 회복청구는 받아들여지지 않을 것이므로 현 상황에서 항소를 제기하기는 어려울 것입니다.

■ 피고인의 상소권 포기 후 변호인이 상소를 제기할 수 있는지요?

[질문] 저는 교통사고로 구속·기소되어 제1심에서 변호사를 선임하였고 징역 1년을 선고받은 후 성급하게 항소를 포기하였습니다. 이 경우 상소포기에도 불구하고 변호인이 피고인을 위하여 상소를 할 수 있다고 하는데, 제가 선임한 변호인이 상소를 제기할 수 있는지요?

[답변] 「형사소송법」 제341조는 "①피고인의 배우자, 직계친족, 형제자매, 또는 원심의 대리인이나 변호인은 피고인을 위하여 상소할 수 있다. ②전

항의 상소는 피고인의 명시한 의사에 반하여 하지 못한다."라고 규정하고 있습니다.

여기에서 '원심의 변호인은 피고인을 위하여 상소할 수 있다'라는 규정에 관하여 판례는 "변호인은 독립한 상소권자가 아니고 다만 피고인의 상소권을 대리행사 할 수 있을 따름이므로 피고인의 상소권이 소멸한 후에는 상소를 제기할 수 없다 할 것인데, 피고인이 원심판결에 대하여 선고일에 상고를 포기하여 다시 상소할 수 없으므로 피고인의 변호인이 그 후에 한 상고는 피고인의 상소권포기로 상소권이 소멸한 후에 제기된 것이어서 부적법 하고(대법원 1991. 4. 23. 선고 91도456 판결), 또한 변호인은 피고인의 상소권이 소멸된 후에는 상소를 제기할 수 없는 것이고, 상소를 포기한 자는 형사소송법 제354조에 의하여 그 사건에 대하여 다시 상소를 할 수 없다."라고 하였습니다(대법원 1998. 3. 27. 선고 98도253 판결).

따라서 귀하가 판결선고를 받고 상소권포기를 하였다면 동일사건에 대하여 다시 상소할 수 없다고 할 것이며, 원심변호인도 피고인의 상소권이 포기 등으로 소멸된 후에는 상소를 제기할 수가 없으므로, 위 사안의 경우에도 귀하의 제1심 변호인은 귀하가 상소를 포기한 후에는 상소할 수 없을 것으로 보입니다.

■ 상소제기 후 상소취하한 때까지의 구금일수의 본형 산입여부

[질문] 甲은 1심 유죄 판결을 받고 상소를 제기하였다가, 그 상소를 취하하였습니다. 이 경우, '상소제기 후 상소취하한 때까지의 구금일수 전부'가 본형에 산입되는지요?

[답변] 형사소송법 제482조 제1항은 '판결선고 후 판결확정 전 구금일수(판결선고 당일의 구금일수를 포함한다)는 전부를 본형에 산입한다', 동법 제2항은 '상소기각 결정 시에 송달기간이나 즉시항고기간 중의 미결구금일수는 전부를 본형에 산입한다'고 규정하고 있습니다.

한편, 판례는 "피고인이 상소를 제기하였다가 그 상소를 취하한 경우에는, 상소심의 판결 선고가 없었다는 점에서 형사소송법 제482조 제1항 또는 형법 제57조 가 적용될 수 없고, 상소제기 전의 상소제기기간 중의 구금일수가 아니라는 점에서 형사소송법 제482조 제2항 이 적용될 수 없으며, 달리 이를 직접 규율하는 규정은 없다. 그러나 '상소제기후 상소취하한 때까지의 구금'또한 피고인의 신체의 자유를 박탈하고 있다는 점에서 실질적으로 자유형의 집행과 다를 바 없으므로 '상소제기기간 중의 판결확정 전 구금'과 구별하여 취급할 아무런 이유가 없고, 따라서 '상소제기 후 상소취하한 때까지의 구금일수'에 관하여는 형사소송법 제482조 제2항 을 유추적용하여 그 '전부'를 본형에 산입하여야 한다고 봄이 상당하다"고 하며, "'항소제기기간 이후부터 항소를 취하한 때까지의 미결구금일수'를 본형에 산입하지 않기로 한 검사의 형집행지휘처분은 위법하고 그 미결구금일수 '전부'를 본형에 산입하여야 한다"고 판시하였습니다(대법원 2010. 4. 16. 자 2010모179 결정).

따라서 甲의 경우, '상소제기 후 상소취하한 때까지의 구금일수 전부'가 본형에 산입된다고 할 것입니다.

■ 미성년자인 피고인이 법정대리인인 부모의 동의 없이 항소를 취하할 수 있는지요?

[질문] 미성년자인 피고인이 법정대리인인 부모의 동의 없이 항소를 취하할 수 있는지요?

[답변] 형사소송법 제350조에 의하면 "법정대리인이 있는 피고인이 상소의 포기 또는 취하를 함에는 법정대리인의 동의를 얻어야 한다. 단 법정대리인의 사망 기타 사유로 인하여 그 동의를 얻을 수 없는 때에는 예외로 한다."라고 하여 법정대리인이 있는 미성년자는 법정대리인의 동의를 얻어 항소를 취하할 수 있음을 규정하고 있습니다. 법정대리인의 동의가 없는 상소포기·상소취하는 무효입니다.

[9] 관련판례

[대법원 2024. 5. 9.선고 2024도3298 판결]

【판시사항】
송달영수인 신고의 효력이 상소 또는 이송을 받은 법원의 소송절차에 미치는지 여부(소극) / 항소이유서 제출기간이 경과하기 전에 항소사건을 심판할 수 있는지 여부(소극)

【판결요지】
형사소송법 제65조에 의하여 준용되는 민사소송법 제183조 제1항, 제184조에 의하면, 송달은 송달받을 사람의 주소·거소·영업소 또는 사무소 등의 송달장소에서 하여야 하고, 당사자·법정대리인 또는 변호인은 주소 등 외의 장소를 송달받을 장소로 정하여 법원에 신고할 수 있으며, 이 경우에는 송달영수인을 정하여 신고할 수 있다. 송달영수인의 신고가 있으면 송달은 신고된 장소와 영수인에게 하여야 하고, 송달영수인이 송달받은 때에 송달의 효력이 발생하나, 송달영수인 신고의 효력은 그 심급에만 미치므로, 상소 또는 이송을 받은 법원의 소송절차에서는 그 신고의 효력이 없다.

[대법원 2024. 7. 11.선고 2020다258824 판결]

【판시사항】
주관적·예비적 공동소송에서 일부 공동소송인에 대하여만 판결을 하거나 남겨진 자를 위하여 추가판결을 하는 것이 허용되는지 여부(소극) 및 주위적 공동소송인과 예비적 공동소송인 중 어느 한 사람이 상소를 제기한 경우, 상소심의 심판대상

【이유】
주관적·예비적 공동소송은 동일한 법률관계에 관하여 모든 공동소송인이 서로 간의 다툼을 하나의 소송절차로 한꺼번에 모순 없이 해결하는 소송형태로서 모든 공동소송인에 대한 청구에 관하여 판결을 하여야 하고(민사소송법 제70조 제2항), 그중 일부 공동소송인에 대하여만 판결을 하거나 남겨진 자를 위하여 추가판결을 하는 것은 허용되지 않는다(대법원 2008. 4. 10. 선고 2007다36308 판결, 대법원 2009. 12. 24. 선고 2009다65669 판결 등 참조). 그리고 주관적·예비적 공동소송에서 주위적 공동소송인과 예비적 공동

소송인 중 어느 한 사람이 상소를 제기하면 다른 공동소송인에 관한 청구 부분도 확정이 차단되고 상소심에 이심되어 심판대상이 되고(대법원 2008. 3. 27. 선고 2006두17765 판결 등 참조), 이러한 경우 상소심의 심판대상은 주위적·예비적 공동소송인들 및 그 상대방 당사자 사이의 결론의 합일확정의 필요성을 고려하여 그 심판의 범위를 판단하여야 한다(대법원 2011. 2. 24. 선고 2009다43355 판결 등 참조).

[대법원 2024. 2. 8.선고 2020다201422 판결]

【판시사항】

민사소송법 제70조 제1항에서 예비적 공동소송의 요건으로 규정한 '법률상 양립할 수 없다.'는 것의 의미 / 예비적 공동소송에서 주위적 당사자와 예비적 당사자 중 어느 한 사람에 대하여 상소를 제기한 경우, 상소심의 심판대상

【이유】

민사소송법 제70조 제1항에서 예비적 공동소송의 요건으로 규정한 '법률상 양립할 수 없다.'는 것은, 동일한 사실관계에 대한 법률적인 평가를 달리하여 두 청구 중 어느 한 쪽에 대한 법률효과가 인정되면 다른 쪽에 대한 법률효과가 부정됨으로써 두 청구가 모두 인용될 수는 없는 관계에 있는 경우나, 당사자들 사이의 사실관계 여하에 의하여 또는 청구원인을 구성하는 택일적 사실인정에 의하여 어느 일방의 법률효과를 긍정하거나 부정하고 이로써 다른 일방의 법률효과를 부정하거나 긍정하는 반대의 결과가 되는 경우로서, 두 청구들 사이에서 한 쪽 청구에 대한 판단 이유가 다른 쪽 청구에 대한 판단 이유에 영향을 주어 각 청구에 대한 판단 과정이 필연적으로 상호 결합되어 있는 관계를 의미하며, 실체법적으로 서로 양립할 수 없는 경우뿐 아니라 소송법상으로 서로 양립할 수 없는 경우를 포함한다(대법원 2007. 6. 26. 자 2007마515 결정 등 참조). 그리고 예비적 공동소송에서 주위적 당사자와 예비적 당사자 중 어느 한 사람에 대하여 상소를 제기하면 다른 당사자에 대한 청구 부분도 확정이 차단되고 상소심에 이심되어 심판대상이 되며, 이러한 경우 상소심은 주위적·예비적 당사자 및 그 상대방 당사자 사이의 결론의 합일확정의 필요성을 고려하여 그 심판의 범위를 판단하여야 한다(대법원 2011. 2. 24. 선고 2009다43355 판결 등 참조).

[대법원 2024. 1. 11.자 2023마7122 결정]

【판시사항】

소송대리인이 상소 제기에 관한 특별한 권한을 따로 받은 경우, 원심재판장이 소송대리인에게 인지의 보정을 명할 수 있는지 여부(원칙적 적극) 및 소송대리인이 상소 제기에 관하여 특별한 권한을 따로 받았으나 실제로 소송대리인이 아닌 당사자 본인이 상고장을 작성하여 제출한 경우에도 원심재판장이 소송대리인에게 보정명령을 송달하면 송달의 효력이 발생하는지 여부(소극)

【판결요지】

소송대리권의 범위는 원칙적으로 당해 심급에 한정되지만, 소송대리인이 상소 제기에 관한 특별한 권한을 따로 받았다면 특별한 사정이 없는 한 상소장을 제출할 권한과 의무가 있으므로, 상소장에 인지를 붙이지 아니한 흠이 있다면 소송대리인은 이를 보정할 수 있고 원심재판장도 소송대리인에게 인지의 보정을 명할 수 있다. 그러나 소송대리인이 상소 제기에 관하여 특별한 권한을 따로 받았다고 하더라도, 실제로 소송대리인이 아닌 당사자 본인이 상고장을 작성하여 제출한 경우에는 소송대리인에게 상소장과 관련한 보정명령을 수령할 권능이 없으므로, 원심재판장이 소송대리인에게 보정명령을 송달한 것은 부적법한 송달이어서 그 송달의 효력이 발생하지 아니한다.

[대법원 2023. 12. 14.선고 2021도2299 판결]

【판시사항】

검사가 재판의 이유만을 다투기 위하여 상소로써 불복할 수 있는지 여부(소극)

【이유】

검사는 공익의 대표자로서 법령의 정당한 적용을 청구할 임무를 가지므로 반대당사자에게 불이익한 재판에 대하여도 그것이 위법일 때에는 위법을 시정하기 위하여 상소로써 불복할 수 있지만 불복은 재판의 주문에 관한 것이어야 하고 재판의 이유만을 다투기 위하여 상소하는 것은 허용되지 않는다(대법원 2004. 3. 26. 선고 2003도8249 판결 참조). 검사의 상고이유 주장을 일부 증거의 증거능력을 부정한 원심의 판단에 잘못이 있다는 취지로 보더라도, 원심은 증거능력이 부정되는 일부 증거를 제외한 나머지 증거들만으로도 피고인 1에 대한 공소사실 전부를 유죄로 인정하기에 충분하다고 보아 피고인 1에 대한 공소사실 전부를 유죄로 판단하였으므로, 이는 원심판결의 주문이 아니라 이유만을 다투기 위한 것임이 명백하여 허용될 수 없다.

[대법원 2023. 4. 27.자 2023모350 결정]

【판시사항】

재판에 대하여 적법하게 상소를 제기한 경우, 다시 상소권회복을 청구할 수 있는지 여부(소극) / 제1심판결에 대하여 항소심판결이 선고된 후 당초 항소하지 않았던 자가 항소권회복청구를 하는 경우, 이를 적법하다고 볼 수 있는지 여부(원칙적 소극) 및 이때 법원이 취할 조치(=기각결정) / 상소권회복청구 사건을 심리하는 법원이 확인해야 할 사항

【판결요지】

상소권회복은 상소권자가 자기 또는 대리인이 책임질 수 없는 사유로 인하여 상소의 제기기간 내에 상소를 하지 못한 경우에 한하여 청구할 수 있으므로(형사소송법 제345조), 재판에 대하여 적법하게 상소를 제기한 자는 다시 상소권회복을 청구할 수 없다.

제1심판결에 대하여 피고인 또는 검사가 항소하여 항소심판결이 선고되면 상고법원으로부터 사건이 환송되는 경우 등을 제외하고는 항소법원이 다시 항소심 소송절차를 진행하여 판결을 선고할 수 없으므로, 항소심판결이 선고되면 제1심판결에 대하여 당초 항소하지 않았던 자의 항소권회복청구도 적법하다고 볼 수 없다. 따라서 항소심판결이 선고된 사건에 대하여 제기된 항소권회복청구는 항소권회복청구의 원인에 대한 판단에 나아갈 필요 없이 형사소송법 제347조 제1항 에 따라 결정으로 이를 기각하여야 한다.

상소권회복청구 사건을 심리하는 법원은 상소권회복청구 대상이 되는 재판에 대하여 이미 적법한 상소가 제기되었는지 또는 상소심재판이 있었는지 등을 본안기록 등을 통하여 확인해야 한다.

[대법원 2022. 10. 27.자 2022모1004 결정]

【판시사항】

형사소송법 제344조 제1항 재소자에 대한 특칙 규정이 집행유예취소결정에 대한 즉시항고권회복청구서의 제출에 적용되는지 여부(적극)

【판결요지】

형사소송법은 "교도소 또는 구치소에 있는 피고인이 상소의 제기기간 내에 상소장을 교도소장 또는 구치소장 또는 그 직무를 대리하는 자에게 제출한 때에는 상소의 제기기간 내에 상소한 것으로 간주한다."라는 이른바 재소자에

대한 특칙(제344조 제1항)을 두고 이를 상소권회복의 청구에 준용하도록 하
고 있다(제355조). 즉시항고도 상소의 일종이므로 위와 같은 특칙은 집행유
예취소결정에 대한 즉시항고권회복청구서의 제출에도 마찬가지로 적용된다.

[대법원 2022. 5. 26.자 2022모439 결정]
【판시사항】
형사피고사건으로 법원에 재판이 계속 중인 사람은 공소제기 당시의 주소지
나 그 후 신고한 주소지를 옮길 때 새로운 주소지를 법원에 신고하거나 기타
소송 진행 상태를 알 수 있는 방법을 강구하여야 하는지 여부(적극)
【판결요지】
형사소송법 제345조의 상소권회복청구는 자기 또는 대리인이 책임질 수 없
는 사유로 상소 제기기간 내에 상소를 하지 못한 경우에만 청구할 수 있다.
형사피고사건으로 법원에 재판이 계속 중인 사람은 공소제기 당시의 주소지
나 그 후 신고한 주소지를 옮길 때 새로운 주소지를 법원에 신고하거나 기타
소송 진행 상태를 알 수 있는 방법을 강구하여야 하고, 만일 이러한 조치를
하지 않았다면 특별한 사정이 없는 한 소송서류가 송달되지 않아서 공판기일
에 출석하지 못하거나 판결 선고사실을 알지 못하여 상소 제기기간을 도과하
는 등 불이익을 면할 수 없다.

Section 13. 재심

① 재심이란 확정된 유죄판결에 대하여 일정한 사유가 있는 경우에 유죄판결을 받은 자의 이익을 위하여 주로 사실인정의 부당을 시정함을 내용으로하는 비상구제절차입니다.

② 재심절차는 재심을 개시할 것인지 여부를 결정하는 절차와 사건 자체에 대하여 다시 심판하는 절차의 2단계로 구분되어 있습니다.

[1] 재심청구의 대상과 재심사유

1. 유죄의 확정판결

① 재심은 유죄의 확정판결에 일정한 사유가 있는 경우에 유죄판결을 받은 자의 이익을 위하여만 청구할 수 있습니다.

② 그러므로 약식명령이나 즉결심판은 재심의 대상이 되나, 무죄, 면소, 공소기각의 판결은 재심의 대상이 되지 않습니다.

2. 재심사유

① 원판결의 증거가 된 증거서류 또는 증거물이 확정판결에 의하여 위조 또는 변조되었음이 증명된 때

② 원판결의 증거가 된 증언, 감정, 통역, 번역이 확정판결에 의하여 허위임이 증명된 때

③ 무고로 인하여 유죄판결을 받은 경우에 그 무고의 죄가 확정판결에 의하여 증명된 때

④ 원판결의 증거로 되었던 재판이 확정판결에 의하여 변경된 때

⑤ 무죄 등을 선고할 명백한 새로운 증거가 발견된 때

⑥ 저작권, 특허권, 실용신안권, 의장권, 상표권을 침해한 죄로 유죄의 선고를 받은 사건에 대하여 그 권리에 관한 무효의 심결 또는 판결이 확정된 때

⑦ 원판결에 관여한 법관, 기소 또는 수사에 관여한 검사나 사법경
찰관이 그 직무에 관한 범죄를 범하였음이 확정판결에 의하여
증명된 때
⑧ 형사법률에 관하여 헌법재판소의 위헌결정이 있는 경우

3. 유죄판결에 대한 상소를 기각한 확정판결

상소법원이 원심의 유죄판결을 유지하여 상소를 기각한 판결에 대하
여도 재심의 청구를 할 수 있되, 다만 위 ①, ②, ⑦ 사유만을 재심사
유로 할 수 있고, 나머지 사유에 의해서는 원심의 유죄판결에 대해서만
재심청구를 할 수 있습니다.

[2] 재심의 청구

1. 청구권자

검사, 유죄의 선고를 받은 사람(피고인이었던 사람), 그의 법정대리
인, 그가 사망하거나 심신장애가 있는 경우에는 그 배우자, 직계친족,
형제자매, 변호인 등이 청구할 수 있습니다.

2. 청구기간

재심청구는 피고인이었던 사람이 사망한 후에도 할 수 있고, 형의
집행이 종료되거나 그 집행을 받지 않기로 된 후에도 할 수 있습니다.

3. 청구의 방식

재심청구를 함에는 재심청구서에 재심청구의 취지와 이유를 구체적
으로 기재하고, 여기에 재심의 대상이 되는 판결의 등본 및 증거자료를
첨부하여 재심대상판결을 한 법원에 제출하여야 합니다.

재 심 청 구

재심청구인　　○　○　○
　　　　　　　주민등록번호 :
　　　　　　　주거 : ○○시 ○○구 ○○길 ○번지
　　　　　　　등록기준지 : ○○시 ○○구 ○○길 ○번지

원판결의 표시 및 청구취지

　피고인은 20○○. ○. ○.경부터 같은 해 ○. ○.경까지 3회에 걸쳐 피해자 △△△에게 원단을 공급하여 주겠다고 거짓말하여 계약금 명목으로 금 350만원을 편취하였다는 이유로 ○○지방법원 ○○지원에서 20○○. ○. ○. 벌금 100만원을 선고받고, 청구인이 항소하였으나 20○○. ○. ○. ○○지방법원 항소부에서 항소기각되었고, 다시 청구인이 상고하였으나 200○. ○. ○.경 대법원에서 상고기각되어 동 판결은 확정되었지만 원판결에는 아래 이유와 같은 형사소송법 제420조 제2호 소정의 재심사유가 있어 재심청구하오니 재심개시결정하여 주시길 바랍니다.

재심청구 이유

1. 피고인에 대한 범죄사실은 공소장기재와 같은 바, 피고인이 고소인을 기망, 오신케 하여 재산상의 이익을 편취한 것으로 되어 있고 이에 대하여 대법원까지 피고인에게 불리한 판결이 선고되어 확정되었습니다.

2. 피고인은 피해자로부터 금 350만원을 교부받은 것은 사실이지만 원단공급계약 후 계약금조로 교부받은 것이 아니고 종전에 차용하여 준 자용금에 대한 변제조로 교부받은 것이라고 주장하였으나 피해자의 사주를 받은 피해자의 종업원 증인 □□□이 이건 금전은 원단공급계약을 체결 후 계약금으로 교부한 것이라는 허위의 증언을 하자 이를 믿은 나머지 피고인의 주장을 배척하고 피고인에게 유죄선고를 하였던 것입니다.

3. 그러나 당시 위 □□□은 금전 수수현장에 있지도 아니하고, 사실도 모

르면서 허위의 증언을 한 것이 명백하여 피고인은 동인을 상대로 위증죄로 고소를 하였던 바, 동 증언이 허위임이 확정되어 위 □□□은 유죄의 처벌을 받았습니다.

4. 그러므로 이 사건 피고인의 유죄판결의 중요한 증거인 위 □□□의 증언이 허위임이 확정된 이상 이 건에 대한 재심의 사유가 충분하다고 사료되어 이 건 청구에 이른 것입니다.

첨 부 서 류

1. 판결등본
2. 위 □□□에 대한 위증죄 확정판결문등본

2000.　　○.　　○.

위 피고인　○　○　○ (인)

○ ○ 지 방 법 원 ○ ○ 지 원 귀 중

[서식 예] 재심청구 취하서

재 심 청 구 취 하

사　　　　건　　2000 재고합 ○○○호 ○○
재심청구인　　○　○　○

　위 재심청구 사건에 관하여 재심청구인은 사정에 의하여 이 건 청구를 취하합니다.

2000.　　○.　　○.

위 청구인　○　○　○ (인)

○ ○ 지 방 법 원 ○ ○ 지 원 귀 중

[3] 상담사례

■ 재심에서 증거조작 부분에 대한 새로운 판단을 할 수 있는지요?

[질문] 甲은 절도죄 유죄판결이 확정되었습니다. 그러나 甲은 증거조작을 주장하며 재심을 청구하였습니다. 재심에서 증거조작 부분에 대한 새로운 판단을 할 수 있는지요?

[답변] 판례는 "형사소송법 제438조 제1항은 "재심개시의 결정이 확정한 사건에 대하여는 제436조의 경우 외에는 법원은 그 심급에 따라 다시 심판을 하여야 한다."고 규정하고 있다. 여기서 '다시' 심판한다는 것은 재심대상판결의 당부를 심사하는 것이 아니라 사건 자체를 처음부터 새로 심판하는 것을 의미하므로, 재심대상판결이 상소심을 거쳐 확정되었더라도 재심사건에서는 재심대상판결의 기초가 된 증거와 재심사건의 심리과정에서 제출된 증거를 모두 종합하여 공소사실이 인정되는지를 새로이 판단하여야 한다. 그리고 재심사건의 공소사실에 관한 증거취사와 이에 근거한 사실인정도 다른 사건과 마찬가지로 그것이 논리와 경험의 법칙을 위반하거나 자유심증주의의 한계를 벗어나지 아니하는 한 사실심으로서 재심사건을 심리하는 법원의 전권에 속한다.(대법원 2015. 5. 14. 선고 2014도2946 판결)"라고 판시합니다. 따라서 재심에서 증거조작 부분에 대한 새로운 판단을 할 수 있습니다.

■ 해외에 유학 중인 아들을 대신해 재심을 청구할 수 있는가요?

[질문] 甲은 절도죄로 유죄의 확정판결을 받은 성년의 아들을 둔 아버지로 최근 아들의 무죄를 입증할 만한 명백한 새로운 증거를 발견하게 되어 법원에 확정판결에 대해 재심을 청구하고자 하는데, 甲이 해외에 유학 중인 아들을 대신해 재심을 청구할 수 있는가요?

[답변] 형사소송법 제424조는 (1) 검사, (2) 유죄의 선고를 받은 자, (3) 유죄의 선고를 받은 자의 법정대리인, (4) 유죄의 선고를 받은 자가 사망하거나 심신장애가 있는 경우에는 그 배우자, 직계친족 또는 형제자매를 재심청구권자로 제한적으로 규정하고 있습니다.

따라서 甲의 아들에 대해 민법상 성년후견, 한정후견이 개시되는 등 장애, 노령, 그 밖의 사유로 인한 정신적 제약으로 사무를 처리할 능력이 지속적으로 결여되거나 부족하여 심신장애가 있는 것으로 인정되는 경우가 아니라면, 미성년이 아닌 성년의 아들을 대신하여 아버지가 재심청구를 할 수는 없습니다(서울고등법원 1975. 5. 26. 자 75로17 결정 참조).

■ 재심청구인이 재심청구를 한 후 청구에 대한 결정이 확정되기 전에 사망한 경우

[질문] 甲이 사기죄의 확정판결에 대하여 자신의 무죄를 입증해 줄 새로운 증인의 소재를 최근에야 파악하여 법원에 재심청구를 하였으나, 그 청구에 대한 결정이 확정되기도 전인 2017. 9. 15. 지병의 악화로 사망한 경우, 갑에 대한 재심절차를 배우자나 자녀들이 계속하여 진행할 수 있는가요?

[답변] 형사소송법이나 형사소송규칙에는 재심청구인이 재심의 청구를 한 후 그 청구에 대한 결정이 확정되기 전에 사망한 경우에 재심청구인의 배우자나 친족 등에 의한 재심청구인 지위의 승계를 인정하거나 형사소송법 제438조 와 같이 재심청구인이 사망한 경우에도 절차를 속행할 수 있는 규정이 없으므로, 재심청구절차는 재심청구인의 사망으로 당연히 종료하게 됩니다(대법원 2014. 5. 30. 자 2014모739 결정 참조).
따라서 사안의 경우 甲에 대한 재심절차는 그 배우자나 친족 등에 의해 승계되지 아니하고, 법원은 "이 사건 재심청구절차는 2017. 9. 15. 재심청구인의 사망으로 종료하였다"는 결정을 내립니다.

■ 형 선고의 효력을 상실케 하는 특별사면에 대한 재심이 허용되는지요?

[질문] 甲이 업무상횡령죄에 대하여 유죄의 확정판결을 받고 사면법 제5조 2호 단서에 따른 형의 선고의 효력을 상실케 하는 특별사면을 받았음에도 위 확정판결에 대하여 재심청구를 할 수 있는가요.

[답변] 특별사면은 일반적으로 형의 집행을 면제하거나(사면법 5조 2호 본문), 특별한 사정이 있을 때에는 형의 선고의 효력을 상실케 하는 것으로, 유죄판결 확정 후에 형 선고의 효력을 상실케 하는 특별사면이 있었다고 하더라도 형 선고의 법률적 효과만 장래를 향하여 소멸될 뿐이고 확정된 유죄판결에서 이루어진 사실인정과 그에 따른 유죄 판단까지 없어

지는 것은 아니므로, 유죄판결은 형 선고의 효력만 상실된 채로 여전히 존재하는 것으로 보아야 하고, 한편 형사소송법 제420조 각 호의 재심 사유가 있는 피고인으로서는 재심을 통하여 특별사면에도 불구하고 여전히 남아 있는 불이익, 즉 유죄의 선고는 물론 형 선고가 있었다는 기왕의 경력자체 등을 제거할 필요가 있습니다(대법원 2015. 5. 21. 선고 2011도1932 전원합의체 판결 참조).

따라서 사안에서 甲은 특별사면으로 형 선고의 효력이 상실된 유죄의 확정판결에 대하여도 형 선고가 있었다는 기왕의 경력자체 등을 제거하기 위해 재심청구를 할 수 있습니다.

■ 상고기각 판결이 부당하다는 취지만으로 재심청구가 가능한지요?

[질문] 甲은 특수절도, 특수강도 등의 범죄사실로 항소심에서 징역형을 선고받고 곧바로 상고하였으나 상고기각판결을 산고 받았습니다. 그런데 甲이 위 상고기각판결에 대하여 항소심 판결이 유지한 제1심판결이 甲의 범죄사실로서 특수절도의 범행을 인정한 것은 채증법칙 위반으로 인한 사실오인이었는데도 피고인 상고를 이유 없다 하여 기각하였으니 부당하다는 취지만을 기재하여 재심청구를 하는 것이 가능한가요.

[답변] 형사소송법 제421조 제1항에 의하면, 항소 또는 상고의 기각판결에 대하여는 같은법 제420조 제1호(원판결의 증거된 서류 또는 증거물이 확정판결에 의하여 위조 또는 변조인 것이 증명된 때), 제2호(원판결의 증거된 증언, 감정, 통역 또는 번역이 확정판결에 의하여 허위인 것이 증명된 때), 제7호(원판결, 전심판결 또는 그 판결의 기초 된 조사에 관여한 법관, 공소의 제기 또는 그 공소의 기초 된 수사에 관여한 검사나 사법경찰관이 그 직무에 관한 죄를 범한 것이 확정판결에 의하여 증명된 때 단, 원판결의 선고 전에 법관, 검사 또는 사법경찰관에 대하여 공소의 제기가 있는 경우에는 원판결의 법원이 그 사유를 알지 못한 때에 한한다)의 사유가 있는 경우에 한하여 재심을 청구할 수 있게 되어 있으므로 항소 또는 상고의 기각 판결에 대하여 이와 같은 사유가 있음을 이유로 하는 것이 아닌 재심청구는 법률상의 방식에 위반된다 할 것입니다.

따라서 사안에서 甲의 재심청구는 상고기각판결에 대하여 위 형사소송법 규정에 따른 재심 사유가 있다는 내용이 아니므로 이 사건 재심청구는 법률상의 방식에 위반된 경우에 해당하여 기각될 것입니다.

■ 재심사건에 불이익변경금지의 원칙이 적용되는지요?

[질문] 저는 특수절도죄로 유죄판결을 선고받고 확정된 후, 형의 선고의 효력을 상실케 하는 특별사면을 받았습니다. 그런데 위 판결에 대해 재심청구를 한 경우 만일 여전히 범죄사실이 유죄로 인정된다면 특별사면을 받은 것과 상관없이 또 다시 유죄 판결을 선고받을 수도 있는가요.

[답변] 형사소송법은 유죄의 확정판결과 항소 또는 상고의 기각판결에 대하여 각 그 선고를 받은 자의 이익을 위하여 재심을 청구할 수 있다고 규정함으로써 피고인에게 이익이 되는 이른바 이익재심만을 허용하고 있으며(제420조, 제421조 제1항), 그러한 이익재심의 원칙을 반영하여 제439조에서 "재심에는 원판결의 형보다 중한 형을 선고하지 못한다"고 규정하고 있는데, 이는 실체적 정의를 실현하기 위하여 재심을 허용하지만 피고인의 법적 안정성을 해치지 않는 범위 내에서 재심이 이루어져야 한다는 취지로서, 단순히 재심절차에서 전의 판결보다 무거운 형을 선고할 수 없다는 원칙만을 의미하고 있는 것이 아니라, 피고인이 원판결 이후에 형 선고의 효력을 상실하게 하는 특별사면을 받아 형사처벌의 위험에서 벗어나 있는 경우라면, 재심절차에서 형을 다시 선고함으로써 위와 같이 특별사면에 따라 발생한 피고인의 법적 지위를 상실하게 하여서는 안 된다는 의미도 포함되어 있는 것으로 보아야 하므로 甲에 대한 유죄의 확정판결에 대하여 재심개시결정이 이루어져 재심심판법원이 그 심급에 따라 다시 심판한 결과 무죄로 인정되는 경우라면 무죄를 선고하여야 하겠지만, 그와 달리 유죄로 인정되는 경우에는, 피고인에 대하여 다시 형을 선고하거나 피고인의 항소를 기각하여 제1심판결을 유지시키는 것은 이미 형 선고의 효력을 상실하게 하는 특별사면을 받은 피고인의 법적 지위를 해치는 결과가 되어 앞서 본 이익재심과 불이익변경금지의 원칙에 반합니다(대법원 2015. 10. 29. 선고 2012도2938 판결 참조).

따라서 재심심판법원으로서는 甲에 대하여 유죄판결을 선고하는 대신 '피고인에 대하여 형을 선고하지 아니한다'는 주문을 선고하게 될 것입니다.

■ **약식명령에 대한 정식재판절차에서 유죄판결이 선고되어 확정된 경우 재심청구의 대상이 될 수 있나요?**

[질문] 甲은 음주운전으로 벌금 150만원의 약식명령을 고지받고 정식재판청구를 하여 위 벌금형을 그대로 선고받아 확정되었는데, 위 약식명령에 대하여도 다시 재심청구를 할 수 있는가요.

[답변] 형사소송법 제420조 본문은 재심은 유죄의 확정판결에 대하여 그 선고를 받은 자의 이익을 위하여 청구할 수 있도록 하고, 같은 법 제456조는 약식명령은 정식재판의 청구에 의한 판결이 있는 때에는 그 효력을 잃도록 규정하고 있습니다. 위 각 규정에 의하면 약식명령에 대하여 정식재판 청구가 이루어지고 그 후 진행된 정식재판 절차에서 유죄판결이 선고되어 확정된 경우, 재심사유가 존재한다고 주장하는 피고인 등은 효력을 잃은 약식명령이아니라 유죄의 확정판결을 대상으로 재심을 청구하여야 합니다(대법원 2013. 4. 11. 선고 2011도10626 판결 참조).

따라서 사안에서 甲이정식재판절차에서 확정된 유죄판결에 대하여 재심청구를 하지 아니하고, 정식재판청구로 인하여 그 효력을 잃은 약식명령에 대하여는 재심청구를 할 수 없습니다.

[4] 관련판례

[대법원 2024. 12. 18.자 2021모2650 결정]

【판시사항】

[1] 형사재판에서 재심의 의의 / 형사소송법 제420조 제7호에서 '원판결 등에 관여한 법관, 공소의 제기 또는 그 공소의 기초된 수사에 관여한 검사나 사법경찰관이 그 직무에 관한 죄를 범한 것이 확정판결에 의하여 증명된 때'를 재심사유로 규정한 취지

[2] 형사소송법 제422조에서 정한 '그 사실을 증명하여'의 의미 및 이때의 증명은 '확정판결을 대신하는 증명'인지 여부(적극) / '확정판결을 대신하는 증명'이 있는지를 판단할 때 유념할 점 및 고려할 사항

[3] 재심청구인이 형사소송법 제420조 제7호에서 규정한 범죄의 피해자로서 하는 진술 자체가 재심이유인 '직무에 관한 죄'의 존재를 뒷받침하는 핵심적 증거로 제출되었음에도 그 범죄의 공소시효가 이미 완성하여 확정판결로 증명할 수 없는 상태에서, 재심청구인의 범죄 피해에 관한 진술에 충분한 신빙성이 있고 그 진술만으로 법이 정한 재심사유가 있다고 인정하기에 충분하다는 정도에 이를 경우, 재심청구가 이유 있다고 인정하여 재심의 심판을 받을 기회를 보장하여야 하는지 여부(원칙적 적극) 및 이때 재심청구를 받은 법원이 취할 조치

【판결요지】

[1] 형사재판에서 재심은 유죄의 확정판결에 중대한 하자가 있는 경우 피고인의 이익을 위하여 잘못을 바로잡고자 마련한 비상구제절차이다. 형사소송법 제420조 제7호는 "원판결, 전심판결 또는 그 판결의 기초된 조사에 관여한 법관, 공소의 제기 또는 그 공소의 기초된 수사에 관여한 검사나 사법경찰관이 그 직무에 관한 죄를 범한 것이 확정판결에 의하여 증명된 때"를 재심사유로 규정하고 있다. 이는 그러한 직무범죄가 확정됨으로써 원판결 등에 사실오인의 잘못이 있다는 점이 현저하게 추측된다는 이유에서 이를 재심사유로 하여 제1심 혹은 상소심의 공판절차에 따라 다시 심리하여 재판을 하도록 한 것이다.

[2] 형사소송법 제422조는 "전 2조의 규정에 의하여 확정판결로써 범죄가 증명됨을 재심청구의 이유로 할 경우에 그 확정판결을 얻을 수 없는 때에는 그 사실을 증명하여 재심의 청구를 할 수 있다."라고 규정하고 있

다. 여기서 '그 사실을 증명하여'란 확정판결을 얻을 수 없다는 사실과 형사소송법 제420조와 제421조가 재심이유로 규정한 범죄행위 등이 행하여졌다는 사실을 각 증명하여야 한다는 의미이고, 이때의 증명은 '확정판결을 대신하는 증명'이다. '확정판결을 대신하는 증명'이 있는지를 판단할 때는, 재심은 확정판결의 중대한 오류를 시정하고 일반적인 형사재판 절차에서 형사소송원칙에 따른 권리를 제대로 보장받지 못한 억울한 피고인을 구제하여 인권을 옹호하기 위한 제도라는 점, 확정판결을 얻을 수 없는 이유가 매우 다양한 점 등을 유념하고 구체적인 사건에서 비상구제절차인 재심제도의 목적과 이념, 형사소송법 제420조 제7호의 취지 등을 두루 고려하여 신중하게 판단하여야 한다.

[3] 재심청구인이 형사소송법 제420조 제7호에서 규정한 범죄의 피해자로서 하는 진술 그 자체가 재심이유인 '직무에 관한 죄'의 존재를 뒷받침하는 핵심적 증거로 제출되었음에도 그 범죄의 공소시효가 이미 완성하여 확정판결로 증명할 수 없는 경우가 있다. 이 때 재심청구인의 범죄 피해에 관한 진술 내용이 논리와 경험칙에 비추어 합리적이고, 진술 자체로 모순되거나 객관적으로 확인된 사실이나 사정과 모순되지 않으며, 재심청구인이 허위로 진술할 뚜렷한 동기나 이유를 찾을 수 없는 등 그 진술에 충분한 신빙성이 있을 뿐만 아니라, 그 진술에 부합하는 직접·간접의 증거들이 상당수 제시된 반면, 그 진술과 모순되거나 진술 내용을 탄핵할 수 있는 다른 객관적인 증거가 없어 그 진술만으로 법이 정한 재심사유가 있다고 인정하기에 충분하다는 정도에 이를 경우에는 원칙적으로 재심청구가 이유 있다고 인정하여 재심의 심판을 받을 기회를 보장하여야 한다.

재심의 청구를 받은 법원은 재심청구의 이유가 있는지 판단하는 데에 필요한 경우에는 사실을 조사할 수 있고(형사소송법 제37조 제3항), 이때 공판절차에 적용되는 엄격한 증거조사 방식을 따라야만 하는 것은 아니다. 사실조사가 필요한지 여부의 판단은 법원의 재량이지만, 재심청구인의 진술 그 자체가 재심이유의 존재를 뒷받침하는 핵심적 증거로서 신빙성이 있고 그 진술의 내용 자체나 전체적인 취지에 부합하는 직접·간접의 증거들이 상당수 제시된 경우에는, 그 신빙성을 깨뜨릴 충분하고도 납득할 만한 반대되는 증거나 사정이 존재하는지에 관한 별다른 사실조사도 없이 만연히 '재심청구인의 진술' 외에 다른 객관적 증거가 없다는 이유로 재심청구를 기각하는 것은 타당하지 않다.

[대법원 2024. 11. 5.자 2024카기172 결정]

【판시사항】

민사소송 등 인지법 제13조 제2항에서 인지액 미달을 이유로 접수를 보류할 수 있다고 정한 대상 외에 반복하여 제기된 소에 대한 각하판결 또는 소장각하명령에 대한 불복절차에 부수하여 제출하는 소송구조 등의 신청서나 항고장 및 재항고장 등에 대해서도 접수를 보류할 수 있는지 여부(적극) / 접수를 보류할 수 있는 소장, 신청서 등에 형식적으로 법원의 접수인이 날인이 되었으나 접수인의 날인이 업무상 착오 또는 오류에 의한 경우, 그와 관계없이 접수를 보류할 수 있는지 여부(적극)

【판결요지】

2023. 4. 18. 개정되어 2023. 10. 19. 시행된 민사소송법 제248조 제2항에서는 "법원은 소장에 붙이거나 납부한 인지액이 민사소송 등 인지법 제13조 제2항 각호에서 정한 금액에 미달하는 경우 소장의 접수를 보류할 수 있다."라고 규정하고, 민사소송 등 인지법 제13조 제2항에서는 "제1항 단서에도 불구하고 제2조의 소장, 제6조 제1항의 참가신청서 또는 제8조 의 재심소장·준재심소장에 붙이거나 납부한 인지액이 다음 각호의 금액에 미달하는 경우 법원은 그 소장, 참가신청서, 재심소장 또는 준재심소장의 접수를 보류할 수 있다."라고 규정한다. 민사소송 등 인지규칙 제4조의2에서는 "법 제13조 제2항에 따라 소장 등의 접수를 보류할 수 있는 경우는 소장 등에 붙이거나 납부한 인지액이 법 제13조 제2항 각호에서 정한 금액에 미달하는 경우로서 다음 각호의 어느 하나에 해당하는 경우로 한다."라고 규정하면서 제1호에서 "소장 등을 제출한 자가 동일인을 대상으로 반복하여 소장 등을 제출한 전력이 있고, 그 소 등에 대하여 각하판결 또는 소장각하명령 등을 받은 적이 있는 경우"를 그중 하나로 규정하고, 제4호에서 "그 밖에 제1호 부터 제3호까지의 규정에 준하는 경우"를 규정함으로써 반복하여 소장 등을 제출하는 사람이 제출한 소장 등의 접수 자체를 보류할 수 있도록 하였다.

이는 소권을 남용하여 무익한 소송의 반복적인 제기에 따른 사법자원의 소모를 방지함으로써 일반 국민의 정당한 재판청구권을 실질적으로 보장하는 데에 그 목적이 있다. 개정 민사소송 등 인지법 제13조 제2항에서는 접수를 보류할 수 있는 대상으로 소장, 참가신청서, 재심소장 또는 준재심소장만 규정하고 있으나, 위 규정들의 목적과 취지에 비추어 볼 때 반복하여 제기된 소에 대한 각하판결 또는 소장각하명령에 대한 불복절차에 부수하여 제출하는 소송구조 등의 신청서나 항고장 및 재항고장 등에 대해서도 접수를 보류할 수 있다고 할 것이다. 또한 접수를 보류할 수 있는 소장, 신청서 등에 형식적으로 법원의 접수인이 날인이 되었다고 하더라도 접수인의 날인이 업무상 착오 또는 오류에 의한 것이라면 그와 관계없이 접수를 보류할 수 있다.

[대법원 2024. 4. 12.선고 2023도13707 판결]

【판시사항】

재심청구인이 재심청구를 취하할 수 있는지 여부(적극) 및 재심법원이 재심판결을 선고한 이후에도 재심청구의 취하가 허용되는지 여부(소극)

【판결요지】

재심청구인은 형사소송법 제429조 제1항에 따라 재심청구를 취하할 수 있으나, 재심법원이 재심판결을 선고한 이후에는 재심청구의 취하가 허용되지 않는다. 그 이유는 다음과 같다.

(가) 형사소송절차에 있어서는 법적 안정성과 형식적 확실성이 요구되고, 절차유지의 원칙이 적용된다. 특히, 법원의 종국적 소송행위인 판결의 선고가 있는 경우 그 판결은 정식의 상소절차를 거쳐 상급심에서 번복되어 효력을 상실하기 전까지는 일응 정당한 것으로 추정되고, 판결을 선고한 법원 스스로도 그 판결을 취소·변경·철회할 수 없다. 마찬가지로, 당해 절차의 개시를 구한 당사자도 선고된 판결에 대하여 불복이 있는 경우 상소절차를 통하여 이를 다툴 수 있을 뿐, 절차 개시의 청구를 취소 내지 취하하는 방법으로 이미 선고된 판결의 효력을 소멸시킬 수는 없다고 보아야 한다. 형사소송법이 검사의 공소 취소 시기, 정식재판청구인의 정식재판청구 취하 시기를 모두 제1심판결의 선고 전까지로 제한하는 것(제255조 제1항, 제454조)도 그와 같은 취지로 이해할 수 있다.

(나) 재심이 청구되면 법원은 재심개시절차에서 재심사유의 존부를 판단하고, 재심심판절차를 통하여 그 심급에 따라 재심대상사건 자체를 처음부터 완전히 다시 심리하여 유무죄를 판단하고 형을 정하여 재심판결을 선고한다. 재심판결의 선고는 재심청구에 대한 법원의 종국적인 소송행위이고, 재심판결은 통상의 공판절차에서 법원이 선고하는 판결과 그 의미나 효력에 있어 차이가 없다. 따라서 재심판결이 선고된 이후 재심판결에 대하여 불복이 있으면 상소절차를 통하여 이를 다툴 수 있을 뿐, 재심청구를 취하하는 방법으로 재심판결의 효력을 소멸시킬 수는 없다.

[대법원 2023. 12. 21.선고 2023오1 판결]

【판시사항】

재심판결의 확정으로 효력을 상실한 재판이 형사소송법 제441조에 따른 비상상고의 대상이 될 수 있는지 여부(소극)

【이유】

유죄의 확정판결 등에 대해 재심개시결정이 확정되어 법원이 그 사건에 대해 다시 심리한 후 재심의 판결을 선고하고 그 재심판결이 확정되면 종전의 확정판결은 효력을 상실한다(대법원 2019. 2. 28. 선고 2018도13382 판결, 대법원 2019. 6. 20. 선고 2018도20698 전원합의체 판결 등 참조). 따라서 상급심의 파기판결에 의해 효력을 상실한 재판과 마찬가지로 재심판결의 확정으로 효력을 상실한 재판도 형사소송법 제441조에 따른 비상상고의 대상이 될 수 없다.

Section 14. 형사보상청구

형사보상이란 형사상의 재판절차에서 억울하게 구금 또는 형의 집행을 받거나 재판을 받느라 비용을 지출한 사람에 대하여 국가가 그 손해를 보상해 주는 제도를 말합니다.

[1] 구금 등에 의한 형사보상

1. 요건

① 무죄판결의 확정
형사소송법에 따른 일반 절차 또는 재심, 비상상고, 상소권회복에 의한 상소절차에서 무죄판결을 받아 확정되었음을 요합니다.

② 미결구금, 구금형 집행 등
재판 확정 전 구금을 당하였거나 재판의 집행으로 구금되거나 형 집행을 받았을 것을 요합니다.

2. 보상하지 아니할 수 있는 경우

형사미성년자 또는 심신상실을 이유로 무죄재판을 받은 경우, 본인이 수사를 또는 심판을 그르칠 목적으로 거짓 자백을 하거나 다른 유죄의 증거를만듦으로써 기소, 미결구금 또는 유죄재판을 받게 된 것으로 인정된 경우, 1개의 재판으로 경합범의 일부에 대하여 무죄재판을 받고 다른 부분에 대하여 유죄판결을 받은 경우에는 법원은 보상을 하지 않거나 금액을 일부 감액할 수 있습니다.

3. 보상의 내용

구금일수에 따라 1일당 보상청구의 원인이 발생한 연도의 최저임금법에 따라 일급 최저금액 이상 일급 최저금액의 5배 이하의 비율에 의한 금액을 지급하되, 법원은 보상금액을 정함에 있어서 구금의 종류,

구금기간의 장단, 재산상 손실과 얻을 수 있었던 이익의 상실, 정신적 고통과 신체적 손상, 경찰·검찰·법원의각 기관의 고의·과실 유무, 그 밖에 보상금액 산정과 관련되는 모든 사정을 고려하여 보상금액을 결정합니다.

4. 보상의 절차

① 관할법원

무죄재판을 한 법원이며 심급을 묻지 아니합니다.

② 청구권자

무죄재판을 받은 사람 본인이며 그 본인이 무죄재판을 받은 후 보상청구 전에 사망한 때에는 그 상속인이 청구권자가 되고, 이미 사망한 사람에 대하여 재심 또는 비상상고절차에서 무죄재판이 있었을 때에는 보상의 청구에 있어서는 사망한 때에 무죄재판이 있었던 것으로 보므로 그 사망 당시의 상속인이 청구권자가 됩니다.

③ 청구기간

보상청구는 무죄재판이 확정된 사실을 안 날부터 3년, 무죄재판이 확정된 때부터 5년 이내에 하여야 합니다.

④ 청구의 방식

청구서에 청구자의 등록기준지, 주소, 성명, 생년월일 및 청구의 원인사실과 청구액을 기재하고, (1) 무죄판결등본과 (2) 그 확정증명서를 첨부하여 제출하여야 합니다.

⑤ 상속인의 청구

위 서류 외에 상속인과 본인의 관계 및 동 순위 상속인 유무를 소명할 자료(가족관계등록부, 제적등본 등)를 제출하여야 하고 청구는 대리인에 의해서도 할 수 있는데 이때는 위임장을 제출하여야 합니다.

형 사 보 상 금 청 구

청 구 인 ○ ○ ○
　　　　　19○○년 ○월 ○일생 (주민등록번호 111111 - 1111111)
　　　　　등록기준지 : ○○시 ○○구 ○○길 ○○번지
　　　　　주거 : ○○시 ○○구 ○○길 ○○번지

청 구 취 지

청구인에게 금 ○○○원을 지급하라.
라는 결정을 구합니다.

청 구 원 인

1. 청구인은 20○○년 ○월 ○일 위증 피의사건으로 구속되어 같은 달 ○
   일 ○○지방법원 ○○지원에 기소되어, 20○○년 ○월 ○일 동원에서
   징역 ○월 처한다는 선고를 받고 불복하여 항소심 공판 도중 구속만기
   로 20○○년 ○월 ○일 석방되고, 20○○년 ○월 ○일 ○○지방법원에
   서 무죄의 판결을 선고받았으며, 이에 대한 검사의 상고가 있었으나 대
   법원에서 20○○년 ○월 ○일 동 상고가 기각됨으로써 위 무죄판결은
   확정되었습니다.

2. 그러므로 청구인은 형사보상법에 의하여 청구인이 20○○년 ○월 ○구
   속되어 20○○년 ○월 ○일 석방됨으로써 ○○일 동안 구금되어 그 구
   금에 관한 보상을 청구할 수 있다 할 것이므로, 위 보상 금원에 대하여
   보건대 청구인이 구금되기 전 중견기업체의 사원으로서 정상적인 사회
   생활을 하고 있었으며, 이와 같이 구금당함으로 인한 막대한 재산상 손
   해는 물론 그 정신적 피해는 이루 말할 수 없다 할 것이므로, 동 법 소
   정의 보상금액의 범위내인 1일 금 ○○○원(20○○년 상반기 1일 도시
   보통 인부 노임단가)의 비율에 따라 산정하면 금 ○○○(○○일×○○○
   원)이 되므로 청구취지와 같이 본 건 청구를 하는 바입니다.

$$\boxed{\begin{array}{l}
\qquad\qquad\qquad\textbf{첨 부 서 류}\\[4pt]
\text{1. 판결등본}\qquad\qquad\qquad\qquad\text{2통}\\
\text{2. 확정증명서}\qquad\qquad\qquad\quad\text{1통}\\
\text{3. 주민등록등본}\qquad\qquad\qquad\text{1통}\\[10pt]
\qquad\qquad\qquad 20\bigcirc\bigcirc.\quad\bigcirc.\quad\bigcirc.\\[6pt]
\qquad\qquad\qquad\qquad\qquad\text{청구인}\quad\bigcirc\ \bigcirc\ \bigcirc\ (\text{인})\\[10pt]
\qquad\qquad\bigcirc\bigcirc\textbf{지 방 법 원 귀 중}
\end{array}}$$

5. 불복절차

보상결정에 대하여는 1주일 이내에 즉시항고를 할 수 있습니다. 보상청구기각결정에 대하여는 즉시항고를 할 수 있습니다.

[2] 비용의 보상

1. 요건

무죄판결의 확정 : 형사소송법에 따른 일반 절차 또는 재심, 비상상고, 상소권회복에 의한 상소절차에서 무죄판결을 받아 확정되었음을 요합니다.

2. 보상하지 아니할 수 있는 경우

피고인이었던 자가 수사 또는 재판을 그르칠 목적으로 거짓 자백을 하거나 다른 유죄의 증거를 만들어 기소된 것으로 인정된 경우, 1개의 재판으로써 경합범의 일부에 대하여 무죄판결이 확정되고 다른 부분에 대하여 유죄판결이 확정된 경우, 형사미성년자 또는 심신상실을 이유로 무죄판결이 확정된 경우, 그 비용이 피고인이었던 자에게 책임지울 사유로 발생한 경우에는 그 비용의 전부 또는 일부를 보상하지 아니할 수 있습니다.

3. 보상의 내용

재판에 소요된 비용으로, 피고인이었던 자 또는 그 변호인이었던 자가 공판준비 및 공판기일에 출석하는데 소요된 여비·일당·숙박료와 변호인이었던 자에 대한 보수에 한합니다.

4. 보상의 절차

① 관할법원

무죄판결을 선고한 법원의 합의부입니다.

② 청구권자

무죄재판을 받은 사람 본인이며 그 본인이 무죄재판을 받은 후 보상청구 전에 사망한 때에는 그 상속인이 청구권자가 되고, 이미 사망한 사람에대하여 재심 또는 비상상고절차에서 무죄재판이 있었을 때에는 보상의 청구에 있어서는 사망한 때에 무죄재판이 있었던 것으로 보므로 그 사망 당시의 상속인이 청구권자가 됩니다.

③ 청구기간

보상청구는 무죄판결이 확정된 사실을 안 날부터 3년, 무죄판결이 확정된 때부터 5년 이내에 하여야 합니다.

④ 청구의 방식

청구서에 청구자의 등록기준지, 주소, 성명, 생년월일 및 청구의 원인사실과 청구액을 기재하고, (1) 무죄판결등본과 (2) 그 확정증명서를 첨부하여 제출하여야 합니다.

⑤ 상속인의 청구

위 서류 외에 상속인과 본인의 관게 및 동 순위 상속인 유무를 소명할 자료(가족관계등록부, 제적등본 등)를 제출하여야 하고 청구는 대리인에 의해서도 할 수 있는데 이때는 위임장을 제출하여야 합니다.

5. 불복절차

비용보상에 관한 결정에 대하여는 즉시항고를 할 수 있으며, 즉시항고기간은 3일입니다.

[3] 상담사례

■ 구속피고인이 무죄확정판결을 받은 경우 형사보상을 청구할 수 있는지요?

[질문] 저는 절도죄로 구속·기소되어 징역 10월에 집행유예 2년의 형을 선고받고 석방된 후 항소하였습니다. 항소심에서 공소사실에 대한 증명이 없다는 이유로 제1심 판결을 파기하고 무죄를 선고하였으며, 이에 검사가 상고하였으나 대법원에서 상고가 기각되어 무죄판결이 확정되었습니다. 이 경우 저는 국가에 대하여 보상을 청구할 수 있는지요?

[답변] 형사상의 재판절차에서 억울하게 구금 또는 형의 집행을 받은 사람에 대하여 국가가 그 손해를 보상해주는 제도가 있는데 이를 형사보상이라고 합니다. 이에 관하여는 「헌법」 제28조가 명문으로 규정하고 있으며 또한 「형사보상 및 명예회복에 관한 법률」이 이를 구체적으로 규정하고 있습니다. 다만, 적극적 요건을 충족하는 경우에도 ①형사책임능력 없음을 이유로 무죄판결을 받은 경우, ② 본인이 수사나 심판을 그르칠 목적으로 거짓자백을 하거나 다른 유죄의 증거를 만듦으로써 기소, 미결구금, 유죄재판을 받았다고 인정된 경우, ③1개의 재판으로 경합범의 일부에 대하여 무죄, 나머지에 대하여 유죄재판을 받은 경우에는 보상청구의 전부 또는 일부를 기각할 수 있습니다(형사보상 및 명예회복에 관한 법률 제4조).

그리고 보상내용으로는 구금에 대한 보상을 할 때에는 그 구금일수(拘禁日數)에 따라 1일당 보상청구의 원인이 발생한 연도의 「최저임금법」에 따른 일급(日給) 최저임금액 이상으로 하고 일급(日給) 최저임금액 5배 이하의 비율에 의한 보상금을 지급합니다(형사보상 및 명예회복에 관한 법률 제5조 제1항, 같은 법 시행령 제2조). 형집행에 대한 보상은 「형사보상 및 명예회복에 관한 법률」 제5조 제3항 이하에서 규정하고 있습니다.

보상청구는 확정된 무죄판결을 한 법원에 무죄의 판결을 받은 자 본인 또는 그 상속인이 보상청구를 할 수 있습니다. 보상결정 및 보상의 청구를 기각하는 결정에 대하여는 즉시항고를 할 수 있습니다.(같은 법 제20조) 청구기간은 보상청구는 무죄재판이 확정된 사실을 안 날부터 3년, 무죄재판이 확정된 때부터 5년 이내에 하여야 한다.(같은 법 제8조)

보상금 지급청구는 보상을 결정한 법원에 대응한 검찰청에 하여야 하며, 청구서에는 법원의 보상결정서를 첨부하여야 합니다. 보상결정이 도달된 후 2년 이내에 보상금 지급청구를 하지 아니할 때에는 권리를 상실합니다.

한편, 피의자로 구금되었던 자 중 검사로부터 공소를 제기하지 아니하는 처분을 받은 자는 국가에 대하여 그 구금에 관한 보상을 청구할 수 있습니다(다만, 구금된 이후 공소를 제기하지 아니하는 처분을 할 사유가 있는 경우와 공소를 제기하지 아니하는 처분이 종국적인 것이 아니거나 불기소처분의 내용이 기소유예일 경우에는 청구할 수 없음). 이를 '피의자보상'이라 하는데, 피의자보상의 청구는 불기소처분의 고지 또는 통지를 받은 날로부터 3년 이내에 그 보상청구서에 공소를 제기하지 아니하는 처분을 받은 사실을 증명하는 서류를 첨부하여 관할지방검찰청에 설치된 피의자보상심의회에 신청하면 됩니다(형사보상 및 명예회복에 관한 법률 제27조, 제28조).

■ 판결 이유에서 무죄로 판단된 경우 형사보상청구를 할 수 있는지요?

[질문] 甲은 특정범죄가중처벌등에관한법률위반(절도)으로 구속 기소되어 1심에서 징역 1년 6월을 선고 받은 후 항소심에서 점유이탈물횡령의 점이 예비적 공소사실로 추가되어 특정범죄가중처벌등에관한법률위반(절도) 부분은 무죄를 선고받고 예비적 공소사실에 대하여는 유죄를 인정받아 벌금형이 확정되었습니다. 이런 경우에도 형사보상청구가 가능한가요?

[답변] 「헌법」 제28조는 "형사피의자 또는 형사피고인으로서 구금되었던 자가 법률이 정하는 불기소처분을 받거나 무죄판결을 받은 때에는 법률이 정하는 바에 의하여 국가에 정당한 보상을 청구할 수 있다."라고 규정하고 있습니다.

한편, 형사 판결의 주문이 아닌 판결이유에서 무죄판단이 있을 뿐인 경우 형사보상청구가 가능한지 여부에 대하여 판례는 "「형사보상 및 명예회복에 관한 법률」제2조 제1항은 '형사소송법에 따른 일반 절차 또는 재심이나 비상상고절차에서 무죄 재판을 받아 확정된 사건의 피고인이 미결구금을 당하였을 때에는 이 법에 따라 국가에 대하여 그 구금에 대한 보상을 청구할 수 있다.' 라고 규정하고 있고 위와 같은 형사보상 및 명예회복에 관한 법률 조항은 그 입법 취지와 목적 및 내용 등에 비추어 재판에 의하여 무죄의 판단을 받은 자가 그 재판에 이르기까지 억울하게 미결구금을 당한 경우 보상을 청구할 수 있도록 하기 위한 것이므로 판결 주문에서 무죄가 선고된 경우 뿐만 아니라 판결 이유에서 무죄로 판단된 경우에도 미결구금 가운데 무죄로 판단된 부분의 수사와 심

리에 필요하였다고 인정된 부분에 관하여는 보상을 청구할 수 있고, 다
만 형사보상 및 명예회복에 관한 법률 제4조 제3호를 유추 적용하여
법원의 재량으로 보상청구의 전부 또는 일부를 기각할 수 있을 뿐이다."
라고 하였습니다(대법원 2016. 3. 11. 자 2014모2521결정)
따라서 甲의 경우 형사보상청구는 가능하지만 법원의 재량에 의하여 전
부 또는 일부가 기각 될 수 있습니다.

■ 형사보상청구권자가 사망하였을 경우 상속인이 청구할 수 있는지요?

[질문] 乙은 과거 특수절도죄로 징역 2년을 선고받고 그 형의 집행을 완료하였
습니다. 형 집행 완료 후 10여년이 지나 진범이 나타났고 이에 乙은 재
심청구를 하여 무죄재판을 받아 그 판결이 확정되었으나 판결이 확정된
후 사망하고 말았습니다. 甲은 乙의 직계존속이며 단독상속인입니다. 甲
이 乙을 대신하여 형사보상청구를 할 수 있나요?

[답변] 「헌법」 제28조는 "형사피의자 또는 형사피고인으로서 구금되었던 자가
법률이 정하는 불기소처분을 받거나 무죄판결을 받은 때에는 법률이 정
하는 바에 의하여 국가에 정당한 보상을 청구할 수 있다." 라고 규정하
고 있습니다. 또한 「형사보상 및 명예회복에 관한 법률」 제3조 제1항은
"제2조에 따라 보상을 청구할 수 있는 자가 그 청구를 하지 아니하고
사망하였을 때에는 그 상속인이 청구할 수 있다." 라고 하고 있습니다.
따라서 위 사례에서 甲은 사망한 乙의 단독상속인으로서 형사보상청구
를 할 수 있습니다.

[4] 관련판례

[대법원 2022. 12. 20.자 2020모627 결정]

【판시사항】

면소 또는 공소기각의 재판을 받아 확정되었으나 그 면소 또는 공소기각의 사유가 없었더라면 무죄재판을 받을 만한 현저한 사유가 있음을 이유로 구금에 대한 보상을 청구하는 경우, 보상청구의 기간(=면소 또는 공소기각의 재판이 확정된 사실을 안 날부터 3년, 면소 또는 공소기각의 재판이 확정된 때부터 5년 이내) / 이때 면소 또는 공소기각의 재판이 확정된 이후에 무죄재판을 받을 만한 현저한 사유가 생겼다고 볼 수 있는 경우, 보상청구의 기간(=해당 사유가 발생한 사실을 안 날부터 3년, 해당 사유가 발생한 때부터 5년 이내)

【판결요지】

형사보상 및 명예회복에 관한 법률(이하 ‘형사보상법’이라 한다) 제26조 제1항 제1호 는 국가에 대하여 구금에 대한 보상을 청구할 수 있는 경우로 ‘형사소송법에 따라 면소 또는 공소기각의 재판을 받아 확정된 피고인이 면소 또는 공소기각의 재판을 할 만한 사유가 없었더라면 무죄재판을 받을 만한 현저한 사유가 있었을 경우’를 규정하고, 같은 조 제2항 은 ‘ 제1항 에 따른 보상에 대하여는 무죄재판을 받아 확정된 사건의 피고인에 대한 보상에 관한 규정을 준용한다.’고 규정한다. 형사보상법 제8조 는 ‘보상청구는 무죄재판이 확정된 사실을 안 날부터 3년, 무죄재판이 확정된 때부터 5년 이내에 하여야 한다.’고 규정한다.

따라서 면소 또는 공소기각의 재판을 받아 확정되었으나, 그 면소 또는 공소기각의 사유가 없었더라면 무죄재판을 받을 만한 현저한 사유가 있음을 이유로 구금에 대한 보상을 청구하는 경우, 보상청구는 면소 또는 공소기각의 재판이 확정된 사실을 안 날부터 3년, 면소 또는 공소기각의 재판이 확정된 때부터 5년 이내에 하는 것이 원칙이다. 다만 면소 또는 공소기각의 재판이 확정된 이후에 비로소 해당 형벌법령에 대하여 위헌·무효 판단이 있는 경우 등과 같이 면소 또는 공소기각의 재판이 확정된 이후에 무죄재판을 받을 만한 현저한 사유가 생겼다고 볼 수 있는 경우에는 해당 사유가 발생한 사실을 안 날부터 3년, 해당 사유가 발생한 때부터 5년 이내에 보상청구를 할 수 있다.

[대법원 2021. 11. 25.선고 2017다258381 판결]

【판시사항】

갑이 국방경비법 위반죄로 사형을 선고받아 형이 집행된 후 재심에서 무죄판결이 선고·확정되었고, 이에 을을 포함한 갑의 유족들이 국가를 상대로 위자료를 구하는 소를 제기하여 국가로부터 위자료를 지급받았으며, 을은 국가를 상대로 형사보상을 청구하여 국가로부터 형사보상금을 지급받았는데, 국가가 형사보상금 지급이 형사보상 및 명예회복에 관한 법률 제6조 제2항 에 반하는 이중지급이라고 주장하며 을을 상대로 부당이득반환을 구한 사안에서, 형사보상금을 이중지급이라는 이유로 반환하여야 한다면 국가의 손해배상 및 형사보상금 지급이 정당한 방식으로 운영된다고 믿은 을의 신뢰를 저버리는 것이 되므로, 위 부당이득반환청구는 신의성실의 원칙에 반하는 것으로서 허용될 수 없다고 한 사례

【판결요지】

갑이 국방경비법 위반죄로 사형을 선고받아 형이 집행된 후 재심에서 무죄판결이 선고·확정되었고, 이에 을을 포함한 갑의 유족들이 국가를 상대로 위자료를 구하는 소를 제기하여 국가로부터 위자료를 지급받았으며, 을은 국가를 상대로 형사보상을 청구하여 국가로부터 형사보상금을 지급받았는데, 국가가 형사보상금 지급이 형사보상 및 명예회복에 관한 법률 제6조 제2항 에 반하는 이중지급이라고 주장하며 을을 상대로 부당이득반환을 구한 사안에서, 국가는 재심 무죄판결이 확정될 무렵 을로부터 형사보상청구와 손해배상청구가 있을 것을 예상할 수 있었으므로, 손해배상소송이나 형사보상절차가 진행 중인 상황에서는 같은 원인의 다른 절차가 있음을 법원에 알리고, 손해배상금이나 형사보상금이 확정되어 이를 지급하는 과정에서는 먼저 지급된 금원을 빼고 지급하는 등 적절한 조치를 하여 이중지급을 방지할 수 있었는데, 형사보상금을 지급할 당시 이미 손해배상금이 지급된 사정을 알고 있었음에도 아무런 조치를 하지 아니한 채 확정된 형사보상금 전액을 지급하였고, 한편 국가의 위법한 수사와 형의 집행으로 크나큰 고통과 피해를 입은 을이 그에 대한 정당한 보상으로 인식하고 지급받은 형사보상금을 이중지급이라는 이유로 반환하여야 한다면 이는 국가의 손해배상 및 형사보상금 지급이 정당한 방식으로 운영된다고 믿은 을의 신뢰를 저버리는 것이 되며, 을이 위와 같이 신뢰한 데에 어떠한 잘못이 있었다고 보기 어려우므로, 위 부당이득반환청구는 신의성실의 원칙에 반하는 것으로서 허용될 수 없다고 한 사례.

[대법원 2019. 7. 5.자 2018모906 결정]

【판시사항】

형사소송법 제194조의2 제1항에서 규정한 비용보상제도의 취지 / 판결 주문에서 무죄가 선고된 경우뿐만 아니라 판결 이유에서 무죄로 판단된 경우에도 재판에 소요된 비용 가운데 무죄로 판단된 부분의 방어권 행사에 필요하였다고 인정된 부분에 관하여 보상을 청구할 수 있는지 여부(적극) 및 이때 법원은 형사소송법 제194조의2 제2항 제2호 를 유추적용하여 재량으로 보상청구의 전부 또는 일부를 기각할 수 있는지 여부(적극)

【판결요지】

형사소송법 제194조의2 제1항은 "국가는 무죄판결이 확정된 경우에는 당해 사건의 피고인이었던 자에 대하여 그 재판에 소요된 비용을 보상하여야 한다."라고 규정하고 있다. 이와 같은 비용보상제도는 국가의 잘못된 형사사법권 행사로 인하여 피고인이 무죄를 선고받기 위하여 부득이 변호사 보수 등을 지출한 경우, 국가로 하여금 피고인에게 그 재판에 소요된 비용을 보상하도록 함으로써 국가의 형사사법작용에 내재한 위험성 때문에 불가피하게 비용을 지출한 비용보상청구권자의 방어권 및 재산권을 보장하려는 데 목적이 있다. 이러한 입법 취지와 규정의 내용 등에 비추어 볼 때 판결 주문에서 무죄가 선고된 경우뿐만 아니라 판결 이유에서 무죄로 판단된 경우에도 재판에 소요된 비용 가운데 무죄로 판단된 부분의 방어권 행사에 필요하였다고 인정된 부분에 관하여는 보상을 청구할 수 있다고 보아야 한다. 다만 법원은 이러한 경우 형사소송법 제194조의2 제2항 제2호를 유추적용하여 재량으로 보상청구의 전부 또는 일부를 기각할 수 있다.

[대법원 2017. 11. 28.자 2017모1990 결정]

【판시사항】

판결 주문에서 경합범의 일부에 대하여 유죄가 선고되고 다른 부분에 대하여 무죄가 선고된 경우, 형사보상을 청구할 수 있는지 여부(적극) 및 이때 미결구금 일수의 전부 또는 일부가 유죄에 대한 본형에 산입되는 것으로 확정된 경우, 그 산입된 미결구금 일수가 형사보상의 대상이 되는지 여부(소극) / 판결 이유에서만 무죄로 판단된 경우, 미결구금 가운데 무죄로 판단된 부분의 수사와 심리에 필요하였다고 인정된 부분에 관하여 보상을 청구할 수 있는지 여부(적극) 및 이때 미결구금 일수의 전부 또는 일부가 선고된 형에 산입되는 것으로 확정된 경우, 그 산입된 미결구금 일수가 형사보상의 대상이 되는지 여부(소극)

【판결요지】

형사보상 및 명예회복에 관한 법률 제2조 제1항은 무죄재판을 받아 확정된 사건의 피고인이 미결구금을 당하였을 때에는 국가에 대하여 그 구금에 대한 보상을 청구할 수 있다고 규정하고 있다.

이에 따라 판결 주문에서 경합범의 일부에 대하여 유죄가 선고되더라도 다른 부분에 대하여 무죄가 선고되었다면 형사보상을 청구할 수 있다. 그러나 그 경우라도 미결구금 일수의 전부 또는 일부가 유죄에 대한 본형에 산입되는 것으로 확정되었다면, 그 본형이 실형이든 집행유예가 부가된 형이든 불문하고 그 산입된 미결구금 일수는 형사보상의 대상이 되지 않는다. 그 미결구금은 유죄에 대한 본형에 산입되는 것으로 확정된 이상 형의 집행과 동일시되므로, 형사보상할 미결구금 자체가 아닌 셈이기 때문이다.

한편 판결 주문에서 무죄가 선고되지 아니하고 판결 이유에서만 무죄로 판단된 경우에도 미결구금 가운데 무죄로 판단된 부분의 수사와 심리에 필요하였다고 인정된 부분에 관하여는 판결 주문에서 무죄가 선고된 경우와 마찬가지로 보상을 청구할 수 있다. 그러나 앞서 본 법리 역시 그대로 적용되어 미결구금 일수의 전부 또는 일부가 선고된 형에 산입되는 것으로 확정되었다면, 그 산입된 미결구금 일수는 형사보상의 대상이 되지 않는다.

[대법원 2014.10.27.선고 2013다217962 판결]

【판시사항】

구 '국가안전과 공공질서의 수호를 위한 대통령긴급조치'(긴급조치 제9호)에 의하여 수사를 진행하고 공소를 제기한 수사기관의 직무행위나 유죄판결을 선고한 법관의 재판상 직무행위가 공무원의 고의 또는 과실에 의한 불법행위에 해당하는지 여부(소극) 및 긴급조치 제9호 위반의 유죄판결에 대하여 재심절차에서 무죄판결이 확정된 경우, 피고인이나 상속인이 '형사보상 및 명예회복에 관한 법률'에 따른 형사보상을 청구할 수 있는지 여부(적극)

【이유】

(1) 형벌에 관한 법령이 헌법재판소의 위헌결정으로 소급하여 효력을 상실하였거나 법원에서 위헌·무효로 선언된 경우, 그 법령이 위헌으로 선언되기

전에 그 법령에 기초하여 수사가 개시되어 공소가 제기되고 유죄판결이 선고되었더라도, 그러한 사정만으로 수사기관의 직무행위나 법관의 재판상 직무행위가 국가배상법 제2조 제1항에서 말하는 공무원의 고의 또는 과실에 의한 불법행위에 해당하여 국가의 손해배상책임이 발생한다고 볼 수는 없다.

「국가안전과 공공질서의 수호를 위한 대통령긴급조치」(이하 '긴급조치 제9호'라 한다)는 그 발령의 근거가 된 구 대한민국헌법(1980. 10. 27. 헌법 제9호로 전부 개정되기 전의 것. 이하 '유신헌법'이라 한다) 제53조가 규정하고 있는 요건 자체를 결여하였을 뿐만 아니라, 민주주의의 본질적 요소이자 유신헌법과 현행 헌법이 규정한 표현의 자유, 영장주의와 신체의 자유, 주거의 자유, 청원권, 학문의 자유를 심각하게 제한함으로써 국민의 기본권을 침해한 것이므로 위헌·무효라고 할 것이다(대법원 2013. 4. 18.자 2011초기689 전원합의체 결정 참조). 그러나 당시 시행 중이던 긴급조치 제9호에 의하여 영장 없이 피의자를 체포·구금하여 수사를 진행하고 공소를 제기한 수사기관의 직무행위나 긴급조치 제9호를 적용하여 유죄판결을 선고한 법관의 재판상 직무행위는 유신헌법 제53조 제4항이 "제1항과 제2항의 긴급조치는 사법적 심사의 대상이 되지 아니한다."고 규정하고 있었고 긴급조치 제9호가 위헌·무효임이 선언되지 아니하였던 이상, 공무원의 고의 또는 과실에 의한 불법행위에 해당한다고 보기 어렵다. 다만 긴급조치 제9호 위반의 유죄판결에 대하여 재심절차에서 무죄판결이 확정되었다면 피고인이나 그 상속인은 일정한 요건 아래 「형사보상 및 명예회복에 관한 법률」에 따른 형사보상을 청구하여 그 피해에 대한 정당한 보상을 받을 수 있을 것이다.

(2) 한편 국가기관이 수사과정에서 한 위법행위로 수집한 증거에 기초하여 공소가 제기되고 유죄의 확정판결까지 받았으나 재심절차에서 형사소송법 제325조 후단의 '피고사건이 범죄사실의 증명이 없는 때'에 해당하여 무죄판결이 확정된 경우에는 유죄판결에 의한 복역 등으로 인한 손해에 대하여 국가의 손해배상책임이 인정될 수 있다. 이 경우 재심절차에서 무죄판결이 확정될 때까지는 채권자가 손해배상청구를 할 것을 기대할 수 없는 객관적 장애사유가 있었다고 볼 것이고, 채권자가 재심무죄판결 확정일부터 6개월 내에 손해배상청구의 소를 제기하지는 아니하였더라도 그 기간 내에 「형사보상 및 명예회복에 관한 법률」에 따른 형사보상청구를 한 경우에는 형사보상결정 확정일부터 6개월 내에 손해배상청구의 소

를 제기하였다면 상당한 기간 내에 권리를 행사한 것으로 볼 수 있으므로, 채무자인 국가의 소멸시효 완성의 항변은 신의성실의 원칙에 반하는 권리남용으로 허용될 수 없다(대법원 2013. 12. 12. 선고 2013다201844 판결 참조).

그러나 긴급조치 제9호 위반의 유죄판결에 대한 재심절차에서 피고인에게 적용된 형벌에 관한 법령인 긴급조치 제9호가 위헌·무효라는 이유로 형사소송법 제325조 전단에 의한 무죄판결이 확정된 경우에는 다른 특별한 사정이 없는 한 수사과정에서 있었던 국가기관의 위법행위로 인하여 재심대상판결에서 유죄가 선고된 경우라고 볼 수 없으므로, 그와 같은 내용의 재심무죄판결이 확정되었다는 사정만으로는 위 가.항의 법리에 비추어 볼 때 유죄판결에 의한 복역 등이 곧바로 국가의 불법행위에 해당한다고 볼 수 없고, 그러한 복역 등으로 인한 손해를 수사과정에서 있었던 국가기관의 위법행위로 인한 손해라고 볼 수 없으므로 국가의 손해배상책임이 인정된다고 하기 어렵다. 이 경우에는 국가기관이 수사과정에서 한 위법행위와 유죄판결 사이에 인과관계가 있는지를 별도로 심리하여 그에 따라 유죄판결에 의한 복역 등에 대한 국가의 손해배상책임의 인정 여부를 정하여야 할 것이다. 그리하여 공소가 제기된 범죄사실의 내용, 유죄를 인정할 증거의 유무, 재심개시결정의 이유, 채권자를 포함하여 사건 관련자가 재심무죄판결을 받게 된 경위 및 그 이유 등을 종합하여, 긴급조치 제9호의 위헌·무효 등 형사소송법 제325조 전단에 의한 무죄사유가 없었더라면 형사소송법 제325조 후단에 의한 무죄사유가 있었음에 관하여 고도의 개연성이 있는 증명이 이루어진 때에는 국가기관이 수사과정에서 한 위법행위와 유죄판결 사이에 인과관계를 인정할 수 있을 것이고, 그에 따라 유죄판결에 의한 복역 등에 대하여 국가의 손해배상책임이 인정될 수 있다고 할 것이다.

Section 15. 약식명령

① 공판절차를 거치지 아니하고 원칙적으로 서면심리만으로 피고인에게 벌금·과료를 부과하는 간이한 형사절차를 약식절차라고 하는데, 위 절차에서 한 재판을 약식명령이라고 합니다.

② 약식절차는 형사재판의 신속을 기하는 동시에 공개재판에 따르는 피고인의 심리적·사회적 부담을 덜어준다는 점에 그 존재 의의가 있습니다.

[1] 약식명령의 청구

약식명령의 대상이 되는 사건은 벌금·과료 또는 몰수에 처할 수 있는 사건이고, 약식명령은 검사가 공소제기와 동시에 서면으로 청구합니다.

[2] 약식사건의 처리

① 검사가 약식명령을 청구하면 판사는 그 기록을 검토하여 약식명령을 발령하는데, 사건이 중하거나 공판절차에 의한 신중한 심리를 요하여 약식명령을 하는 것이적당하지 아니하다고 인정되는 때에는 판사는 통상의 공판절차에 회부하여 재판할 수도 있습니다.

② 판사가 약식명령을 발령하면 약식명령등본을 검사와 피고인에게 송달하고 약식명령이 확정되면(송달받은 날로부터 7일이 경과) 그 약식명령은 확정판결과 동일한 효력이 있습니다.

[3] 정식재판청구

① 정식재판청구란 약식명령에 불복이 있는 사람이 법원에 대하여 통상의 공판절차에 의하여 다시 심판하여 줄 것을 청구하는 것입니다.

② 정식재판을 청구할 수 있는 사람은 검사, 피고인, 피고인을 대리하여 상소할 수 있도록 법에 정해진 사람(배우자, 직계친족, 형제자매 원심의 대리인 또는 변호인)입니다.

③ 청구는 약식명령의 고지를 받은 날로부터 7일 이내에 약식명령을 한 법원에 서면으로 하여야 합니다. 피고인이 정식재판을 청구한 사건에 대하여는 약식명령보다 중한 형을 선고하지 못합니다.

[서식 예] 정식재판청구서

정 식 재 판 청 구

사 　 건 　 20〇〇고약 〇〇〇 상해

피 고 인 　 〇 　〇 　〇

　위 피고인에 대한 상해 피고사건에 관하여 20〇〇. 〇. 〇. 벌금 〇〇〇원에 처한다는 약식명령을 송달받았는바, 피고인은 동 명령에 불복하므로 정식재판을 청구합니다.

20〇〇. 　〇. 　〇.

위 피고인 　〇 　〇 　〇 (인)

〇 〇 지 방 법 원 귀 중

제출기관	약식명령을 한 법원 (형사소송법 453조2항)	제출기간	약식명령의 고지를 받은 날로부터 7일이내(형사소송법 453조1항)
상소권자	※ 아래(1)참조	관　　할	약식명령을 한 법원 (형사소송법 453조2항)
제출부수	청구서 1부	관련법규	형사소송법 448~458조
불복절차 및　기간	(기각 결정) - 즉시항고(형사소송법 360, 362조) - 3일(형사소송법 405조) (제1심법원의 판결) - 항소(형사소송법 357조)- 7일(형사소송법 358조)		

※ (1) 상소권자(형사소송법 338, 340, 341조)

 1. 검사

 2. 피고인, 피고인의 법정대리인

 3. 피고인의 배우자, 직계친족, 형제자매 또는 원심의 대리인이나 변호인

   단, 피고인의 명시한 의사에 반하여 상소하지는 못함

[서식 예] 정식재판청구 취하서

정 식 재 판 청 구 취 하 서

사　　　건　20○○고약 ○○○ 실화

피 고 인　○ ○ ○　　　　○○시 ○○구 ○○길 ○○

　위 피고인에 대한 귀원 20○○고약 ○○○호 약식명령사건에 관하여 피고인은 20○○. ○. ○. 정식재판을 청구하였는바, 위 정식재판의 청구를 취하합니다.

20○○. ○. ○.

위 피고인 ○ ○ ○ (인)

○ ○ 지 방 법 원 　귀 중

제출기관	사건계속 법원 (형사소송법 353조)	제출기간	제1심판결선고전까지 (형사소송법 454조)
취하권자	1. 검사　2. 피고인 3.항고권자(형사소송349,339조)	제출부수	취하서1부
피고인의 동　의	피고인의 법정대리인 또는 341조에 규정한 자는 피고인의 동의를 얻어 정식재판을 취하할 수 있음(형사소송법 458, 351조)		
상소포기 방　식	서면으로 포기해야함. 단, 공판정에서는 구술로도 가능 (형사소송법 458, 352조1항)		
상소포기 효　과	재정식재판청구의 금지(형사소송법 458, 354조)		

[4] 정식재판청구권회복청구

① 약식명령이 고지된 날로부터 7일 이내에 정식재판의 청구가 없어 형식적으로는 약식명령이 확정된 경우에도, 정식재판을 청구할 수 있는 사람이 자기 또는 대리인의 책임질 수 없는 사유로 말미암아 정식재판청구를 할 수 없었던 때에는 정식재판청구권회복청구를 할 수 있습니다.

② 회복청구를 할 때에는 정식재판청구권회복청구서와 함께 정식재판청구서를 작성하여 사유를 기재한 후 약식명령을 발령한 법원에 제출하면 됩니다. 정식재판청구권이 회복되면 새로이 사건번호가 부여되고 담당재판부에서 정식재판절차에 따라 재판을 하게 됩니다.

[서식 예] 정식재판청구권 회복청구서

정 식 재 판 청 구 권 회 복 청 구

사 　 건 　 20○○고약 ○○○ 상해
피 고 인 　 ○ 　 ○ 　 ○

청 구 취 지

피고인에 대한 귀원 20○○고약 ○○○호 상해사건에 관하여 피고인의 정식재판청구권을 회복한다.
라는 재판을 구합니다.

청 구 이 유

1. 본 건 피고인에 대한 약식명령은 송달불능을 이유로 하여 공시송달로 종결되었습니다.

2. 피고인은 20○○. ○. ○. 검찰청으로부터 벌금을 내라는 통보를 받고 비로소 약식명령이 있었던 사실을 알았으며 곧 기록을 조사하여 본즉 위 공시송달은 법원의 착오에 의한 것임을 발견하였습니다. 즉, 피고인의 주거는 ○○시 ○○구 ○○길 ○○번지임에도 불구하고 이를 ○○번

지로 송달함으로써 송달불능이 되자 이를 간과하고 그대로 공시송달을
하여 사건을 종결한 것입니다.

3. 따라서 피고인은 피고인이 책임질 수 없는 사유로 인하여 위 약식명령
에 대한 정식재판을 소정기간 내에 청구하지 못하였으므로 이 건 청구
를 하는 바입니다.

첨부서류 : 주민등록등본 1통

2000.　　○.　　○.

위 피고인　　○　○　○ (인)

○ ○ 지 방 법 원 귀 중

제출기관	약식명령을 한 법원 (형사소송법 453조)	제출기간	사유가 종지한 날로부터 상소 기간에 상당한 기간내에
청구권자	※ 아래(1)참조	관　　할	원심법원
제출부수	신청서 1부	관련법규	형사소송법　458,　345~347조
회복청구 사　　유	자기 또는 대리인이 책임질 수 없는 사유로 인하여 정식재판청구의 제기기간내에 정식재판청구를 하지 못한 때		
회복청구 방　　식	1. 서면으로 원인된 사유를 소명 2. 정식재판회복청구와 동시에 정식재판청구를 제기해야 함		
불복절차 및　　기간	·기각결정에 대하여 즉시항고(형사소송법 347조2항) ·재판의 고지가 있은 날로부터 3일(형사소송법 405조)		

※ (1) 정식재판회복청구권자(형사소송법 458, 345조)

1. 검사

2. 피고인

3. 피고인의 법정대리인

4. 피고인의 배우자, 직계친족, 형제자매 또는 원심의 대리인이나 변호인
   단, 피고인의 명시한 의사에 반하여 상소하지는 못함

5. 항고권자(형사소송법 345, 339조)

[5] 상담사례

■ **약식명령이 확정되면 그 효력은 어떠한가요?**

[질문] 약식명령이 확정되면 그 효력은 어떠한가요?

[답변] 약식명령은 확정되면 확정판결과 동일한 효력이 있습니다. 약식명령은 정식재판의 청구기간의 경과, 그 청구의 취하 또는 청구기각결정의 확정에 의하여 확정되며(형사소송법 제457조) 또한 약식명령은 정식재판청구에 의한 판결이 있는 때에는 그 효력을 잃습니다.(형사소송법 제456조)

■ **약식명령이 부당하다고 생각하여 불복하고자 할 경우에는 어떻게 하여야 하는가요?**

[질문] 약식명령이 부당하다고 생각하여 불복하고자 할 경우에는 어떻게 하여야 하는가요?

[답변] 검사 또는 피고인은 약식명령의 고지를 받은 날로부터 7일 이내에 정식재판의 청구를 할 수 있고, 정식재판의 청구는 약식명령을 한 법원에 서면으로 제출하여야 합니다.(형사소송법 제453조)

■ **약식명령을 고지받지 못한 상태에서 확정이 되었습니다. 이에 대하여 불복하고자 할 경우는 어떻게 해야 하나요?**

[질문] 약식명령을 고지받지 못한 상태에서 확정이 되었습니다. 이에 대하여 불복하고자 할 경우는 어떻게 해야 하나요?

[답변] 약식명령이 있는 경우 그 재판에 불복이 있는 경우 그의 책임질 수 없는 사유(공시송달 등)로 인하여 정식재판청구의 제기기간 내에 이를 청구하지 못한 때에는 사유가 종지한 날로부터 7일 이내에 법원에 서면으로 정식재판의 회복을 구하는 소송행위 즉 정식재판회복청구를 할 수 있습니다. 정식재판의 회복을 청구한 경우 그 청구와 동시에 정식재판청구를 제기하여야 합니다.

■ 약식명령에 대한 정식재판절차에서 유죄판결이 선고되어 확정된 경우
   재심청구의 대상

[질문] 甲은 음주운전으로 벌금 150만원의 약식명령을 고지받고 정식재판청구
   를 하여 위 벌금형을 그대로 선고받아 확정되었는데, 위 약식명령에 대
   하여도 다시 재심청구를 할 수 있는가요.

[답변] 형사소송법 제420조 본문은 재심은 유죄의 확정판결에 대하여 그 선고
   를 받은 자의 이익을 위하여 청구할 수 있도록 하고, 같은 법 제456조
   는 약식명령은 정식재판의 청구에 의한 판결이 있는 때에는 그 효력을
   잃도록 규정하고 있습니다.. 위 각 규정에 의하면 약식명령에 대하여 정
   식재판 청구가 이루어지고 그 후 진행된 정식재판 절차에서 유죄판결이
   선고되어 확정된 경우, 재심사유가 존재한다고 주장하는 피고인 등은 효
   력을 잃은 약식명령이아니라 유죄의 확정판결을 대상으로 재심을 청구
   하여야 합니다(대법원 2013. 4. 11. 선고 2011도10626 판결 참조).
   따라서 사안에서 甲이 정식재판절차에서 확정된 유죄판결에 대하여 재
   심청구를 하지 아니하고, 정식재판청구로 인하여 그 효력을 잃은 약식명
   령에 대하여는 재심청구를 할 수 없습니다.

■ 정식재판 청구를 함께 하지 아니한 약식명령에 대한 정식재판청구권
   회복청구가 적법한지요?

[질문] 甲은 자신이 책임질 수 없는 사유로 약식명령이 고지된 사실을 모르고
   기간 내에 정식재판을 청구하지 못하였다가 최근에서야 이를 알고서 법
   원에 서면으로 정식재판청구권의 회복청구서를 작성하여 제출하면서 약
   식명령에 대한 정식재판청구를 빠뜨린 경우 구제받을 수 있나요.

[답변] 약식명령에 대하여 정식재판을 청구할 수 있는 자가 자기 또는 대리인
   이 책임질 수 없는 사유로 인히여 약식명령이 고지된 사실을 모르고 소
   정기간내에 정식재판을 청구하지 못하였다 하여 정식재판청구권 회복의
   청구를 할 경우에는 형사소송법 제458조, 제345조, 제346조 제1항,
   제3항의 규정에 따라 위 사유가 종지한 날 즉 약식명령이 고지된 사실
   을 안 날로부터 정식재판청구기간에 상당한 기간인 7일 이내에 서면으
   로 정식재판청구권의 회복청구를 함과 동시에 정식재판청구를 하여야
   하므로 위 7일 이내에 정식재판청구권 회복청구만을 하였을 뿐 정식재

판청구를 하지 아니하였다면 그 정식재판청구권 회복청구는 소정 방식을 결한 것으로서 허가될 수 없습니다(대법원 1983. 12. 29. 자 83모48 결정 참조).

따라서 甲이 정식재판청구권의 회복청구를 하면서 동시에 약식명령에 대한 정식재판청구를 하지 않은 경우에는 정식재판청구권의 회복허가를 받기 어렵습니다.

■ 약식명령에 대하여 불복할 경우 그 방법

[질문] 저는 귀가하던 중 甲과 乙이 싸움하는 것을 보고 이를 말렸으나 甲이 저에게 폭행당했다며 고소하여 경찰서에서 조사를 받았습니다. 그런데 며칠 전 법원으로부터 그 일로 인하여 벌금 10만원에 처한다는 내용의 약식명령을 받았습니다. 저는 甲과 乙간의 싸움을 말린 것 밖에 없는데 도대체 '약식명령'이란 무엇인지요?

[답변] 약식명령이란 약식절차에 의해 벌금·과료 또는 몰수를 과하는 재판을 말하는데, 약식절차는 공판절차 없이 서면심리만으로 진행되는 간이한 형사절차입니다.

이러한 약식명령은 형사재판의 신속을 기하여 공개재판에 따른 피고인의 심리적·사회적 부담을 덜어준다는 점에 그 의의가 있는바, 이 약식명령이 부당하다고 생각하여 불복하고자 하는 경우에 그 구제방법으로는 정식재판청구권(正式裁判請求權)이 인정되어 있습니다.

「형사소송법」제453조에 의하면 검사 또는 피고인은 약식명령의 고지를 받은 날로부터 7일 이내에 정식재판의 청구를 할 수 있고, 정식재판의 청구는 약식명령을 한 법원에 서면으로 제출하여야 하며, 제1심 판결선고 전까지 취하할 수 있습니다.

그리고 약식명령은 정식재판의 청구에 의한 판결이 있는 때에는 그 효력을 잃고, 정식재판의 청구기간이 경과하거나 그 청구의 취하 또는 청구기각의 결정이 확정한 때에는 확정판결과 동일한 효력이 있습니다(형사소송법 제456조, 제457조).

위 사안의 경우 귀하는 잘못이 없음을 이유로 약식명령에 불복하려고 하는 것으로 보이는데 이 때에는 약식명령등본을 송달받은 날로부터 7일 이내에 약식명령을 한 법원에 서면(정식재판청구서)으로 정식재판을 청구하여야 합니다.

정식재판의 청구가 법령상의 방식에 위반하거나 청구권의 소멸 후인 것이 명백한 때에는 결정으로 기각하는데, 이 결정에 대해서는 즉시항고를 할 수 있습니다(형사소송법 제455조). 정식재판청구가 적법한 때에는 일반적인 형사재판절차인 공판절차에 의하여 심판하게 됩니다.

■ 약식명령에 정식재판을 청구한 경우 형이 가중될 수 있는지요?

[질문] 저는 얼마 전 저지른 범죄로 벌금 200만원의 약식명령을 받았습니다. 이에 대하여 억울함이 있어서 정식재판을 청구하려고 합니다. 하지만 혹시 판사님이 나름대로 선처를 해주신 것인데 거기에 정식재판을 청구했다가 괘씸하게 보여 벌금이 늘어나거나 수강명령 등을 받게 되는 것은 아닐지 고민입니다.

[답변] 과거에는 피고인이 약식명령에 대하여 정식재판을 청구한 사건에 대하여는 약식명령의 형보다 중한 형을 선고하지 못한다는 불이익변경금지의 원칙이 형사소송법에 규정되어 있었습니다.(구 형사소송법 제457조의2)
그러다보니 약식명령을 다투어도 처벌이 높아지지는 않는다는 마음에 정식재판청구하는 비율이 너무 높아 국회에서 이를 규제할 필요가 있다고 논의되다가 형사소송법이 개정되어 2017. 12. 19.부터 정식재판청구를 하는 사건에서는 형종상향만 금지될뿐 약식명령에서 받은 형보다 중한 형이 선고될 수 있게 개정되었습니다.
이에 따라 약식명령에 대하여 귀하만이 정식재판을 청구한 경우 징역형으로는 선고할 수 없지만, 약식명령에서 선고된 벌금형보다 더 많은 벌금을 내야할 수도 있을 것입니다.

[6] 관련판례

[대법원 2004. 11. 11.선고 2004도6784 판결]

【판시사항】

[1] 불이익변경금지원칙의 의미 및 불이익변경 여부의 판단 기준

[2] 벌금형의 약식명령을 고지받아 정식재판을 청구한 사건과 공소가 제기된 사건을 병합·심리한 후 경합범으로 처단하면서 징역형을 선고한 것이 불이익한 변경에 해당한다고 한 사례

【판결요지】

[1] 불이익변경금지의 원칙은 피고인의 상소권 또는 약식명령에 대한 정식재판청구권을 보장하려는 것으로, 피고인만이 또는 피고인을 위하여 상소한 상급심 또는 정식재판청구사건에서 법원은 피고인이 같은 범죄사실에 대하여 이미 선고 또는 고지받은 형보다 중한 형을 선고하지 못한다는 원칙이며, 선고된 형이 피고인에게 불이익하게 변경되었는지에 관한 판단은 형법상 형의 경중을 일응의 기준으로 하되, 병과형이나 부가형, 집행유예, 미결구금일수의 통산, 노역장 유치기간 등 주문 전체를 고려하여 피고인에게 실질적으로 불이익한가의 여부에 의하여 판단하여야 할 것이고, 더 나아가 피고인이 상소 또는 정식재판을 청구한 사건과 다른 사건이 병합·심리된 후 경합범으로 처단되는 경우에는 당해 사건에 대하여 선고 또는 고지받은 형과 병합·심리되어 선고받은 형을 단순 비교할 것이 아니라, 병합된 다른 사건에 대한 법정형, 선고형 등 피고인의 법률상 지위를 결정하는 객관적 사정을 전체적·실질적으로 고찰하여 병합심판된 선고형이 불이익한 변경에 해당하는지를 판단하여야 한다.

[2] 벌금형의 약식명령을 고지받아 정식재판을 청구한 사건과 공소가 제기된 사건을 병합·심리한 후 경합범으로 처단하면서 징역형을 선고한 것이 불이익한 변경에 해당한다고 한 사례.

[대법원 2013. 2.28.선고 2011도14986 판결]

【판시사항】

약식명령에 대하여 피고인만이 정식재판을 청구하였는데, 검사가 당초 사문서위조 및 위조사문서행사의 공소사실로 공소제기하였다가 제1심에서 사서명위

조 및 위조사서명행사의 공소사실을 예비적으로 추가하는 내용의 공소장변경을 신청한 사안에서, 불이익변경금지 원칙 등을 이유로 공소장변경을 불허한 채 원래의 공소사실에 대하여 무죄를 선고한 제1심판결을 그대로 유지한 원심의 조치에 법리오해의 위법이 있다고 한 사례

【판결요지】

약식명령에 대하여 피고인만이 정식재판을 청구하였는데, 검사가 당초 사문서위조 및 위조사문서행사의 공소사실로 공소제기하였다가 제1심에서 사서명위조 및 위조사서명행사의 공소사실을 예비적으로 추가하는 내용의 공소장변경을 신청한 사안에서, 두 공소사실은 기초가 되는 사회적 사실관계가 범행의 일시와 장소, 상대방, 행위 태양, 수단과 방법 등 기본적인 점에서 동일할 뿐만 아니라, 주위적 공소사실이 유죄로 되면 예비적 공소사실은 주위적 공소사실에 흡수되고 주위적 공소사실이 무죄로 될 경우에만 예비적 공소사실의 범죄가 성립할 수 있는 관계에 있어 규범적으로 보아 공소사실의 동일성이 있다고 보이고, 나아가 피고인에 대하여 사서명위조와 위조사서명행사의 범죄사실이 인정되는 경우에는 비록 사서명위조죄와 위조사서명행사죄의 법정형에 유기징역형만 있다 하더라도 형사소송법 제457조의2에서 규정한 불이익변경금지 원칙이 적용되어 벌금형을 선고할 수 있으므로, 위와 같은 불이익변경금지 원칙 등을 이유로 공소장변경을 불허할 것은 아닌데도, 이를 불허한 채 원래의 공소사실에 대하여 무죄를 선고한 제1심판결을 그대로 유지한 원심의 조치에 공소사실의 동일성이나 공소장변경에 관한 법리오해의 위법이 있다고 한 사례.

[대법원 2012. 6.28.선고 2011도16166 판결]

【판시사항】

약식명령에 대해 피고인만이 정식재판을 청구한 사건에서, 원심법원이 제1회 공판기일에 변론을 종결하고 제2회 공판기일인 선고기일을 지정·고지하였는데, 피고인이 출석하지 아니하자 선고기일을 연기하고 제3회 공판기일을 지정하였으나 피고인에게 따로 공판기일 통지를 하지 않은 사안에서, 피고인의 출석 없이 제3회 공판기일을 열어 판결을 선고한 원심의 조치가 위법하다고 한 사례

【판결요지】

약식명령에 대해 피고인만이 정식재판을 청구한 사건의 항소심에서, 원심법원

이 피고인이 출석한 제1회 공판기일에 변론을 종결하고 제2회 공판기일인 선고기일을 지정하여 고지하였는데, 피고인이 출석하지 아니하자 선고기일을 연기하고 제3회 공판기일을 지정하였으나 피고인에게 따로 공판기일 통지를 하지 않은 사안에서, 제3회 공판기일에 대해서는 적법한 통지가 없었으므로 형사소송법 제365조 가 적용될 수 없고 약식명령에 피고인만이 정식재판을 청구하여 형사소송법 제370조, 제277조 제4호에 따라 당초 지정한 선고기일에 피고인 출석 없이 판결을 선고할 수 있었으나, 굳이 그 기일을 연기하고 선고기일을 다시 지정한 이상 적법한 기일통지를 해야 한다는 이유로, 피고인의 출석 없이 공판기일을 열어 판결을 선고한 원심의 조치가 위법하다고 한 사례.

[대법원 1964. 5. 19.선고 63누205 판결]
【판시사항】
증뢰죄로 벌금 1,000원의 약식명령을 받았다 하여 사법서사인가를 취소한 처분의 적법여부
【판결요지】
벌금 1,000원의 약식명령을 받은 사법서사에 대한 인가취소의 징계처분이 지나치게 가혹하여 위법하다고 한 사례.
【이유】
피고소송수행자의 상고이유 제1점에 대하여 본다.
논지는 원심이 원고가 피고에게 제출한 청원서를 소원법 소정의 적법한 소원으로 인정한 것이 잘못이라는 것이나 기록에 의하여 원심이 갑제4호증의 내용에 의하여 원고가 피고에게 제출한 청원서라는 서류를 소원법 소정의 소원으로 인정한 과정이 아무런 위법이 없다.
같은 상고이유 제2점에 대하여 본다.
논지는 피고가 사법서사로서 품위를 오손한 행위에 대하여 면허를 취소한 징계종목 선택에 있어서 재량권이 이탈한 부당한 처분이라고 할 수 없다는 것이나 원고의 징계사유는 1963.12.14 공포 각령 제1,678호 일반사면령에 의하여 사면되었을 뿐만 아니라 원고가 1961.7.14 청주지방법원 충주지원에서 원고가 충주시 시의원으로서 충주시 교육위원회 교육감 후보로 소외 1 을 당선케 할 것을 교육감 선출권자인 같은 시 교육위원들에게 부탁하여 오든중 낙양 요정에서 교육감 선출문제등으로 회합한 같은 시 교육위원회 부의장 소

외 2 를 비롯하여 시의원 및 교육위원등 13명과 회음 중 그 정을 아는 소외 2 에게 위 회석 주효값을 자기가 부담하겠다는 뇌물공여의 의사표시를 하였다는 범죄사실로 벌금 1,000원의 약식명령을 받은 사실로써 당시의 사법서사법 제16조 소정 징계처분중에서 원고에게 사법서사 인가취소처분을 한바 위의 원고의 비행은 사법서사의 신분과 양립할 수 없는 비행이라고는 볼 수 없고 이에 대하여 피고가 징계종목 중 가장 중요한 인가취소의 처분을 한 것은 원고에게 지나치게 가혹하며 사법서사법에 징계벌을 규정한 법의 목적을 이탈한 위법의 처분이라 할 것이니 이와 같은 뜻으로 판단한 원심이유는 정당하다 할 것이다.

Section 16. 즉결심판

즉결심판이란 판사가 죄질이 경미한 범죄사건에 대하여 형사소송법에 규정된 통상의 공판절차에 의하지 않고 간단하고 신속한 절차에 의하여 형을 선고하는 절차를 말합니다.

[1] 즉결심판의 대상

즉결심판이 허용되는 형사사건은 20만원 이하의 벌금, 구류, 과료에 처할 범죄사건입니다.

[2] 즉결심판의 청구권자

즉결심판은 관할 경찰서장 또는 관할 해양경찰서장이 서면으로 청구합니다.

[3] 심판절차

1. 장소

① 즉결심판은 경찰서가 아닌 공개장소에서 열립니다.

② 피고인이 출석하는 것이 원칙이지만, 피고인이 불출석 심판을 청구하여 법원이 이를 허가한 경우에는 불출석 재판을 할 수 있습니다.

2. 심리

판사는 피고인에게 사건 내용을 알려주고 변명의 기회도 주며, 피고인은 변호사를 선임할 수도 있지만 신속·간편한 심리를 위하여 피고인의 자백만을 증거로 삼아 유죄를 선고할 수도 있습니다.

3. 결정

판사는 보통 구류, 과료 또는 벌금형을 선고하지만 즉결심판을 할 수 없거나 즉결심판절차에 의하여 심판함이 적당하지 아니하다고 인정할 때에는 즉결심판의 청구를 기각할 수 있고, 청구기각된 사건은 경찰서장이 지체 없이 검찰에 송치하여 일반의 형사절차에 따라 처리됩니다.

[4] 불출석심판청구

1. 의의

경범죄처벌법 또는 교통법규 위반으로 범칙금납부스티커를 발부받은 사람이 2차 납부기한 내에 범칙금을 납부하지 않을 경우 즉결심판에 회부되는데, 일정금액의 예납금을 납부한 후 법정에 출석하지 않고 서면으로 즉결심판을 청구하는 것을 의미합니다.

2. 불출석심판 청구대상

경범죄처벌법위반이나 교통법규위반으로 통고처분을 받고 범칙금을 납부하지 않아 즉결심판출석통지를 받은 사람이 청구할 수 있습니다.

3. 불출석심판 청구절차

통고처분 발급 경찰서 또는 파출소에 범칙금액의 1.5배(상한 20만 원)를 납부하고 불출석심판 청구서를 작성하여 제출하면 됩니다.

[5] 즉결심판의 효력

1. 확정판결과 동일한 효력

정식재판은 검사의 기소로 재판을 받게 되나, 즉결심판은 경찰서장의 청구로 즉결심판을 받은 후 정식재판청구기간 내에 정식재판청구가 없어 확정되면, 일반 형사재판의 확정판결과 동일한 효력을 가지므로, 동일한 사건으로 또 다시 처벌받지 않는 "일사부재리"의 원칙이 적용됩니다.

2. 불복절차

① 즉결심판결과에 대해 이의가 있는 사람은 선고를 받은 날로부터 7일 이내에 관할 경찰서장에게 정식재판청구서를 제출함으로써 정식재판을 청구할 수 있고, 이 경우 즉결심판의 효력은 정지되고 정식재판절차에 따라 재판을 받을 수 있습니다.

② 다만, 가납명령이나 유치명령이 있는 경우에는 확정 여부와는 상관없이 일단 그 형을 집행하게 됩니다.

[6] 상담사례

> **■ 즉결심판청구를 하지 않고 계속하여 운전면허증의 제시를 요구한 것이 적법한 직무행위인지요?**
>
> [질문] 경찰관 甲은 운전 중 신호위반을 저지른 乙의 차를 정지시키고 범칙금을 납부하게 하고자 乙에게 신호위반 사실을 고지하면서 운전면허증의 제시를 요구하였습니다. 그러나 乙은 신호위반을 하지 않았다면서 범칙금납부통고서를 받지 않을 것이니 즉결심판을 청구하라고 甲에게 요구하였으나, 甲은 乙에게 재차 운전면허증의 제시를 요구하였으며 이 과정 중에서 甲과 乙은 다소 몸싸움이 있었습니다. 乙에게는 공무집행방해죄가 성립하는가요?
>
> [답변] 형법 제136조 제1항의 공무집행방해죄는 직무를 집행하는 공무원에 대하여 폭행 또는 협박을 한 경우에 성립되는 범죄를 말합니다. 위 사례

의 경우, 경찰관 甲의 행위가 공무집행방해죄로 보호될 수 있는 적법한 직무행위에 해당하는지가 문제됩니다.

이와 관련하여 대법원은, "도로교통법 제120조는 "경찰서장은 범칙금납부통고서를 받기를 거부한 사람에 대하여는 지체없이 즉결심판을 청구하여야 한다."고 규정하고 있으므로, 교통경찰관으로서는 교통단속 업무를 수행함에 있어 피고인이 신호위반을 하였다고 하더라도 범칙금납부통고서를 받지 않겠다는 의사를 분명히 밝힌 이상, 피고인에 대하여 지체 없이 즉결심판 출석통지서를 교부 또는 발송하고 즉결심판청구서를 작성하여 관할 법원에 제출하는 등 즉결심판청구의 절차로 나아가야 함에도, 이러한 절차를 밟지 아니한 채 범칙금납부 통고처분을 강행할 목적으로 무리하게 운전면허증을 제시할 것을 계속 요구한 것은 적법한 교통단속 업무라고 할 수 없으며, 이와 같이 적법성이 결여된 직무행위를 하는 경찰관에 대항하여 피고인이 폭행을 가하였다고 하더라도 이를 공무집행방해죄에 해당한다고 볼 수 없다."고 판시한 바 있습니다(대법원 2004.07.09. 선고 2003도8336 판결 참조).

그러므로 위 사례의 경우, 경찰관 甲이 즉결심판청구로 나아가지 않고 계속하여 운전면허증을 요구한 행위는 적법한 직무집행이라고 볼 수 없으므로, 乙에게는 공무집행방해죄가 성립하지 않을 것입니다.

■ 즉결심판에 불복하는 경우 불이익변경금지의 원칙 적용 여부

[질문] 저는 「경범죄처벌법」 위반으로 즉결심판에서 벌금 5만원을 선고받고 이에 불복하여 정식재판을 청구하려고 합니다. 그런데 이 경우에도 불이익변경금지의 원칙이 적용되어 형이 더 무겁게 선고되지는 않는지요?

[답변] 즉결심판에 대하여 피고인만이 정식재판을 청구한 경우, 불이익변경금지의 원칙이 적용되는지에 관하여 종전 판례는 "즉결심판에관한절차법 제14주 제1항 및 제2학의 규정에 의하면, 피고인 및 경찰서장은 즉결심판에 불복하는 경우 정식재판을 청구할 수 있고, 즉결심판에관한절차법 제19조의 규정에 의하면 즉결심판절차에 있어서 즉결심판에관한절차법에 특별한 규정이 없는 한 그 성질에 반하지 아니한 것은 형사소송법의 규정을 준용하도록 하고 있으며, 한편 형사소송법 제453조 및 제457조의2의 규정에 의하면 검사 또는 피고인은 약식명령에 불복하는 경우 정식재판을 청구할 수 있되, 피고인이 정식재판을 청구한 사건에 대하여는

약식명령의 형보다 무거운 형을 선고하지 못하도록 하고 있는바, 약식명령에 대한 정식재판청구권이나 즉결심판에 대한 정식재판청구권 모두 벌금형 이하의 형벌에 처할 범죄에 대한 약식의 처벌절차에 의한 재판에 불복하는 경우에 소송당사자에게 인정되는 권리로서의 성질을 갖는다는 점에서 동일하고 그 절차나 효력도 유사한 점 등에 비추어, 즉결심판에 대하여 피고인만이 정식재판을 청구한 사건에 대하여도 즉결심판에관한절차법 제19조의 규정에 따라 형사소송법 제457조의2 규정을 준용하여, 즉결심판의 형보다 무거운 형을 선고하지 못한다."라고 하였습니다(대법원 1999. 1. 15. 선고 98도2550 판결).

그러나 형사소송법의 개정으로 정식재판청구의 '불이익변경 금지 원칙'이 '형종 상향 금지' 원칙으로 바뀌었습니다(형사소송법 제457조의2. 2017. 12. 19. 이후 정식재판청구한 사건부터 적용). 이에 따라 즉결심판에 대하여 귀하만이 정식재판을 청구한 경우 징역형으로는 선고할 수 없지만, 즉결심판에서 선고된 벌금형보다 더 많은 벌금을 내야할 수도 있을 것입니다.

■ 즉결심판 피의자를 강제로 경찰서 보호실에 유치시키는 것이 불법감금죄에 해당하는지요?

[질문] 甲은 즉결심판의 피의자로서 경찰에게 정당하게 귀가요청하였으나 이를 거절당한 채 다음날 즉결심판법정이 열릴 때까지 경찰서 보호실에 강제유치될 것이라 하였고, 甲은 경찰서 내 즉결피의자 대기실에 10~20분 동안 있다가 풀려났으나 이 과정에서 상해를 입었습니다. 이 때 甲을 강제로 경찰서 보호실에 유치시킨 경찰관에게 특정범죄가중처벌등에관한법률상 감금치상죄가 성립하나요?

[답변] 형사소송법이나 경찰관직무집행법 등의 법률에 정하여진 구금 또는 보호유치 요건에 의하지 아니하고는 즉결심판 피의자라는 사유만으로 피의자를 구금, 유치할 수 있는 아무런 법률상 근거가 없고, 경찰 업무상 그러한 관행이나 지침이 있었다 하더라도 이로써 원칙적으로 금지되어 있는 인신구속을 행할 수 있는 근거로 할 수 없으므로, 즉결심판 피의자의 정당한 귀가요청을 거절한 채 다음날 즉결심판법정이 열릴 때까지 피의자를 경찰서 보호실에 강제유치시키려고 함으로써 피의자를 경찰서 내 즉결피의자 대기실에 10-20분 동안 있게 한 행위는 형법 제124조

제1항의 불법감금죄에 해당하고, 이로 인하여 피의자를 보호실에 밀어넣으려는 과정에서 상해를 입게 하였다면 특정범죄가중처벌등에관한법률 제4조의2 제1항 위반죄에 해당합니다(대법원 1997. 6. 13. 선고 97도877 판결).

따라서 甲을 강제로 경찰서 보호실에 유치시킨 경찰관에게는 특정범죄가중처벌등에관한법률상 감금치상죄가 성립합니다.

■ 즉결심판 피의자를 강제로 유치시킨 경우 불법감금 여부

[질문] 경찰관이 「경범죄처벌법」 위반혐의가 있음을 이유로 乙에게 범칙금통고처분을 하였으나, 乙이 승복할 수 없다고 하여 乙을 즉결심판에 회부하기로 하고 乙을 경찰서 즉결피의자대기실로 데리고 가서 경찰서보호실 근무자에게 신병을 인계시키려고 하였는데, 乙이 다음날 법정에 임의출석 하겠다며 귀가요청을 하여 당시 경찰업무관행에 따라 신병보증인을 세울 것을 요구하였으나 乙로부터 신병보증을 할 사람이 없다는 말을 듣고 귀가조치가 불가능하다고 판단하여 강제로 경찰서보호실에 유치시키려고, 乙을 경찰서보호실에 밀어 넣으려는 과정에서 상해를 입게 한 경우 불법감금이 되는지요?

[답변] 「형법」 제124조는 "①재판, 검찰, 경찰 기타 인신구속에 관한 직무를 행하는 자 또는 이를 보조하는 자가 그 직권을 남용하여 사람을 체포 또는 감금한 때에는 7년 이하의 징역과 10년 이하의 자격정지에 처한다. ②전항의 미수범은 처벌한다."라고 규정하고 있으며, 「특정범죄가중처벌 등에 관한 법률」 제4조의2 제1항에 의하면 "형법 제124조·제125조에 규정된 죄를 범하여 사람을 상해(傷害)에 이르게 한 경우에는 1년 이상의 유기징역에 처한다."라고 규정하고 있습니다.

그런데 「형법」 제20조는 "법령에 의한 행위 또는 업무로 인한 행위 기타 사회상규에 위배되지 아니하는 행위는 벌하지 아니한다."라고 규정하고 있습니다. 그러므로 경찰관이 즉결심판피의자를 강제로 경찰서보호실에 유치시키는 것이 정당한 행위인지 문제됩니다.

이에 관하여 판례는 "감금죄에 있어서의 감금행위는 사람으로 하여금 일정한 장소 밖으로 나가지 못하도록 하여 신체의 자유를 제한하는 행위를 가리키는 것이고, 그 방법은 반드시 물리적, 유형적 장애를 사용하는 경우뿐만 아니라 심리적, 무형적 장애에 의하는 경우도 포함되는 것이므로, 설사 그 장소가 경찰서 내 대기실로서 일반인과 면회인 및 경찰관이 수시로 출입하는 곳이고 여닫이문만 열면 나갈 수 있도록 된 구조라 하여도 경찰서 밖으로 나가지 못하도록 그 신체의 자유를 제한하는 유형, 무형의 억압이 있었다면 이는 감금에 해당한다."라고 하였으며, "형사소송법이나 경찰관직무집행법 등의 법률에 정하여진 구금 또는 보호유치요건에 의하지 아니하고는 즉결심판피의자라는 사유만으로 피의자를 구금, 유치할 수 있는 아무런 법률상 근거가 없고, 경찰업무상 그러한 관행이나 지침이 있었다 하더라도 이로써 원칙적으로 금지되어 있는 인신구속을 행할 수 있는 근거로 할 수 없으므로, 즉결심판피의자의 정당한 귀가요청을 거절한 채 다음날 즉결심판법정이 열릴 때까지 피의자를 경찰서보호실에 강제유치 시키려고 함으로써 피의자를 경찰서 내 즉결피의자 대기실에 10분 내지 20분 동안 있게 한 행위는 형법 제124조 제1항의 불법감금죄에 해당하고, 이로 인하여 피의자를 보호실에 밀어 넣으려는 과정에서 상해를 입게 하였다면 특정범죄가중처벌등에관한법률 제4조의2 제1항 위반죄에 해당한다."라고 하였습니다(대법원 1997. 6. 13. 선고 97도877 판결).

따라서 경찰관이 즉결심판피의자를 강제로 경찰서보호실에 유치시키는 것을 정당한 행위라고 볼 수 없으므로, 불법감금죄가 성립될 것이고, 그 과정에서 상해의 결과가 발생된다면 「특정범죄가중처벌 등에 관한 법률」 제4조의2 제1항 위반죄가 성립될 수 있을 것으로 보입니다.

[7] 관련판례

[대법원 2022. 4. 14.선고 2021도15467 판결]

【판시사항】

경찰서장이 범칙행위에 대하여 통고처분을 하였으나 범칙자의 이의신청이 없었던 경우, 경찰서장이 범칙금 납부기간 전에 임의로 통고처분을 취소하거나 즉결심판을 청구할 수 있는지 여부(원칙적 소극) / 이때 통고처분에 대한 범칙자의 이의신청이 있는 경우, 경찰서장이 위 납부기간 전에 즉결심판을 청구할 수 있는지 여부(적극)

【이유】

원심은 판시와 같은 이유로 이 사건 공소사실을 유죄로 판단한 제1심판결을 그대로 유지하였다. 원심판결 이유를 관련 법리와 적법하게 채택된 증거에 비추어 살펴보면, 원심의 판단에 즉결심판청구 절차 및 공소제기 절차에 관한 법리를 오해한 잘못이 없다.

피고인이 상고이유에서 든 판례는 모두 경찰서장이 범칙행위에 대하여 통고처분을 하였으나 범칙자의 이의신청이 없었던 사안에서, 원칙적으로 경찰서장은 범칙금 납부기간 전까지 임의로 통고처분을 취소하거나 즉결심판을 청구할 수 없고, 검사도 위 납부기간 전후를 불문하고 경찰서장의 즉결심판청구에 따른 절차의 진행 없이는 동일한 범칙행위에 대하여 공소를 제기할 수 없다는 것일 뿐 통고처분에 대한 범칙자의 이의신청이 있음에도 경찰서장이 위 납부기간 전까지 즉결심판을 청구할 수 없다는 취지가 아니다(대법원 2016. 1. 28. 선고 2015도5492 판결 참조).

[대법원 2021. 4. 1.선고 2020도15194 판결]

【판시사항】

경범죄 처벌법상 범칙금제도의 의의 / 경찰서장이 범칙행위에 대하여 통고처분을 하였는데 통고처분에서 정한 범칙금 납부기간이 지나지 아니한 경우, 경찰서장이 즉결심판을 청구하거나 검사가 동일한 범칙행위에 대하여 공소를 제기할 수 있는지 여부(소극) / 범칙자가 범칙금 납부기간이 지나도록 범칙금을 납부하지 않아 경찰서장이 즉결심판을 청구한 경우, 검사가 동일한 범칙행위에 대하여 공소를 제기할 수 있는지 여부(소극) / 경찰서장이 범칙행위에 대한 형사소추를 위하여 이미 한 통고처분을 임의로 취소할 수 있는지 여부(원칙적 소극)

【이유】
「경범죄 처벌법」은 제3장에서 '경범죄 처벌의 특례'로서 범칙행위에 대한 통고처분(제7조), 범칙금의 납부(제8조, 제8조의2)와 통고처분 불이행자 등의 처리(제9조)를 정하고 있다. 경찰서장으로부터 범칙금 통고처분을 받은 사람은 통고처분서를 받은 날부터 10일 이내에 범칙금을 납부하여야 하고, 위 기간에 범칙금을 납부하지 않은 사람은 위 기간의 마지막 날의 다음 날부터 20일 이내에 통고받은 범칙금에 20/100을 더한 금액을 납부하여야 한다(제8조 제1항, 제2항). 「경범죄 처벌법」8조 제2항에 따른 납부기간에 범칙금을 납부하지 않은 사람에 대하여 경찰서장은 지체없이 즉결심판을 청구하여야 하고(제9조 제1항 제2호), 즉결심판이 청구되더라도 그 선고 전까지 피고인이 통고받은 범칙금에 50/100을 더한 금액을 납부하고 그 증명서류를 제출하였을 경우에는 경찰서장은 즉결심판 청구를 취소하여야 한다(제9조 제2항). 이와 같이 통고받은 범칙금을 납부한 사람은 그 범칙행위에 대하여 다시 처벌받지 않는다(제8조 제3항, 제9조 제3항).

위와 같은 규정 내용과 통고처분제도의 입법 취지를 고려하면,「경범죄 처벌법」상 범칙금제도는 범칙행위에 대하여 형사절차에 앞서 경찰서장의 통고처분에 따라 범칙금을 납부할 경우 이를 납부하는 사람에 대하여는 기소를 하지 않는 처벌의 특례를 마련해 둔 것으로 법원의 재판절차와는 제도적 취지와 법적 성질에서 차이가 있다(대법원 2012. 9. 13. 선고 2012도6612 판결 등 참조). 또한 범칙자가 통고처분을 불이행하였더라도 기소독점주의의 예외를 인정하여 경찰서장의 즉결심판청구를 통하여 공판절차를 거치지 않고 사건을 간이하고 신속ㆍ적정하게 처리함으로써 소송경제를 도모하되, 즉결심판 선고 전까지 범칙금을 납부하면 형사처벌을 면할 수 있도록 함으로써 범칙자에 대하여 형사소추와 형사처벌을 면제받을 기회를 부여하고 있다. 대법원 2020. 4. 29.선고 2017도13409 판결.

따라서 경찰서장이 범칙행위에 대하여 통고처분을 한 이상, 범칙자의 위와 같은 절차적 지위를 보장하기 위하여 통고처분에서 정한 범칙금 납부기간까지는 원칙적으로 경찰서장은 즉결심판을 청구할 수 없고, 검사도 동일한 범칙행위에 대하여 공소를 제기할 수 없다. 또한 범칙자가 범칙금 납부기간이 지나도록 범칙금을 납부하지 아니하였다면 경찰서장이 즉결심판을 청구하여야 하고, 검사는 동일한 범칙행위에 대하여 공소를 제기할 수 없다(대법원 2020. 4. 29. 선고 2017도13409 판결, 대법원 2020. 7. 29. 선고 2020도4738 판결 참조).

나아가 특별한 사정이 없는 이상 경찰서장은 범칙행위에 대한 형사소추를 위하여 이미 한 통고처분을 임의로 취소할 수 없다.

[대법원 2020. 4. 29.선고 2017도13409 판결]

【판시사항】

경찰서장이 범칙행위에 대하여 통고처분을 하였는데 통고처분에서 정한 범칙금 납부기간이 경과하지 아니한 경우, 원칙적으로 즉결심판을 청구할 수 없고, 검사도 동일한 범칙행위에 대하여 공소를 제기할 수 없는지 여부(적극)

【판결요지】

경범죄 처벌법은 제3장에서 '경범죄 처벌의 특례'로서 범칙행위에 대한 통고처분(제7조), 범칙금의 납부(제8조, 제8조의2)와 통고처분 불이행자 등의 처리(제9조)를 정하고 있다. 경찰서장으로부터 범칙금 통고처분을 받은 사람은 통고처분서를 받은 날부터 10일 이내에 범칙금을 납부하여야 하고, 위 기간에 범칙금을 납부하지 않은 사람은 위 기간의 마지막 날의 다음 날부터 20일 이내에 통고받은 범칙금에 20/100을 더한 금액을 납부하여야 한다(제8조 제1항, 제2항). 경범죄 처벌법 제8조 제2항에 따른 납부기간에 범칙금을 납부하지 않은 사람에 대하여 경찰서장은 지체 없이 즉결심판을 청구하여야 하고(제9조 제1항 제2호), 즉결심판이 청구되더라도 그 선고 전까지 피고인이 통고받은 범칙금에 50/100을 더한 금액을 납부하고 그 증명서류를 제출하였을 경우에는 경찰서장은 즉결심판 청구를 취소하여야 한다(제9조 제2항). 이와 같이 통고받은 범칙금을 납부한 사람은 그 범칙행위에 대하여 다시 처벌받지 않는다(제8조 제3항, 제9조 제3항).

위와 같은 규정 내용과 통고처분의 입법 취지를 고려하면, 경범죄 처벌법상 범칙금제도는 범칙행위에 대하여 형사절차에 앞서 경찰서장의 통고처분에 따라 범칙금을 납부할 경우 이를 납부하는 사람에 대하여는 기소를 하지 않는 처벌의 특례를 마련해 둔 것으로 법원의 재판절차와는 제도적 취지와 법적 성질에서 차이가 있다. 또한 범칙자가 통고처분을 불이행하였더라도 기소독점주의의 예외를 인정하여 경찰서장의 즉결심판 청구를 통하여 공판절차를 거치지 않고 사건을 간이하고 신속·적정하게 처리함으로써 소송경제를 도모하되, 즉결심판 선고 전까지 범칙금을 납부하면 형사처벌을 면할 수 있도록 함으로써 범칙자에 대하여 형사소추와 형사처벌을 면제받을 기회를 부여하고 있다.

따라서 경찰서장이 범칙행위에 대하여 통고처분을 한 이상, 범칙자의 위와 같은 절차적 지위를 보장하기 위하여 통고처분에서 정한 범칙금 납부기간까지는 원칙적으로 경찰서장은 즉결심판을 청구할 수 없고, 검사도 동일한 범칙행위에 대하여 공소를 제기할 수 없다고 보아야 한다.

[대법원 2019. 11. 29.자 2017모3458 결정]

【판시사항】

피고인이 즉결심판에 대하여 제출한 정식재판청구서에 피고인의 자필로 보이는 이름이 기재되어 있고 그 옆에 서명이 되어 있는 경우, 정식재판청구가 적법한지 여부(적극) 및 이때 피고인의 인장이나 지장이 찍혀 있지 않더라도 마찬가지인지 여부(적극)

【판결요지】

즉결심판에 관한 절차법(이하 '즉결심판법'이라 한다) 제14조 제1항에 따르면, 즉결심판에 대하여 정식재판을 청구하고자 하는 피고인은 정식재판청구서를 경찰서장에게 제출하여야 한다.

즉결심판절차에서 즉결심판법에 특별한 규정이 없는 한 그 성질에 반하지 않는 것은 형사소송법의 규정을 준용한다(즉결심판법 제19조). 구 형사소송법(2017. 12. 12. 법률 제15164호로 개정되기 전의 것, 이하 '구 형사소송법'이라 한다) 제59조는 "공무원 아닌 자가 작성하는 서류에는 연월일을 기재하고 기명날인하여야 한다. 인장이 없으면 지장으로 한다."라고 정하였다. 여기에서 '기명날인'은 공무원 아닌 사람이 작성하는 서류에 관하여 그 서류가 작성자 본인의 진정한 의사에 따라 작성되었다는 것을 확인하는 표식으로서 형사소송절차의 명확성과 안정성을 도모하기 위한 것이다.

형사소송법 제57조는 "공무원이 작성하는 서류에는 법률에 다른 규정이 없는 때에는 작성 연월일과 소속공무소를 기재하고 기명날인 또는 서명하여야 한다."라고 정하여 공무원이 작성하는 서류에 대한 본인확인 방법으로 기명날인 외에 서명을 허용하고 있다. 형사소송 서류에 대한 본인확인 방법과 관련하여 공무원이 아닌 사람이 작성하는 서류를 공무원이 작성하는 서류와 달리 적용할 이유가 없고, 생활 저변에 서명이 보편화되는 추세에 따라 행정기관에 제출되는 서류의 본인확인 표식으로 인장이나 지장뿐만 아니라 서명도 인정될 필요성이 높아지고 있다. 이를 고려하여 2017. 12. 12. 법률 제15164호로 형사소송법을 개정할 당시 제59조에서도 본인확인 방법으로 기명날인 외에 서명을 허용하였다.

구 형사소송법 제59조에서 정한 기명날인의 의미, 이 규정이 개정되어 기명날인 외에 서명도 허용한 경위와 취지 등을 종합하면, 피고인이 즉결심판에 대하여 제출한 정식재판청구서에 피고인의 자필로 보이는 이름이 기재되어 있고 그 옆에 서명이 되어 있어 위 서류가 작성자 본인인 피고인의 진정한 의사에

따라 작성되었다는 것을 명백하게 확인할 수 있으며 형사소송절차의 명확성과
안정성을 저해할 우려가 없으므로, 정식재판청구는 적법하다고 보아야 한다.
피고인의 인장이나 지장이 찍혀 있지 않다고 해서 이와 달리 볼 것이 아니다.

[대법원 2017. 10. 12.선고 2017도10368 판결]

【판시사항】
경찰서장의 청구에 의해 즉결심판을 받은 피고인으로부터 적법한 정식재판의
청구가 있는 경우, 별도의 공소제기 없이 공판절차에 의하여 심판하여야 하
는지 여부(적극)

【이유】
즉결심판에 관한 절차법 제14조 제1항, 제3항, 제4항 및 형사소송법 제455
조 제3항에 의하면, 경찰서장의 청구에 의해 즉결심판을 받은 피고인으로부
터 적법한 정식재판의 청구가 있는 경우 경찰서장의 즉결심판청구는 공소제
기와 동일한 소송행위이므로 공판절차에 의하여 심판하여야 한다(대법원
2012. 3. 29. 선고 2011도8503 판결 참조).
원심판결 이유에 의하면, 원심은 그 판시와 같은 사실을 인정한 다음, 즉결심
판에 대하여 피고인의 정식재판 청구가 있는 경우 경찰서는 검찰청으로, 검
찰청은 법원으로 정식재판청구서를 첨부한 사건기록과 증거물을 그대로 송부
하여야 하고 검사의 별도의 공소제기는 필요하지 아니한데도 검사가 정식재
판을 청구한 즉결심판 사건에 대하여 법원에 사건기록과 증거물을 그대로 송
부하지 아니하고 즉결심판이 청구된 위반 내용과 동일성 있는 범죄사실에 대
하여 약식명령을 청구하였다는 이유로, 이 사건 공소제기 절차는 법률의 규
정에 위반하여 무효인 때에 해당하거나 공소가 제기된 사건에 대하여 다시
공소가 제기되었을 때에 해당한다고 판단하여 이 사건 공소를 기각하였다.
원심판결 이유를 앞서 본 법리에 비추어 살펴보면, 위와 같은 원심의 판단은
정당하고, 거기에 상고이유 주장과 같이 즉결심판에 대한 정식재판청구 후의
사건기록 송부 및 소송행위 하자의 치유에 관한 법리를 오해한 잘못이 없다.

[대법원 2015. 5. 28.선고 2014오3 판결]

【판시사항】
경범죄 처벌법 제3조 제3항 제2호를 적용하여 벌금 30만 원을 선고한 확정
된 즉결심판에 대해 비상상고가 된 사안에서, 즉결심판에 관한 절차법 제2조

에 따라 벌금 20만 원을 초과하지 않는 범위 내에서 처벌하였어야 함에도, 원심이 즉결심판절차에서 허용되는 범위를 넘는 벌금 30만 원의 즉결심판을 선고한 것은 심판이 법령에 위반한 경우에 해당한다고 한 사례

【이유】

기록에 의하면, 원심이 2014. 3. 24. 피고인에 대한 경범죄처벌법위반 피고사건에서 경범죄처벌법 제3조 제3항 제2호를 적용하여 피고인을 벌금 30만 원에 처하고 이에 대하여 주문 기재와 같이 환형유치를 한다는 취지의 즉결심판을 선고하였으며, 정식재판 청구기간의 경과로 그 심판이 확정된 사실을 알 수 있다. 그런데 즉결심판에 관한 절차법 제2조는 "지방법원, 지원 또는 시·군법원의 판사는 즉결심판절차에 의하여 피고인에게 20만 원 이하의 벌금, 구류 또는 과료에 처할 수 있다."고 규정하고 있으므로, 원심으로서는 경범죄처벌법 제3조 제3항 제2호에서 정한 형 중 벌금형을 선택할 경우에 위 즉결심판에 관한 절차법 규정에 따라 벌금 20만 원을 초과하지 아니하는 범위 내에서 처벌하였어야 한다.

그럼에도 이와 달리 원심이 즉결심판절차에서 허용되는 범위를 넘는 벌금 30만 원의 즉결심판을 선고한 것은 심판이 법령에 위반한 경우에 해당하므로, 이를 지적하는 비상상고이유 주장은 이유 있다.

그러므로 원즉결심판을 파기하고, 피고인에 대한 범죄사실은 즉결심판서의 해당란 기재를 인용하며, 경범죄처벌법 제3조 제3항 제2호를 적용하여 주문 기재와 같은 형을 선고하기로 하여, 관여 대법관의 일치된 의견으로 주문과 같이 판결한다.

[대법원 2011.1.27.선고 2008도7375 판결]

【판시사항】

[1] '즉결심판에 관한 절차법'이 즉결심판의 청구와 동시에 판사에게 증거서류 및 증거물을 제출하도록 규정하여 공소장일본주의가 배제되도록 한 취지

[2] 즉결심판에 대한 정식재판청구로 제1회 공판기일 전에 사건기록 및 증거물이 관할 법원에 송부된다고 하여 그 이전에 적법하게 제기된 경찰서장의 즉결심판청구의 절차가 위법하게 되는 것은 아니라고 한 원심판결을 수긍한 사례

【판결요지】

[1] 즉결심판에 관한 절차법이 즉결심판의 청구와 동시에 판사에게 증거서류

및 증거물을 제출하도록 한 것은 즉결심판이 범증이 명백하고 죄질이 경미한 범죄사건을 신속·적정하게 심판하기 위한 입법적 고려에서 공소장일 본주의가 배제되도록 한 것이라고 보아야 한다.

[2] 피고인이 택시 요금을 지불하지 않아 경범죄처벌법 위반으로 즉결심판에 회부되었다가 정식재판을 청구한 사안에서, 위 정식재판청구로 제1회 공판기일 전에 사건기록 및 증거물이 경찰서장, 관할 지방검찰청 또는 지청의 장을 거쳐 관할 법원에 송부된다고 하여 그 이전에 이미 적법하게 제기된 경찰서장의 즉결심판청구의 절차가 위법하게 된다고 볼 수 없고, 그 과정에서 정식재판이 청구된 이후에 작성된 피해자에 대한 진술조서 등이 사건기록에 편철되어 송부되었더라도 달리 볼 것은 아니라는 이유로, 같은 취지의 원심판결을 정당하다고 한 사례.

[대법원 1999. 1. 15.선고 98도2550 판결]

【판시사항】

즉결심판에 대하여 피고인만이 정식재판을 청구한 경우, 불이익변경금지의 원칙이 적용되는지 여부(적극)

【판결요지】

즉결심판에관한절차법 제14조 제1항 및 제2항의 규정에 의하면, 피고인 및 경찰서장은 즉결심판에 불복하는 경우 정식재판을 청구할 수 있고, 같은 법 제19조의 규정에 의하면 즉결심판절차에 있어서 위 법에 특별한 규정이 없는 한 그 성질에 반하지 아니한 것은 형사소송법의 규정을 준용하도록 하고 있으며, 한편 형사소송법 제453조 및 제457조의2의 규정에 의하면 검사 또는 피고인은 약식명령에 불복하는 경우 정식재판을 청구할 수 있되, 피고인이 정식재판을 청구한 사건에 대하여는 약식명령의 형보다 무거운 형을 선고하지 못하도록 하고 있는바, 약식명령에 대한 정식재판청구권이나 즉결심판에 대한 정식재판청구권 모두 벌금형 이하의 형벌에 처할 범죄에 대한 약식의 처벌절차에 의한 재판에 불복하는 경우에 소송당사자에게 인정되는 권리로서의 성질을 갖는다는 점에서 동일하고 그 절차나 효력도 유사한 점 등에 비추어, 즉결심판에 대하여 피고인만이 정식재판을 청구한 사건에 대하여도 즉결심판에관한절차법 제19조의 규정에 따라 형사소송법 제457조의2 규정을 준용하여, 즉결심판의 형보다 무거운 형을 선고하지 못한다.

[대법원 1997. 6. 13.선고 97도877 판결]
【판시사항】
즉결심판 피의자를 강제로 경찰서 보호실에 유치시키는 것이 불법감금죄에 해당하는지 여부(적극)
【판결요지】.
형사소송법이나 경찰관직무집행법 등의 법률에 정하여진 구금 또는 보호유치 요건에 의하지 아니하고는 즉결심판 피의자라는 사유만으로 피의자를 구금, 유치할 수 있는 아무런 법률상 근거가 없고, 경찰 업무상 그러한 관행이나 지침이 있었다 하더라도 이로써 원칙적으로 금지되어 있는 인신구속을 행할 수 있는 근거로 할 수 없으므로, 즉결심판 피의자의 정당한 귀가요청을 거절한 채 다음날 즉결심판법정이 열릴 때까지 피의자를 경찰서 보호실에 강제유치시키려고 함으로써 피의자를 경찰서 내 즉결피의자 대기실에 10-20분 동안 있게 한 행위는 형법 제124조 제1항의 불법감금죄에 해당하고, 이로 인하여 피의자를 보호실에 밀어넣으려는 과정에서 상해를 입게 하였다면 특정범죄가중처벌등에관한법률 제4조의2 제1항 위반죄에 해당한다.

[대법원 1996. 6. 28.선고 95도1270 판결]
【판시사항】
즉결심판이 확정된 경범죄처벌법위반죄의 범죄사실과 폭력행위등처벌에관한법률위반죄의 공소사실 사이에 동일성이 있다고 한 사례
【판결요지】
경범죄처벌법위반죄의 범죄사실인 음주소란과 폭력행위등처벌에관한법률위반죄의 공소사실은 범행장소가 동일하고 범행일시도 같으며 모두 피고인과 피해자의 시비에서 발단한 일련의 행위들임이 분명하므로, 양 사실은 그 기본적 사실관계가 동일한 것이어서 이미 확정된 경범죄처벌법위반죄에 대한 즉결심판의 기판력이 폭력행위등처벌에관한법률위반죄의 공소사실에도 미친다고 보아 면소의 판결을 선고한 원심판결을 수긍한 사례.

Chapter 3.
국민참여재판이란 무엇인가요?

[1] 국민참여재판제도

① 국민참여재판제도는 「국민의 형사재판 참여에 관한 법률」(법률 제 8495호)에 따라 2008. 1. 1.부터 국민 여러분이 배심원으로 형사재판에 참여하는 새로운 선진적인 형사재판제도입니다.

② 배심원이 된 국민은 법정 공방을 지켜본 후 피고인의 유·무죄에 관한 평결을 내리고 적정한 형을 토의하면 재판부가 이를 참고하여 판결을 선고하게 됩니다.

1. 국민참여재판의 흐름도

배심원 선정절차 → 공판절차 → 평의절차 → 판결선고

2. 국민참여재판의 도입

① 우리나라 사법제도의 큰 특징 중 하나는 헌법상 신분과 독립이 보장되는 직업법관에 의하여 소송이 심리, 종결되는 것입니다.

② 그러나 배심제 또는 참심제 등 형태는 다양하더라도 국민이 재판절차에 참여하는 것이 세계적 추세이고, 국민의 사법참여에 관한 열망이 높아짐에 따라 대법원에서는 국민의 사법참여에 관한 연구를 계속하였습니다.

③ 그 결과 대법원 산하 사법개혁위원회에서는 2004. 12. 30. "2012년부터 국민의 사법참여가 실질적으로 보장되는 완성된 제도를 시행하는 것을 목표로, 우선 1단계 국민사법참여제도를 고안 실시하여 그 시행성과를 실증적으로 분석한 후, 우리나라에 적합한 완성된 국민사법참여제도를 설계하여 2012년에 시행하고, 제1단계 국민사법참여제도의 시행에 있어서는 배심이나 참심과 같은 단일한 형태의 기본모델을 결정하지는 않고, 배심·참심 요소를 혼용한 제도를 모델로 한다"라고 건의하였습니다.

④ 그 후 사법제도개혁추진위원회에서 2005. 12. 6. 「국민의 형사재판

참여에 관한 법률안」을 국회에 제출하였고, 국회 심의를 거쳐 법률이 제정되었습니다.

3. 국민참여재판의 특징

① 배심제는 일반 국민으로 구성된 배심원이 재판에 참여하여 직업법관으로부터 독립하여 유·무죄의 판단에 해당하는 평결을 내리고 법관은 그 평결에 따르는 제도로, 미국, 영국 등에서 시행되고 있습니다.

② 참심제는 일반 국민인 참심원이 직업법관과 함께 재판부의 일원으로 참여하여 직업법관과 동등한 권한을 가지고 사실문제 및 법률문제를 판단하는 제도로, 독일, 프랑스 등에서 시행되고 있습니다.

③ 국민참여재판제도는 배심제와 참심제 중 어느 한 제도를 그대로 도입하지 않고 양 제도를 적절하게 혼합, 수정한 독특한 제도입니다.

④ 그 특징은
　(1) 배심원은 원칙적으로 법관의 관여 없이 평의를 진행한 후 만장일치로 평결에 이르러야 하는데, 만약 만장일치 평결에 이르지 못한 경우 법관의 의견을 들은 후 다수결로 평결할수 있고,
　(2) 배심원은 심리에 관여한 판사와 함께 양형에 관하여 토의하면서도 표결을 통하여 양형 결정에 참여하는 것이 아니라 양형에 관한 의견을 밝힐 수 있으며,
　(3) 배심원의 평결은법원을 기속하지 않고 권고적 효력을 가지는 것입니다.

4. 상담사례

■ 국민참여재판이란 무엇인지요?

[질문] 저는 국민참여재판을 받게 되었습니다. 국민참여재판이란 무엇이고 어떻게 진행되는지요?

[답변] 국민참여재판제도는 「국민의 형사재판 참여에 관한 법률」(법률 제8495호)에 따라 2008. 1. 1.부터 국민들이 배심원으로 형사재판에 참여하는 새로운 형사재판제도입니다. 배심원이 된 국민은 법정 공방을 지켜본 후 피고인의 유·무죄에 관한 평결을 내리고 적정한 형을 토의하면 재판부가 이를 참고하여 판결을 선고하게 됩니다.

국민참여재판은 합의부 관할사건을 대상사건으로 합니다(국민의 형사재판 참여에 관한 법률 제5조). 법원은 대상사건에 대해 공소가 제기되면 피고인 또는 변호인에게 공소장 부본과 함께 국민참여재판 안내서, 국민참여재판 의사확인서를 송달합니다. 국민참여재판을 원하는 피고인은 공소장 부본을 송달받은 날부터 7일 이내에 국민참여재판을 원하는 의사를 기재한 서면을 법원에 제출하여야 합니다. 다만, 위 기간이 지난 후에도 국민참여재판을 희망할 경우 제1회 공판기일 전에는 이 서면을 제출할 수 있습니다(같은 법 제8조). 법원은 국민참여재판 의사확인서가 제출되면 국민참여재판을 진행하되, 배심원의 안전에 대한 우려가 있는 등 국민참여재판으로 진행하기에 적당하지 않은 사건에 관하여 공판준비기일이 종결된 다음날까지 검사·피고인 또는 변호인의 의견을 들어 국민참여재판을 하지 않기로 하는 배제결정을 할 수 있습니다(같은 법 제9조). 국민참여재판은 지방법원 본원 합의부에서 진행되므로, 지방법원 지원에 대상사건으로 공소가 제기되어 피고인이 국민참여재판을 희망하는 경우에는 국민참여재판 회부결정을 하여 지방법원 본원 합의부로 이송하여 진행됩니다(같은 법 제10조).

배심원 선정절차는 각급 법원별로 작성된 배심원후보예정자명부로부터 일정 수의 배심원후보자를 무작위로 추출하여 선정기일을 통지한 후 법원에 출석한 배심원후보자에게 질문하여 그 자격을 확인하고 공정하게 판단할 수 있는지를 판단하여 배심원과 예비배심원을 선정하는 절차입니다(같은 법 제22조, 제23조, 제24조, 제25조). 판사, 검사, 변호인은 배심원후보자에게 사건을 공정하게 평결할 자격을 갖추고 있는지 확인하기 위해 질문합니다. 질문은 배심원 선정에 필요한 사항에 대해 간략하게 이루어집니다. 배심원후보자는 선정기일의 질문에 대하여 진실하고 숨김없이 답변하여야 합니다(같은 법 제28조). 배심원이 될 자격을 갖추지 못하였거나 사건에 대해 편견이나 선입견을 가져 공정한 평결을 하기 어렵다고 판단되는 배심원후보자는 배심원으로 선정되지 않을 수 있습니다. 검사와 변호인은 일정한 수의 배심원후보자에 대해 이유를 밝히지 않는 기피신청을 할 수 있습니다(같은 법 제28조, 제30조). 필요한 수의 배심원과 예비배심원이 선정되면 배심원 선정절차가 종료됩니다. 변론에 집중하기 위해서 누가 배심원과 예비배심원인지는 변론 종결 후 알리게 됩니다(국민의 형사재판 참여에 관한 규칙 제22조). 예비배심원은 평의절차에 참여할 수 없는 외에는 배심원과 같은 권리와 의무를 가집니다.

배심원은 공판절차에 참여하여 검사와 변호인의 주장을 듣고 증거조사 과정을 지켜봅니다. 재판이 시작되면 배심원은 법률에 따라 공정한 직무 수행을 다짐하는 선서를 합니다(같은 법 제42조). 배심원은 피해자, 목격자 등 증인신문을 지켜보는 것과 같이 증거조사절차에 참여합니다. 배심원은 재판장 허가를 얻어 사건의 쟁점과 증거조사결과를 필기할 수 있습니다(같은 법 제41조 제1항). 필기한 내용은 다른 배심원이 알지 못하도록 주의하여야 하고, 평의시 참고할 수 있습니다(같은 규칙 제34조). 배심원은 증인이나 피고인을 신문할 때 궁금한 점을 질문할 수 있습니다(같은 법 제41조 제1항).

증거조사를 마치면 검사와 변호인은 사건의 쟁점과 증거관계에 관한 변론을 통하여 배심원을 설득합니다. 변론이 종결되면 재판장은 배심원에게 공소사실의 요지와 적용법조, 피고인과 변호인 주장의 요지, 증거능력, 그 밖에 유의할 사항에 관하여 설명합니다(같은 법 제46조).

평의는 법정 공방을 지켜 본 배심원들이 평의실에서 피고인의 유·무죄에 관한 논의를 진행하는 절차이고, 평결은 배심원이 평의를 통하여 유·무죄에 관한 최종 판단에 이르는 것을 말합니다. 배심원들은 먼저 배심원대표를 선출하는데 배심원대표는 평의를 주재하고 판사에 대한 의견 진술의 요청, 평결결과 집계, 평결서 작성 및 전달의 역할을 합니다(같은 규칙 제40조). 배심원들은 법정에서 보고 들은 증거와 재판장 설명에 기초하여 유·무죄를 논의합니다. 배심원 과반수가 요청하면 심리에 관여한 판사의 의견을 청취할 수 있습니다(같은 법 제46조 제2항). 배심원대표는 배심원의 유·무죄 의견을 분명하게 확인하여 평결 결과를 집계합니다. 만장일치 평결이 내려지면 평결서를 작성하여 재판장에게 전달합니다(같은 법 제46조 제2항, 같은 규칙 제42조). 유·무죄 의견이 일치되지 않으면 평결을 하기 전에 심리에 관여한 판사의 의견을 들어야 합니다(같은 법 제46조 제3항). 유죄 평결이 내려지면 배심원은 심리에 관여한 판사와 함께 피고인에게 부과할 적정한 형에 대하여 토의하고 그에 관한 의견을 개진합니다(같은 법 제46조 제4항). 배심원의 평결과 의견은 법원을 기속하지 아니하고 (같은 법 제46조 제5항), 재판부는 배심원의 평결과 양형에 관한 의견을 참고하여 판결을 선고합니다.

■ 국민참여재판 배제신청

[질문] 성폭력범죄의 피해자입니다. 피고인이 무죄를 주장하면서 국민참여재판을 신청하였다고 합니다. 국민참여재판을 진행되면 배심원들이 제 사건의 내용을 알게 될테고, 피고인이 무죄를 주장하고 있어 향후 증인으로 법정에 출석해야할지도 모르는데 배심원들 앞에서 증언하는 것도 부담이 됩니다. 국민참여재판으로 진행되지 않게 할 방법이 없을까요?

[답변] 국민의 형사재판 참여에 관한 법률은 "『성폭력범죄의 처벌 등에 관한 특례법』 제2조의 범죄로 인한 피해자(이하 "성폭력범죄 피해자"라 한다) 또는 법정대리인이 국민참여재판을 원하지 아니하는 경우(같은 법 제9조 제3호)" 및 "국민참여재판으로 진행하는 것이 적절하지 아니하다고 인정되는 경우(같은 법 제9조 제4호)"를 국민참여재판배제결정을 할 수 있는 사유로 규정하고 있으므로 재판부에 국민참여재판을 원하지 않는다는 내용의 의견서를 제출하시는 것일 좋을 듯 합니다.

[2] 국민참여재판으로 진행되는 사건

① 국민참여재판은 합의부 관할사건을 대상사건으로 합니다.

② 법원은 대상사건에 대해 공소가 제기되면 피고인 또는 변호인에게 공소장 부본과 함께 국민참여재판 안내서, 국민참여재판 의사확인서를 송달합니다.

③ 국민참여재판을 원하는 피고인은 공소장 부본을 송달받은 날부터 7일 이내에 국민참여재판을 원하는 의사를 기재한 서면을 법원에 제출하여야합니다. 다만, 위 기간이 지난 후에도 국민참여재판을 희망할 경우 제1회 공판기일 전에는 이 서면을 제출할 수 있습니다.

④ 법원은 국민참여재판 의사확인서가 제출되면 국민참여재판을 진행하되, 배심원의 안전에 대한 우려가 있는 등 국민참여재판으로 진행하기에 적당하지 않은 사건에 관하여 공판준비기일이 종결된 다음 날까지 검사·피고인 또는 변호인의 의견을 들어 국민참여재판을 하지 않기로 하는 배제결정을 할 수 있습니다.

⑤ 국민참여재판은 지방법원 본원 합의부에서 진행되므로, 지방법원 지원에 대상사건으로 공소가 제기되어 피고인이 국민참여재판을 희망하는 경우에는 국민참여재판 회부결정을 하여 지방법원 본원 합의부로 이송하여 진행됩니다.

[3] 배심원 선정절차

배심원 선정절차는 각급 법원별로 작성된 배심원후보예정자명부로부터 일정 수의 배심원후보자를 무작위로 추출하여 선정기일을 통지한 후 법원에 출석한배심원후보자에게 질문하여 그 자격을 확인하고 공정하게 판단할 수 있는지를 판단하여 배심원과 예비배심원을 선정하는 절차입니다.

1. 배심원후보자에 대한 질문

① 판사, 검사, 변호인은 배심원후보자에게 사건을 공정하게 평결할 자격을 갖추고 있는지 확인하기 위해 질문합니다.

② 질문은 배심원 선정에 필요한 사항에 대해 간략하게 이루어집니다.

2. 진실한 답변

배심원후보자는 선정기일의 질문에 대하여 진실하고 숨김 없이 답변하여야 합니다.

3. 배심원후보자에 대한 기피

① 배심원이 될 자격을 갖추지 못하였거나 사건에 대해 편견이나 선입견을 가져 공정한 평결을 하기 어렵다고 판단되는 배심원후보자는 배심원으로 선정되지 않을 수 있습니다.

② 검사와 변호인은 일정한 수의 배심원후보자에 대해 이유를 밝히지 않는 기피신청을 할 수 있습니다.

4. 배심원·예비배심원 선정

① 필요한 수의 배심원과 예비배심원이 선정되면 배심원 선정절차가 종료됩니다.

② 변론에 집중하기 위해서 누가 배심원과 예비배심원인지는 변론 종결 후 알게 됩니다.

③ 예비배심원은 평의절차에 참여할 수 없는 외에는 배심원과 같은 권리와 의무를 가집니다.

5. 공판절차

① 배심원은 공판절차에 참여하여 검사와 변호인의 주장을 듣고 증거조사 과정을 지켜 봅니다.

② 배심원은 공판절차에 집중하여 재판장이 설명하는 법률과 법정에서 조사된 증거를 이해하고 기억하여야 합니다.

6. 배심원 선서

재판이 시작되면 배심원은 법률에 따라 공정한 직무 수행을 다짐하는 선서를 합니다.

7. 증거조사

배심원은 피해자, 목격자 등 증인신문을 지켜 보는 것과 같이 증거조사절차에 참여합니다.

8. 필기

① 배심원은 재판장 허가를 얻어 사건의 쟁점과 증거조사결과를 필기할 수 있습니다.

② 필기한 내용은 다른 배심원이 알지 못하도록 주의하여야 하고, 평의 시 참고할 수 있습니다.

9. 신문 요청

① 증인이나 피고인을 신문할 때 궁금한 점을 질문할 수 있습니다.

② 증인이나 피고인에 대한 질문은 신문 종료 직후 종이에 적어 재판장에게 제출합니다.

10. 검사/변호인의 최종 변론

증거조사를 마치면 검사와 변호인은 사건의 쟁점과 증거관계에 관한 변론을 통하여 배심원을 설득합니다.

11. 재판장의 최종 설명

① 변론이 종결되면 재판장은 배심원에게 사건의 쟁점과 증거, 적용할 법률, 판단 원칙에 관하여 설명합니다.

② 배심원은 이 설명을 주의깊게 듣고 사건의 쟁점을 정리하여 평의를 진행해야 합니다.

[4] 평의절차

① 평의는 법정 공방을 지켜 본 배심원들이 평의실에서 피고인의 유·무죄에 관한 논의를 진행하는 절차이고, 평결은 배심원이 평의를 통하여 유·무죄에 관한 최종 판단에 이르는 것을 말합니다.

② 배심원은 평의에 참여하여 자신의 주장을 충분히 진술하고 상대방 의견을 경청하여 법정에서 보고 들은 증거에 따라 감정에 치우치지 않고 공정하게 판단합니다.

1. 배심원대표 선출

① 먼저 배심원대표를 선출합니다.

② 배심원대표는 평의를 주재하고 재판부 의견 진술 요청, 평결결과 집계, 평결서 작성 및 전달의 역할을 합니다.

2. 평의 진행

① 법정에서 보고 들은 증거와 재판장 설명에 기초하여 유·무죄를 논의합니다.

② 유·무죄 의견이 나뉘면 토론·설득을 통하여 만장일치에 이르도록 노력합니다.

③ 배심원 과반수가 요청하면 재판부 의견을 청취할 수 있습니다.

3. 만장일치 평결 확인

① 배심원대표는 배심원의 유·무죄 의견을 분명하게 확인하여 평결 결과를 집계합니다.

② 만장일치 평결이 내려지면 평결서를 작성하여 재판부에 전달합니다.

4. 재판부 의견 청취

① 유·무죄 의견이 일치되지 않으면 반드시 재판부 의견을 듣습니다. 재판부 의견을 들은 후에는 충분히 평의를 진행합니다.

② 평결이 내려지면 배심원대표가 평결서를 작성한 후 재판부에 알립니다.

5. 양형토의

① 유죄 평결이 내려지면 재판부와 함께 피고인에게 부과할 적정한 형에 대하여 토의합니다.

② 양형위원회 홈페이지(http://sc.scourt.go.kr)에 들어가시면, 양형기준의 내용과 양형체험 프로그램 '당신이 판사입니다'를 보실 수 있습니다.

[5] 배심원이 알아야 할 유용한 정보

1. 선정기일 통지

법원은 국민참여재판에 필요한 배심원을 선정하기 위하여 배심원후보자를 무작위로 뽑아 선정기일 3~4주 전에 선정기일 통지서를 보냅니다.

2. 질문표 제출

① 배심원후보자는 선정기일 통지서와 함께 송달된 질문표에 사실대로 답하여 법원에 제출합니다.

② 질문표는 공정한 배심원을 선정하기 위해 필요한 질문으로 이루어져 있습니다.

3. 선정기일 출석

배심원후보자는 부득이한 사정이 없는 한 신분증을 지참하고 배심원 선정기일 시작 20~30분 전에 법원에 출석하셔야 합니다.

4. 자격

① 만 20세 이상 대한민국 국민이면 누구나 배심원이 될 수 있고, 특별한 자격은 필요하지 않습니다.

② 다만, 배심원은 공무를 수행하여야 하므로 일정한 범죄 전력이 있으면 배심원이 될 수 없고, 건강이 좋지 않거나 간호, 육아, 출장 등 재판에 참여할 수 없는 부득이한 사정이 있는 때에는 법원에 배심원 직무 면제를 신청할 수 있습니다.

5. 일당

배심원에게는 재판 하루당 12만원의 일당이 지급됩니다. 선정기일에 출석한 배심원후보자는 배심원으로 선정되지 않아도 6만원의 일당을 지급받습니다.

6. 재판기간

국민참여재판은 원칙적으로 매일 재판을 진행하여 1~3일 안에 재판을 마치도록 운영합니다.

7. 신변 보호

① 법원은 전담관리자를 지정하여 배심원 개인 정보를 철저하게 보호합니다.

② 배심원후보자가 제출한 질문표에 기재된 개인정보는 공개되지 않습니다. ③ 법정에서는 배심원 성명을 부르지 않고 법원이 부여한 번호로만 부릅니다. 누가 배심원으로 참여하였는지도 본인의 동의 없이는 공개되지 않습니다.

8. 배심원 직무 수행 보장

① 「국민의 형사재판 참여에 관한 법률」제50조에서는 "누구든지 배심원·예비배심원 또는 배심원후보자인 사실을 이유로 해고하거나 그 밖의 불이익한 처우를 하여서는 아니 된다"고 규정하고 있습니다.

② 피용자로서 근로를 제공하고 생계를 유지하고 있는 많은 국민들에게는 이러한 법적·제도적 장치뿐 아니라 피용자의 배심원 직무 수행을 국민의 의무이행으로 당연한 것으로 기꺼이 받아들이고 법원 출석을 보장하는 고용주의 이해와 협조가 무엇보다 중요합니다.

9. 배심원 유의사항

① 배심원은 형사재판에 참여하여 피고인의 유·무죄를 평결하고 양형의견을 밝히는 숭요한 임무를 수행합니다.

② 배심원이 성실하고 공정하게 자신의 직무를 수행함에 있어서 다음과 같은 유의사항을 준수하여야 합니다.
   (1) 배심원 상호간 또는 다른 누구와도 사건에 대해 이야기할 수 없습니다.

(2) 평의에 들어가기 전까지 사건에 관한 자신의 견해를 밝히거나 의논할 수 없습니다.

(3) 재판절차 외에서 사건정보를 수집하거나 조사할 수 없습니다.

(4) 누구라도 배심원 직무에 부당한 영향을 미치려고 하는 시도를 알게 되면 즉시 법원에 알려야 합니다.

(5) 재판장 허락 없이 법정, 평의실을 떠날 수 없습니다.

(6) 평의·평결 및 토의 과정에서 알게 된 판사 및 배심원 각자의 의견과 그 분포 등을 누설하여서는 안 됩니다.

10. 배심원 선정 사칭 보이스피싱 주의

① 법원에서는 배심원 선정과 관련하여 전화, ARS 등으로 개인 정보를 묻거나 과태료를 부과하고 계좌로 납부하라는 안내를 하지 않습니다.

② 국민 여러분께서는 배심원 선정을 사칭한 범죄피해를 입지 않도록 주의하시고, 이러한 범죄 시도를 접하는 때에는 즉시 수사기관에 신고하시기 바랍니다.

[5] 국민참여재판 Q&A

■ 국민참여재판은 무엇인가요?

국민 여러분들이 배심원 또는 예비배심원으로서 참여하는 형사재판을 의미합니다. 특히 배심원으로 선정된 국민은 피고인의 유무죄에관하여 평결을 내리고, 유죄 평결이 내려진 피고인에게 선고할 적정한 형벌을 토의하는 등 재판에 참여하는 기회를 갖게 됩니다.

■ 배심원후보자는 어떻게 정해지나요?

법원은 미리 작성된 배심원후보예정자명부에서 필요한 수만큼의 배심원후보자를 무작위 추출 방식으로 정한 후 배심원후보자에게 배심원과 예비배심원의 선정기일을 통지합니다.

■ 선정기일 통지서를 받은 후에 어떻게 해야 하나요?

배심원후보자는 부득이한 사정이 없는 한 선정기일에 출석하셔야 합니다. 만약 건강이 좋지 않거나 간호, 양육, 출장 등과 같이 재판에 참여할 수없는 부득이한 사정이 있는 때에는 법원에 배심원 직무 면제를 신청할 수 있습니다.

■ 선정기일통지서를 직접 수령하지 못하여(부재시) 현관문 등에 '우편물 도착안내서'(집배원 방문 시 부재인 경우 재방문 하겠다는 취지와 재방문 시 부재이면 우체국에서 수령하라는 취지가 기재)가 붙어 있을 경우 어떻게 해야 하나요?

우편물도착안내서에는 담당집배원의 연락처가 기재되어 있으므로 담당집배원으로부터 등기번호를 확인 후 그 등기번호로 해당 지방법원의 민원안내센터, 총무과, 당직실 등에 문의하시면 됩니다.

■ 누구나 배심원이 될 수 있나요?

만 20세 이상 대한민국 국민이면 누구나 배심원이 될 수 있고, 특별한 자격은 필요하지 않습니다. 다만 배심원은 공무를 수행하게 되므로 일정한전과가 있는 사람은 제외되고, 변호사, 경찰관 등 일정한 직업을 가진 사람도 배심원이 될 수 없는 제한이 있습니다.

■ 법원에 출석하면 고용주로부터 불이익을 받지는 않나요?

불이익을 받지 않습니다. 법률에서는 배심원·예비배심원 또는 배심원후보자인 사실을 이유로 해고하거나 그 밖의 불이익한 처우를 하는 것을 금지하고 있습니다.

■ 배심원 선정을 사칭한 보이스 피싱 주의 안내

법원에서는 배심원 선정과 관련하여 전화, ARS 등으로 개인 정보를 묻지 않습니다. 또한 전화로 과태료 부과 안내를 하고 계좌로 납부하라는 안내도 하지 않습니다. 국민 여러분께서는 배심원 선정을 사칭한 범죄 피해를 입지 않도록 주의하시기 바랍니다.

■ 질문표에 기재된 사생활에 관한 정보는 어떻게 보호되나요?

여러분이 제출한 질문표는 오로지 배심원 선정을 위해서만 사용됩니다. 법원은 배심원후보자의 사생활 보호를 위해서 질문표를 별도로 보관하며 당해 국민참여재판이 종료되는 경우에는 즉시 이를 폐기합니다.

■ 선정기일에 출석할 때 주의사항은 무엇인가요?

선정기일에는 지정된 일시, 장소로 출석하여야 하고, 출석통지서와 함께 주민등록증, 운전면허증, 여권 등과 같이 신분을 증명할 수 있는 문서를 반드시 지참하여야 합니다.

■ 선정기일이 끝날 때까지 얼마나 시간이 걸리나요?

여러분들이 법원에서 지정한 장소로 출석하더라도 선정기일이 끝날 때까지는 다소 시간이 소요될 수 있습니다. 그러나 이는 공정한 배심원을 선발하기 위한 신중한 검토가 진행되기 때문이므로 양해와 협조를 부탁드립니다.

■ 선정기일은 어떻게 진행되나요?

선정기일은 배심원후보자의 사생활 보호, 신변보호 등을 위하여 공개하지 않으며, 배심원후보자의 성명 대신 법원이 부여한 번호를 부릅니다. 선정기일에서 당해 국민참여재판에 필요한 배심원 또는 예비배심원이 선정되면 선정기일은 종료되며, 배심원 또는 예비배심원으로 선정되지 않은 배심원후보자는 귀가할 수 있습니다.

■ 법원에 출석하면 경제적 대가를 받을 수 있나요?

배심원에게는 재판 하루당 12만원의 일당이 지급됩니다. 선정기일에 출석한 배심원후보자는 배심원으로 선정되지 않아도 6만원의 일당을 지급받습니다.

■ 배심원과 예비배심원은 어떤 차이가 있나요?

예비배심원은 배심원 중 일부에게 배심원의 직무를 수행할 수 없는 사정이 갑자기 생기는 경우에 대비하여 예비적인 배심원으로 선정된 사람입니다. 배심원과 예비배심원은 배심원 평의가 시작되기 전까지는 그 권한과 의무에 있어 차이가 없으나, 평의와 양형에 관한 토의에는 오로지 배심원만이 참여할 수 있습니다.

■ **배심원과 예비배심원은 법정에서 어디에 앉게 되나요?**

① 법률에서는 배심원과 예비배심원은 재판장과 검사·피고인 및 변호인의 사이 왼쪽에 위치하도록 규정하고 있습니다.

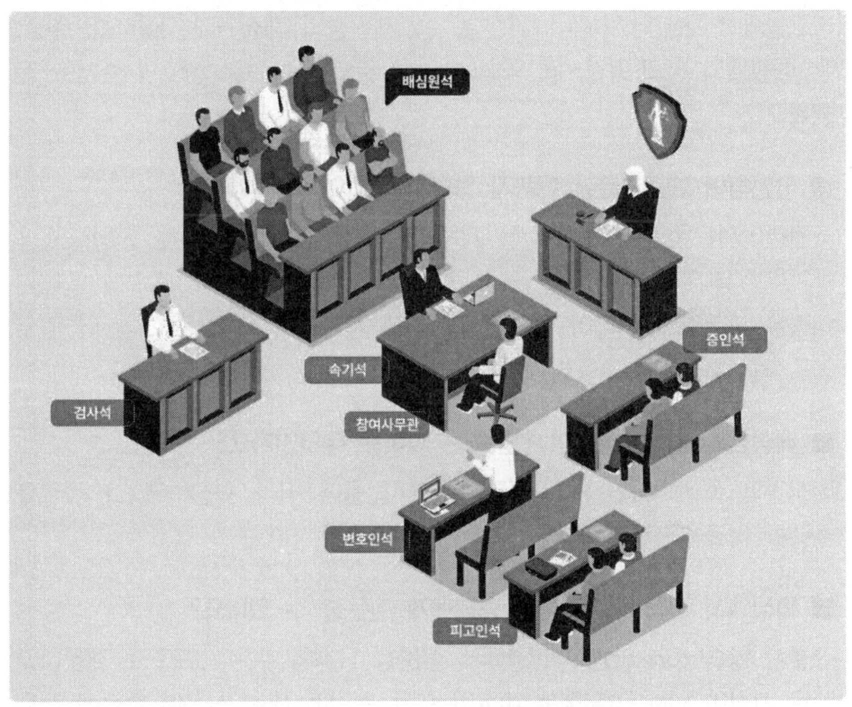

② 검사석과 피고인 및 변호인석은 대등하게 마주 보도록 위치합니다. 또한 재판장과 검사·피고인 및 변호인석 사이 왼쪽에는 배심원석을, 오른쪽에는 증인석이 위치하도록 규정함으로써 배심원석과 증인석이 서로 마주 보도록 하고 있습니다. 재판장 앞에 속기석과 참여사무관이 위치합니다.

■ 국민참여재판은 어떤 순서로 진행되나요?

① 재판장의 사건 호명 및 소송관계인의 출석 확인, ② 배심원과 예비배심원의 선서, ③ 재판장의 배심원과 예비배심원에 대한 최초설명, ④ 재판장의 피고인에 대한 진술거부권의 고지, ⑤ 검사의 최초진술, ⑥ 피고인 및 변호인의 최초진술, ⑦ 재판장의 쟁점 정리 또는 검사, 변호인의 주장 및 입증계획 진술, ⑧ 증거조사, ⑨ 피고인 신문, ⑩ 검사의 의견진술, ⑪ 피고인과 변호인의 최종 의견진술, ⑫ 재판장의 배심원에 대한 최종설명, ⑬ 배심원의 평의·평결, ⑭ 양형에 관한 토의, ⑮ 판결 선고의 순서로 진행됩니다.

■ 국민참여재판이 끝날 때까지 얼마나 시간이 걸리나요?

국민참여재판은 충분한 준비를 거쳐 원칙적으로 매일 재판을 진행하여 1~3일의 비교적 단기간에 끝낼 계획입니다. 다만 재판을 조기에 끝내기 어려운 부득이한 사정이 생기면 다소 재판이 길어질 수 있으나, 이 경우에도 여러분들에게 과중한 부담이 생기지 않도록 노력할 것입니다.

■ 배심원과 예비배심원이 선서하는 의미는 무엇인가요?

배심원과 예비배심원은 선서를 통하여 법률에 따라 공정하게 그 직무를 수행할 것을 다짐합니다.

■ 법정에서 직접 피고인이나 증인에게 질문할 수 있나요?

그렇지 않습니다. 다만 재판장에게 질문을 요청할 수는 있으므로 질문하고 싶은 사항이 있는 경우에는 피고인 또는 증인에 대한 신문이 종료된 직후 법원에서 교부하는 서면에 질문사항을 기재하여 제출하면 됩니다.

■ 법정에서 필기할 수 있나요?

재판장이 허가한 경우에만 필기할 수 있습니다. 만약 재판장이 허가한 경우에는 법원에서 여러분들에게 적절한 용지와 필기도구를 제공할 것입니다.

■ 배심원과 예비배심원의 중요한 의무는 무엇인가요?

① 심리 도중에 법정을 떠나거나 평의·평결 또는 토의가 완결되기 전에 재판장의 허락 없이 평의·평결 또는 토의 장소를 떠나는 행위, ② 평의가 시작되기 전에 당해 사건에 관한 자신의 견해를 밝히거나 의논하는 행위, ③ 재판절차 외에서 당해 사건에 관한 정보를 수집하거나 조사하는 행위, ④ 법률에서 정한 평의·평결 또는 토의에 관한 비밀을 누설하는 행위 등을 하여서는 아니 됩니다. 만약 이를 위반하면 배심원과 예비배심원에서 해임될 수 있고, 경우에 따라서는 형사처벌을 받을 수도 있습니다.

■ 평의와 평결은 무엇인가요?

평의는 법정 공방이 끝난 후 배심원들이 모두 모여서 피고인의 유무죄에 관한 논의를 진행하는 것을 말하고, 평결은 평의를 통하여 확정된 배심원의 최종 판단 결과를 의미합니다.

■ 평의와 평결은 어떻게 진행되나요?

평의는 보통 평의실이라는 독립된 공간에서 비공개로 이루어지고, 오로지 배심원만이 참여할 수 있습니다. 평의 결과 만장일치로 유무죄에 대한 의견이 정하여지면 평결을 내릴 수 있습니다. 다만 만장일치 평결을 내리기 전에 배심원 과반수가 요청하면 심리에 관여한 판사의 의견을 들을 수 있습니다. 만약 만장일치 평결을 내리지 못하는 경우에는 심리에 관여한 판사의 의견을 반드시 들은 후 다수결의 방법으로 평결을 내리게 됩니다.

■ 배심원 대표는 어떤 일을 하나요?

배심원 대표는 원칙적으로 배심원들 사이의 호선으로 선출되며, ① 평의의 주재, ② 평의실 출입 통제의 요청, ③ 판사에 대한 의견 진술의 요청, ④ 증거서류 등의 제공 요청, ⑤ 평결 결과의 집계, ⑥ 평결서의 작성 및 전달 등의 임무를 담당합니다.

■ 평의 도중 긴급한 상황이 생기면 어떻게 하나요?

배심원의 질병 등 긴급한 상황이 생기면 평의실 밖에서 출입을 통제하고 있는 법원경위 등에게 상황을 알리면 됩니다. 만약 평의실 내 전화기가 설치된 경우에는 담당 재판부 직원에게 전화로 직접 상황을 알려도 됩니다.

■ 양형에 관한 토의는 무엇인가요?

배심원의 평결이 유죄인 경우 배심원과 심리에 관여한 판사가 피고인에게 어떤 형을 선고하는 것이 적절한지 토의하는 것을 의미합니다.

■ 양형에 관한 토의는 어떻게 진행되나요?

배심원은 판사의 설명을 들은 후 양형에 관한 의견을 제시하고, 판사는 적절한 방법으로 배심원의 양형에 관한 의견을 집계하여 서면에 기록합니다.

■ 판사는 배심원의 평결과 양형에 관한 의견에 반드시 따라야 하나요?

그렇지 않습니다. 법률은 배심원의 평결과 양형에 관한 의견이 법원을 기속하지 않는다고 규정하고 있습니다. 다만 법원은 배심원이 법정 공방을 지켜보고 토론을 거쳐 내린 평결과 양형의견을 최대한 존중할 것입니다.

■ 평의가 시작되면 예비배심원의 임무는 끝나게 되나요?

그렇지 않습니다. 평의가 시작되더라도 판결 선고 등으로 인하여 재판이 종료되기 전까지는 예비배심원의 임무가 끝나지 않습니다.

■ 재판이 하루에 끝나지 않으면 귀가할 수 없나요?

귀가할 수 없는 경우가 예외적으로 생길 수도 있습니다. 국민참여재판은 사건에 따라 재판이 하루에 끝나지 않는 경우가 종종 있을 것으로 예상됩니다. 이러한 경우 당일 재판 일정이 끝나게 되면 배심원과 예비배심원은 원칙적으로 다음 재판 날짜와 출석 장소를 통지받은 후 귀가하게 될 것입니다. 그러나 배심원의 신변보호를 위하여 필요한 경우 부득이하게 법원이 지정한 장소에서 국가의 비용으로 숙박하게 될 수도 있습니다. 가족들에 대한 연락 등에 대하여는 담당 재판부에서 충분하게 배려할 것입니다.

■ 신변보호를 위하여 법원은 어떠한 조치를 하나요?

법정에서는 배심원후보자, 배심원 및 예비배심원의 성명을 부르지 않고 법원이 부여한 번호로만 부릅니다. 또한 재판장은 배심원 또는 예비배심원이 피고인이나 그 밖의 사람으로부터 위해를 받을 염려가 있다고 인정하거나 또는 공정한 심리나 평의에 지장을 초래하거나 초래할 염려가 있다고 인정하는 때에는 신변안전을 위하여 필요한 조치를 취하게 됩니다. 만약 배심원과 예비배심원의 입장에서 이러한 조치가 필요하다면 재판장에게 요청할 수도 있습니다.

■ 국민참여재판에 있어서 국민의 개인정보는 어떻게 보호되나요?

법원은 전담관리자를 지정하여 배심원후보예정자의 성명, 주소, 주민등록번호가 기재된 배심원후보예정자명부를 관리하고 있습니다. 또한 법원은 국민참여재판에서 배심원 등의 직무를 수행하였던 사람들의 개인정보에 대하여 정보공개청구가 있는 경우 그 사실을 배심원 등에게 지체없이 통지하여 본인이 동의하는 경우에 한하여 개인정보를 공개합니다.

Chapter 4.
인신보호제도란 무엇인가요?

[1] 인신보호제도 개요

① 위법한 행정처분이나 개인에 의해 부당하게 수용시설에 갇혀 있는 개인(이하 '피수용자'라 합니다) 또는 그 법정대리인·후견인·배우자·직계혈족·형제자매·동거인·고용주, 수용시설 종사자(이하 '구제청구자'라 합니다) 등은 피수용자를 수용하고 있는 시설의 장 또는 운영자(이하 '수용자'라 합니다)를 상대로 법원에 구제청구를 할 수 있습니다.

② 예를 들어 국공립병원, 기도원 등의 시설에 강제로 갇혀 있는 자 또는 그 법정대리인 등은 구제청구를 할 수 있습니다.

③ 법원은 심문기일을 지정하여 구제청구자, 수용자, 피수용자에게 심문 날짜를 알려주고 법원에 출석하도록 통지할 것입니다.

④ 법원은 심리한 결과 피수용자에 대한 수용이 위법하거나 더 이상 수용할 필요성이 없다고 판단하면 피수용자를 즉시 풀어줄 것을 명령합니다.

[2] 인신보호제도 시행 안내

1. 구제청구의 관할법원·방식

① 구제청구는 피수용자 또는 수용시설의 주소, 거소 또는 현재지를 관할하는 지방법원 또는 지원에 할 수 있습니다.

② 구제청구는 (1) 구제청구자의 주소 및 성명

(2) 수용자의 성명, 주소, 그 밖에 수용자를 특정할 수 있는 사항

(3) 피수용자의 성명

(4) ④청구의 요지

(5) 수용이 위법한 사유

(6) 수용장소를 기재한 서면으로 하여야 합니다.

구 제 청 구 서

<table>
<tr>
<td rowspan="2">구제
청구자</td>
<td>성명 :</td>
<td>피수용자와의 관계 :</td>
</tr>
<tr>
<td>주민등록번호 :
주소 :
전화번호 :</td>
<td>휴대전화 :</td>
</tr>
<tr>
<td>수용자</td>
<td colspan="2">성명(또는 기관명) :
(기관의 경우 대표자 :   )
주민등록번호 :
주소 :
전화번호 :</td>
</tr>
<tr>
<td>피수용자</td>
<td colspan="2">성명 :
주민등록번호 :</td>
</tr>
<tr>
<td>청구 요지 및
수용이 위법한
사유
(필요하면
별지사용)</td>
<td colspan="2"></td>
</tr>
<tr>
<td>수용 장소</td>
<td colspan="2"></td>
</tr>
<tr>
<td>첨부서류</td>
<td colspan="2">□있음(   )
□ 없음</td>
</tr>
<tr>
<td colspan="3">20 .   .   .

구제청구자   ㉑ (또는 서명)
OO법원 귀중</td>
</tr>
</table>

2. 국선변호인 선정 청구

구제청구자나 피수용자가 경제적 형편이 어렵거나 그 밖의 사유로 개인적으로 변호인을 선임할 수 없을 때에는 형사소송법 제33조 제2항에 따라 법원에 국선변호인의 선정을 청구할 수 있습니다.

[3] 수용자의 의무

1. 답변서 제출 의무

① 수용자는 구제청구서부본을 받게 되면 심문기일 전까지 (1) 피수용자의 성명, 주소, 그 밖에 피수용자를 특정할 수 있는 사항, (2) 피수용자를 수용한 일시 및 장소, (3) 수용의 사유, (4) 수용을 계속할 필요성, 예상되는 수용의 종료시기, (5) 그 밖에 수용과 관련된 사항이 기재된 답변서를 제출하여야 합니다.

② 수용자가 답변서를 거짓으로 작성하거나 제출을 거부한 때에는 1년 이하의 징역, 3년 이하의 자격정지 또는 1천만 원 이하의 벌금에 처할 수 있습니다.

2. 심문기일 출석 의무

① 수용자는 법원으로부터 심문기일통지서를 받으면 지정된 일시와 장소에 출석하여야 합니다.

② 수용자가 정당한 사유 없이 심문기일에 출석하지 아니한 때에 법원은 결정으로 500만 원 이하의 과태료를 부과할 수 있고, 과태료 재판을 받고도 정당한 사유 없이 다시 출석하지 아니한 때에는 결정으로 수용자를 7일 이내의 감치에 처할 수 있습니다.

3. 피수용자를 심문기일에 출석시킬 의무

① 법원이 피수용자를 심문기일에 소환한 경우에는 수용자는 피수용자

를 법원으로 호송하여 당일의 심문이 종료될 때까지 법원 청사 내
에서 피수용자를 감호하여야 합니다.

② 피수용자에 대한 법원의 출석 요구가 있었음에도 수용자가 피수용
자를 법정에 출두시키지 않은 경우 수용자는 피수용자의 불출석에
정당한 사유가 있음을 법원에 밝혀야 합니다.

[4] 임시해제와 신병보호결정

1. 임시해제

① 구제청구자는 법원의 최종 결정이 나기 전이라도 피수용자를 계속
수용하는 경우 발생할 것으로 예상되는 신체의 위해 등을 예방하기
위한 긴급한 필요가 있는 때에는 피수용자의 수용을 임시로 해제할
것을 법원에 신청할 수 있습니다.

② 임시해제된 후 피수용자가 심문기일에 출석하지 아니하거나 임시해
제결정 시 부과된 조건을 준수하지 아니한 때에는 법원은 임시해제
결정을 취소하고 피수용자를 구인할 수 있습니다.

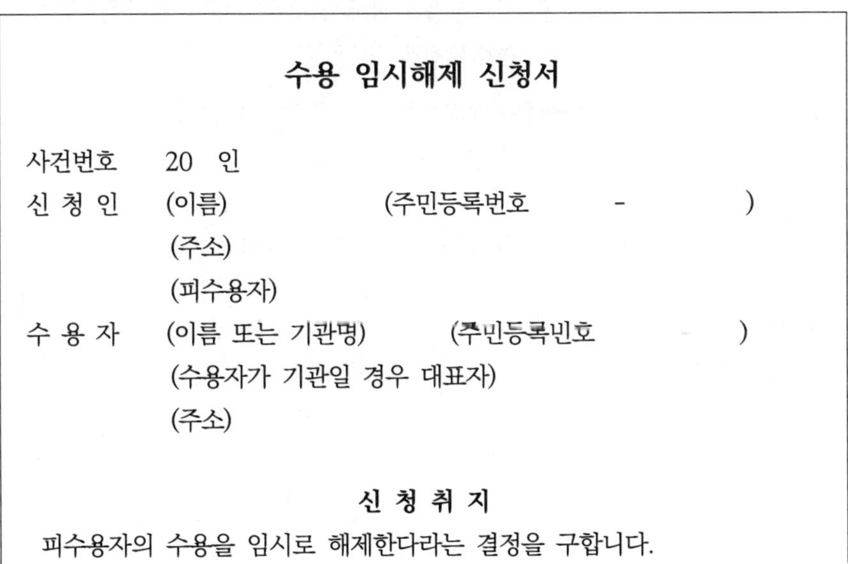

수용 임시해제 신청서

사건번호   20 인
신 청 인   (이름)   (주민등록번호   -   )
            (주소)
            (피수용자)
수 용 자   (이름 또는 기관명)   (주민등록번호   )
            (수용자가 기관일 경우 대표자)
            (주소)

신 청 취 지

피수용자의 수용을 임시로 해제한다라는 결정을 구합니다.

신 청 이 유

소명방법 및 첨부서류

1.
2.

20 .　　.　　.

　　　　신청인　　　　　　　　　　　　(날인 또는 서명)
　　　　(연락처 :　　　　　　　　　　　　　)

○○법원 귀중

2. 신병보호

① 법원은 최종결정을 내리기 전이라도 피수용자의 신병을 보호하기 위하여 피수용자를 현재의 수용시설에서 동종 또는 유사한 다른 수용시설로 이송할 것을 수용자에게 명할 수 있습니다.

② 구제청구자나 피수용자는 위와 같은 법원의 신병보호조치에 대하여 그 변경 또는 취소를 신청할 수 있습니다.

신병보호결정의 취소·변경 신청서

사건번호　　20　　인
신 청 인　　(이름)　　　　　　　　(주민등록번호　　　　-　　　)
　　　　　　(주소)
　　　　　　(구제청구자·피수용자)
수 용 자　　(이름 또는 기관명)　　(주민등록번호　　　　-　　)
　　　　　　(수용자가 기관일 경우 대표자)

(주소)

신 청 취 지

피수용자에 대한 법 제11조의 신병보호결정을 취소한다(또는 .....로 변경
한다) 라는 결정을 구합니다.

신 청 이 유

소명방법 및 첨부서류

1.
2.

20 .   .   .

신청인   (날인 또는 서명)
(연락처 :   )

○○법원 귀중

[5] 인신보호제도 통합콜센터 ☎ 1661-9797

전화 한 통으로 쉽고 자세하게 인신보호제도에 대해 안내받을 수 있
습니다.

문의전화를 하였을 경우 상담원이 전화를 받아 신청방법, 준비서류
관할법원 등 절차 안내를 하고, 필요한 경우 관할법원 담당지에게 연결
해 드립니다.

[6] 구제청구절차 요약도

관할 이송	구제청구의 제기	청구 각하 사유
직권 또는 신청으로 심리에 적당한 다른 법원으로 이송	- 구체청구자격: 피수용자, 그 법정대리인, 후견인, 배우가, 직계혈족, 형제자매, 동거인, 고용주, 수용시설 종사자 - 관할법원: 피수용자 또는 수용자의 주소, 거소, 현재지 관할 법원 또는 지원 - 인지는 붙이지 않음 - 송달료 등 비용의 납부 필요(단, 피수용자가 구제청구한 경우 송달료 납부 의무 면제):자금능력이 없으면 소송구조 제도 이용가능 - 국선변호인제도:빈곤 등의 사유로 변호인을 선임 할 수 없는 경우	- 구제 청구 자격이 없는 자가 구제청구를 한 경우 - 구제청구서에 기재해야 할 사항을 제대로 적지 않은 경우 - 다른 법률에서 정한 구제절차에 따라 구제를 받을 수 있는 경우 - 구제청우가 기각된 후 다시 청구하는 경우

임시해제	심문 기일	신병보호결정
- 수용 계속 하면 피수용자의 신체에 위해가 발생할 우려가 있는 경우 - 피수용자의 서양서 제출은 필수 - 출석보증서 제출 등 조건 부가 - 피수용자가 심문에 출석하지 않거나 임시해제 조건을 거이면 임시해제 취소하고 구인	- 사건 접수일로부터 2주일 내 심문 기일 개정 - 수용자의 책임 - 심문기일 전까지 답변서 제출할 의무 - 피용자를 심문기일에 출석시킬 의무 - 피수용자 출석시 호송-강호책임 부담 수용자 소송 직원이 법원의 허가를 얻어 수용자 대신 재판 출석 가능	피수용자 신병보호를 위해 최종 결정이 날 때까지 동종, 유사한 다른 시설에 수용하는 조치

<table>
<tr><td colspan="2">

최종 결정

- 수용 해제 결정: 같은 이유로 재수용의 금지
- 기각 결정
- 패소한 당사자는 재판비용의 전부 또는 일부를 부담
- 실무상 피수용자가 구제 청구하여 패소한 경우 비용부담 재판하지 않음

</td></tr>
<tr><td>

즉시 항고

패소한 당사자는 고지일로부터 7일이내에 즉시항고

</td><td>

수용자에 대한 벌칙

- 답변 허위 작성죄: 1년 이하의 징역. 3년 이하의 자격정지 등
- 심문기일 불출석시 500만원 이하의 과태료, 계속 불출석하면 7일 이내의 감치에 처함

</td></tr>
</table>

◨ 편 저 이 창 범 ◨

· 경희대 법정대학 법률학과 졸업
· 서울지방검찰청 근무
· 광주지방검찰청 사건과 근무

편저서
· 수사서류작성 실례집
· 진정서·탄원서·내용증명·고소장 사례실무
· 수사해법과 형벌사례 연구
· 바뀐 형벌법
· 수사 형사 서류작성실무

이기는 형사소송! 이렇게 해결하세요!

2026년 03월 15일 인쇄
2026년 03월 20일 발행

저 자 이창범
발행인 김현호
발행처 법문북스
공급처 법률미디어

주소 서울 구로구 경인로 54길4(구로동 636-62)
전화 02)2636-2911~2, 팩스 02)2636-3012
홈페이지 www.lawb.co.kr

등록일자 1979년 8월 27일
등록번호 제5-22호

ISBN 979-11-94820-61-1 (13360)

정가 28,000원

이 도서의 국립중앙도서관 출판예정도서목록(CIP)은 서지정보유통지원시스템 홈페이지(http://seoji.nl.go.kr)와 국가
자료종합목록 구축시스템(http://kolis-net.nl.go.kr)에서 이용하실 수 있습니다.

홈페이지 www.lawb.co.kr
페이스북 www.facebook.com/bummun3011
인스타그램 www.instagram.com/bummun3011
네이버 블로그 blog.naver.com/bubmunk